웹3.0과 블록체인의 진화:
탈중앙화와 스마트 계약의 세계

정윤찬 지음

도서출판 홍릉

저자소개

정윤찬

대구 출신인 정윤찬 교수는 KAIST 전기 및 전자과의 통신 연구실(CRL)에서 석사와 박사 과정을 마쳤다. 국방과학연구소(ADD)에서 전술 이동통신 네트워크와 통신 보안에 대한 연구를 15년 동안 하면서 관련 과제의 선행 개발을 주도하였다. 1996년 가톨릭대학교 교수로 자리를 옮겨 초대 정보통신학과(현 정보통신전자공학부) 학과장, 정보통신원 원장, 공학교육혁신 센터장 등을 역임했으며 2023년 3월 1일부터 명예교수로 재직 중이다. 국제 교류를 위해 캐나다 콘코디아 대학교에 2회 방문 교수로 있었으며, 스웨덴의 Blekinge Institute of Technology에 방문 교수로 근무하였다. 연구 업적으로 보면, 70여 편의 국제 저널 논문을 발표했으며, 최근 저서는 "수평선으로 떠오르는 블록체인과 암호화폐 세상 (도서출판 홍릉)"이다.

웹3.0과 블록체인의 진화:
탈중앙화와 스마트 계약의 세계

인 쇄: 2024년 8월 20일 초판 1쇄
발 행: 2024년 8월 30일 초판 1쇄

저 자: 정윤찬
발행인: 송 준
발행처: 도서출판 홍릉
주 소: 01093 서울시 강북구 인수봉로 50길 10
등 록: 1976년 10월 21일 제5-66호

전 화: 02-999-2274~5, 903-7037
팩 스: 02-905-6729
e-mail: hongpub@hongpub.co.kr
http://www.hongpub.co.kr
ISBN: 979-11-5600-220-8(93000)

정 가: 25,000원

웹3.0과 블록체인의 진화:
탈중앙화와 스마트 계약의 세계

정윤찬 지음

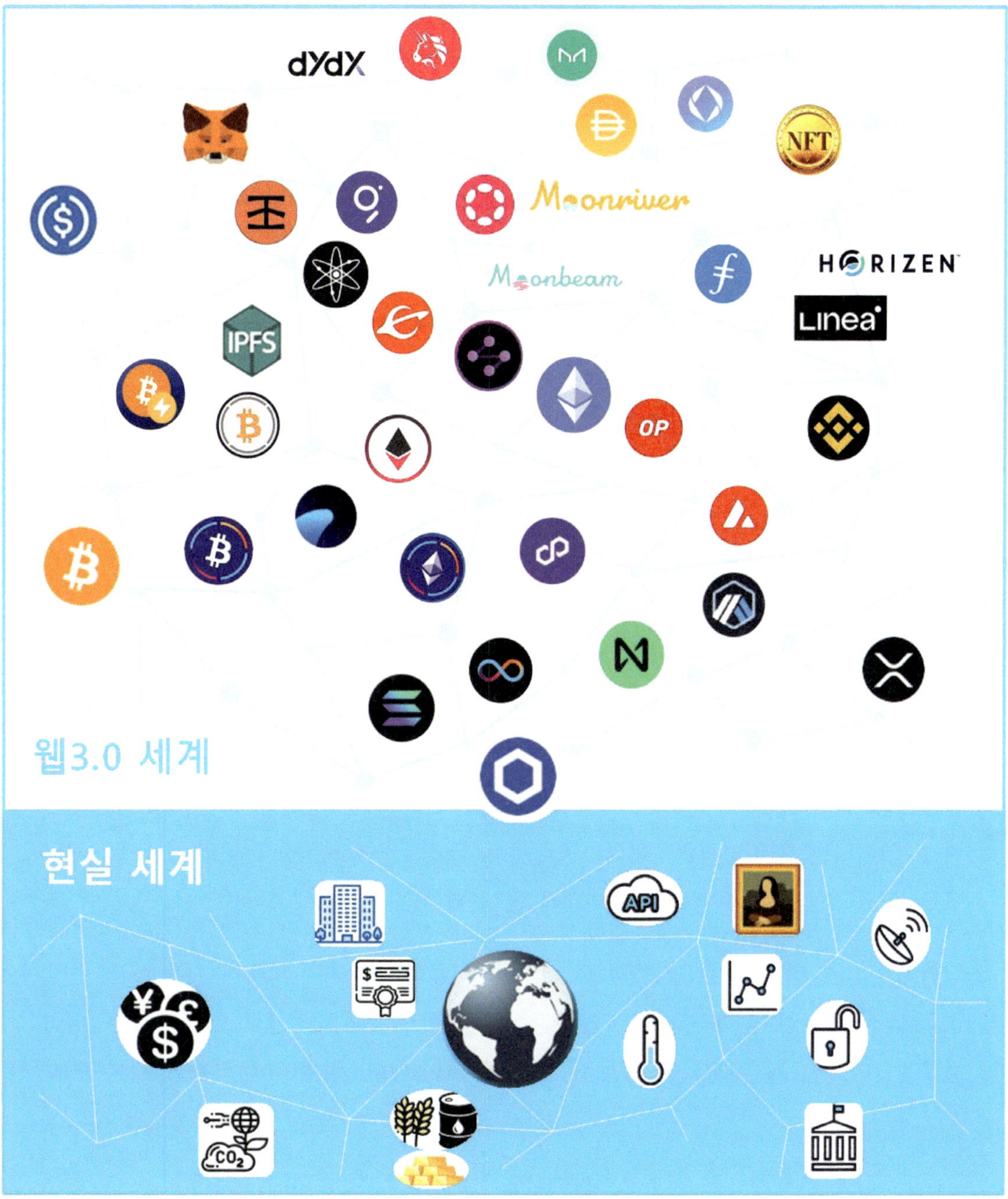

도서출판 홍릉

머리말

2008 년 10 월 31 일, 비트코인의 영웅 사토시 나카모토는 비트코인 백서를 발표했는데, 시대적으로 보면 2008 년 금융위기에 대한 직접적인 대응으로 만들어졌습니다. 백서의 핵심은 신뢰할 수 있는 제 3 자의 도움 없이도 디지털 자산을 당사자 간에 직접 안전하게 거래할 수 있다는 것이었습니다. 이 시점부터 비트코인은 '무신뢰성 (Trustless)'이란 특성을 대변합니다. 구글이나 아마존처럼 우리가 신뢰를 보낼 수 있는 중앙에 사람 또는 기관이 자리잡고 있는 것과는 달리 공개키 암호화와 해시 함수를 기반으로 한 분산형 소프트웨어가 이들을 대신하여 사용자는 무신뢰성 거래를 안심하고 할 수 있습니다.

제 1 세대 블록체인인 비트코인 네트워크는 단순하게 무신뢰성 거래를 처리하는 역할에 국한되도록 만들어져 있었기에 조건부로 거래를 처리하는 것은 불가능했습니다. 반면에 이더리움은 스마트 계약 개념을 도입하여 조건이 충족될 때만 무신뢰성 거래가 성사되는 문제를 해결했습니다. 2015 년 7 월, 비탈릭 부테린과 개빈우드는 스마트 계약이 처리 가능한 이더리움을 발명합니다. 이로서 개발자는 자신의 스마트 계약 프로그램을 만들어 이더리움 블록체인의 계정에 배포할 수 있게 되었고, 배포된 코드는 조건이 충족시에 실행되면서 계정의 상태를 바꾸어 나갈 수 있게 했습니다. 따라서 이더리움은 스마트 계약이 포함된 훨씬 더 광범위한 암호화폐 기능을 제공하기 때문에 비트코인에 대한 게임 체인저로 판명되었습니다. 이 시점을 기준으로 제 2 세대 블록체인 시대가 시작되었다고들 이야기합니다. 탈중앙화, 무신뢰성, 무허가성, 및 불가역성을 만족하는 플랫폼이 비트코인에서는 거래 데이터만 처리했지만, 이더리움에서는 거래 데이터뿐만 아니라 스마트 계약 코드 (프로그램)를 함께 처리할 수 있게 된 것입니다.

디앱(Dapp)은 하나 이상의 스마트 계약을 이용하는 보다 정교한 사용 사례인데, 웹 3.0 애플리케이션이라고도 부릅니다. 이 스마트 계약은 상호운영성 있는 여러 블록체인에 다르게 배포되어 서로 통신할 수 있습니다. 이미 이더리움과 다른 EVM

호환 블록체인들도 스마트 계약 플랫폼을 통한 스마트 계약 시대를 열고 있습니다. 예를 들면 BNB 체인 생태계에서는 생태계의 핵심 역할을 담당하는 체인을 BNB 스마트 체인으로 구축하고 있으며 EVM 호환 블록체인이므로 이더리움 스마트 계약 프로그램이 그대로 BNB 스마트 체인에 재 배포되어 실행 가능합니다. 이름을 질의하면 해당 암호화폐 주소를 알려주는 ENS 디앱에서 이름을 확인하는 과정은 두 단계로 진행되며, 먼저 레지스트리에 이름에 대한 확인자가 무엇인지 묻고 (쿼리) 답변을 받습니다. 여기까지는 메인체인에 배포된 레지스트리 스마트 계약이 하는 일입니다. 이어서 해당 확인자에게 다시 쿼리를 보내고 최종 응답을 받습니다. 이때 확인자 스마트 계약은 레이어 2 체인에 배포되는 것이 가능합니다.

이더리움 체인만으로 늘어나는 디앱의 규모를 감당할 수 없습니다. 여러 가지 확장성 솔루션이 개발되고 구축되고 있습니다. 그러나 확장성 트릴레마는 비트코인 블록체인이 출시된 이후 블록체인 개발자를 괴롭혀온 지속적인 문제입니다. 수년에 걸쳐 테스트된 많은 솔루션 중에서 레이어 2 네트워크는 분산화를 저하하지 않고 블록체인을 확장할 수 있는 가장 우아한 솔루션으로 인정받고 있습니다. 레이어 2 는 비트코인이나 이더리움과 같은 레이어 1 블록체인 위에 위치하는 확장 솔루션입니다. 레이어 2 는 속도를 높이고 블록체인에서의 거래 비용을 줄입니다. 레이어 2 는 레이어 1 네트워크의 확장성 문제, 특히 네트워크 혼잡 시 높은 가스 요금 문제를 해결하기 위해 존재합니다. 레이어 2 확장 솔루션은 결제 채널, 상태 채널, 사이드체인 및 롤업을 포함하여 다양한 형태를 취할 수 있습니다.

스마트 계약은 기존 금융 시스템을 대체할 탈중앙화 금융, 즉 디파이(DeFi)의 빠른 발전을 가지고 오고 있습니다. 더구나 준비금 증명 (PoR: Proof of Reserve)는 성장하는 디파이(DeFi) 생태계와 기존 금융 시스템 모두에게 암호화폐는 물론 세상 속 자산의 실제 담보에 대한 확실한 온체인 증명을 통해 자산 운영의 투명성을 높일 수 있는 방법을 제공합니다. 스마트 계약 생태계가 성장함에 따라 불투명한 자금 운영 프로세스와 악성 담보로 인한 시장 실패가 역사의 뒤안길로 사라지도록 하는 희망도 있습니다.

스마트 계약의 발전을 위해서는 조건 충족시 실행 단계에서 조건 충족 여부를 확인시켜줄 믿을 만한 외부 세상의 데이터가 필요합니다. 체인링크 같은 체인은 외부 세계와 블록체인을 연결하는 기술이기 때문에 앞으로 상호운영성 기술로 더욱 발전할 것이고, 이에 따라 이런 형태의 상호운영성 기술은 결국 웹 2.0 과 웹 3.0 을 통합하는 계기가 될 수 있습니다.

마지막 파트에서 다룬 탈중앙화 신원이나, 디지털 주권, 소울바운드 토큰(Soulbound Token, SBT)이라 부르는 기존 시장과 정반대되는 개념의 NFT 그리고 분산형 AI 시스템은 탈중앙화와 스마트 계약의 세상을 새롭게 열어갈 웹 3.0 과 블록체인 진화의 성숙한 단계의 바탕이 될 수 있습니다. 전통적인 신원 관리 시스템은 중앙 집중식 중개자에 의존하여 개인이 신원 관련 정보를 통제할 수 없게 합니다. 그렇지만 탈중앙화 ID(DID)는 개인이 중앙 기관에 의존하지 않고 자신의 신원 정보를 관리하고 증명할 수 있게 됩니다. 디지털 주권은 사용자에게 데이터에 대한 완전한 소유권을 주며, 웹 3 기술로 이를 지원할 수 있습니다. 예를 들면 DNS 와 유사하지만 데이터에 관한 소유권이 완전히 개인에게 주어지는 ENS 는 블록체인의 탈중앙화와 스마트 계약 기능을 활용하여 사용자가 도메인 이름을 통해 암호화폐 주소를 쉽게 조회할 수 있도록 해줍니다.

블록체인과 스마트 계약을 기반으로 발전해온 기존 NFT 는 디지털 자산으로 소유자의 부를 나타내면서 한편으로는 자선 NFT 의 거래처럼 공공의 이익을 촉진할 수 있었습니다. 그러나 NFT 는 웹 3.0 공간에서 금전지향적 한계를 넘어 정체성을 표현하는 방향으로 발전할 가능성이 있습니다. 인공지능(AI)은 빠르게 발전하여 일상 생활에 필수적인 요소가 되었지만, 중앙 집중화와 데이터 개인 정보 보호 문제를 야기했습니다. 앞으로 블록체인을 기반으로 AI 를 민주화하고, 투명성과 커뮤니티 협업을 촉진하여 이러한 문제가 해결될 것입니다. 결국 '탈중앙화와 스마트 계약의 세상'과 'AI 의 세상'은 하나로 통일될 것입니다.

블록체인과 암호화폐는 100% 소프트웨어 코드로 구현되어 있고 제 3 의 중개인이 없이 운영되므로 신뢰를 보낼만한 주체가 없습니다. 그러므로 블록체인과 암호화폐는 신뢰가 중요한 것이 아닙니다. 오픈 소스로 동작하는 원칙이 투명해야 하고, 이를 오픈 소스로 검증할 수 있어야 하기 때문에 검증이 중요한 것입니다. 이것을 검증하는 작업은 물론 전문가의 몫일 수 있습니다. 그러나 일반인도 검증에 동참할 필요가 있습니다. 그러기 위해서는 일반인들도 각종 암호화폐들의 백서의 내용 정도는 이해할 필요가 있는데 이것 또한 쉽지 않을 수 있습니다. 이유는 신기술 분야이고 과장 광고도 있고 사기도 있기 때문입니다. 신기술을 일반 독자도 어느 정도는 이해를 해야 합니다. 그래야만 블록체인과 암호화폐로 이루어지는 탈중앙화와 스마트 계약 세상은 더욱 투명해지고 발전할 수 있습니다. 여기가 이 책을 발간한 첫번째 배경입니다.

스마트 계약은 암호화폐의 대량채택에 대비한 블록체인의 확장성 문제를 해결하는 솔루션을 제공하여 블록체인의 진화를 진척시키고 있습니다. 아울러 스마트 계약이 모여 상호 작용하면서 탈중앙화 거래소 같은 디앱을 탄생시키고 거버넌스의 DAO 나 예측시장에 이르기까지 웹 3.0 세상을 열어 나가고 있습니다. 웹 2.0 과 웹 3.0 을 상호 운영되게 하여 블록체인 기술의 밝은 미래를 향한 희망을 열어 나가는 것도 결국은 스마트 계약으로 가능한 일이었습니다. 최근에 탈중앙화 신원과 디지털 주권 문제 해결은 물론 분산형 AI 구조에서 스마트 계약의 약진은 계속됩니다. 이쯤에서 독자들은 눈치를 챌 수 있을 것입니다. 그러면 스마트 계약 처리 능력이 없는 제 1 세대 암호화폐인 비트코인은 앞으로 어떻게 될 것인가? 비트코인만이 최고라고 주장하는 비트코인 맥시멀리스트가 듣고 싶지 않은 이야기를 이 책은 말하고 있습니다. 2014 년 기준 전 세계 약 1 만명 만이 비트코인 총량의 80%를 보유하고 있습니다. 'Code is law'라고 주장하며 암호화폐 시장의 주도권을 가지고 있고 또 앞으로도 계속 유지하려고 하는 이들은 웹 3.0 과 스마트 계약 세상의 미래에는 오히려 관심이 없어 보입니다. 그러나 이 책은 말합니다. 비트코인은 탈중앙화로 무신뢰성 거래를 가능하게 한 개척자일 뿐입니다. 블록체인과 암호화폐의 미래인 디앱과 웹 3.0 세상은 스마트 계약으로 특징지어진 제 2 세대 블록체인의 발전에 힘입어 진화하고 있습니다. 그래서 이 책의 제목과 같이 웹 3.0 과 블록체인이 진화되어 가는 현재를 정확히 짚고 우리 앞에 다가온 탈중앙화와 스마트 계약의 세계가 어떻게 열리고 있는지를 일반 독자에게 투명하게 알리는 일이 이 책의 또 중요한 발간 경위입니다.

앞으로 인류의 현실 삶, 꿈, 성공, 실패에 대한 이야기는 탈중앙화와 스마트 계약의 세상에서 계속 이어질 것입니다. 웹 3.0 은 단순한 기술 혁신을 넘어서, 우리 삶의 방식을 근본적으로 바꿀 새로운 패러다임을 제시하고 있습니다. 이 책은 단순한 기술서가 아닙니다. 이 책을 쓰는 동안 블록체인, 암호화폐, 스마트 계약, 웹 3.0 및 거버넌스 등 새로운 탈중앙화 세상을 꿰뚫어 보게 해주는 "웹 3.0 의 정석"이 되도록 의도하고 책을 써 내려 갔습니다. 혼란스럽고 빠르게 변하는 디지털 혁명의 물결 속에서, 이 책이 독자들에게 웹 3.0 의 진정한 기치와 함께 미래에 대해 명확한 비전과 깊은 통찰을 선사하기를 소망합니다. 기술과 인간, 그리고 그 사이에서 펼쳐지는 무한한 가능성에 대한 이 책의 이야기들은, 우리에게 새로운 희망과 도전을 안겨줄 것입니다.

2024 년 7 월 18 일

가톨릭대학교 명예교수 정윤찬

목차

PART 1 웹 3.0 과 탈중앙화

- 웹 3.0 과 탈중앙화 그리고 블록체인
- 신뢰보다 검증이 중요한 블록체인과 암호화폐
- 웹 3.0 운영 방식과 스마트 계약

PART 1 에서 참조한 주요 블록체인 또는 암호화폐	
비트코인	이더리움

1. 웹 3.0 과 탈중앙화 그리고 블록체인

1991 년 무렵의 웹 1.0 시대는 정적 페이지를 탐색하여 읽어 오는 방식이었으나, 2000 년대 초반 웹 2.0 시대에 들어오면 사용자가 콘텐츠를 생성하고 상호작용하게 되었습니다. 현재 기술 거대 기업들은 대규모 데이터 센터를 운영하며 사용자들이 쓰기로 획득된 중앙 집중화 정보를 사용하여 큰 영향력을 행사하고 있습니다. 웹 3.0 시대는 블록체인을 기반으로 데이터 소유권이 개인에게 귀속됩니다. 탈중앙화는 협력을 촉진하고 경제적 수혜를 가져올 수 있는 대안으로 제시되고 있습니다.

웹 2.0 으로 중앙 집중화된 거대 기업 탄생

인터넷을 적극 활용하기 시작한 1991 년 무렵 사용자가 읽기 전용으로 서버에 저장된 정적 페이지를 탐색할 수 있게 되었는데 이때를 웹 1.0 시대라 합니다. 2000 년대 초반에 인터넷은 점점 더 상호 작용하게 되었습니다. 사용자가 콘텐츠를 생성하고 서버로 '쓰기'하기도 하고 '읽기'도 하는 웹 2.0 시대로 발전하였습니다. 지금에 와서 보면 빅 파이브라 부르는 Alphabet(Google), Amazon, Meta, Apple 및 Microsoft 와 같은 기술 거대 기업의 데이터 센터는 웹 2.0 방식의 플랫폼이 기반이 되었습니다. 이들은 중앙 집중화된 대규모 데이터 센터를 사용하여 거의 독점에 가까운 권력을 가진 기업으로 발전하면서 전례 없는 힘을 보유하고 있습니다.

중앙화된 거대 조직은 정보를 독점하며 인간 사회 발전의 기반이었던 '협력'을 어렵게 하고 있습니다. 죄수의 딜레마는 경제 또는 비즈니스 상황에서 개별 인센티브가 행위자가 차선의 결과를 선택하도록 유도하는 이유를 설명하기 위해 자주 사용됩니다. 개별 인센티브는 그들 모두를 집단적으로 더 나쁘게 만드는 방식으로 행동하도록 유도하는 동시에 모두가 집단적으로 더 나아질 수 있는 선택을 개별적으로 피하는 상황이 된다는 뜻입니다. 협력해야 하는데, 개별 인센티브 때문에 경쟁하면 죄수의 딜레마에 빠진다는 것입니다.

초합리적 협력을 어렵게 하는 웹 2.0

죄수의 딜레마의 교훈으로 집단에서 경쟁보다 협력이 바람직하다는 초합리성은 도덕성과 협력의 관계를 설명해 줍니다. 개인의 행동을 놓고 게임이론과 경제학에서 다루는 상황은 크게 협력과 경쟁, 두 가지입니다. 죄수의 딜레마에서 보듯이 사실 더 좋은 결과를 위해서는 모든 사람이 서로 협력하는 편이 좋습니다. '죄수의 딜레마'에서 얻은 교훈 때문이던 아니면 종교적 영향이던 상관없이, 세상에는 많은 사람들이 도덕적으로 행동하고 협력합니다. 도덕적인 행동이 그들의 개인적인 상황이나 여건에 도움이 안되거나, 때로는 악화시킬 때도 기꺼이 협력합니다 초합리적 협력은 오랜 동안 인간 사회 발전의 중요한 기반이었습니다. 하지만 요즘은 많이 달라졌습니다. 현대의 중앙화된 거대 조직들은 개인 정보 수집을 통하여 사람들의 마음을 읽는 능력을 효과적으로 이용해서 다른 이들을 속일 수 있도록 허용하고 있습니다. 이런 이유로 초합리적 협력은 점점 더 어려워지고 있습니다. 인터넷은 종종 조직적이고 정치적인 문제에 대한 새로운 해결책으로 환영받았고, 실제로 정보의 비대칭을 줄이고 투명성을 제공하는데 도움이 된다고 보았습니다. 그런데 인터넷은 상황을 더 악화시킬 수 있는데, 사람은 오프라인 보다 온라인에서 본인을 더 잘 감출 수 있기 때문입니다. 인터넷 공간에서의 사기가 늘어나는 것도 이 이유입니다. 이런 사기를 해결하려면 개인과 중앙집권화 된 조직의 정보를 투명하게 공개해야 합니다. 그러나 이 과정은 스스로 진행되지는 않습니다.

중앙 집중화에서 탈중앙화로

만약 중앙 집권화 조직이 정보를 숨기거나 특정인만 자기들끼리 공유한다면 협력의 길은 더 멀어집니다. 조직 스스로 자발적으로 자신을 드러내고 초합리적으로 스스로를 만들 수 있는 방법을 찾을 수는 없을까? 여기에 방법으로 탈중앙화 자율 조직(DAO)와 같은 개념이 등장합니다. 그런데 DAO 는 외부인조차 조직의 전체 소스코드를 실제로 볼 수 있습니다. 그러므로 조직이 누군가를 속이는 것뿐 아니라 조직이 누군가를 속일 마음을 갖는 것조차 불가능합니다.

중앙화 시스템에서는 불가능했던 DAO 는 블록체인이라는 탈중앙화 네트워크로 가능해졌습니다. 블록체인 네트워크는 기본 토큰인 암호화폐가 있어야만 작동합니다. 암호화폐는 정부나 중앙 은행과 같은 단일 기관에 의해 통제되는 것이 아니라 다양한 컴퓨터, 네트워크 및 노드로 나누어져 취급됩니다. 블록체인이라는 탈중앙화 네트워크는 결국 다른 이들이 서로를 더 믿을 수 있게 만들기 위해서 작동합니다. 웹 2.0 에서 중앙 기관이 보유했던 데이터 소유권이 개인에게 귀착되는 웹 3.0 시대로 변화하기 시작했습니다. 데이터 주권이 사용자에게 오게 된 것입니다. 웹 3.0 이라는 새로운 디지털 세계는 인터넷 위에 추가적인 계층인 블록체인에서 존재합니다. 웹 1.0, 웹 2.0 의 기본 계층이 인터넷이라면, 웹 3.0 의 기본 계층은 블록체인입니다.

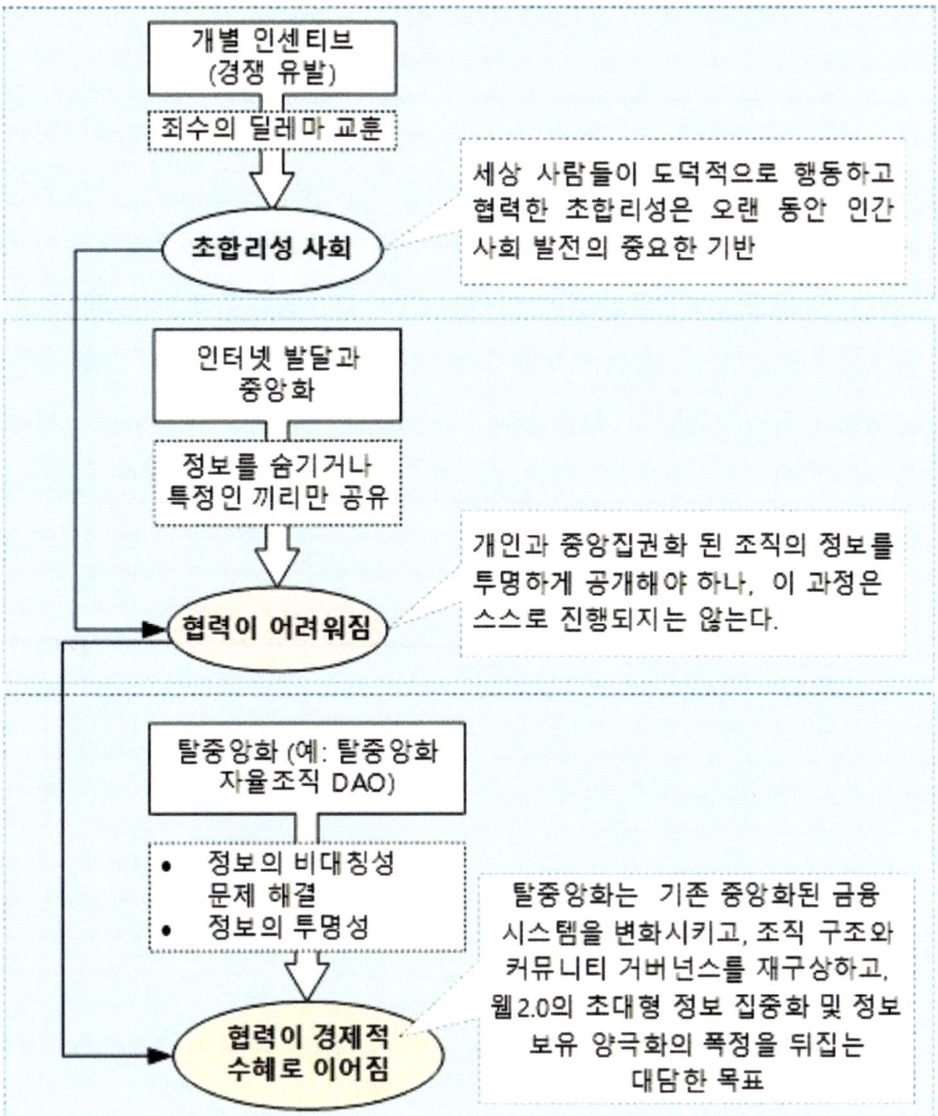

정보의 비대칭과 투명성 문제로 발생하는 현대 사회에서의 문제를 해결하여 협력으로 갈 수 있는 대안으로 '탈중앙화'가 등장하게 됩니다. 탈중앙화는 세상 사람들이 협력할 수 있게 하기 때문에 결과적으로 경제적 수혜로 이어질 수 있게 합니다.

2. 신뢰보다 검증이 중요한 블록체인과 암호화폐

블록체인, 정치적 체계, 소셜미디어가 제대로 작동하려면 공정성이 중요하며, 사람들은 운영 주체와 메커니즘을 신뢰해야 합니다. 중앙화된 플랫폼은 운영자와 메커니즘을 신뢰하지만, 탈중앙화된 블록체인은 신뢰할 주체가 없으므로 '무신뢰성'이 중요합니다. 암호화폐는 오픈 소스 프로그램으로 투명성과 검증 가능성이 핵심입니다. 중앙화 거래소는 신뢰 문제로 취약하지만, 탈중앙화 거래소는 검증 가능성을 통해 공정성을 보장합니다. 따라서 블록체인과 암호화폐의 중립성은 신뢰가 아닌 검증에 기반합니다.

블록체인의 무신뢰성

블록체인, 정치적 체계, 그리고 소셜미디어 메커니즘이 제대로 작동하려면 메커니즘의 프로세스에 참여하는 사람뿐 아니라 그 과정을 지켜보는 사람들이 이 메커니즘이 공정하다고 생각해야 합니다. 구글이나 아마존 같은 '중앙화'된 플랫폼을 공정성 (중립성)이 제공되는 플랫폼이라고 인정하는 이유는 이를 운영하는 사람과 작동 메커니즘을 신뢰하기 때문입니다. 중앙기관의 신뢰성은 언제든지 깨질 수 있습니다. 바이넌스와 같은 중앙화 거래소(CEX)는 암호화폐 거래의 중개인 역할을 하는 중앙화된 기관입니다. 이 중앙화 기관이 불투명하게 암호화폐를 사용하여 문제를 일으키기도 하고 해킹에 노출되기도 하여 탈도 많습니다. FTX와 같은 CEX가 파산한 이유도 FTX의 CEO나 경영진이 마치 중앙화 금융기관처럼 행동했고 신뢰가 무너졌기 때문입니다.

그러나 탈중앙화 블록체인에는 우리가 '신뢰성'을 보낼 만한 주체가 없습니다. 그래서 탈중앙화 특성은 '제3자를 통한 신뢰 보증이 없어도 믿을 수 있는 특성'을 의미합니다. 이를 간단히 '무신뢰성'이라고 표현합니다. 이런 의미에서 블록체인에는 신뢰가 필요하지 않는 것이 아니고, 블록체인에는 신뢰가 중앙화 기관과는 전혀 다른 방식으로 작동하고 있을 뿐입니다. 우리는 이더리움 암호화폐와 관계하는 재단을 신뢰하여 이더리움을 좋아하는 것이 아니고 이더리움의 메커니즘을 작동하는 프로그램을 검증할 수 있기 때문에 이더리움을 좋아하는 것입니다.

100% 소프트웨어로 구현되는 블록체인 메커니즘의 중립성

블록체인 메커니즘은 인터넷 위에 작동하는 어플리케이션 영역에 속합니다. 사용자가 블록체인에 배포된 스마트 계약을 이용할 때 어디서도 물리적 주소인 IP

주소를 요구하지 않는다는 사실을 알 수 있습니다. 이것이 의미하는 바는 블록체인 메커니즘은 100% 소프트웨어 코드로 구현되므로 블록체인의 중립성과 코드의 성격과는 밀접한 관계가 있습니다. 블록체인 기술을 사용한 신뢰할 수 있고 중립적인 메커니즘을 구축하기 위해서는 다음과 같은 규칙이 필요합니다.

- 오픈소스 및 공개적으로 검증 가능하도록 설계하기: 메커니즘의 규칙은 공개되어야 하며 규칙이 올바르게 실행하고 있는지 공개적으로 확인할 수 있어야 합니다. 예를 들어 어떤 암호화폐의 전망을 확인하려면 그 암호화폐의 백서를 조사할 필요가 있습니다. 백서를 애매 모호하게 공개한 암호화폐는 규칙을 감추고 있어 좋은 점수를 받을 수 없습니다. 암호화폐 세상에서 특허는 없습니다. 다만 떳떳하지 못한 규칙을 숨길 뿐입니다.
- 메커니즘을 간단하게 설정하고 자주 바꾸지 않기: 암호화폐의 작동 메커니즘은 특정인 또는 그룹의 이해관계에 따라 좌지우지되어서는 안됩니다. 이 이론의 배경을 존 롤스가 주장한 무지의 장막 이론에서 찾고 있습니다. 롤스는 무지의 장막을 가정하면 사람들이 어떤 계층에 특별히 유리하거나 불리하지 않도록 조화로운 사회계약을 체결할 수 있게 한다고 말합니다. 메커니즘을 변경하는 것은 결과를 임의대로 만들 의도로 유리하게 메커니즘을 재설정할 수 있게 합니다. 이렇게 되면 무지의 장막 효과도 사라지고 이런 메커니즘을 신뢰할 사람은 많지 않을 것입니다.

암호화폐의 무신뢰성과 관련한 오픈 소스의 중요성

'오픈소스 및 공개적으로 검증 가능하도록 설계하기'는 암호화폐의 중요한 특징 중 하나인 무신뢰성 특성과 직접적인 연관 관계를 가지고 있습니다. 암호화폐 작동 메커니즘과 관련하여 '신뢰가 중요한 것이 아니고 검증이 중요하다'라는 말을 합니다. 이더리움은 스마트 계약을 가능하게 했고, 계약 당사자들 간에 상호 작용하는 스마트 계약과 관련하여 오픈 소스를 진지하게 받아들이기 시작했으며 이는 '오픈 소스'의 중요성을 의미합니다. 계약 규칙이 프로그램으로 코드화 되어 있는 것이 스마트 계약이므로 당연히 프로그램 코드가 투명해야 합니다. 또 계약 조건이 쉽게 바뀔 수 있다면, 계약 당시와 상황이 바뀌면 누구나 자기에게 유리한 조건으로 계약을 바꾸려고 시도할 것입니다. 이더리움에서 검증되지 않은 경우(검증되었다는 것은 오픈 소스를 의미함) 어느 누구도 스마트 계약을 사용하려 하지 않을 것입니다. 닫힌 소스는 암호화폐의 주요 기둥 중 하나인 신뢰 없이 동작 (제 3 의 신뢰할 수 있는 기관의 도움 없이 동작) 하는 원칙을 깨뜨립니다.

신뢰가 중요한 것이 아니고 검증이 중요한 암호화폐

암호화폐는 중앙집중식 기관인 구글처럼 신뢰할 수 있기 때문에 좋은 공정성이 제공되는 플랫폼이 아닙니다. 즉, 암호화폐는 신뢰가 중요한 것이 아닙니다. 오픈 소스로 동작하는 원칙이 투명해야 하고, 이를 오픈 소스로 검증할 수 있어야 하기 때문에 검증이 중요한 것입니다. 암호화폐는 신뢰가 중요한 것이 아니고 검증이 중요합니다.

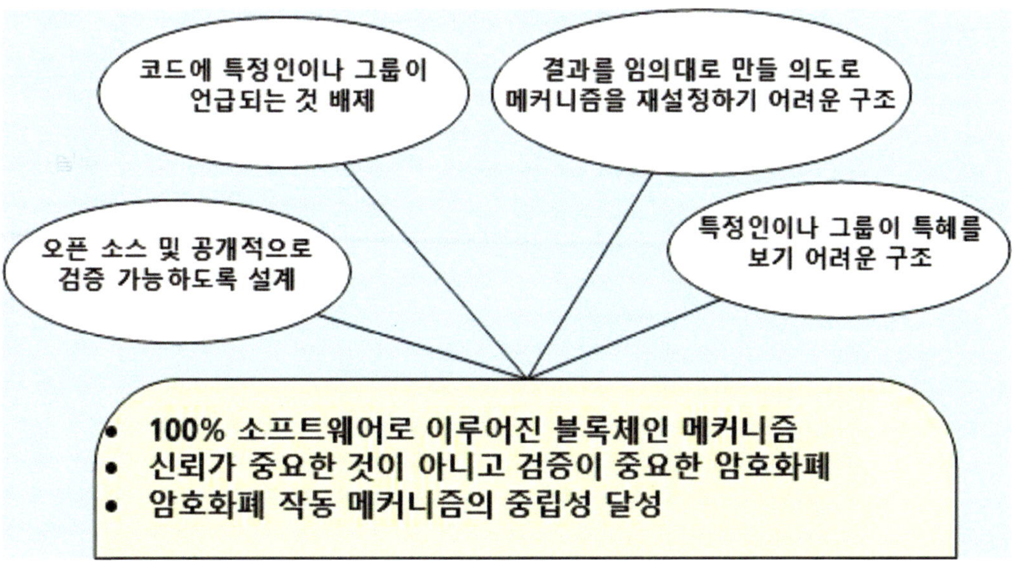

암호화폐는 신뢰가 중요한 것이 아니고 검증이 중요합니다. 사람들은 검증이 이루어진 암호화폐 작동 메커니즘을 공정하다고 생각합니다. 그래서 블록체인과 암호화폐의 중립성이 보장되는 것입니다.

3. 웹 3.0 운영 방식과 스마트 계약

블록체인은 웹3.0을 가능하게 하는 기본 계층이며, 암호화폐와 밀접하게 연결되어 있습니다. 첫째, 암호화폐는 글로벌 결제를 지원하며, 탈중앙화 거래소를 통해 원활한 거래를 제공합니다. 둘째, 암호화폐는 웹 3.0 결제 수단으로 PAYPAL 같은 중앙화 서비스를 대체할 가능성이 있습니다. 셋째, 커뮤니티 주도 경제로 프로젝트에 독창적 자금 조달이 가능하며, 이는 수많은 암호화폐 프로젝트로 증명됩니다. 스마트 계약과 DEFI 는 웹 3.0 의 핵심으로, 분산된 네트워크에서 자율적 금융과 애플리케이션 작동을 가능하게 합니다.

암호화폐와 블록체인은 동전의 양면과 같은 관계

분산된 공간의 웹 3.0 을 가능하게 하는 기본 계층은 블록체인입니다. 블록체인 네트워크는 고유한 암호화폐로 작동합니다. 비트코인 블록체인이 BTC 암호화폐로 운영되듯이, 이더리움 블록체인은 ETH 암호화폐 없이는 유지될 수가 없습니다. 이처럼 블록체인과 암호화폐는 동전의 양면과 같은 관계이듯이, 암호화폐와 웹 3.0 도 서로 밀접하게 의존하고 있습니다. 설명하자면, 암호화폐에는 웹 3.0 을 성장시킬 큰 이점이 될 세 가지 고유한 요인이 있습니다.

- 상품과 서비스를 구매하기 원하면 누구나 장소에 구애받지 않고 암호화폐를 사용할 수 있습니다. 또 Uniswap 같은 탈중앙화 거래소에서 빠른 스왑을 통해 원활하게 송금할 수 있습니다.
- 우리가 상품을 구매하기 위해 방문하는 대부분의 웹사이트에 대한 결제 게이트웨이를 현재는 PayPal 이나 Google Pay 등이 지배한 것처럼, 웹 3.0 에서는 암호화폐가 그 자리를 차지하는 것을 볼 수 있습니다. 웹 2.0 과 Paypal 과 같은 중앙 집중식 서비스가 사라진다고 말하지는 않겠지만, 웹 3.0 비즈니스에는 암호화폐라는 금융 도구가 PayPal 을 대체할 것입니다.
- 암호화폐가 갖는 강력한 장점은 그것이 커뮤니티 주도 경제라는 것입니다. 커뮤니티 주도 경제는 프로젝트가 창의적이고 독특한 방식으로 벤처 자금을 조달할 수 있게 합니다. 암호화폐 기반 프로젝트의 목표는 커뮤니티를 활성화하고 만족스럽게 유지하는 것입니다. 기존의 대부분 비즈니스는 회사의 소수의 주주에게 이익이 가도록 작동합니다. 세상에는 모두 고유한 16,000 개 이상의 암호화폐가 있으니 이처럼 많은 커뮤니티 주도 경제 프로젝트가 인터넷을 점령하고 있는 셈입니다.

스마트 계약은 웹 3.0 애플리케이션의 원동력

스마트 계약은 자율 거버넌스의 세계에서 활약합니다. 예를 들어 중앙 서버형의 우버 앱을 사용하면 차량 서비스를 예약하고 앱을 통해 다른 사람에게 비용을 지불할 수 있습니다. 우버 앱은 분산되어 있지 않기 때문에, 사용자와 운전자 사이에 중개인으로 존재하는 중앙화 시스템입니다. 그러나 우버의 탈중앙화 버전이 만들어지면, 중개인 없이 스마트 계약으로 현재의 중앙화 버전이 바뀔 수 있습니다. 그러면 운전자는 사용자가 중개인에게 지불한 수수료를 절약할 수 있습니다. 스마트 계약을 통한 우버 서비스는 자율적으로 사용자에게 중심이 맞추어 질 수 있고, 사용자 입장에서는 본인 정보는 본인 통제 하에 두는 디지털 주권을 행사할 수 있습니다.

DeFi (디파이)는 탈중앙화 금융을 담당하는 웹 3.0

탈중앙화 금융은 기본적으로 지불, 인보이스 발행, 대출/차용, 유동성 관리, 거래, 보험 및 신용과 같은 유사한 은행 도구 및 작업이 은행의 개입 없이 분산된 네트워크를 통해 수행되도록 허용합니다. 기존 금융에서는 대출을 받으려면 신용 점수를 사용해야 하고, 기존 금융기관처럼 중개하는 당사자에게 의존해야 합니다. 그러나 디파이 세계에서는 담보를 제공하는 한 네트워크에서 누구의 개입 없이 대출이 일어납니다. 디파이는 기존 은행 구조에 가장 큰 위협이 될 수 있습니다.

웹 3.0 애플리케이션의 구조

탈중앙화 애플리케이션 (DApp)은 웹 3.0 의 탈중앙화를 강조하는 또 다른 이름입니다. DApp 은 스마트 계약, 디파이를 모두 포함하는 탈중앙화 블록체인에서 작동하는 어플리케이션을 의미합니다. 2021 년 2 분기 기준 이더리움에 2400 개 이상의 DApp 이 있음을 보여줍니다. 현재 인터넷의 응용 프로그램 (주로 웹 2.0) 수와 비교할 수는 없지만 블록체인 기술이 성숙해지는 추세를 보기에는 충분합니다.

■ 웹 2.0 애플리케이션의 구조

웹 2.0 애플리케이션 구조는 웹 3.0 과 완전히 다릅니다. 먼저 사용자가 자신의 콘텐츠를 게시하고 다른 사람의 콘텐츠와 상호 작용할 수 있는 웹 2.0 구조의 블로그 사이트인 Medium(미디엄)을 생각해 보세요. Medium 의 아키텍처에는 많은 기능이 포함되어 있습니다. 첫째, 사용자의 게시물과 같은 필수 데이터를 저장할 장소가 있어야 합니다. 이를 위해서는 지속적으로 업데이트되는 데이터베이스가 필요합니다. 둘째, 백엔드 코드(Node.js, Java 또는 Python 과 같은 언어로 작성됨)는 Medium 의 비즈니스 로직을 정의해야 합니다. 예를 들어, 신규 사용자가 가입하거나, 새 블로그를 게시하거나, 다른 사람의 블로그에 댓글을 달면 어떻게 처리할 것인가를 백엔드 코드가 정의합니다. 셋째, 프론트엔드 코드(일반적으로 JavaScript, HTML, CSS 로 작성됨)는 Medium 의 사용자 인터페이스 로직을 정의해야 합니다. 프론트엔드 코드는 사용자가 페이지의 각 요소와 상호 작용하는 인터페이스를 정의합니다. 종합해보면, Medium 에 블로그 게시물을 작성할 때 미디엄의 프론트엔드와 상호작용하게 됩니다. 프론트엔드는 백엔드와 데이터베이스와 통신합니다. 이 코드를 가지고 있는 곳은 모두 중앙 서버이며 사용자는 인터넷 브라우저를 통해 HTTP 프로토콜로 서버와 통신합니다. 이것은 오늘날 대부분의 Web 2.0 애플리케이션이 작동하는 방법입니다.

■ 블록체인 기술은 웹 3.0 애플리케이션에 대한 새로운 방향을 제시

웹 3.0 이 웹 2.0 과 다른 점은 무엇입니까? Medium 과 같은 Web 2.0 애플리케이션과 달리 웹 3.0 은 중간자를 제거합니다. 애플리케이션 상태를 저장하는 중앙 집중식 데이터베이스도 없고 백엔드 로직이 상주하는 중앙 집중식 웹 서버도 없습니다. 이더리움 같은 경우에 50 만개 이상의 분산 노드가 허가 없이 이더리움 블록체인 네트워크 운영에 참여하고 있습니다. 그러니, 블록체인을 활용하여 인터넷의 분산된 익명 노드에 의해 유지 관리되는 분산 상태 전환시스템 (블록체인)에 앱을 구축할 수 있습니다. "상태 머신"이란 특정 프로그램 상태에서 어떤 메시지가 입력되면 해당 머신은 다음 상태로 전환해 나가는 머신을 의미합니다. 블록체인의 앱은 초기 배포시에 일부 상태로 객체화되고 해당 상태가 어떻게 전환될 수 있는지 정의하는 매우 엄격한 규칙(즉, 합의)을 통해야만 작동하는 상태 머신입니다. 더 좋은 점은 중앙집중 기관 같은 단일 개체가 이 분산 상태 시스템을 제어하지 않는다는 것입니다. 이는 네트워크의 모든 노드가 공동으로 유지 관리합니다.

웹 2.0 의 백엔드 서버는 웹 3.0 으로 어떻게 변신할 수 있을까요? Medium 의 백엔드를 제어하는 방식 대신 웹 3.0 에서는 애플리케이션의 논리를 정의하고 이를

분산 상태 시스템에 배포하는 스마트 계약을 사용하여 작성할 수 있습니다. 이는 블록체인 애플리케이션을 구축하려는 모든 사람이 이 공유 상태 머신에 자신의 코드를 배포한다는 것을 의미합니다. 웹 2.0 에서 백엔드에서 중앙화 기관이 비즈니스 로직을 구현하는데 비해 웹 3.0 에서는 사용자가 스마트 계약으로 애플리케이션 논리를 정의하고 구현합니다. 그러나 프론트엔드는 몇 가지 예외를 제외하고 거의 웹 2.0 이나 웹 3.0 모두 동일하게 유지됩니다.

정리하면 웹 3.0 은 블록체인 안에서 작동하는 앱입니다. 이 앱은 스마트 계약이라는 프로그램 코드로 개발자에 의해 만들어집니다. 개발된 스마트 계약 코드는 블록체인에 배포됩니다. 배포될 때의 초기 상태는 블록체인의 블록이 새로 생성되어 블록체인이 확장될 때 마다 상태 전환이 이루어질 수 있습니다. 어떠한 블록 시간에 배포되어 있던 스마트 계약에 상태 전환의 계기가 있으면 이를 스마트 계약이 실행된다고 말합니다. 스마트 계약의 실행은 외부 사용자가 트랜잭션을 발생시키거나 다른 스마트 계약이 메시지를 보내올 때 이루어 집니다.

사용자의 웹 사용 수수료

웹 2.0 과 웹 3.0 을 사용하는 사용자가 부담하는 사용요금 관점에서 차이를 살펴보겠습니다. 먼저 웹 2.0 에서는 아마존 같은 중앙화 기관이 서버의 백엔드에 비즈니스 로직을 구현하고 있습니다. 소위 이 비즈니스 로직은 물건 생산자와 소비자를 연결하는 중개인 플랫폼으로 작동하기 때문에, 웹 2.0 서버를 사용하는 비용은 지불하지 않아도 됩니다. 그러나 중개인이 없는 웹 3.0 은 완전히 달라집니다. 웹 3.0 을 위하여 배포된 스마트 계약은 배포할 때, 즉 초기 상태를 생성할 때도 블록체인 네트워크 자원을 사용할 뿐 아니라, 이어서 이루어지는 실행, 즉 상태 변환 때에도 블록체인 네트워크 자원을 이용해야 합니다. 어떤 웹은 복잡한 스마트 계약들로 이루어질 수 있기 때문에 실행 시에 스마트 계약 간에 메시지 호출이 무제한 이루어질 수 있습니다. 이 말은 스마트 계약 코드에 따라 블록체인 네트워크 자원의 이용 양이 많이 달라질 수 있다는 의미입니다. 그래서 사용자는 스마트 계약을 실행시키는 트랜잭션을 생성할 때 마다 충분한 양의 블록체인 네트워크 사용료를 신고해야 합니다. 이더리움 네트워크인 경우 블록체인 네트워크 자원이 한정되어 있기 때문에 스마트 계약을 사람들이 많이 실행시키면 그 만큼 수수료도 올라가게 설계되어 있습니다.

블록체인 노드

대부분의 블록체인은 근본적으로 분산되어 있고 누구나(개발자 포함) 하드웨어 요구 사항에 따라 허가 없이 노드를 실행할 수 있습니다. 이론적으로 네트워크에 노드가 많을수록 네트워크 보안이 더욱 강화됩니다. 더 많은 노드를 보유하면 운영 능력이 다양해지고, 더 많은 참가자가 합의를 도울 수 있으며, 네트워크 탄력성이 향상됩니다.

사용자와 블록체인 노드와의 상호 작용

웹 3.0 에서 사용자는 (주로) HTML, CSS 및 JavaScript 로 생성된 프런트엔드를 통해 Dapp 과 상호 작용합니다. 그러나 사용자는 Dapp 의 백엔드(즉, 블록체인 기반 스마트 계약)에 요청을 보내기 전에 먼저 블록체인 노드에 연결해야 합니다. 또한 웹 3.0 앱의 프런트엔드와 백엔드 간의 통신은 사용자 정의 JavaScript 라이브러리, 예를 들면 ethers.js(이더리움에 사용됨) 및 web3.js(EVM 호환 블록체인에서 사용됨)를 통해 처리됩니다. Ethers.js 및 web3.js 는 트랜잭션 서명, 사용자 잔액 가져오기, 계정 정보 검색, 웹 3 지갑 관리 등을 포함하여 Dapp 에 대한 프런트엔드 로직을 처리하기 위한 유틸리티를 제공합니다. 또한 두 라이브러리 모두 블록체인 노드에 대한 RPC(원격 프로시저 호출)를 지원하므로 개발자가 블록체인을 더 쉽게 읽고 쓸 수 있습니다.

서버의 데이터베이스를 이용하는 웹 2.0 에 비해 탈중앙화된 블록체인을 이용하는 웹 3.0 는 복잡합니다. 웹 3.0 와 블록체인과의 상호 작용을 쉽게 하도록 할 수 있도록 노드 공급자가 등장합니다. 블록체인 노드 공급자는 웹 3 프로젝트를 위한 API 및 전용 RPC 엔드포인트를 제공하여 개발자가 블록체인과 쉽게 상호 작용할 수 있도록 합니다. 노드 하드웨어를 유지 관리하는 데 귀중한 리소스를 낭비하는 대신 개발

팀은 이 작업을 노드 공급자에게 아웃소싱하고 사용자를 위한 제품을 구축하고 개선하는 데 집중할 수 있습니다.

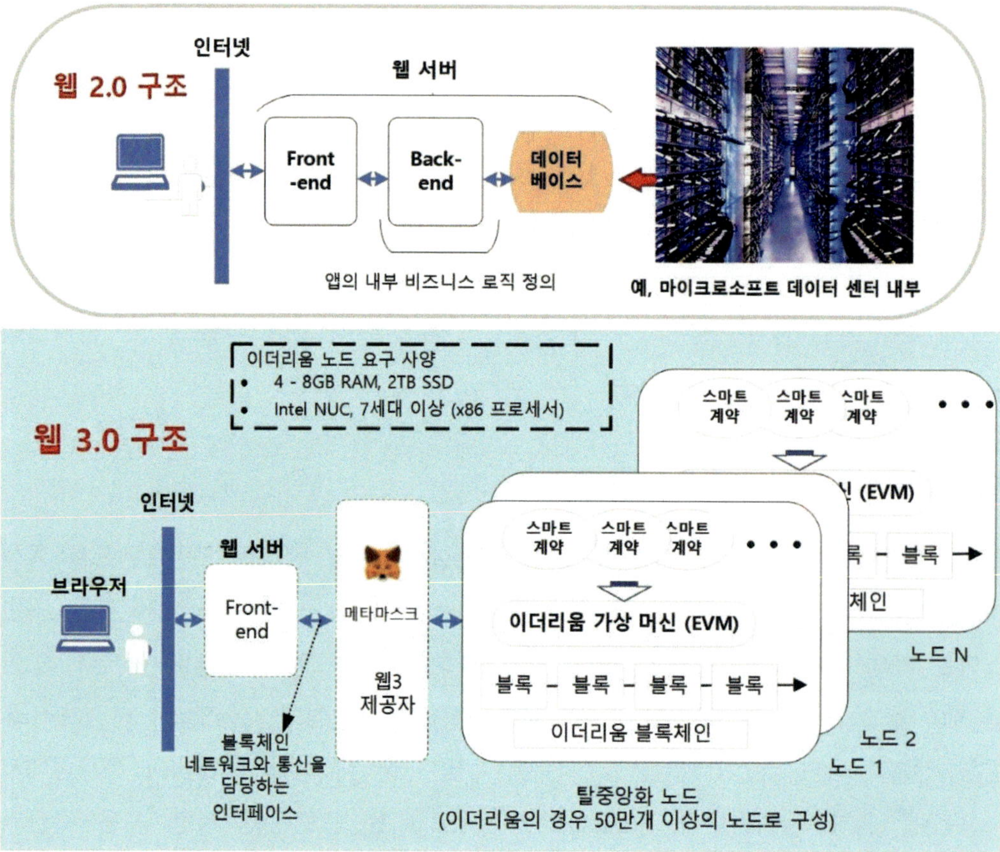

웹 3.0 은 분산 상태 전환시스템 (블록체인) 안에서 작동하는 앱입니다. 이 앱은 스마트 계약이라는 프로그램 코드로 개발자에 의해 만들어집니다. 개발된 스마트 계약 코드는 블록체인에 배포됩니다. 배포될 때 초기 상태를 가지고 있으며 이 상태는 블록체인의 블록이 새로 생성되어 블록체인이 확장될 때 마다 상태 전환이 이루어질 수 있습니다.

PART 2 블록체인의 원조인 비트코인

- 탈중앙화 시스템의 원조인 비트코인
- 비트코인 트랜잭션 생존 주기와 작업증명 방식 합의
- 분산된 블록체인 노드가 공유하는 UTXO 세트

PART 2 에서 참조한 주요 블록체인 또는 암호화폐
비트코인

4. 탈중앙화 시스템의 원조인 비트코인

2008 년 10 월 31 일, 사토시 나카모토는 금융위기에 대응하여 비트코인 백서를 발표했습니다. 백서는 제 3 자의 개입 없이 개인 간 안전한 거래를 가능하게 하는 탈중앙화 시스템을 설명합니다. 이 시스템의 핵심은 거래 기록을 블록으로 보관하는 분산 타임 스탬프 서버와 새로운 블록을 생성하는 채굴 노드입니다. 채굴 노드는 경쟁을 통해 블록을 생성하고, 일반 노드는 이를 검증하여 블록체인을 확장합니다. 비트코인은 중앙화된 기관 없이도 디지털 자산을 안전하게 거래할 수 있는 무신뢰성을 강조합니다.

비트코인 백서

2008 년 10 월 31 일, 비트코인의 영웅 사토시 나카모토는 비트코인 백서를 발표했는데, 시대적으로 보면 2008 년 금융위기에 대한 직접적인 대응으로 만들어졌습니다. 당시 중앙화 금융이 근면한 사람들에게 불리하게 작동한다고 느꼈던 시기입니다.

비트코인 백서는 '피어 투 피어 (개인대 개인)'은 제 3 의 신뢰할 수 있는 기관 없이도 직접 안전하게 거래를 할 수 있다는 탈중앙화 시스템을 설명하고 있습니다. 탈중앙화 시스템의 중심에는 적정 시간 간격으로 순차적으로 거래 기록을 블록으로 영구히 보관하는 '분산 타임 스탬프 서버 (후에, 일반 노드)'가 있고, 또 새로운 거래를 기록한 신규 블록을 생성하는 임무를 담당하는 채굴 노드가 있습니다. 채굴 노드는 약 10 분 간격으로 발생한 거래들을 묶어 블록화(장부화) 작업을 경쟁적으로 시도합니다. 채굴 노드가 경쟁에서 승리하여 생성한 블록은 보안을 만족하는 블록으로 간주됩니다. 채굴노드는 이 성공한 블록을 전파하여 일반 노드에게 보내주고, 일반 노드는 수신한 블록을 검증하고 바로 블록체인에 이어 붙여 블록체인을 확장해 나갑니다. 그러니 장부 작성은 채굴 노드가 담당하고 장부 보관은 일반 노드가 책임지는 형태입니다. 다시 이야기하면 채굴 노드가 경쟁적으로 블록을 생성해 나가고 세상의 모든 검증 노드는 신규 블록이 생성될 때 마다 이를 수신하여 검증한 후에 블록을 받아들이고 블록체인을 확장해 나갑니다.

비트코인의 무신뢰성

사토시 나카모토 백서의 핵심은 신뢰할 수 있는 제 3 자의 도움 없이도 디지털 자산을 당사자 간에 직접 안전하게 거래할 수 있다는 것입니다. 이 시점부터 비트코인은 '무신뢰성 (Trustless)'이란 특성을 대변합니다. 백서에서 '블록체인' 용어를 사용하는 대신 새로운 암호화폐의 특징을 '무신뢰성'으로 표현했습니다. 무신뢰성은 '제 3 자를 통한 신뢰 보증이 없어도 믿을 수 있는 특성'을 의미합니다.

한마디로 개인간의 거래에 중앙화 기관이 필요치 않다는 의미입니다. 무신뢰성은 탈중앙화 시스템의 뿌리가 됩니다.

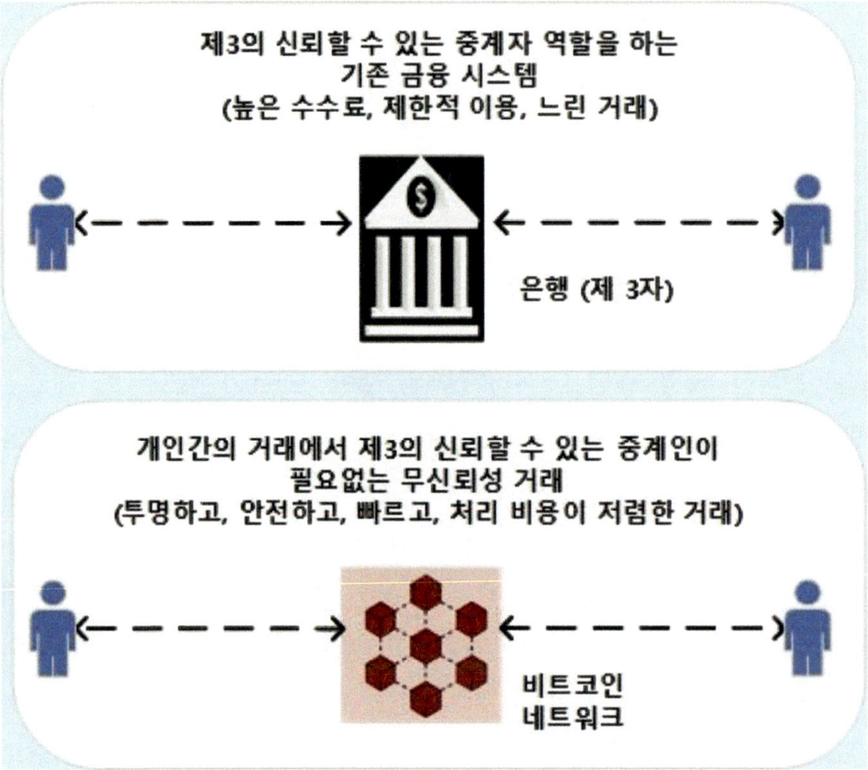

사토시 나카모토 백서의 핵심은 신뢰할 수 있는 제 3 자의 도움 없이도 디지털 자산을 당사자 간에 직접 안전하게 거래할 수 있다는 것입니다. 이 시점부터 비트코인은 '무신뢰성 (Trustless)'이란 특성을 대변합니다.

비트코인 탄생의 기술적 배경

비트코인이 탄생된 기술적 배경은 1970 년대에 개발된 공개키 암호화 시스템과 해시 함수입니다. 공개 키 암호화는 1970 년대에 Diffie, Hellman 및 Merkle 에 의해 개발되었습니다. 비트코인은 공개 키 암호화 알고리즘을 사용한다고는 볼 수 없지만, 디지털 서명이라는 공개 키 암호화의 응용 기술을 사용합니다. 공개 키 암호화는 대칭키 암호화의 중요한 약점인 키 배포에 대한 대응으로 개발되었습니다. 두 사람이 대칭키 암호화를 사용하는 경우 대칭키 암호화 시스템을 사용하기 전에 보안 채널을 통해 키를 교환해야 하는 과정, 즉 동일한 대칭 키를 상호 공유하는지 미리 확인해야 하는 과정이 필요합니다. 그러나 전자 상거래와 같은 보안 채널을 통해 대칭 키를 교환할 수 없는 경우가 많습니다. 인터넷은 안전하지 않은 채널이기 때문입니다. 트래픽은 도청될 수 있으며 심지어 전송 중에 수정될 수도 있습니다. 따라서 대칭키 암호화만 사용하여 인터넷을 통해 보안 연결을 설정하는 것은 불가능합니다. 공개 키 암호화는 이 문제를 해결하기 위해 개발되었습니다.

대칭 키 암호화에 대한 비유는 하나의 키를 가진 금고의 암호화입니다. 이 (대칭) 키는 금고를 잠그고(암호화), 또 금고를 잠금 해제(암호 해독)하는 데 모두 동일 키를 사용합니다. 공개 키 암호화에 대한 유사한 비유는 한 쌍의 키가 있는 금고에 비유할 수 있습니다. 키 중 하나인 공개 키는 금고를 잠그는 데만 사용할 수 있고, 다른 키인 개인 키는 금고를 잠금 해제하는 데만 사용할 수 있습니다. 공개 키 암호화는 키 배포 문제를 어떻게 해결할까? 주목해야 할 중요한 점은 개인 키 (금고를 잠금 해제하는 키) 만 비밀로 유지해야 한다는 것입니다. 그러나 개인키에 대응되는 공개키는 인터넷을 통해서 마음대로 공개됩니다. 그래서 비밀키를 생성하여 사용하고자 하는 키 보유자는 공개키와 개인키 쌍을 만들어 개인키는 안전하게 비밀로 보관하고 공개키는 마음껏 공개할 수 있습니다.

해시 함수는 임의의 길이의 데이터를 입력으로 사용하고 해시 값이라는 고정 길이의 비트 문자열을 출력하는 알고리즘입니다. 해시 값은 동일한 입력 데이터에 대해 항상 동일한 결과를 나타냅니다. 해시 함수에서 반환되는 값을 해시 값, 해시 코드, 다이제스트 또는 간단히 해시라고 합니다. 해시 함수는 보통 단방향 해시 함수를 의미하는 데, 가변 크기 메시지 M 을 입력으로 받아들이고 고정 크기 메시지 다이제스트 H(M)을 출력으로 생성합니다. 해시함수는 비밀 키를 입력으로 사용하지 않습니다. 해시는 메시지를 인증하기 위해 사용되기도 하고 디지털 서명에서도 중요하게 사용되어 왔습니다. 그래서 해시 함수의 원래 목적은 파일, 메시지 또는 기타 데이터 블록의 "지문"을 생성하는 것이었습니다. 그런데 비트코인에서 해시함수를 적극적으로 사용하기 시작하였습니다. 비트코인은 암호화 해시 함수를 사용하여 합의 메커니즘의 원조인 작업 증명을 수행합니다. 해시 함수는 임의의 길이를 갖는 입력 데이터에서 해시 값을 구하는데, 이 때의 해시는 입력 데이터의 작은 차이가 결과에 큰 차이를 생성한다는 특징이 있습니다. 비트코인은 작업 증명 기능으로 해시 함수를 두번 적용한 더블 SHA256(즉, SHA256^2)을 사용합니다. SHA256 은 출력이 256 비트 길이인 함수입니다. 또 비트코인에서는 비트코인 주소를 만들 때도 해시 함수를 사용합니다. 먼저 공개키암호화 기술로 개인키와 공개키를 만들고, 이어서 공개키에 해시 함수를 적용하여 출력으로 유도된 해시 값을 비트코인 주소로 사용합니다. 즉, 공개키의 '지문'이 비트코인 주소가 됩니다.

비트코인 블록체인에 기록되는 단위 거래는 트랜잭션

비트코인 블록체인에 기록되는 단위 거래를 트랜잭션이라 합니다. '홍길동은 앨리스에게 100 비트코인을 보낸다'라는 비트코인 트랜잭션 (거래)의 예를 들어 봅시다. 홍길동, 앨리스 등을 구분할 때는 개인의 신원을 노출시키지 않고 각자 고유한 ID 를 사용합니다. 이 ID 가 공개키에서 유도된 고정 길이의 비트코인 주소입니다. 이 주소의 길이는 160 bit 이므로 2^{160} 개의 주소가 사용될 수 있습니다. 세상 사람이 모두 누구의 허락 없이 이 주소를 만들어 사용해도 중복되어 충돌할 가능성은 없어 보입니다. 그래서 어느 누구의 허락없이 개인은 여러 개의 비트코인 주소를 만들어 사용할 수 있습니다. 비트코인 트랜잭션은 간단한 프로그램 형태인데, 구조는 '입력'과 '출력' 으로 구성되어 있습니다. 입력은 인출할 자산이 있는 곳의 160 bit 크기의 계정 주소(사실은 주소에 해당하는 공개키)와 소유권자 홍길동의 개인키로 서명한 디지털 서명을 포함하고 있습니다. 또 출력에는 엘리스의 공개키와 관련된 주소와 전달할 100 비트코인이라는 정보가 들어 있고, 엘리스 만이 이 출력을 잠금 해제할 수 있도록 (인출하려는 시도가 정당한지 검증할 수 있도록) 프로그램된 스크립트가 포함되어 있습니다.

비트코인 트랜잭션을 정확하게 이해하려면, 비트코인 인출 방법을 확실히 이해해야 합니다. 아래 그림에서 트랜잭션 1 의 출력에는 5 비트코인이 보관되어 있습니다. 트랜잭션 3 이 트랜잭션 1 의 출력을 인출하려고 하는 경우에 이 출력에 있는 5 비트코인을 100% 인출하여야 한다는 것입니다. 그래서 한번 인출을 해간 블록체인에 기록된 어떤 트랜잭션의 출력은 이제 역사적 기록으로는 남을 뿐 가치의 저장과는 아무 상관이 없습니다. 그래서 실질적으로 모든 비트코인은 아직 인출하지 않은 트랜잭션 출력에 저장되어 있습니다. 블록체인을 거래 장부라고 하지만, 장부에 기록된 트랜잭션에는 두 가지 종류가 있는 데, 하나는 미 사용 출력 (UTXO)을 포함하고 있는 트랜잭션과 이미 인출해 가서 출력에 아무것도 없는 트랜잭션입니다. 그래서 비트코인은 블록체인에 저장되어 있다고 하지만 엄밀히 이야기하면, 비트코인은 블록체인의 미사용 출력에 저장되어 있습니다. 그래서 비트코인 장부 작성 형식을 UTXO 모델이라고 합니다.

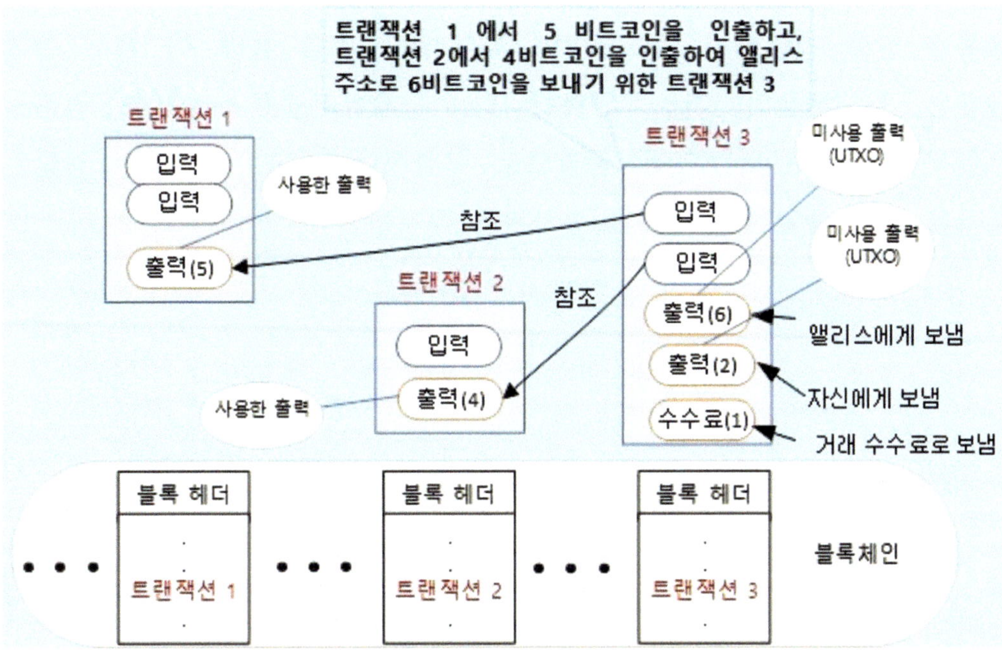

장부에 기록된 트랜잭션에는 두 가지 종류가 있는 데, 하나는 미 사용 출력 (UTXO)을 포함하고 있는 트랜잭션과 이미 인출해 가서 출력에 아무것도 없는 트랜잭션입니다. 그래서 비트코인은 블록체인에 저장되어 있다고 하지만 엄밀히 이야기하면, 비트코인은 블록체인의 미사용 출력에 저장되어 있습니다. 그래서 비트코인 장부 작성 형식을 UTXO 모델이라고 합니다.

5. 비트코인 트랜잭션 생존 주기와 작업증명 방식 합의

비트코인 네트워크에서 트랜잭션은 먼저 채굴 노드들에게 전파되고, 검증된 후 블록에 포함됩니다. 채굴 노드들은 작업 증명(PROOF-OF-WORK) 경쟁을 통해 블록을 생성하고, 가장 먼저 블록 생성을 성공한 노드는 이 블록을 전파합니다. 일반 노드들은 채굴 노드가 보내온 블록을 받아 검증하여 블록체인에 추가하며, 이를 통해 이 블록 속에 내장된 트랜잭션이 처리 완료됩니다. 블록은 블록 헤더와 검증된 트랜잭션들을 포함한 블록 몸통으로 구성됩니다. 모든 노드는 검증된 블록을 받아 동일한 블록체인 복사본을 유지합니다.

비트코인 블록체인 네트워크를 구성하는 채굴 노드와 일반 노드

비트코인 블록체인 네트워크는 인터넷 위에서 작동하는 네트워크입니다. 비트코인 네트워크를 구성하는 노드에는 두 종류가 있는데, 하나는 장부를 합의로 작성하는 채굴 노드이고 다른 하나는 합의된 장부를 검증하고 영구히 보관하는 일반 노드입니다. 노드간의 통신은 방송 방식을 사용합니다. 채굴 노드는 누구든지 원하면 될 수 있습니다. 이 채굴자들은 컴퓨팅 시설을 사용하여 블록을 생성하는 경쟁에 참여합니다. 트랜잭션을 포함시킨 신규 블록을 만드는데 제일 먼저 불록 생성에 성공한 채굴 노드에게 성공 보상금이 주어집니다. 채굴에 참여하는 채굴 노드와 검증에 참여하는 일반 노드의 수가 많으면 많을수록 더 탈중앙화 되어 있다고 보아도 좋습니다.

신규 트랜잭션의 라이프 사이클

새로 제기된 트랜잭션 (거래)이 블록체인에 온체인 될 때까지 겪는 과정, 즉 라이프 사이클을 알아봅시다. 신규 트랜잭션은 블록체인 네트워크를 통하여 세상의 모든 채굴 노드들에게 보내집니다. 채굴 노드는 각각 일정 시간 간격 동안에 모인 거래를 묶어서 블록화 (장부화)하는 채굴 과정 (문제 풀이)에 경쟁적으로 돌입합니다. 이 경쟁적 문제 풀이 작업을 작업증명 방식 (Proof-of-Work), 즉, PoW 라고 합니다. 문제 풀이에 먼저 성공한 채굴노드가 만든 블록은 세상의 모든 일반 노드로 실시간으로 뿌려지게 됩니다. 그러면 신규 블록을 받은 일반노드는 이 블록의 유효성을 검증하고 현재의 블록체인에 새로운 블록을 붙여서 블록체인을 확장해 나갑니다. 그래서 채굴노드가 블록을 만들고 일반 노드가 이를 받아 검증하고 받아들이는 과정을 합의 (Consensus)라고 합니다. 신규 블록을 수신한 일반 노드는 블록을 검증한 후에 블록체인을 확장합니다. 시간의 흐름에 따라 발생한 트랜잭션들을 일정 간격으로 묶어서 블록으로 만들고, 이전 블록에 연결하여 블록체인을 확장해 나가는 일이 2008 년부터 현재까지 계속되고 있습니다.

트랜잭션의 라이프 사이클을 정리하면 그림과 같습니다.

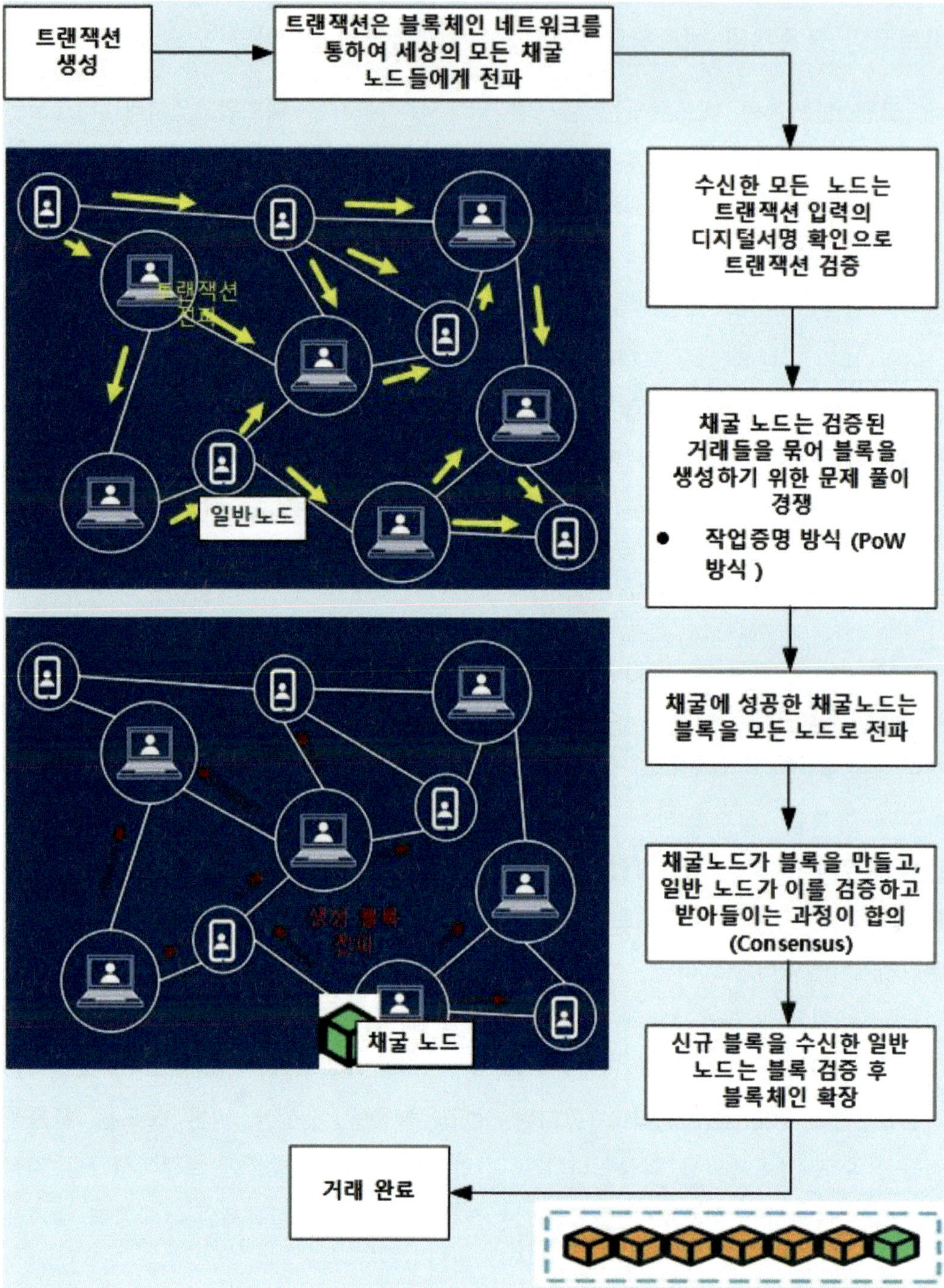

비트코인 트랜잭션의 라이프 사이클

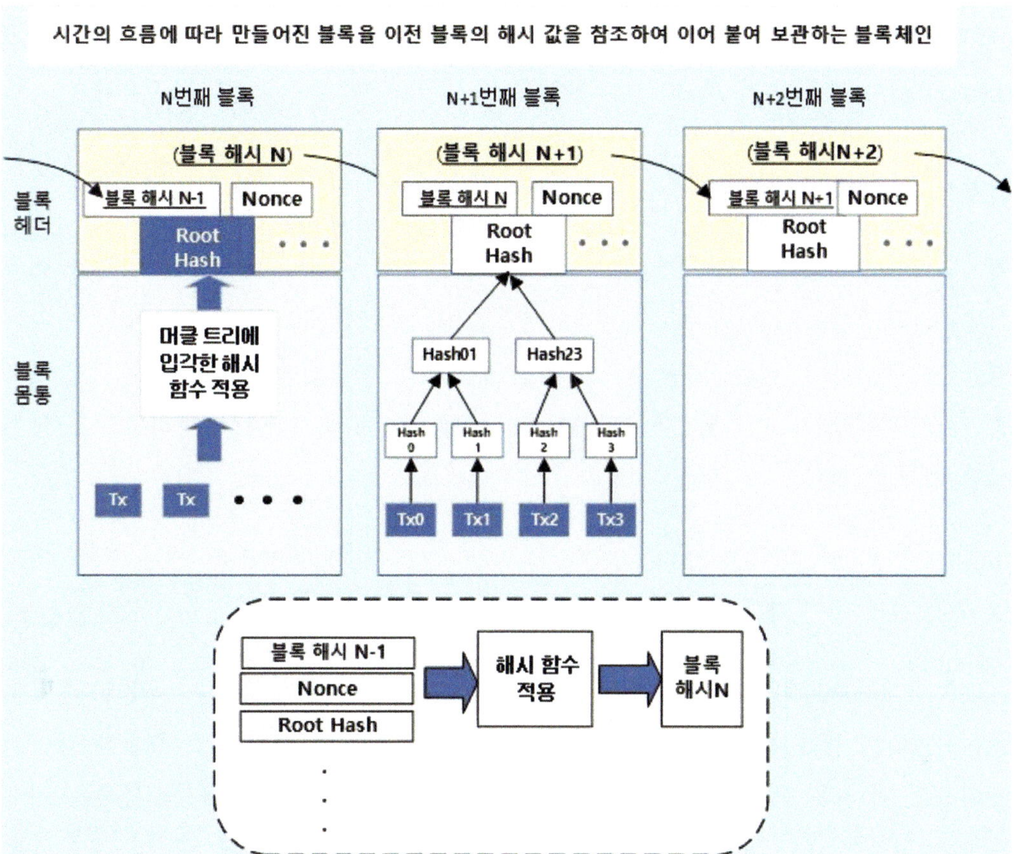

블록은 블록 헤더와 블록 몸통으로 이루어집니다. 블록 몸통에는 검증에 통과한 트랜잭션들이 머클 트리라고 하는 정렬 방법에 따라 배치되어 있습니다. 이 머클 트리**의** 최 상단에는 몸통에 배치된 모든 트랜잭션들이 반영된 최종 해시**인** 루트 해시**가 있습니다.** 또 블록 헤더에는 이전 블록을 연결시키는 이전 블록 해시가 있고 채굴 과정에서 1 씩 계속 증가하는 Nonce 값이 있습니다.

블록 구조

블록은 블록 헤더와 블록 몸통으로 이루어집니다. 블록 몸통에는 검증에 통과한 트랜잭션들이 머클 트리라고 하는 정렬 방법에 따라 배치되어 있습니다. 이 머클 트리는 이진 트리 형태인데 최 상단에는 결국 몸통에 배치된 모든 트랜잭션들이 반영된 최종 해시가 있습니다. 이 해시를 루트 해시라고 하여 블록헤더를 구성하는 한 요소가 됩니다. 또 블록 헤더에는 이전 블록을 연결시키는 이전 블록 해시가 있고 채굴 과정에서 1 씩 계속 증가하는 Nonce 값이 있습니다. 이 세 가지 값들은 해시 함수를 적용하여 목표 난이도를 만족하는 블록 해시를 찾는 주요 해시 함수 입력 값입니다.

블록의 생성 작업

블록의 생성 작업은 비트코인 채굴자 간의 문제 풀이 경쟁 과정이므로 이것을 채굴 작업이라고 부르고, Proof-of-Work (PoW) 합의 방식이라고 부릅니다. 채굴 노드는 경쟁적으로 목표로 하는 작은 숫자의 블록해시 값이 찾아질 때까지 Nonce 값을 1 씩 증가시키면서 해시 함수를 재시도 합니다. 예를 들어 블록 생성 난이도라고 하는 목표 해시값 (예)이

0x0000000000000003A30C00000000000000000000000000000000000000000000 이라고 가정하면, 어떤 채굴자가 해시함수를 재시도 하다가 결과 값이

0x0000000000000001b6b9a13b095e96db41c4a928b97ef2d944a9b31b2cc7bdc4 이 생성되었다면 블록 해시 값이 난이도 보다 작은 값이 만들어졌으므로 채굴에 성공한 것이라고 합니다. 이 채굴 성공 노드는 바로 블록 몸통을 포함한 생성 블록을 전체 노드로 전파합니다. 이 블록을 수신한 일반 노드는 블록 몸통에 포함된 거래들을 확인하고 블록 헤더의 여러 필드 값을 해시 함수의 입력으로 적용한 후에 해시 함수 결과 값을 확인 해 봅니다. 확인된 값이 블록해시로서의 목표난이도를 만족하면 블록 검증을 성공적으로 마치게 됩니다. 그리고 이 블록은 현재 까지의 블록체인을 확장하는 새로운 블록이 됩니다. 세상의 모든 노드가 이 블록 검증 작업을 마치고 블록체인을 확장해 나가기 때문에 노드들이 모두 똑 같은 블록체인 복사본을 가지고 있게 됩니다.

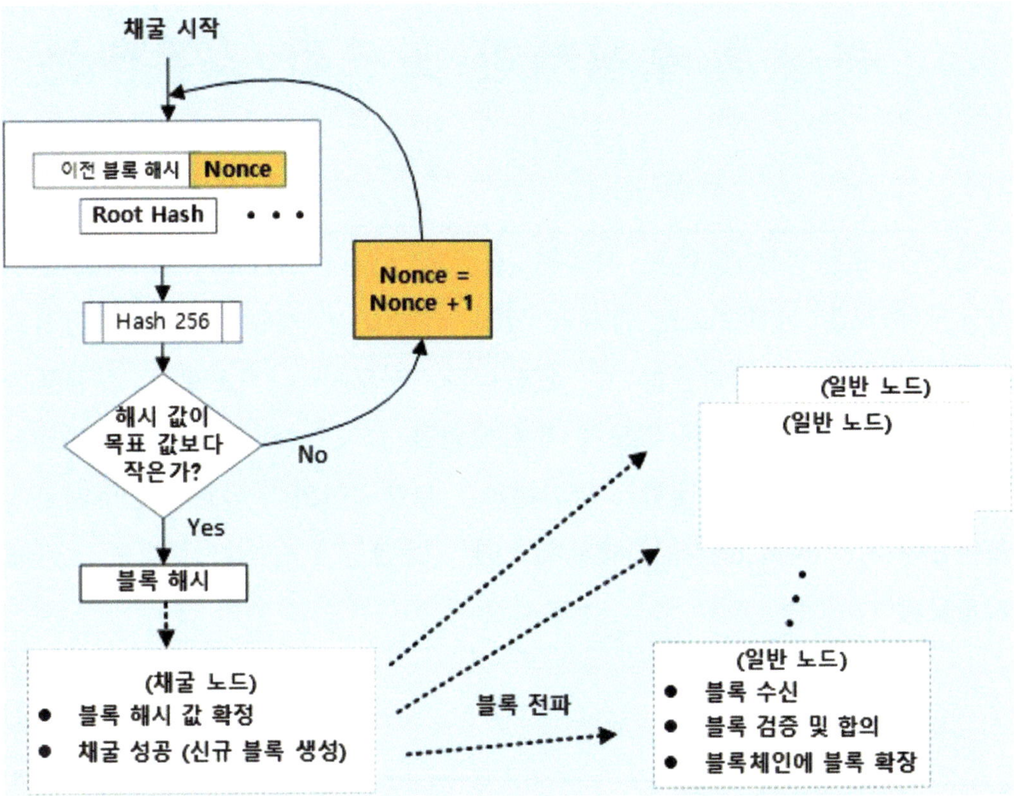

블록의 생성 작업은 비트코인 채굴자 간의 문제 풀이 경쟁 과정이므로 이것을 채굴 작업이라고 부르고, Proof-of-Work (PoW) 합의 방식이라고 부릅니다. 채굴 노드는 경쟁적으로 목표로 하는 작은 숫자의 블록해시 값이 찾아질 때까지 Nonce 값을 1 씩 증가시키면서 해시 함수를 재시도 합니다.

6. 분산된 블록체인 노드가 공유하는 UTXO 세트

블록체인 트랜잭션 출력은 사용된 출력과 미사용 UTXO 로 나뉩니다. 사용된 출력은 기록으로만 가치가 있고, UTXO 는 개인 지갑의 개인키로 접근해 비트코인을 이동할 수 있습니다. 사토시 나카모토는 트랜잭션 출력을 두 번 사용할 수 없도록 비트코인을 설계했습니다. UTXO 세트는 블록체인의 최신 상태를 반영하여 트랜잭션의 유효성을 빠르게 확인합니다. 비트코인은 네트워크에 보관된 UTXO 세트 안에 기록됩니다.

비트코인을 인출할 수 있는 출력 UTXO(Unused Transaction Output)

사토시 나카모토는 비트코인을 설계할 때, 한번 사용한 어떤 트랜잭션의 출력을 두 번 사용하지 못하도록 프로토콜을 설계했습니다. 즉, 어떤 출력을 사용하려면 그 출력이 보유한 자금을 모두 가져와야 하고, 그 출력에 일부를 남겨 놓을 수는 없도록 했습니다. 이런 규칙 아래 아직 블록체인에 게시된 트랜잭션들 중 아직 사용되지 않은 트랜잭션 출력을 모두 모아 놓은 집합을 UTXO 세트이라고 합니다. 일반노드는 블록체인의 전체 사본 (블록체인), UTXO 세트 및 미확인 상태 (블록에 실리기 전단계) 트랜잭션 메모리 풀(UTMP)을 포함하는 네트워크 상태의 최신 스냅샷 (새로운 블록이 확장될 때마다 업데이트된 정보)를 유지합니다. 즉, 블록체인에서 새로운 블록이 만들어져 체인이 확장되어 나가는 주기인 블록시간마다 UTXO 세트도 갱신됩니다.

UTXO 세트 덕분에 로컬에서 신규 트랜잭션의 즉각적인 유효성 검증

사용자가 트랜잭션을 생성하여 네트워크로 보내면 블록체인 노드가 이 트랜잭션을 수신하고 난 후 바로 하는 일은 이 트랜잭션의 입력이 참조하는 (비트코인을 인출하려고 하는) 이전 트랜잭션의 출력이 존재하고 사용되지 않았는지 확인하는 일입니다. 이 확인 작업은 모든 노드가 스냅샷으로 가지고 있는 UTXO 세트을 조사하기만 하면 됩니다. 모든 일반 노드는 동일한 블록체인과 함께 역시 동일한 UTXO 세트을 분산 보관하고 있기 때문에 블록체인으로 탑재되기 전 단계에서 이중결재 문제 해결을 포함한 즉각적인 거래의 유효성이 로컬에서 확인될 수 있는 것입니다. 그래서 '신규 트랜잭션이 정당한 것인가?'하는 확인은 쉽게 그리고 빠르게 UTXO 세트을 보유한 지역 노드에서 거의 실시간으로 이루어지는 것입니다.

UTXO 세트의 블록시간 단위 업데이트

그림은 UTXO 세트가 새로운 블록이 만들어질 때 마다 어떻게 변화되어 나가는지를 보여줍니다. 예를 들어 블록[N+1]의 합의가 완료되면 이전 UTXO 세트에 있던 출력 2-1, 출력 2-3, 출력 1-4 는 제거되고 대신 출력 3-1, 출력 3-2 가 삽입됩니다.

'비트코인이 개인 지갑 속이 아닌 블록체인 네트워크에 보관되어 있다.'를 구체적으로 표현하면 '비트코인은 UTXO 세트 안에 기록되어 있다.'가 정확한 표현입니다. 그러므로 인출하려고 하는 주소의 유효한 잔액이 있는지 확인하는 일은 블록체인을 통하지 않고 지역에서 UTXO 세트을 실시간으로 조사해보면 바로 알 수 있습니다. 이 UTXO 세트를 모든 노드가 동일한 복사본을 가지고 있고 동일하게 업데이트 해 나가기 때문입니다. 개인은 각자가 관할하는 미사용 출력 (UTXO)을 잠금 해제할 수 있는 개인 키를 개인 지갑에 가지고 있을 뿐입니다.

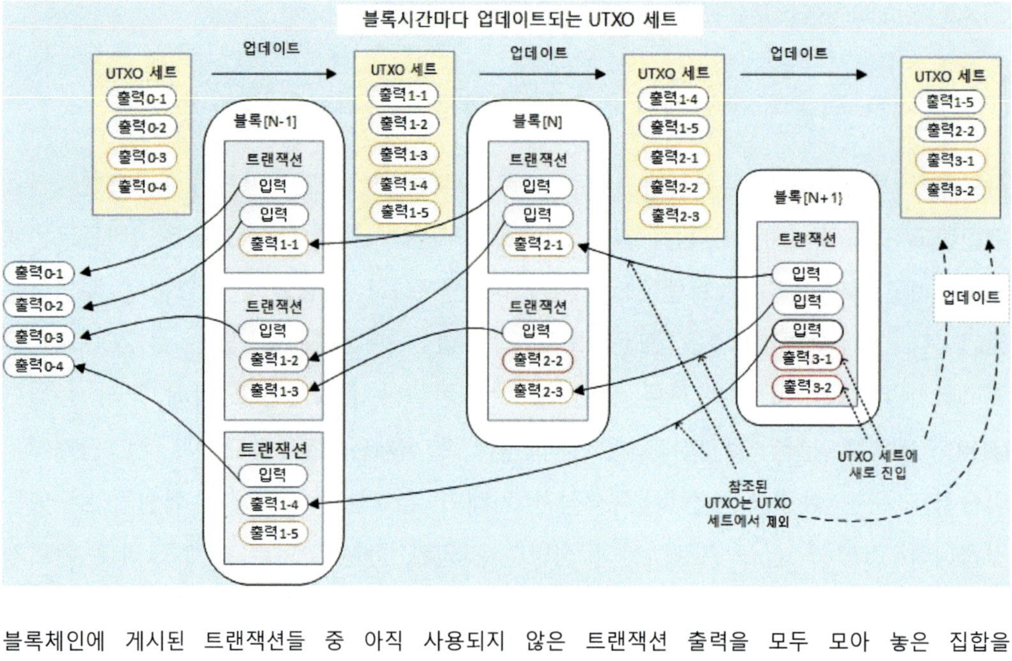

블록체인에 게시된 트랜잭션들 중 아직 사용되지 않은 트랜잭션 출력을 모두 모아 놓은 집합을 UTXO 세트라고 합니다. 모든 일반 노드는 동일한 블록체인과 함께 동일한 UTXO 세트을 분산 보관하고 있기 때문에 발생한 트랜잭션의 이중결재 문제가 블록체인에 탑재되기 전 단계에서 즉각적으로 로컬에서 확인될 수 있는 것입니다.

PART 3 이더리움의 스마트 계약 시대로

- 이더리움의 계정 모델과 지분 증명 (PoS) 방식 합의
- 이더리움의 스마트 계약, 가상머신 (EVM) 그리고 가스(GAS)
- 디파이와 예측시장
- 블록체인 거버넌스와 분산형 자율 조직 (DAO)

PART 3 에서 참조한 주요 블록체인 또는 암호화폐			
이더리움	폴리곤	BNB	아발란체
Moonriver 문리버	Moonbeam 문빔	EVMOS (EVM 코스모스)	
메이커다오	다이	유니스왑	dydX dydX

7. 이더리움의 계정 모델과 지분 증명 (POS) 방식 합의

비트코인 네트워크는 단순한 거래 처리만 가능하지만, 이더리움은 조건부 거래가 가능한 스마트 계약을 도입했습니다. 스마트 계약은 블록체인에 저장된 프로그램 코드로, 특정 조건이 충족될 때 실행됩니다. 2015 년 이더리움은 스마트 계약이 가능한 암호화폐로서 개발자들이 사용할 수 있는 SOLIDITY 프로그래밍 언어를 제공하기 시작했습니다. 이더리움은 비트코인과 달리 계정 모델을 사용하여 거래와 글로벌 상태 정보를 블록체인에 저장하고, 거래는 상태 변화를 유도하는 입력 메시지로 작용합니다. 비트코인은 UTXO 모델을 사용하여 미사용 출력을 모은 UTXO 셋을 업데이트하며 상태 정보를 관리하지만, 이더리움은 스마트 계약의 배포와 실행을 잘 수행할 수 있도록 계정 모델을 사용했습니다.

조건부로 거래를 처리하는 스마트 계약 개념을 도입

1 세대 블록체인인 비트코인 네트워크는 단순하게 거래를 처리하는 역할에 국한되도록 만들어져 있었습니다. 반면에 이더리움은 스마트 계약 개념을 도입하여 조건이 충족될 때만 거래가 성사되는 문제를 해결했습니다. 이 조건 충족시 거래가 수행되는 스마트 계약은 트랜잭션을 보다 안전하게 만들고 디파이 뿐만 아니라 기존 일반 계약을 대체하는 것이 가능하게 됩니다. 스마트 계약은 실제로 블록체인에 저장된 (배포된) 자동화된 계약 처리를 위한 프로그램 코드여서, 특정 조건이 충족되면 계약 실행이 시작됩니다.

2015 년 7 월, 비탈릭 부테린과 개빈우드는 스마트 계약이 처리 가능한 이더리움 암호화폐에 대한 초기 코인 공급 (ICO)를 시작하였습니다. 이와 함께 이더리움은 개발자가 자신의 스마트 계약 프로그램을 만들고 배포하는 데 사용할 수 있는 Solidity 라는 완전한 프로그래밍 언어를 제공하기 시작했습니다. 따라서 이더리움은 스마트 계약이 포함된 훨씬 더 광범위한 암호화폐 기능을 제공하기 때문에 비트코인에 대한 게임 체인저로 판명되었습니다. 이 시점을 기준으로 제 2 세대 블록체인 시대가 시작되었다고들 이야기합니다. 탈중앙화, 무신뢰성, 무허가성, 및 불가역성을 만족하는 플랫폼이 비트코인에서는 거래 데이터만 처리했지만, 이더리움에서는 거래 데이터뿐만 아니라 스마트 계약 코드 (프로그램)를 함께 처리할 수 있게 된 것입니다.

비트코인의 UTXO 모델과 이더리움의 계정 모델

비트코인에서는 새로 제기되는 트랜잭션의 이중 결재 방지를 위한 트랜잭션 검증의 수단으로 블록체인과 별도로 노드들이 동일 복사본을 가지고 있는 UTXO 셑을 사용합니다. 비트코인 블록체인에서는 블록안에 거래 정보를 기록하고 있고, 이 거래 정보를 구성하는 출력 중 아직 사용하지 않은 출력 (UTXO)를 모아 놓은 별도의 UTXO 셑을 관리합니다. 그래서 새로운 블록 생성과 함께 블록 속에 개시된 거래 정보에 따라 UTXO 목록이 업데이트 됩니다. 따라서 비트코인에서 계속 변화하는 상태 정보는 UTXO 셑이 됩니다. 그래서 비트코인에서 거래 정보가 많아지면 상태 정보가 많아지고 또 상태 정보가 많이 바뀝니다. 그러나 이더리움은 계정 모델을 사용합니다. 이더리움에서는 새로운 블록에 포함된 거래 정보에 따라 글로벌 상태 정보가 업데이트 됩니다. 이더리움의 상태 정보는 [주소, 이더 잔고]로 이루어지는 외부 소유 계정의 정보와 [주소, 이더 잔고, 계약 코드]로 이루어지는 계약 계정들의 정보를 총 망라한 데이터입니다. 그래서 글로벌 상태 정보라 합니다. 사용자 또는 스마트 계약의 수가 일정하게 유지되는 한 전체 계정 수는 일정하고, 수행된 거래 수와 무관합니다. 즉, 계정 모델에서 상태 정보의 규모는 시간당 거래량과 관련이 없습니다. 계정 모델에서 글로벌 계정 정보가 상태 정보가 됩니다.

계정 모델을 사용하는 이더리움에서는 거래와 글로벌 상태 정보가 모두 블록체인에 저장됩니다. 이더리움에서 거래와 상태 정보와의 관계를 이해하는 것이 중요합니다. 트랜잭션은 계정 상태의 변환을 유도하는 입력 메시지의 역할을 합니다. 블록 시간 간격 (슬롯)으로 수집된 트랜잭션들에 의하여 글로벌 상태가 슬롯 단위로 변환되어 집니다. 반면에 비트코인은 UTXO 모델을 사용하기 때문에 블록시간 간격으로 수집된 트랜잭션들이 블록 체인에에 저장되고 저장된 블록체인 속의 트랜잭션 안의 미사용 출력을 모은 내용이 블록시간 단위로 업데이트되는 상태 역할을 합니다.

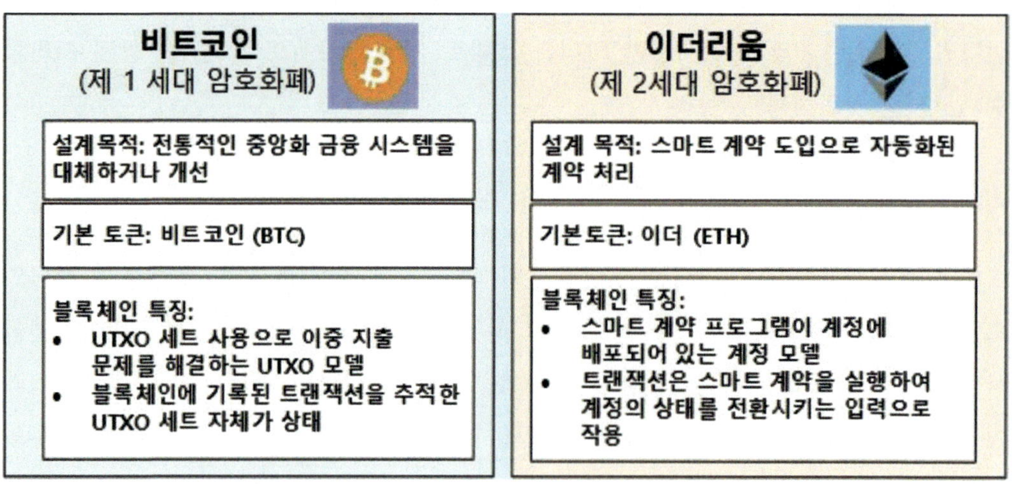

비트코인과 이더리움의 주요 특성 비교

이더리움의 지분증명 합의 방식

이더리움의 제네시스 (최초 블록)부터 메인넷은 비트코인이 사용하는 채굴 방식인 작업 증명 (Proof-of-Work)을 사용해 오다가, 'The Merge'라는 병합 이후부터 작업증명 방식을 버리고 지분 증명 방식 (Proof-of-Stake)을 사용하기 시작했습니다. 작업 증명에서 채굴자들은 문제를 푸는 경쟁에 에너지를 소비함으로써, 온체인 자산이 위험에 처하는 것을 보호해 줍니다. 반면에 이더리움은 검증자가 이더리움의 스마트 계약에 ETH 형태의 자본을 명시적으로 스테이킹하는 지분 증명을 사용합니다. 이 스테이킹된 ETH 는 검증자가 부정직하거나 게으르게 행동할 경우 파괴될 수 있는 담보 역할을 합니다. 검증자가 블록 제안자로 선택될 경우에 검증자는 제안자 자격으로 새 블록 자체를 만들고 전파할 책임이 있습니다. 검증자는 제안자가 전파해 온 새 블록이 유효한지 확인하는 역할을 담당합니다. 이전의 작업증명 방식과 비교하여 이더리움 지분 증명은 개선 사항이 많습니다.

- 작업증명 계산에 투입된 것과 같은 많은 에너지를 사용할 필요가 없어 지분 증명 방식은 에너지 효율성이 더 높다.
- 고성능 하드웨어라고 해도 새로운 블록을 생성할 기회가 더 많아 지지 않기 때문에 네트워크 운영에 진입할 장벽이 낮아지는 효과가 있다.
- 지분 증명은 낮은 에너지 요구와 낮은 하드웨어 요구 사항으로 인해 네트워크를 보호하는 더 많은 노드로 더 높은 탈중앙화로 이어진다.
- 참여를 장려하기 위해 ETH 발행이 덜 필요하다.
- 잘못된 행동에 대한 경제적 처벌로 인해 51% 스타일 공격은 작업 증명에 비해 공격자에게 기하급수적으로 더 많은 비용이 들게 한다.

검증자(노드)와 블록 제안자

이더리움의 지분 증명 방식을 이해하려면 검증자(노드)와 블록제안자(노드)를 잘 이해할 필요가 있습니다. 검증자는 자격을 얻기 위하여 이더리움의 스마트 계약에 ETH 형태의 자본을 명시적으로 스테이킹해야 합니다. 32ETH 를 스마트 계약에 예치해야 합니다. 그러면 스테이킹된 ETH는 검증자가 부정직하거나 게으르게 행동할 경우 파괴될 수 있는 담보 역할을 하게 됩니다.

이더리움에 블록이 만들어지는 시간은 슬롯(12 초)과 에포크(32 슬롯)로 구성되는 데 한 명의 검증자가 모든 슬롯에서 블록 제안자로 무작위로 선택됩니다. 선택된 검증자 (제안자)는 새 블록을 생성하여 네트워크의 다른 노드로 전파시키는 역할을 주도합니다. 전파되어 온 생성 블록을 수신한 모든 검증자는 이 블록을 검증하기 때문에 결과적으로 글로벌 상태의 상태 전환이 합의로 이루어지게 됩니다.

검증자 노드와 제안자 노드로 작동하려면 모두 실행 클라이언트, 합의 클라이언트 및 검증자 클라이언트의 세 부분으로 구성된 운영 소프트웨어를 실행해야 하고, 잘못하면 슬래싱될 수도 있어 지분증명에 참여하기는 비트코인과 같은 작업증명에 참여하는 것보다 더 어렵습니다.

지분 증명 방식 블록체인을 공격하기 위해서는 공격자는 스테이킹된 ETH 의 51%가 필요합니다. 또 검증자와 제안자로 참여 의무를 소홀히 하거나 악의적 공격을 가하는 일이 발생하면, 일정 지분이 뺏길 수도 있고, 네트워크에서 공격자는 강제로 제거되거나 스테이킹한 ETH 가 파괴될 수도 있습니다. 따라서 이더리움에서 구현한 지분증명은 작업증명 보다 경제적으로 더 안전한 것으로 입증되었습니다.

이더리움 트랜잭션의 라이프 사이클

검증자 노드에서 슬롯단위로 선정된 블록제안자는 생성된 이더리움 트랜잭션들을 슬롯단위로 수집하여 블록을 만들고 이 블록을 전체 검증 노드에 전파합니다. 검증 노드는 블록제안자가 보낸 블록 속의 트랜잭션에 의거하여 로컬로 가지고 있는 계정의 상태를 변경시킵니다. 물론 이 과정에서 계정이 스마트 계약인 경우 이 스마트 계약은 메시지를 생성하여 다른 스마트 계약의 실행을 야기시킬 수가 있습니다. 트랜잭션이 제기된 후 이 트랜잭션에 따라 합의로 상태 전환을 마치면 트랜잭션은 확정된 것으로 간주됩니다.

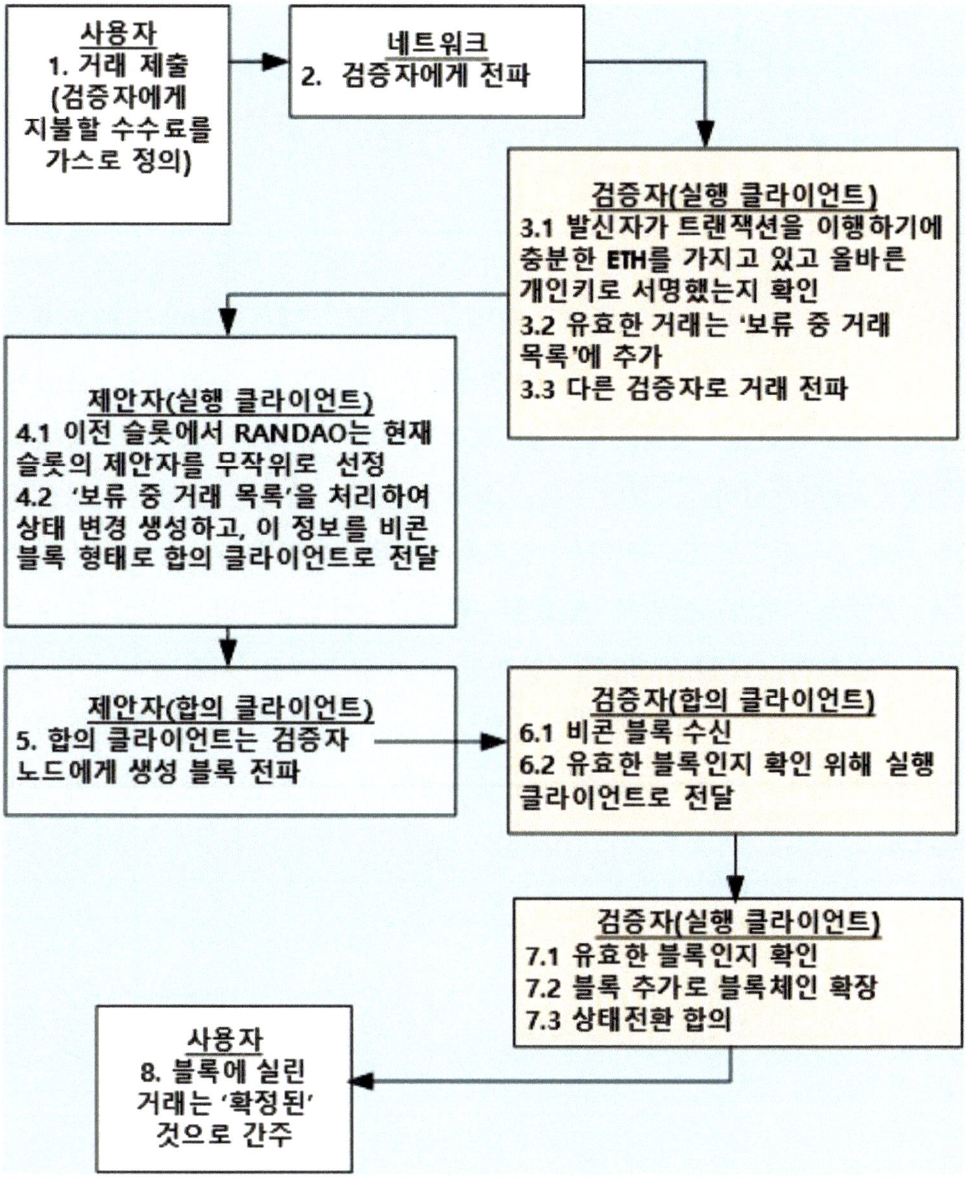

이더리움 트랜잭션의 시작에서 거래 확정까지의 단계

8. 이더리움의 스마트 계약, 가상머신 (EVM) 그리고 가스(GAS)

계정 모델을 바탕으로 하는 이더리움은 스마트 계약 계정과 외부 사용자 계정(EOA)을 사용하여 계약 코드를 블록체인에 배포하고 실행합니다. 스마트 계약은 조건이 만족되면 자동으로 실행되며, 분산된 모든 노드가 동일한 계약 코드를 보유하지만 합의를 통하여 상태의 일관성을 유지합니다. EVM 은 블록체인에 배포된 계약 코드를 실행하는데, 무한 루프 공격을 방지하기 위해 가스가 필요하며, 또 가스는 스마트 계약 실행에 필요한 연료로 사용됩니다. 가스 한도와 가격을 설정하여 스마트 계약을 실행하는 트랜잭션을 시작하며, 가스가 부족하면 트랜잭션은 실패하고, 남은 가스는 반환됩니다. 이더리움의 가스 시스템은 스마트 계약의 EVM 실행과 밀접한 관계를 가지고 있습니다.

외부 소유 계정 (EOA)와 계약 계정 (CA)

계정 모델을 사용하는 이더리움에서는 두 가지 유형의 계정이 있습니다. 하나는 스마트 계약 계정이고 다른 한 유형은 외부 사용자 계정입니다. 그래서 이더리움 계정은 외부 소유 계정 (EOA)와 계약 계정 (CA)로 나누어 집니다. 스마트 계약은 이더리움 블록체인의 계약 계정에 있는 코드(함수)와 데이터(상태)의 프로그램 코드인데, 새로운 블록이 만들어질 때 마다 조건이 만족되면 프로그램은 실행됩니다.

이더리움 계약 코드가 블록체인에 올라가는 것도 외부 사용자 (외부 소유) 계정을 처리하는 트랜잭션이 블록에 포함되어 합의를 거치는 과정과 똑 같습니다. 각 블록과 함께 전체 상태를 저장해야 하기 때문에 스마트 계약을 형성하는 프로그램 코드도 블록에 저장되고, 이 블록을 모든 노드가 합의로 동일 복사본을 보유하고 있으니, 스마트 계약 코드가 배포되면 모든 노드에 분산 보관되어 있는 것입니다.

사용자 계정은 스마트 계약 계정에 정의된 기능을 실행하는 트랜잭션을 제출하여 스마트 계약 (계약 계정)을 실행시킬 수 있습니다. 또 스마트 계약 실행은 다른 계약 계정으로부터 메시지가 전파되어 왔을 때도 일어납니다. 모든 지역 노드는 각각 독립적으로 이 도착한 외부 사용자 계정이 발생시킨 트랜잭션 (또는 다른 스마트 계약이 발생시킨 메시지)의 유효성을 검증하고 계약 코드를 실행하며 상태를 변경합니다. 그러니 스마트 계약을 사용자가 제어하지 않고 네트워크에 배포되고 프로그래밍되어 있는 그대로 실행됩니다.

스마트 계약은 신뢰의 필요성을 제거

사람이 개입하는 인적 요인은 전통적인 계약의 가장 큰 실패 부분 중 하나입니다. 예를 들어, 두 명의 개별 판사가 전통적인 계약을 다른 방식으로 해석할 수 있습니다. 해당하는 해석은 서로 다른 결정을 내리고 다른 결과를 초래할 수 있습니다. 그러나 스마트 계약은 다른 해석의 가능성을 제거합니다. 대신 스마트 계약은 계약 코드 내에 작성된 조건에 따라 정확하게 실행됩니다. 이 정확도는 동일한 상황에서 스마트 계약이 항상 동일한 결과를 생성한다는 것을 의미합니다. 이더리움에서 스마트 계약은 이더리움 네트워크 합의로 검증자 노드의 블록체인에 배포되어 있습니다. 다시 이야기 하자면 계약 코드가 블록체인에 배포되어 있다는 의미는 계약 코드가 모든 분산된 노드에 똑 같은 복사본이 저장되어 있다는 것입니다. 분산 배치된 스마트 계약은 조건을 만나 실행될 때도 똑 같이 실행됩니다.

EVM 과 EVM 호환 체인

스마트 계약이 실행되는 EVM 은 이더리움 가상 머신을 의미합니다. 이더리움은 컴퓨터가 아니며 개별 CPU 도 없습니다. EVM 은 이더리움내에서 실행되는 가상 CPU 처럼 작동합니다. 일반적인 CPU 와 달리 EVM 은 프로그램을 실행하는 기계 내부에 설치된 하드웨어가 아닙니다. EVM 은 바이트코드(스마트 계약의 컴파일된 형태)를 실행하는 소프트웨어 CPU 와 같습니다. 이더리움에서는 Solidity 언어를 사용하여 스마트 계약 코드를 작성합니다. 해당 코드는 바이트코드로 컴파일되어 네트워크의 모든 노드에 배포되는데, 결과적으로 EVM 에 배포되게 됩니다. Solidity 로 작성된 스마트 계약이 배포되면 모든 노드가 해당 계약의 복사본을 얻습니다. 개인이 배포한 스마트 계약을 호출하면 모든 노드는 관련 스마트 계약의 사본을 EVM 에 가져와 바이트코드를 실행하고 해당 개인에게 결과를 제공합니다. 그 결과는 소위 "상태 변화"입니다

이더리움 네트워크는 스마트 계약을 최초로 배포했으며 여전히 경쟁 블록체인 사이에서 표준으로 간주됩니다. 하지만 규모와 엄청난 사용자 수로 인해 확장성이 문제가 되는 지점에 이르렀습니다. 다른 블록체인은 더 낮은 가스 요금과 더 빠른 거래를 제공함으로써 현재 이더리움 문제에 신속하게 대응했습니다. 이더리움 후속 블록체인의 대부분은 완전한 오픈 소스이며 대부분 더 효율적인 합의 메커니즘을 사용하는 이더리움의 코드 포크입니다. 그러나 개발자들은 스마트 계약을 구현하는 새로운 방법을 개발하는 대신 단순히 이더리움 네트워크의 특정 부분을 복사했습니다. 이 접근 방식은 시간, 지식 전달 및 가장 중요한 상호 운용성

측면에서 처음부터 구조를 개발하는 것보다 더 유익한 것으로 나타났습니다. 이더리움의 가상 머신과 유사한 환경에서 코드 실행을 지원하는 공간을 만들어 개발자가 처음부터 솔루션과 프로토콜을 구축할 필요가 없습니다. 이더리움의 코드 포크 개념을 이용하면 스마트 계약을 더 빠르게 구축하고 블록체인에 더 빠르게 배포할 수 있습니다. 이러한 네트워크를 통해 더 빠른 트랜잭션, 더 높은 용량, 더 낮은 가스 요금이 가능해집니다. 그런 다음 블록체인 간의 상호 운용성은 크로스체인 브리지를 통해 달성됩니다. 이를 통해 사용자는 EVM 네트워크 간에 자산을 주고받을 수 있습니다. 이런 방식을 따르는 체인을 EVM 호환 블록체인이라고 합니다. 여기에는 바이낸스 스마트체인, 팬텀, 다각형, 눈사태, 트론 등이 있습니다. 또 폴카닷의 파라체인 형태의 Moonriver 나 Moonbeam 도 EVM 호환 체인이고, 코스모스의 EVMOS 도 EVM 호환 체인입니다. 이들은 EVM 용 스마트 계약을 이더리움에 비해 더 빠른 속도, 낮은 거래 비용으로 처리하고 스마트 계약 배포를 위해 더 높은 용량을 제공합니다.

가스(GAS)

검증자 노드의 EVM (이더리움 가상 머신)이 블록체인에 배치된 계약 코드를 실행시킵니다. 문제는 EVM 코드가 실행되면서 무한 루프를 돌 수 있다는 점입니다. 만약 이런 일이 생기면 동일한 복사본의 계약 코드를 실행하는 모든 노드는 모두 동시에 무한 루프에 빠져 버리므로 블록체인 네트워크는 아무 일도 수행하지 못하게 됩니다. 그러니 이런 경우는 프로그램 개발자의 실수이던 아니면 공격자의 의도된 것이든 반드시 발생하지 않도록 할 필요가 있습니다.

EVM 코드는 JAVA 가상 머신의 바이트코드 수준의 스택 기반 바이트코드 언어입니다. 모든 이더리움 노드는 새로 생성되는 스마트 계약 코드가 포함된 블록을 검증하고, 또 실행하려고 EVM 을 돌립니다. 새로운 블록이 만들어질 때 마다 블록에 포함된 합의된 트랜잭션이나 메시지에 입각하여 EVM 은 계약 코드를 실행하여 실행결과로 상태를 전환시킵니다. 그래서 '상태 전환 메카니즘'의 입력은 블록 속 트랜잭션과 메시지이며, 메카니즘의 주체는 EVM 이고, 메커니즘이 실행한 결과는 갱신된 글로벌 상태가 됩니다.

상태 전환 메카니즘으로서의 EVM 은 입력으로 [블록 상태, 가스, 메모리, 거래, 메시지, 코드, 스택 그리고 프로그램 카운터] 데이터를 받아서 [변경된 블록 상태, 변경된 가스]를 출력으로 내놓습니다. 여기서 EVM 이 코드를 실행하려면 '가스'가 필요하고 실행 후에 '변경된 가스' (사용 후에 남은 가스)가 출력으로 나옵니다. 이처럼 모든 스마트 계약은 계약 실행을 수행하는 연료로 가스를 요구합니다. 비교하자면 비트코인 네트워크에서 트랜잭션을 처리하기 위해서는 블록을 생성하는 채굴자에게 수수료를 비트코인으로 지불해야합니다. 그런데 스마트 계약을 실행하는 이더리움 검증 노드에게는 가스를 지불하게 합니다. 그래서 비트코인에서는 거래를 장부에 게시해주는 대가로 수수료를 요구하는 것이고, 이더리움에서는 EVM 코드의 실행에 필요한 약간의 가스를 요구하는 것입니다.

스마트 계약의 실행에 필요한 가스가 어떻게 책정되는지 살펴봅시다. 스마트 계약 실행에 시동을 거는 모든 트랜잭션은 'startgas(가스 한도)' 와 'gasprice(가스 가격)'를 명시하여야 합니다. 여기서 startgas 는 해당 트랜잭션이 기꺼이 지불하려고 하는 가스의 최대량입니다. 또 gasprice 는 단위 가스당 지불하려는 가격입니다. 트랜잭션이 시작될 때 startgas * gasprice 만큼의 이더 (ETH) 가 이 트랜잭션을 제기한 계정에서 차감됩니다. 만약 계약이 성공적으로 실행되었다면 실행에 부과된 가스를 제외한 남는 가스는 이 트랜잭션의 계정으로 반환 (Refund) 됩니다. 그러나 이 계약의 EVM 코드가 실행을 마치기 전에 가스를 다 사용해 버리면 (가스가 부족하면) EVM 코드는 실행 전으로 되돌아 가고, 약정한 startgas * gasprice 는 되돌려주지 않습니다.

이더리움은 EVM 코드 실행시에 무한 루프를 허용합니다. 그러나 무한 루프를 이용하여 DoS 공격을 시도하는 공격자는 DOS 공격을 성공시키기 위해서는 엄청난 가스를 각오해야 합니다. 이런 이유로 무모한 공격자는 없다고 보아도 좋습니다. 그래서 이더리움의 가스는 'Permissionless (무허가성)', 'Trustless (무신뢰성)' 특징을 갖는 블록체인 네트워크이면서도 이더리움 실행 환경을 마비시키려는 공격자의 공격은 막아낼 수 있는 전형적인 아이디어를 보여줍니다.

이더리움을 이해하려면, 스마트 계약, EVM 실행과 가스의 책정을 잘 이해해야 합니다. 그러면 비트코인과 이더리움의 차별성이 보이며 한걸음 더 나아가 암호화폐가 미래 산업이 될 수 있는 이유를 어느 정도 확신할 수 있습니다.

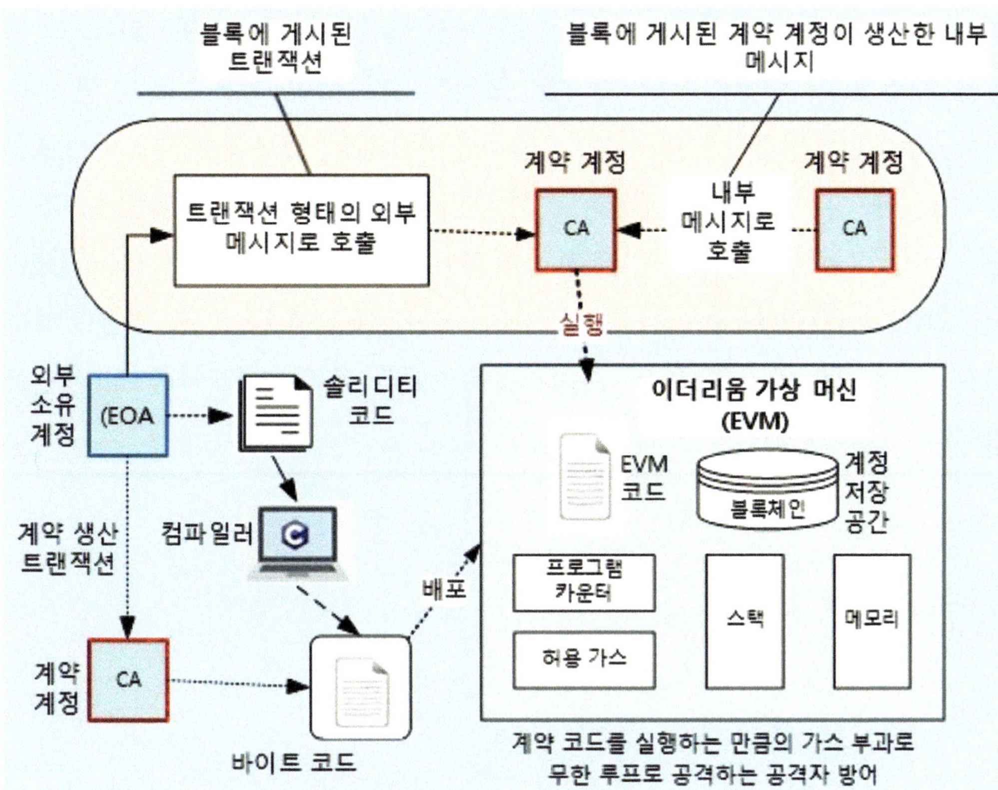

EVM 코드는 JAVA 가상 머신의 바이트코드 수준의 스택 기반 바이트코드 언어입니다. 모든 이더리움 노드는 새로 배포되는 스마트 계약 코드가 포함된 블록을 검증하고, 또 스마크 계약을 실행하려고 EVM 을 돌립니다. 새로운 블록이 만들어질 때 마다 블록에 포함된 합의된 트랜잭션이나 메시지에 입각하여 EVM 은 계약 코드를 실행하여 실행결과로 상태를 전환시킵니다.

9. 디파이와 예측시장

비트코인은 블록체인 기술을 사용하여 신뢰할 수 없는 개인들 간에 중개자 없이 거래를 가능하게 하는 탈중앙화 금융의 시대의 시작을 알렸습니다. 그러나 이더리움은 비트코인 기반의 제한적이었던 탈중앙화 금융(DEFI) 개념을 확장하여 스마트 계약을 통해 프로그래밍 가능한 돈을 구현했습니다. 스마트 계약은 조건이 충족되면 자동으로 실행되며, 이를 통해 다양한 금융 서비스를 제공할 수 있습니다. 이더리움의 스마트 계약은 자금을 보유하고 조건에 따라 송금하는 기능을 갖고 있으며, 이는 전통적인 금융 기관의 역할을 대체합니다. DEFI 애플리케이션으로는 스테이블코인, 대출 플랫폼, 자동 토큰 교환, 예측 시장 등이 있으며, 이러한 서비스들은 모두 스마트 계약을 기반으로 합니다.

기존 금융(TradFi)과 근본적으로 다른 디파이(DeFi: 탈중앙화 금융)

비트코인은 신뢰할 수 있는 중개자가 없이도 서로를 믿지 않는 개인들 간에 거래를 할 수 있게 합니다. 이유는 블록체인이라는 계정 장부에 대하여 합의할 수 있게 해주는 블록체인 네트워크의 고유 기능 때문입니다. 이처럼 탈중앙화의 시초는 비트코인이므로 최초의 디파이(DeFi: 탈중앙화 금융) 애플리케이션 역시 비트코인이라고 볼 수 있습니다. 비트코인은 누구에게나 열려 있으며 누구도 규칙을 변경할 권한이 없습니다. 정부가 저축한 돈의 가치를 낮추는 돈을 인쇄할 수 있고, 기업이 시장을 폐쇄할 수 있는 기존 금융(TradFi)과는 근본적으로 다릅니다.

이더리움의 디파이는 비트코인 디파이를 기반으로 합니다. 비트코인과 마찬가지로 규칙을 변경할 수 없으며 모든 사람이 허가 없이 계정 장부에 접근할 수 있습니다. 여기에 결정적으로 이더리움은 스마트 계약을 사용하여 이 디지털 화폐를 프로그래밍할 수 있게 함으로써, 가치를 저장하고 보내는 비트코인 디파이 그 이상을 할 수 있습니다.

비트코인과 이더리움의 차이점인 스마트 계약을 잘 이해하지 못하는 사람들에게 '프로그래밍 가능한 돈'이라고 하면 이상하게 들릴지 모릅니다. 비트코인은 돈에 가치만 부여했다면, 이더리움은 돈에 지능까지 부여했습니다. "돈이 돈이면 그만이지 왜 프로그래밍해야 하나?" 이 답에 너무 걱정할 필요가 없습니다. 그냥 "그것은 이더리움 토큰의 기본 기능이다" 라고 생각하면 됩니다. 회사에서 임금을 월별로 지급할 때 조건을 만족하면 지불하는 로직을 만들어 이더리움을 지불금으로 프로그래밍할 수 있습니다. 그래서 고객은 금융기관이 제공하는 서비스와 마찬가지의 프로그래밍된 돈 서비스를 받을 수 있고, 암호화폐의 통제권과 안전한 가치의 저장 및 전달을 개인 주도로 할 수 있습니다. 이것을 통해 비트코인으로 할 수 없는 대부와 대출, 결제 일정 수립, 펀드에 투자하기 등과 같은 것들을 암호화폐로 할 수 있습니다. 이 모두는 이더리움의 혁신인 스마트 계약 덕분입니다.

비트코인이 거래를 처리한다면 이더리움의 스마트 계약은 조건부 거래를 처리하는 것이라고 했습니다. 일반 계약은 계약을 맺는 일과 계약이 조건이 만족되어 실행될 때로 나뉘어 일을 합니다. 스마트 계약도 마찬가지입니다. 스마트 계약을 블록체인에 배포하는 일과 온체인 된 스마트 계약이 실행될 때로 나뉘어집니다. 지금도 수 많은 블록체인이 디앱 개발자가 자기들 블록체인을 선택하여 배포해 주기를 기대하고 경쟁하고 있고, 또 배포하는 것을 편리하게 해주는 서비스를 제공하고 있습니다. 또 한 가지 중요한 오라클 데이터가 있습니다. 조건부 거래의 실행에는 세상에서 일어나는 사건들에 대한 신뢰성 있는 데이터를 온체인으로 받아들여야만 합니다. 그래야 스마트 계약의 적용 범위가 넓어 집니다. 그래서 세상 데이터를 믿고 온체인에서 사용할 수 있도록 해주는 '준비금 증명' 같은 기술이 특화되어 발전하고 있는 분야도 있습니다. 디파이 영역은 이들 모두의 발전과 함께 한 달이 다르게 빠르게 발전하고 있습니다.

디파이는 어떻게 작동하나요?

디파이는 암호화폐와 스마트 계약을 사용하여 중개자가 필요 없는 서비스를 제공합니다. 오늘날의 금융 세계에서는 금융 기관이 거래 보증인 역할을 합니다. 귀하의 자금이 기관을 통해 흐르기 때문에 이는 이러한 기관에 엄청난 힘을 부여합니다. 게다가 전 세계 수십억 명의 사람들이 은행 계좌에 접근조차 할 수 없습니다. 디파이에서는 스마트 계약이 거래에서 금융 기관을 대체합니다. 스마트 계약은 자금을 보유하고 특정 조건에 따라 송금/환불할 수 있는 일종의 이더리움 계정입니다. 스마트 계약이 활성화되면 누구도 변경할 수 없습니다. 항상 프로그래밍된 대로 실행됩니다.

아직 디파이 디앱은 초기 단계이지만 다음과 같은 디파이 서비스가 있습니다.

- 스테이블코인과 분산형 준비금 은행

메이커다오(MakerDAO)가 있습니다. 메이커는 다이 (DAI) 스테이블코인이 미국 달러에 고정되어 있고 암호화폐 형태의 담보로 뒷받침되는 스테이블코인 프로젝트입니다. 스테이블코인은 비트코인이나 이더리움과 같은 "전통적인" 암호화폐에서 볼 수 있는 변동성의 단점 없이 암호화폐의 프로그래밍 가능성을 제공합니다. 메이커 오아시스 디앱에서 자신만의 다이 스테이블 코인을 만들어 볼 수 있습니다. 메이커는 단순한 스테이블 코인을 취급하는 분산형 준비금 은행이 되려고 합니다.

■ 빌리고 빌려주기

컴파운드, Aave 그리고 dYdX 이 있습니다. 이들은 블록체인 기반 차용 및 대출 디앱입니다. 암호화폐를 빌려주고 이자를 얻을 수 있습니다. 아니면 임대료를 지불하거나 식료품을 구입하기 위해 돈이 필요하지만 자금이 암호화폐 투자에 묶여 있습니까? 암호화폐를 담보로 컴파운드 스마트 계약에 예치하고 빌릴 수 있습니다.

■ 자동 토큰 교환

Uniswap 이 있습니다. Uniswap 은 전적으로 스마트 계약으로 운영되는 암호화폐 거래소로, 지갑에서 직접 인기 있는 토큰을 거래할 수 있습니다. 이는 개인의 암호화폐를 보관하고 보관을 위해 개인 키를 보유하는 Coinbase 와 같은 거래소와는 다릅니다. Uniswap 은 자동 시장 만들기(Automated Market Making)라는 혁신적인 메커니즘을 사용하여 시장 가격에 가까운 거래를 자동으로 정산합니다. 거래 외에도 모든 사용자는 Uniswap 계약에 암호화폐를 공급하고 교환 수수료의 일부를 얻음으로써 유동성 공급자가 될 수 있습니다. 이것을 ' 풀링 '이라고 합니다.

■ 예측 시장

Augur 가 있습니다. Augur 는 분산형 예측 시장 프로토콜입니다. Augur 를 사용하면 이벤트의 예측되는 결과에 자금을 걸고 베팅할 수 있습니다. 정확히 예측한 경우에 보상이 주어지며 잘못 예측하면 손해가 가도록 하여 사람들이 예측을 신중하게 하기 때문에 예측의 정확성을 높일 수 있다는 아이디어입니다. Augur 및 Guesser 와 같은 예측 시장 플랫폼은 초기 단계이지만 사용자가 대중의 지혜를 활용하여 더 나은 예측을 할 수 있는 미래에 대한 전망을 제공합니다.

■ 합성 자산

Synthetix 가 있습니다. Synthetix 는 사용자가 금, 은, 암호화폐 및 유로와 같은 전통 통화와 같은 자산의 합성 버전을 생성하고 교환할 수 있는 플랫폼입니다. 합성 자산은 Synthetix 계약에 고정된 초과 담보로 뒷받침됩니다.

■ 무손실 저축 게임

PoolTogether 도 있습니다. DeFi 의 구성 가능성은 무한한 새로운 가능성을 제공합니다. PoolTogether 는 참가자가 DAI 스테이블 코인을 공통 포트에 입금하는 무손실 게임입니다. 매월 말, 한 명의 행운의 참가자가 얻은 이자를 모두 받고 모든 사람이 초기 예치금을 돌려받습니다.

예측 시장의 사례

다수가 어떤 사항을 결정하는 다수결 게임은 기본적으로 불안정합니다. 한정된 자원을 분배하는 상황에서, 51%의 참여자가 공모해 자원을 통제할 수 있게 되고 이들 만을 위한 음모를 벌이게 될 가능성이 있습니다. 해결 방법 중 하나는 퓨타키 이론을 도입하는 것입니다. 퓨타키 거버넌스는 '투표'에 의견뿐 아니라 예측도 함께 반영하도록 하는 투표 방법 아이디어입니다. 블록체인을 바탕으로 하는 퓨타키는 예측 시장의 미래로 떠오르고 있는 실정입니다. 퓨타키의 이론을 적용한 코인 투표에서는 투표 후에 제대로 된 결정을 한 사람은 보상하고 아닌 경우에는 벌칙을 부과합니다. 보상을 노리거나 벌칙을 피하려면 다수가 투표하는 방향을 고려하여 결정할 수밖에 없도록 하고 있습니다. 누구나 돈을 잃는 투표는 하지 않을 것입니다. 정책 제안 및 조치에 대하여 정책의 성공 또는 실패 가능성을 앞서 측정하기 위해 예측 시장에서 테스트될 수도 있습니다.

투표자가 예측한 결과가 맞으면 보상 받는 암호화폐와 스마트 계약에 의한 예측 시장이 새로운 암호화폐 적용 분야로 떠오르고 있습니다. 앞에서 설명한 Augur 와 다이 스테이블 코인이 관여하는 예측 시장의 사례를 하나 소개하는 데, 이는 미국 대통령 선거와 관련된 구체적 사례입니다. 먼저 트럼프가 후보로 나선 지난 미국 대통령 선거에서 선거 결과를 예측하기 위한 베팅 목적으로 발행된 세 종류의 토큰을 보면,

- ITRUMP: 선거 결과가 부적합하여 승패 판정이 어려운 경우 1 달러씩 받는 토큰,
- NTRUMP 토큰: 선거 결과 트럼프가 지면 1 달러씩 받는 토큰,
- YTRUMP 토큰: 선거에서 트럼프가 이기면 1 달러씩 받는 토큰이 있었습니다.

다음은 비탈릭이 트럼프 패배에 돈을 걸고 베팅한 예측시장에 투자해 본 절차입니다.

트럼프가 선거에 지는 쪽에 베팅하기로 한다.

① 먼저 1 ETH (편의상 600 달러 가치로 가정)를 DAO 중 하나인 메이커 다오에 담보로 맡기고 DAI 를 받는 CDP (collaterized Debt Position)을 연다.

② 스마트 계약에 의해서 맡긴 ETH 가치의 최대 3 분의 2 를 DAI 로 빌려서 쓸 수 있는데 실재로는 3 분의 1 인 200 DAI 를 빌린다.

③ 빌린 DAI 로 Augur 안의 파운드리 기능을 이용하여 200 YTRUMP, 200 NTRUMP, 200 ITRUMP 를 구매한 후에 캣닙을 통하여 200 YTRUMP 를 팔아 DAI 로 바꾼다.

④ 결국 30 DAI, 200 NTRUMP, 200 ITRUMP 를 가지고 베팅하고 있는 상태다.

⑤ 이렇게 2 달이 경과될 때 까지, 36 만 7,000 개가 넘는 NTRUMP 토론을 모았다.

⑥ 투자 측면에서 보면 1,080,000 달러를 메이커 다오에 담보로 맡기고 33 만 달러의 DAI 를 빌려 쓴 것이다.

⑦ 대통령 선거에서 바이든이 결국 승리했다. NTRUMP 에 베팅하여 성공한 것이다. 33 만 DAI 를 평균 2 달 동안 예치하고 6 만 5,803 달러의 수익을 볼 수 있었다. 연간 이자율로 따지면 175% 수익이다.

비탈릭은 예측 시장에서 베팅에 성공하여 수익을 챙겼습니다. 코인 기반 예측시장이 얼마나 정확하게 작동했는가를 살펴보기 위하여 기존의 방법으로 예측한 방식과 비교해 볼 필요가 있습니다. 기존의 방식이란 미국의 통계학자인 네이트 실버의 베이즈 정리에 따른 예측 분석 기법입니다. 결과적으로 네이트의 예측은 바이든이 승리할 확률을 90%로 보았고, 코인 기반 예측 시장에서는 60%로 보았습니다. 바이든이 이겼으니 더 높은 확률로 예측한 네이트의 예측이 더 우수한 것으로 보일까요? 여기서 분포를 보면 코인 기반 예측시장의 희망이 보입니다. 네이트 실버의 확률 분포를 보면 538 개의 선거인단 투표 중 370 표 정도가 바이든 승리로 가는 것이었습니다. 이에 비해 코인 기반 예측 시장에서는 바이든 승리로 300 표 정도가 나온 것으로 간주됩니다. 실제 결과는 306 표로 바이든이 승리했습니다. 득표수를 정확하게 예측한 즉, 득표수 분포까지 예측한 코인 기반 예측 시장이 더 예측 정확도가 높다고 볼 여지도 있습니다.

암호화폐를 사용한 예측시장에서 예측을 정확하게 한 사람에게 보상이 돌아가는 방법으로 코인 기반 투표 시스템의 부작용을 줄여 예측의 정확도를 높일 수 있다는 것입니다. 예측에 참여하는 사람이 보상을 받기 위해서 더 정확하게 투표한다는 점에 착안한 것입니다. 앞으로 대통령 선거와 같은 여론 조사 시장은 코인 기반 예측 시장으로 전환될 가능성이 있습니다. 이처럼 여론 조사에도 암호화폐를 사용하면 여론 조사 기관의 의도적 여론 조작 가능성을 철저히 배제시킬 수 있습니다.

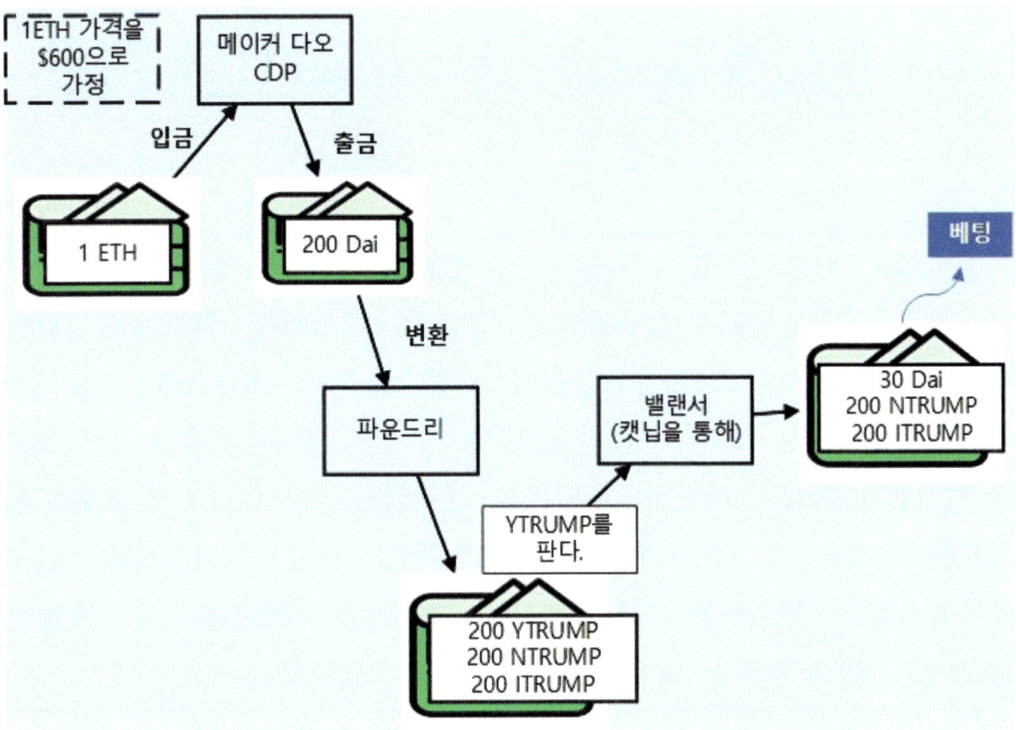

투표자가 예측한 결과가 맞으면 보상 받는 암호화폐와 스마트 계약에 의한 예측 시장이 새로운 암호화폐 적용 분야로 떠오르고 있습니다. Augur 와 다이 스테이블 코인이 관여하는 비탈릭이 트럼프 패배에 돈을 걸고 베팅한 예측해본 절차입니다.

10. 블록체인 거버넌스와 분산형 자율 조직 (DAO)

거버넌스는 정부, 기업, NGO 등 다양한 행위자가 협력하여 문제를 해결하는 방식입니다. 블록체인은 합의와 투명성을 통해 중개자의 필요성을 제거하여 새로운 유형의 자율 조직 거버넌스를 가능하게 합니다. DAO 는 스마트 계약을 통해 분산된 자율 조직을 형성하고 운영합니다. THE DAO 는 이더리움 블록체인 네트워크에서 처음으로 시도된 DAO 로 큰 투자금을 모았지만 보안 취약점으로 인해 실패했으며, 이더리움은 하드포크를 통해 이를 해결했습니다. 오늘날 DAO 와 스마트 계약은 여전히 빠르게 발전 중입니다.

분산형 자율 조직 (DAO)와 함께하는 거버넌스

거버넌스는 일반적으로 중앙정부가 일방적으로 정책을 하달하던 방식에서 벗어나 정부, 기업 비정부 기구 등 다양한 행위자가 공동의 관심사에 대한 네트워크를 구축하고 협력하여 문제를 해결하는 새로운 조직 운영 방식을 의미합니다.

블록체인의 특성인 합의와 투명성을 통해 서로 동의하는 계약 형태로 '중앙 또는 중계자의 신뢰'에 대한 필요성을 완전히 제거함으로써, 블록체인이 시장의 법적 조정 속성을 가진 자율 조직을 위한 새로운 유형의 거버넌스를 가능하게 합니다. 이러한 분산된 자율 조직과 함께하는 거버넌스는 스마트 계약을 통해 블록체인 기반 소프트웨어 시스템으로 구현될 수 있습니다.

온체인 거버넌스는 블록체인의 내부적 측면을 주로 다루어 왔습니다. 후반부에서 다룰 BNB 체인 생태계에서 BNB 비콘 체인이 하는 거버넌스 역할이 이 경우에 해당하는 데, 블록체인 생태계를 관리하기 위하여 직접 민주주의를 하는 것이라 볼 수 있습니다. 온체인 거버넌스 방식의 일부 지지자들은 오프 체인 (인간) 세계가 거버넌스를 달성하기 위해 소수만이 정보를 독점하고 소수만이 결정을 내리는 투명하지 않은 중앙화 속성을 갖는 그림자 계층 구조로 작용한다고 비난합니다. 이 생각의 핵심은 온체인의 모든 것이 투명하고 공정한 데 비해 오프체인의 모든 것은 숨겨져 있고 잠재적으로 사악하다는 것입니다.

블록체인 거버넌스가 사용되는 다른 의미로는 블록체인을 사용하여 거버넌스를 달성하는 데 있어 블록체인을 수단으로 보는 것입니다. 의사 결정 패러다임의 절차를 계약 코드로 프로그램하여 스마트 계약을 블록체인에 배포하는 이더리움 스마트 계약이 이런 부류에 속합니다. 이런 의사 결정 메커니즘은 블록체인 네트워크의 존재를 전제로 합니다. 이러한 형태의 온체인 거버넌스의 목표는 조례가 코드로 작성되고 블록체인에 의해 시행되는 탈중앙화된 자율 조직인 DAO 의 생성 및 운영을 가능하게 하는 것입니다.

DAO 의 원조인 The DAO

The DAO 라는 최초의 분산형 자율 조직(DAO)는 디지털 분산 자율 조직이자 투자자 주도 벤처 캐피탈 펀드의 한 형태였습니다. The DAO 의 기본 이론은 소수 대표에게 위임된 권한을 제거하고, 소유자의 손에 직접 맡김으로써 The DAO 가 이사와 펀드 매니저가 투자자 자금을 잘못 지시하고 낭비할 수 있는 능력을 제거했다는 것입니다. The DAO 는 실제 주소나 공식적인 관리 역할을 하는 사람이 없이 작동하는 이더리움의 DAO 스마트 계약 코드는 "솔리디티" 프로그래밍 언어로 작성되었습니다. 모든 스마트 계약이 그러하듯 DAO 는 이더리움 블록체인에 배포하여 활성화되며 조건이 만족되는 시행되는 형태입니다. 즉, 블록체인에 상주하는 일련의 스마트 계약이었습니다.

The DAO 플랫폼을 통해 프로젝트를 계획한 사람은 누구나 자신의 아이디어를 커뮤니티에 프로포잘 (제안서)를 내고, 제안이 통과되면 제안을 실행할 때 필요한 이더 수량 (프로젝트 진행 예산)을 The DAO 로부터 받을 수 있었습니다. 반면에 DAO 토큰을 가진 사람은 누구나 프로포잘에 투표할 수 있고 프로젝트가 수익을 낼 경우 보상을 받을 수 있었습니다.

활성화된 DAO 의 코드는 참여하기 위한 사람들을 대상으로 사용자의 투자를 받기 시작합니다. 이는 2016 년 4 월에 출시된 크라우드 펀딩 캠페인이었습니다. DAO 에 투자된 이더는 프로젝트 제안자의 프로젝트 진행 예산이 되었습니다. 스마트 계약인 다오 코드는 투자를 받는 초기 단계에서 이더가 DAO 의 스마트 계약 주소로 들어오면, DAO 의 코드는 이더를 보낸 사람의 계정에 들어온 이더 만큼 할당된 DAO 토큰 (암호화폐)를 생성합니다. DAO 토큰은 보유자에게 투표권 및 소유권을 부여하여, 투자한 사용자가 DAO 운영 방식에 영향을 미칠 수가 있습니다. 토큰의 소유권은 이더리움 블록체인에서 자유롭게 양도할 수 있습니다. 프로젝트가 수익을 낼 경우 DAO 토큰을 가진 사람은 보상을 받을 수 있습니다.

2016 년 만해도 DAO 는 초창기 개념이었고 스마트 계약을 거버넌스에 적용한 초기 사례였었습니다. 결국 The DAO 는 실패로 끝나고 말았습니다. 그러나 지금은 스마트 계약과 DApp 의 개발이 엄청나게 빠른 속도로 발전하고 있어, 이 The DAO 의 실패 사례는 단지 역사의 한 예로 이해하면 되겠습니다. DAO 토큰 판매는 2016 년 5 월 10 일까지 미화 3,400 만 달러 이상, 5 월 12 일까지 이더리움 네트워크의 디지털 가치 토큰인 미화 5 천만 달러 이상의 이더(ETH), 2016 년 5 월 15 일까지 미화 1 억 달러 이상을 모금되었습니다. 2016 년 5 월 17 일, DAO 의 최대 투자자는 모든 DAO 토큰의 4% 미만을 보유하고 상위 100 개 보유자는 모든 DAO 토큰의 46% 이상을 보유했습니다. 2016 년 5 월 21 일 기준, 이 펀드의 이더 가치는 11,000 명 이상의 투자자로부터 1 억 5 천만 달러 이상이었습니다. 2016 년 5 월 기준 DAO 는 그때까지 발행된 모든 이더 토큰의 거의 14 %를 유치했으니, 이때 DAO 토큰의 엄청난 총 가치가 짐작할 만합니다. 2016 년 5 월 28 일 DAO 토큰은 다양한 암호 화폐 거래소에서 거래 가능하게 되었습니다.

2016 년 5 월에 발표된 논문은 DAO 와 관련된 여러 보안 취약점을 지적하고 The DAO 의 투자자가 문제가 해결될 때까지 DAO 가 프로젝트에 투자하도록 지시하지 말 것을 권고했습니다. GitHub 의 이더리움 개발자는 "재귀 호출"과 관련된 결함을 지적했습니다. 2016 년 6 월 17 일, DAO 는 재귀 호출과 관련된 취약점을 포함하여 여러 취약점을 악용하는 공격을 받았고, 그 결과 DAO 에 약정된 1,150 만 이더의 약 3 분의 1 인 360 만 이더가 자회사 계정(28 일의 보유 기간이 적용되는 계정)으로 빼돌려 졌습니다. 스마트 계약은 실제로 사라지지 않았습니다. DAO 와 이더리움 커뮤니티의 구성원들은 다음에 무엇을 해야 할지 토론했으며, 일부는 공격이 유효하지만 비윤리적인 책략이라고 불렀고, 다른 일부는 이더를 다시 사용할 것을 요구했으며, 일부는 DAO 를 종료해야 한다고 요구했습니다. 결국 이더리움 커뮤니티는 논란의 여지가 있는 이더리움 블록체인을 하드포크하여 거의 모든 자금을 원래 계약으로 복원하기로 결정했습니다. 이래서 이더리움 블록체인은 ETH 와 ETC 로 분할되었는데, 원래 포크되지 않은 블록체인은 이더리움 클래식 (ETC)으로

계속되고 있습니다. 2016 년 9 월까지 DAO 라는 별명으로 알려진 The DAO 의 가치 토큰은 주요 암호화폐 거래소에서 상장폐지 되었으며 사실상 없어졌습니다.

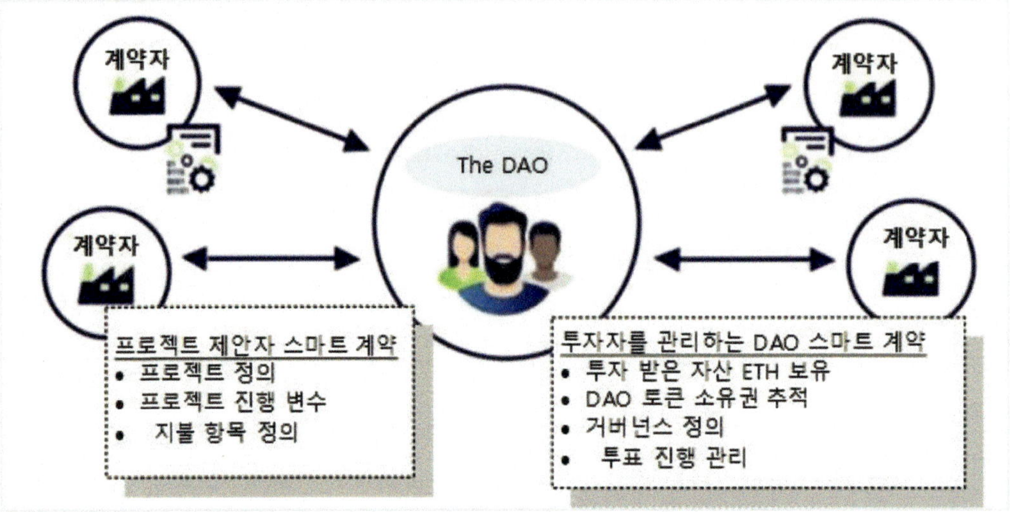

스마트 계약을 거버넌스에 적용한 최초의 사례였던 The DAO

BNB 체인 거버넌스 사례

블록체인 생태계의 내부적 측면을 관리하기 위하여 거버넌스 계층을 BNB 비콘 체인이라는 별도의 체인으로 구축한 최근 사례에 대하여 살펴보겠습니다. BNB 체인은 다음과 같이 실질적으로 5 가지 종류의 서로 다른 체인이 상호 작용하고 있습니다.

- BNB 비콘 체인 - BNB 비콘 체인은 BNB 생태계의 스테이킹 및 거버넌스 계층입니다.
- BNB 스마트 체인(BSC) - BNB 생태계에서 스마트 계약 배포와 실행을 주로 담당하고, 상호 운용성을 제공하는 EVM 호환 블록체인입니다.
- zkBNB - zkBNB 는 개발자를 위한 zk-Rollup 아키텍처를 기반으로 구축된 인프라로, 더 높은 처리량과 훨씬 더 낮은 거래 수수료로도 대규모 BNB 스마트 체인(BSC) 기반 앱을 구축할 수 있도록 도와줍니다.

- opBNB - opBNB 네트워크는 옵티미즘 옵스택(Optimism opStack)의 기반이 되는 BNB 스마트 체인을 위한 레이어 2 확장성 솔루션입니다.
- BNB 그린필드 - BNB 그린필드는 웹 3 시대에 데이터에 대한 완전히 새로운 구조적, 경제적 패러다임을 제시합니다. 데이터의 소유권, 사용 및 수익 창출은 이제 BNB 체인 생태계의 모든 참가자뿐만 아니라 사용자에게 가능합니다.

특히 BNB 비콘 체인은 BNB 체인의 거버넌스를 담당하고 BNB 체인에 대한 스테이킹 및 투표를 관리하는 블록체인 구성 요소입니다. 반면 BNB 스마트 체인은 EVM 과 호환되고 합의 계층이며 다중 체인에 대한 허브가 있는 블록체인 구성 요소입니다. BNB 비콘 체인은 BNB 생태계의 스테이킹 및 거버넌스 계층을 구현하기 위한 블록체인이기 때문에 블록 시간 (블록 생성 주기)이 빠르고, 기본 dApp 레이어 역할을 하며, 다중 토큰을 지원합니다. 그러나 BNB 비콘 체인에는 스마트 계약 VM 이 없습니다. BNB 비콘 체인은 거버넌스와 관련된 다음과 같은 기능을 구현합니다.

- 새로운 디지털 자산 발행 (BEP-2 및 BEP-8 이라는 표준이 있음)
- 디지털 자산의 발행/소각, 동결/동결 해제, 잠금/잠금 해제
- BNB 체인에 대한 지배 (거버넌스)
- 사이드 체인의 스테이킹
- 크로스 체인 전송 및 통신

BNB 비콘 체인도 레이어 1 블록체인이므로 자체 보안을 담당하는 합의 메커니즘이 사용됩니다. 이중 지출 공격에 대해 강력하며 네트워크의 최대 1/3(~33%) 행위자의 공격까지는 정상 작동합니다. 프로토콜에서 검증자는 번갈아 가며 트랜잭션 블록을 제안하고 이에 대해 투표합니다. 블록을 성공적으로 생성하려면 사전 투표와 사전 제출의 두 가지 투표 단계가 필요합니다. 블록은 검증자의 2/3 이상이 동일한 라운드에서 동일한 블록에 대해 사전 투표할 때 제출됩니다. 현재 BNB 비콘체인에는 11 명의 검증자가 있으며, 앞으로 더 많은 참가자가 검증인으로 참여할

수 있습니다. 이처럼 BNB 비콘 체인은 성급하게 완벽한 탈중앙화를 추구하지 않고, 점진적인 탈중앙화의 철학을 따릅니다. 그래서 거버넌스 역할에 중점을 둔 BNB 비콘 체인에서 하나의 블록 완결성이 달성되는 데 소요되는 시간은 일반적으로 1 초도 채 걸리지 않습니다. 거버넌스 측면에서 사용자는 체인의 합의 매개변수 변경에 대한 다양한 종류의 제안을 할 수 있습니다. 예를 들면, 수수료 매개변수 변경 제안과 스테이킹 매개변수 변경 제안이 있습니다. 온체인 제안을 처리하려면 BNB 스테이킹을 위한 입금 기간과 유권자가 투표할 수 있는 투표 기간이 필요합니다. 제안서가 통과되면 크로스체인 통신을 통해 BNB 스마트 체인과 사이드 체인에 적용됩니다.

PART 4 스마트 계약 중심 블록체인 구조

- 머클트리와 상태트리
- 이더리움 백서 정리
- 스마트 계약의 이해
- UTXO 모델과 계정 모델

PART 4 에서 참조한 주요 블록체인 또는 암호화폐	
이더리움	비트코인

11. 머클 트리와 상태 트리

비트코인의 블록 데이터 구조는 블록 몸통은 다중 레벨 데이터 구조로 구성되며, 블록 헤더는 타임스탬프, NONCE, 이전 블록 해시, MERKLE 트리의 루트 해시로 이루어져 있습니다. 블록 몸통을 이루는 MERKLE 트리는 트랜잭션을 효율적으로 검증하기 위해 사용되며, 변경이 발생하면 상위 노드와 블록 해시까지 영향을 미쳐 악의적인 변조를 방지합니다. 이를 통해 블록체인은 신뢰성과 보안을 유지합니다. 이더리움은 비트코인과 달리 상태 모델을 사용하여 글로벌 상태 데이터를 각 블록에 포함시키지 않고, 변경된 부분만 블록에 저장하여 노드 간 합의를 이끕니다. 상태 데이터는 PATRICIA 트리로 관리되며, 새로운 블록이 도착하면 로컬 노드가 변경된 부분을 반영하여 상태를 업데이트합니다. 이로 인해 이더리움의 상태는 온체인과 오프체인의 결합된 형태로 관리됩니다.

비트코인의 머클 트리 프로토콜

비트코인에서 장부를 작성하는 중요한 특징은 다중 레벨 데이터 구조에 입각하여 블록의 몸통을 형성한다는 블록 데이터 구조에 있습니다. 전체 블록의 지문에 해당하는 값을 블록 해시라 부르는 데, 블록 해시는 실제로 블록 헤더의 해시일 뿐입니다. 블록 헤더는 타임스탬프, nonce, 이전 블록 해시 및 모든 트랜잭션을 저장하는 Merkle(머클) 트리라는 데이터 구조의 루트 해시를 포함하는 약 200 바이트의 데이터 조각입니다. 블록에서 몸통을 구성하는 머클 트리는 이진 트리의 한 유형으로, 트리 하단에 많은 수의 리프 노드가 있는 노드 세트는 트랜잭션 데이터를 포함하고 있습니다. 트리에는 두 하위 항목의 해시 값인 노드로 이루어진 중간 노드 세트, 마지막으로 트리의 "상위"를 나타내는 두 자식의 해시로 형성된 단일 루트 노드입니다. 머클 트리 구조를 사용하는 목적은 원하는 트랜잭션 데이터를 검증하기를 원할 때, 블록의 전체 트랜잭션 데이터를 사용할 필요 없이 단편적인 데이터 만으로 원하는 트랜잭션을 검증할 수 있다는 것입니다. 이것이 작동하는 이유는 해시가 트리를 따라 위쪽으로 전파되기 때문입니다. 악의적인 사용자가 가짜 트랜잭션을 머클 트리의 맨 아래에서 바꾸려고 시도하면 이 변경으로 인해 위 노드가 변경되고, 또 그 위 노드도 변경됩니다. 마지막으로 머클 루트가 변경되고 이어서 블록 해시를 변경하여 프로토콜이 이를 완전히 다른 블록으로 간주하게 만듭니다.

머클 트리 프로토콜은 장기적인 지속 가능성에 필수적입니다. 모든 블록 전체를 저장하고 처리하는 비트코인 네트워크의 "완전(Full) 노드"는 2014 년 4 월 현재 비트코인 네트워크에서 약 15GB 의 디스크 공간을 차지하고 매월 1GB 이상씩 증가하고 있습니다. 현재 이는 휴대폰이 아닌 일부 데스크톱 컴퓨터에서 실행 가능하나 블록체인이 나날이 확장됨에 따라 늘어난 디스크 공간 문제로 나중에는 기업 정도만 참여할 수 있게 됩니다. "간소화된 지불 확인"(SPV)으로 알려진 프로토콜을 사용하면 블록체인 전체를 저장하는 완전 노드 와는 달리 블록 헤더 만 저장하는 블록 헤더체인을 보유하는 가벼운 노드를 고려할 수 있습니다. 블록 헤더를 다운로드하고 블록 헤더의 작업 증명을 확인한 다음 블록 헤더만 다운로드하는 노드를 "라이트 노드"라고 합니다. 만약 라이트 노드가 어떤 트랜잭션을 검증하기를 원하면, 해당 트랜잭션과 관련된 "분기"를 인근의 완전 노드로부터 내려 받아 자신이 가지고 있는 관련 블록 헤더와 함께 트랜잭션을 검증할 수 있습니다. 이를 통해 라이트 노드는 블록 헤더 체인이라 부르는 전체 블록체인의 아주 작은 부분만 다운로드하고 유지하지만, 강력한 보안 보장을 통해 비트코인 거래의 상태와 현재 잔고를 확인할 수 있습니다.

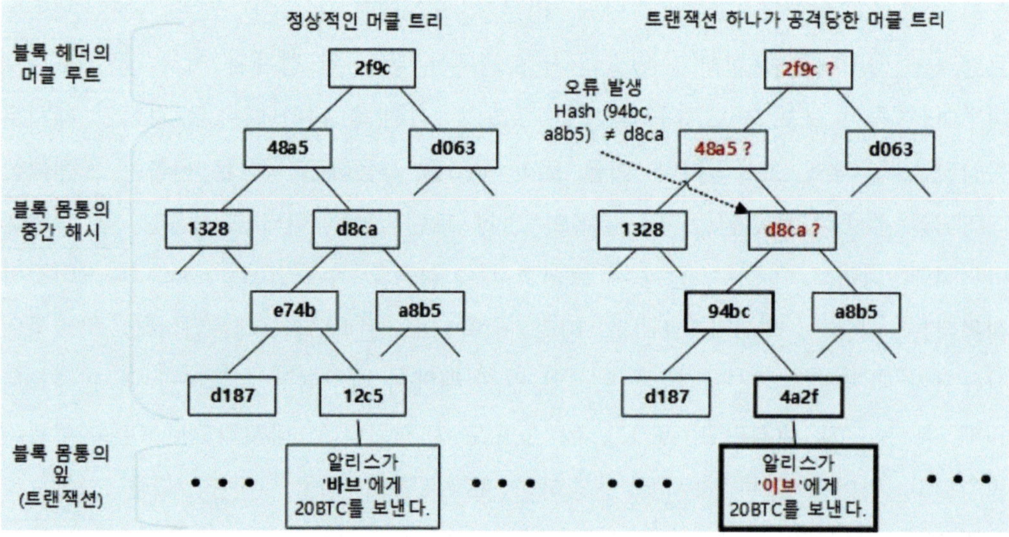

악의적인 사용자가 가짜 트랜잭션을 머클 트리의 맨 아래에서 바꾸려고 시도하면 이 변경으로 인해 위 노드가 변경되고, 또 그 위 노드도 변경됩니다. 마지막으로 머클 루트가 변경되고 이어서 블록 해시를 변경하여 프로토콜이 이를 완전히 다른 블록으로 간주하게 만듭니다.

이더리움의 거래 목록을 저장하는 머클 트리

계정 모델을 사용하는 이더리움은 블록을 구성하는 방법이 비트코인과는 같은 점도 있지만 큰 차이점도 있습니다. 같은 점은 각 블록이 만들어 질 때 마다 블록 속에는 거래 목록이 비트코인의 머클 트리처럼 저장된다는 것입니다. 큰 차이점은 상태 모델인 이더리움이 상태를 어떻게 블록에 포함시켜 전환하는 상태 데이터의 합의를 이끌어 가느냐 하는 문제입니다. 어떤 방법을 사용하든 모든 이더리움 노드는 글로벌 상태의 복사본을 동일하게 소유하고 있어야 합니다. 블록이 생성될 때마다 글로벌 상태는 바뀌게 됩니다. 그런데 블록마다 바뀌는 부분은 전체 글로벌 상태 데이터에 비하면 일부에 지나지 않는다는 점에 이더리움 개발자들은 착안했습니다. 이더리움에서는 전체 상태를 블록에 포함시키지 않고 오직 바뀌는 부분만 블록에 저장하여 새로운 블록 전파시에 모든 노드로 알려줍니다. 그러니 전체적인 상태 데이터는 로컬로 노드가 저장하고 있으며 새로운 블록이 도착할 때 마다 블록에서 언급한 바뀌는 부분을 반영하여 상태 정보의 검증과 합의를 이끌어 냅니다.

이더리움의 상태는 "Patricia tree"로 저장

상태를 블록에 저장하는 방법은 트랜잭션 배열을 블록에 저장하는 방법과는 조금 다릅니다. 물론 상태도 트리 구조를 사용하여 저장하지만, 이전 까지의 상태 트리에서 다음 상태 트리로 변경될 때 포인터(즉, 서브트리의 해시)를 사용하여 변경된 부분만 블록에서 표현할 수 있습니다. 그래서 이더리움의 상태는 "Patricia tree"로 알려진 특별한 종류의 트리가 이를 수행하는 데 사용되며, 여기에는 노드(상태 트리의 잎에 해당하는 계정을 의미)를 변경하는 것이 아니라 효율적으로 삽입 및 삭제할 수 있도록 하는 수정된 머클 트리 개념이 이용됩니다. 따라서 상태 트리는 이미 이전에 로컬 노드가 합의로 저장한 상태 정보에서 조금만 변경되기 때문에, 변경된 상태 정보만 새로운 블록에 기록하면 되고 변경되지 않은 상태 정보는 이전 상태 정보를 참조하면 됩니다. 이런 이더리움의 블록 접근 방식을 보면 '이더리움의 글로벌 상태가 어떻게 블록에 포함될까?'라는 의문이 풀릴 것입니다. 정리하자면, 비트코인과 마찬가지로 이더리움의 모든 트랜잭션 데이터는 빠짐없이 블록에 저장됩니다. 그러나 이더리움의 상태는 블록에 저장된다고 하면 반은 맞고 반은 틀린 이야기입니다. 오히려 상태는 로컬 노드 (지역 검증자 노드)의 저장 공간에서 변경이 이루어집니다. 새로운 블록이 만들어질 때 마다 글로벌 상태 데이터의 상태 변경되는 부분과 변경될 내용 및 상태 트리의 상태 루트 값을 블록속에 포함시킵니다. 이 블록을 받은 로컬 노드는 새로 전파되어온 블록의 이런 변경할 부분 데이터를 참조하여 자신이 가지고 있는 전체 상태 데이터를 변경해 나갑니다. 모든 노드들이 합의로 상태 데이터 변경 작업을 일률적으로 할 수 있는 이유는 블록에 포함된 상태 루트 때문입니다. 따라서 모든 로컬 노드는 동일한 상태 정보의 복사본을 소유하고 있게 됩니다. 이런 면을 고려하면 이더리움의 상태는 온체인도 아니고 오프체인도 아니고 온체인과 오프체인이 결합된 특별한 체인 기술에 의존한다고 볼 수 있습니다.

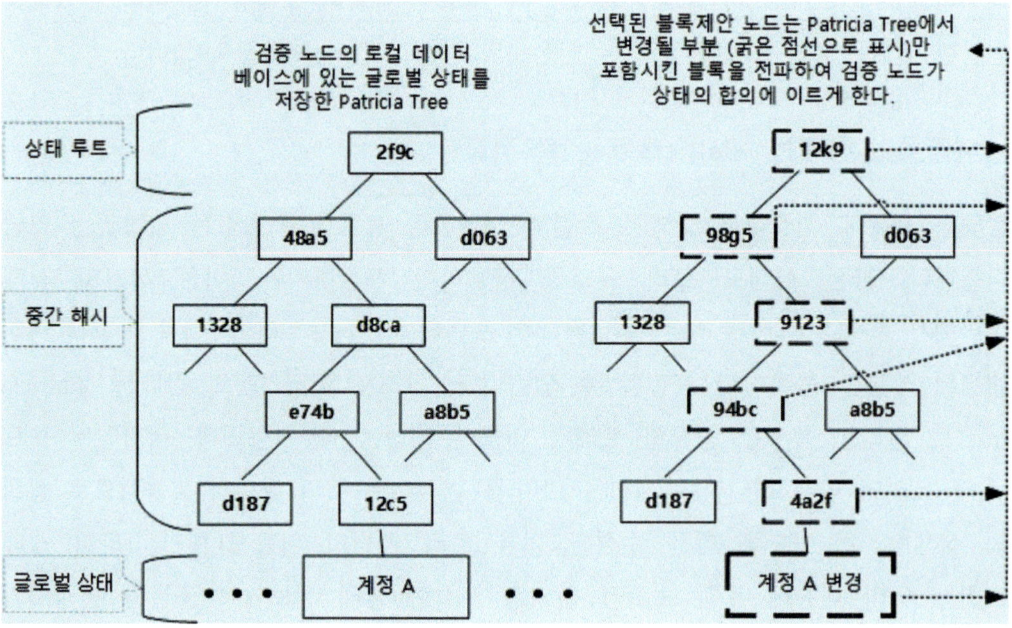

상태를 블록에 저장하는 방법은 트리 구조를 사용하지만, 이전 까지의 상태 트리에서 다음 상태 트리로 변경될 때 포인터를 사용하여 변경된 부분만 블록에서 표현할 수 있습니다. 그래서 이더리움의 상태는 "Patricia tree"로 알려진 특별한 종류의 트리가 이를 수행하는 데 사용되며, 상태 트리는 이미 이전에 로컬 노드가 합의로 저장한 상태 정보에서 조금만 변경되기 때문에, 변경된 상태 정보만 새로운 블록에 기록하면 되고 변경되지 않은 상태 정보는 이전 상태 정보를 참조하면 됩니다.

인덱싱 공급자의 등장

앞에서 살펴본 바와 같이 트랜잭션 데이터나 상태 데이터는 머클트리나 Patricia 트리 형태의 블록체인 데이터로 저장됩니다. 그런데 Uniswap 과 같은 복잡한 스마트 계약이 포함된 이더리움 블록체인에서 직접 기본 데이터 이외의 데이터를 읽는 것이 정말 어렵습니다. 기본 데이터를 읽는 작업은 스마트 계약에 프로그래밍되어 있지만 원하는 데이터를 집계, 검색, 필터링과 같은 고급 실제 쿼리 및 작업은 불가능합니다. 예를 들어, 특정 주소를 소유한 개미 투자자의 스마트 계약 계정을 쿼리하고 그 특성 중 하나로 필터링하려는 경우 계약 자체와 직접 상호 작용하여 해당 정보를 얻을 수 없습니다. 이러한 유형의 상대적으로 간단한 질문의 경우에도 브라우저에서 실행되는 분산형 애플리케이션(dapp)이 답변을 얻는 데 몇 시간 또는 며칠이 걸릴 것입니다.

더 복잡한 데이터 검색 시나리오를 지원하려면 스마트 계약 데이터를 관계형 데이터베이스와 같은 보다 적절한 저장소에 저장해야 합니다. 이를 위해 인덱서가 사용됩니다. 간단히 말해서 인덱서는 들어오는 트랜잭션을 처리하고 관련 데이터를 데이터베이스에 넣는 특별한 종류의 노드입니다. 수집된 데이터는 간단한 API 서버를 사용하여 클라이언트에 노출될 수 있습니다. 이런 블록체인 데이터를 쉽게 검색할 수 있도록 온체인 데이터를 오프체인에서 체계적으로 구성(색인화)하고, 이렇게 색인화(인덱싱)한 데이터를 쿼리하기 위한 프로토콜을 구축한 프로젝트가 더그래프입니다. 더그래프를 사용하면 블록체인에게 직접 쿼리하기 어려운 데이터도 쿼리할 수 있습니다.

12. 이더리움 백서 정리

이더리움은 탈중앙화 애플리케이션(DAPP)을 위한 비트코인의 대체 프로토콜입니다. 스마트 계약과 DAPP 을 작성할 수 있는 플랫폼으로, 특정 조건 충족 시 계정의 가치를 저장하고 잠금을 해제하는 기능을 지원합니다. 계정의 상태 전환은 트랜잭션을 통해 이루어지며, 각 계정 주소마다 NONCE, 이더 잔액, 계약 코드, 저장소 필드를 가집니다. "이더"는 거래 수수료를 지불하는 연료입니다. 트랜잭션과 메시지는 스마트 계약을 실행하며, 가스 요금 체계로 이더리움 네트워크 자원의 집중 사용 공격인 DOS 공격을 방어합니다.

이더리움 탄생의 가장 큰 공적은 스마트 계약이 가능하다는 점

초기 이더리움의 의도는 탈중앙화 애플리케이션 (Dapp)을 구축하기 위한 비트코인의 대체 프로토콜을 만드는 것이었습니다. 이더리움은 본질적으로 인터넷 어플리케이션 계층에 추상적 기초 계층 형태의 애매하지 않은 프로그래밍 코드가 내장된 블록체인을 구축합니다. 이 이더리움 블록체인은 누구나 소유권, 거래 형식 및 상태 전환 기능에 대한 고유한 임의의 규칙을 만들 수 있는 스마트 계약 및 Dapp 을 작성할 수 있도록 하는 플랫폼입니다. 특히 이더리움 탄생의 가장 큰 공적은 가치를 저장하고 특정 조건이 충족되는 경우에만 잠금을 해제하는 “암호화 코드"인 스마트 계약이 가능하다는 점입니다. 비트코인 스크립트라고 부르는 “거래 암호화 코드”보다 훨씬 더 강력한 “스마트 계약 암호화 코드”를 이더리움 플랫폼 위에 구축할 수 있습니다.

이더리움 계정

이더리움에서 상태는 "계정"이라는 개체로 구성되며 각 계정은 20 바이트 주소를 가지고 있습니다. 상태 전환은 계정 간에 가치와 정보를 직접 보내고 받는 트랜잭션을 통하여 계정의 상태가 변화한다는 뜻입니다. 이더리움 계정에는 4 개의 필드가 있습니다.

- Nonce: 방송 방식으로 전달되어 오는 각 트랜잭션이 계정을 중복 처리하지 않고 오직 한 번만 계정의 상태를 처리될 수 있도록 보장하는 데 사용되는 카운터
- 계정의 현재 이더(Ether) 잔액
- 계정의 계약 코드(계정이 스마트 계약을 포함한 경우)
- 계정의 저장소(Storage)

"이더"는 이더리움의 주요 내부 내부 프로토콜을 작동시키는 연료이며 거래 수수료를 지불하는 데 사용됩니다. 일반적으로 계정에는 개인 비밀키로 제어되는

외부 소유 계정과 비밀키를 가진 개인의 계약 코드로 제어되는 계약 계정의 두 가지 유형이 있습니다. 외부 소유 계정에는 계약코드는 없지만 트랜잭션을 만들고 서명하여 외부 소유 계정에서 다른 계약 계정으로 메시지를 보낼 수 있습니다. 계약 계정에서는 계약 계정이 메시지를 받을 때마다 계약코드가 활성화되어 내부 저장소를 읽고 쓰고 다른 메시지를 보내어 다른 계약 계정을 차례로 실행시킬 수도 있습니다.

이더리움 "계약"은 이더리움 실행 환경 내부에 있는 계약 및 비즈니스에 대한 대리인, 즉 "자율 에이전트"에 가깝고, 메시지나 트랜잭션에 의해 찔러지는 (코드 시작의 시동이 걸리는) 경우 이더리움 가상 머신 (EVM) 상에서 특정 코드를 실행하고 자체 이더 잔액과 자체 키/값 저장소를 직접 제어하여 계약 코드에 명시된 변수 (조건)를 추적합니다.

메시지와 트랜잭션

이더리움에서 "트랜잭션(거래)"이라는 용어는 외부 소유 계정에서 보낼 메시지를 포함하는 서명된 데이터 패키지를 나타내는 데 사용됩니다. 트랜잭션은 다음 정보를 포함합니다.

- 메시지를 받는 사람 (수신자)
- 보낸 사람 (발신자)을 식별하는 서명
- 발신자에서 수신자에게 전송할 이더의 양
- 선택적 데이터 필드
- 트랜잭션 실행이 수행할 수 있는 최대 계산 단계 수를 나타내는 STARTGAS 값
- 발신자가 계산 단계별로 지불하는 수수료를 나타내는 GASPRICE 값

처음 세 개는 다른 어떤 암호 화폐에서도 사용하는 표준 필드입니다. 데이터 필드의 사용 사례의 예로, 어떤 계약 계정이 온체인 (On-Chain) 도메인 등록 서비스로

작동하는 경우, 이 계약 계정 (수신자)으로 전달되는 트랜잭션의 데이터 필드는 두 개의 정보를 포함하는 것으로 해석할 수 있으며, 첫 번째 정보는 등록할 도메인이고 두 번째 정보는 등록할 IP 주소입니다. 즉, 계약 계정에서는 트랜잭션 메시지의 데이터 필드에서 이러한 값을 읽고 계정의 저장소에 적절하게 배치합니다.

메시지나 트랜잭션이 유발하는 (trigger) 경우 어떤 계정의 스마트 계약은 특정 코드를 실행하게 됩니다. 그래서 우발적이거나 적대적인 무한 루프 또는 기타 코드 계산 낭비를 방지하기 위해 각 트랜잭션은 사용할 수 있는 코드 실행의 계산 단계 수에 대한 제한을 설정해야 합니다. 코드 실행의 계산 단계수를 제한하는 STARTGAS 및 GASPRICE 필드는 이더리움의 DoS 공격을 방어하기 위해 중요합니다. 계산에 따른 비용의 기본 단위는 "가스"입니다. 일반적으로 단일 계산 단계에는 1 가스가 필요하지만 일부 작업은 계산 비용이 더 많이 들거나 상태의 일부로 저장해야 하는 데이터의 양을 늘리는 경우에 더 많은 양의 가스가 필요하게 됩니다. 또한 트랜잭션 데이터 필드의 모든 바이트에 대해 1 바이트 당 5 가스의 수수료가 필요합니다. 수수료 시스템의 목적은 공격자가 계산, 대역폭 및 저장소를 포함하여 소비하는 모든 리소스에 대해 비례하여 비용을 지불하도록 요구하는 것입니다. 따라서 네트워크가 이러한 리소스를 더 많이 소비하도록 유도하는 모든 트랜잭션에는 증가분에 대략 비례하는 가스 요금이 책정되도록 하고 있습니다.

계약 계정이 다른 계약 계정의 코드를 실행케 하는 메시지

계약 계정은 또 다른 계약 계정에 "메시지"를 보낼 수 있습니다. 메시지는 사전에 일련화 되지 않고 이더리움 실행 환경에만 존재하는 가상 개체입니다. 메시지는 다음 정보를 포함합니다.

- 메시지를 보낸 사람(암시적)
- 메시지 받는 사람
- 메시지와 함께 전송할 이더의 양

- 선택적 데이터 필드
- STARTGAS 값

기본적으로 메시지는 외부 소유 계정의 행위자가 아닌 계약 계정에 의해 생성된다는 점을 제외하고는 트랜잭션과 같습니다. 현재 코드를 실행 중인 계약이 메시지를 생성하고 실행하는 CALL 명령어를 실행할 때 메시지가 생성됩니다. 트랜잭션과 마찬가지로 메시지는 수신자 계정이 계약 코드를 실행하게 유도합니다. 따라서 계약 계정은 외부 행위자와 정확히 동일한 방식으로 다른 계약 계정과 관계를 가질 수 있습니다.

거래 또는 계약에 의해 명시된 가스 허용량 (STARTGAS)은 해당 거래와 모든 하위 실행에 의해 소비된 총 가스에 적용됩니다. 예를 들어 외부 행위자의 외부 계정 A 가 1000 가스로 트랜잭션을 계약 계정 B 에 보내고, 계약 계정 B 가 계약 계정 C 로 메시지를 보내기 전에 600 가스를 소비하고, C 의 내부 실행에 300 가스를 소비하고 계약 계정 B 로 돌아온 경우, 계약 계정 B 는 추가로 오직 100 가스를 더 사용할 수 있습니다.

이더리움 상태 전환 함수

S 을 어떤 트랜잭션 (TX)이 배포되기 바로 전의 '상태'라고 가정합시다. TX 트랜잭션을 받은 노드는 어떻게 상태전환 함수 APPLY 를 적용하여 상태를 S'으로 전환 (APPLY(S, TX) -> S')시키는지 살펴봅시다.

- 노드가 트랜잭션을 받으면 트랜잭션이 잘 구성되어 있는지(즉, 올바른 수의 잔금 (value)이 있는지), 서명이 유효한지, nonce 가 보낸 사람 계정의 nonce 와 일치하는지 확인한다. 그렇지 않은 경우 오류를 반환한다.
- 거래 수수료를 STARTGAS * GASPRICE 로 계산하고 서명을 보고 인출할 주소를 결정한다. 서명자 (발신자)의 계정 잔액에서 수수료를 빼고 발신자의 nonce 를 증가시킨다. 사용할 만큼의 잔액이 충분하지 않으면 오류를 반환한다.

- GAS 를 STARTGAS 로 설정하고 바이트당 일정량의 가스가 부과되므로, 트랜잭션의 총 바이트 길이에 해당되는 만큼의 비용을 지불한다.
- 거래 금액을 발신자의 계정에서 수신자의 계정으로 전송한다. 받는 계정이 아직 없으면 새로 만든다. 수신 계정이 계약 계정인 경우 이 계정의 계약 코드를 완전 실행하거나, 또는 실행에 가스가 소진될 때까지 계약 코드를 실행한다.
- 발신자에게 충분한 잔고가 없거나 코드 실행에 가스가 부족하여 값 전송이 실패한 경우 수수료 지불을 제외한 모든 '상태' 변경 사항을 원상 복귀시키고, 채굴자의 계정에 수수료를 보내준다.
- 트랜잭션이 잘 처리되었다면, 남은 모든 가스에 대한 수수료를 발신자에게 환불하고 소비된 가스에 대해 지불한 수수료를 채굴자에게 보낸다.

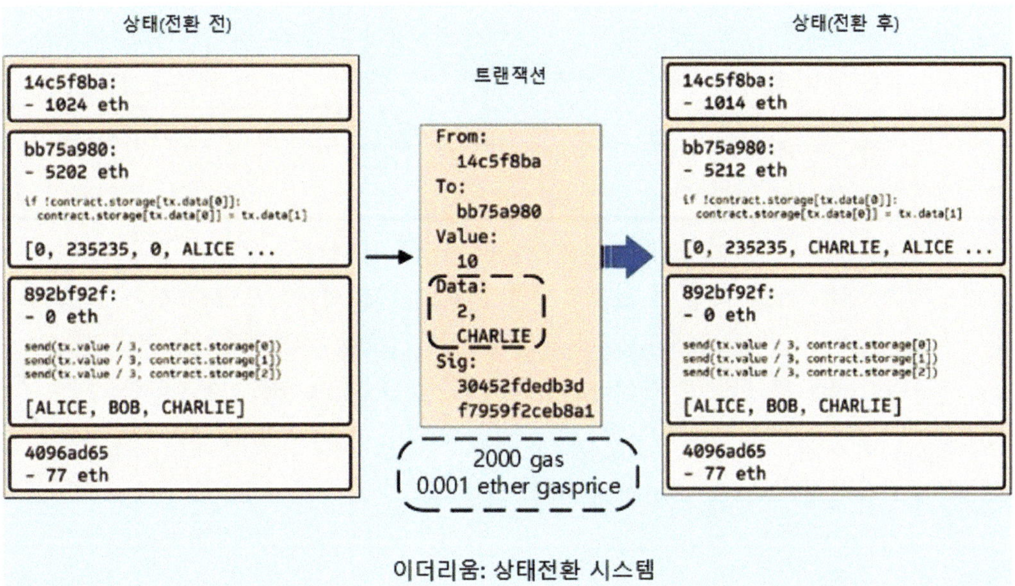

트랜잭션 송신자(계정 주소 14c5f8ba)에서 트랜잭션 수신자(계정 주소 bb75a980)로 10 이더를 보내고 트랜잭션의 수신자인 계약 계정의 계약 코드를 실행시켜 인덱스 2 의 저장소에 CHARLIE 값을 설정한다. 이 작업에 2000 가스를 지불할 용의가 있음을 신고했고, 결국 트랜잭션 수수료와 계약 계정 스토리지 사용료를 받고 남은 가스는 환불한다.

예를 들어 어떤 계약의 코드가 다음과 같다고 가정합시다.

```
!self.storage[calldataload(0)]인 경우:
  self.storage[calldataload(0)] = calldataload(32)
```

어떤 트랜잭션의 수신자에 해당하는 계약 계정의 저장소가 비어 있고, 이 트랜잭션이 10 이더 값을 보내고, 2000 STARTGAS 와 0.001 GASPRICE 를 사용하며, 선택적 데이터 필드 값으로 64 바이트의 데이터 (바이트 0-31 은 숫자 2 를 나타내고 바이트 32-63 은 문자열 CHARLIE)를 사용하는 경우를 가정하면, 이런 경우에 상태전환 함수의 처리 과정은 다음과 같습니다.

- 거래가 유효하고 올바른 형식인지 확인한다.
- 트랜잭션 발신자가 계정에 최소 2000 * 0.001 = 2 이더를 가지고 있는지 확인한다. 그렇다면 발신자의 계정에서 2 이더를 뺀다.
- 가스를 2000 개로 설정하고, 트랜잭션의 길이가 170 바이트이고 바이트 수수료가 5 라고 가정하면 170*5 을 빼서 1150 개의 가스가 남도록 한다.
- 트랜잭션의 발신자의 계좌에서 10 이더를 빼서 트랜잭션의 수신자인 계약 계좌로 옮긴다
- 트랜잭션의 수신자인 계약 계정의 계약 코드가 실행된다. 이 경우 인덱스 2 에 있는 계약 계정의 스토리지가 사용되는지 확인하고 사용되지 않음을 알아차리고 인덱스 2 의 저장소를 CHARLIE 값으로 설정한다. 이 작업이 187 가스를 필요로 한다고 가정하면 남은 가스량은 1150-187 = 963 이다.
- 963 * 0.001 = 0.963 이더를 트랜잭션의 발신자 계정에 다시 추가하고 결과로 상태 전환을 완료한다.

계약 코드 실행

이더리움 계약 계정의 코드는 "이더리움 가상 머신 코드" 또는 "EVM 코드"라고 하는 저수준 스택 기반 바이트코드 언어로 작성됩니다. 코드는 일련의 바이트로 구성되며 각 바이트는 연산작업을 나타냅니다. 일반적으로 코드 실행은 현재 프로그램 카운터(0 에서 시작)에서 작업을 반복적으로 수행한 다음 코드 끝에

도달하거나 오류 또는 STOP 또는 RETURN 명령이 감지될 때까지 프로그램 카운터(PC)를 1 씩 증가시키는 것으로 구성된 무한 루프입니다.

EVM 코드의 공식 실행 모델은 놀라울 정도로 간단합니다. 이더리움 가상 머신(EVM)이 실행되는 동안 전체 계산 상태는 리스트(block_state, 트랜잭션, 메시지, 계약 코드, 메모리, 스택, PC, 가스)에 의해 정의될 수 있는데, 여기서 block_state 는 모든 계정을 포함하는 전역 '상태'이며 잔액 및 스토리지를 포함합니다. 모든 실행 라운드가 시작될 때 코드의 프로그램 카운터 (PC)가 지시하는 바이트를 취하여 현재 명령어가 되며, 각 명령어는 위 리스트에 열거한 항목에 미치는 영향에 대한 자체 정의를 갖습니다. 예를 들어 ADD 는 스택에서 두 항목을 팝하고 합계를 푸시하고, 가스를 1 씩 줄이고, PC 를 1 씩 증가시키고, SSTORE 는 상위 두 항목을 스택에서 밀어내고 두 번째 항목을 첫 번째 항목으로 지정된 인덱스의 계약 저장소에 삽입합니다

이더리움 블록체인 및 채굴 이해하기

블록체인 아키텍처와 관련하여 이더리움과 비트코인의 주요 차이점은 비트코인과 달리 이더리움 블록에는 거래 목록 (트랜잭션 리스트)과 가장 최근 '상태'의 두 종류의 사본이 모두 포함되어 있다는 것입니다. 각 블록이 만들어 질 때 마다 블록 속에는 거래 목록과 함께 전세계적인 계정의 전체 상태를 저장하는 이더리움의 접근 방식은 언뜻 보기에는 매우 비효율적인 것처럼 보일 수 있습니다. 그런데 이더리움 측에 따르면 실제로는 효율성이 비트코인과 비슷하다고 주장합니다. 트랜잭션이 실린 블록 내부에는 먼저 트랜잭션 배열이 '머클 트리' 형태로 저장되어 있습니다. 그래서 트랜잭션 배열에 대한 트랜잭션 루트 값이 이 블록 헤더에 포함되어 있습니다. 그런데 상태를 블록에 저장하는 방법은 트랜잭션 배열과는 조금 다릅니다. 물론 상태도 트리 구조를 사용하여 저장하게 되어 있지만, 새로운 상태 블록의 트랜잭션 리스트가 적용된 후의 상태는 이전 글로벌 상태의 작은 부분만 변화가 일어나기 때문입니다. 그렇다면 블록에 변화가 없는 계정의 상태까지 매번 기록할

필요가 있느냐 하는 점에 착안하게 됩니다. 그래서 이전 블록이 만들어진 슬롯의 상태 트리에서 일부만 변경되어 현재 블록의 상태 트리가 만들어진다는 것을 이용하여 이더리움 상태에 대한 블록의 기록 공간을 효율적으로 이용합니다. 물론 상태 트리는 일부만 변경되어도 상태 루트 해시는 완전히 다른 값이 됩니다. 따라서 상태 트리 형태의 글로벌 상태는 한 번 저장된 이후부터 포인터(즉, 서브트리의 해시)를 사용하여 참조될 수 있습니다. 이더리움의 상태는 "Patricia tree"로 알려진 특별한 종류의 트리가 이를 수행하는 데 사용됩니다. 따라서 현재 블록에는 이전과 비교하여 변경된 상태 정보만 기록하면 되고 변경되지 않은 상태 정보는 이전 상태 정보를 참조하면 됩니다. 정리하자면, 비트코인과 마찬가지로 이더리움의 모든 트랜잭션은 생성 시간에 입각하여 빠짐없이 블록에 저장됩니다. 그러나 이더리움의 상태는 로컬 노드 (지역 검증자 노드)의 저장 공간에서 변경이 이루어 집니다. 새로운 블록이 만들어질 때 마다 글로벌 상태 데이더의 변경되는 부분과 변경될 내용 및 상태 트리의 상태 루트 값을 블록속에 포함시킵니다. 이렇게 제안자 노드가 만든 신규 블록은 모든 검증자 노드로 전파됩니다.

로컬 노드의 블록 유효성 검증과 상태 전환

제안자 노드로부터 블록을 받은 로컬 노드는 새로 전파되어온 블록의 이런 데이터를 참조하여 자신이 가지고 있는 전체 상태 데이터를 변경해 나갑니다. 모든 노드들이 또 같은 상태 데이터 변경 작업을 할 수 있는 이유는 블록에 포함된 트랜잭션 리스트와 상태 루트 때문입니다. 따라서 모든 로컬 노드는 새로운 블록에 입각하여 상태 데이터를 변경한 후에도 동일한 상태 정보의 복사본을 계속 소유하게 됩니다. 정리하면 이더리움의 기본 블록 유효성 검증 알고리즘은 다음 단계로 작동합니다.

① 참조된 이전 블록이 존재하고 유효한지 확인한다.

② 블록의 타임스탬프가 참조된 이전 블록의 타임스탬프보다 크고 향후 15 분 미만인지 확인한다.

③ 블록 번호, 블록 생성 난이도 및 트랜잭션 머클 루트가 유효한지 확인한다.

④ 블록에 대한 작업 증명이 유효한지 확인한다 (이 부분은 2022 년 9 월 이더리움 '더 머지' 이후로 지분증명으로 완전 전환되었으므로 더 이상 유효하지 않음).

⑤ S[0]을 이전 블록의 최종 상태라고 하자 (보통 블록은 슬롯마다 만들어진다).

⑥ TX 를 현재 검증하려는 블록에 실린 n 개의 트랜잭션 배열 (블록의 트랜잭션 배열)로 가정한다. i = 0, 1, ..., n-2, n-1 의 모든 i 에 대해 하나씩 S[i+1] = APPLY(S[i], TX[i])를 적용한다. 응용 프로그램이 오류를 반환하거나 이 시점까지 블록에서 소비된 총 가스가 GASLIMIT 를 초과하는 경우 오류를 반환한다.

⑦ i = 0, 1, ..., n-2, n-1 까지 n 개의 트랜잭션 배열을 모두 적용한 이후의 마지막 상태를 S[n]이고 이를 '최종 S'라 하자. 채굴자 (또는 블록 제안자)에게 블록 보상이 지급된다.

⑧ '최종 S'의 상태 머클 트리 루트(Patricia tree)가 상태 블록 헤더에 제공된 최종 상태 루트와 같은 지 확인한다. 같으면 상태 블록이 유효하다. 그렇지 않으면 유효하지 않다.

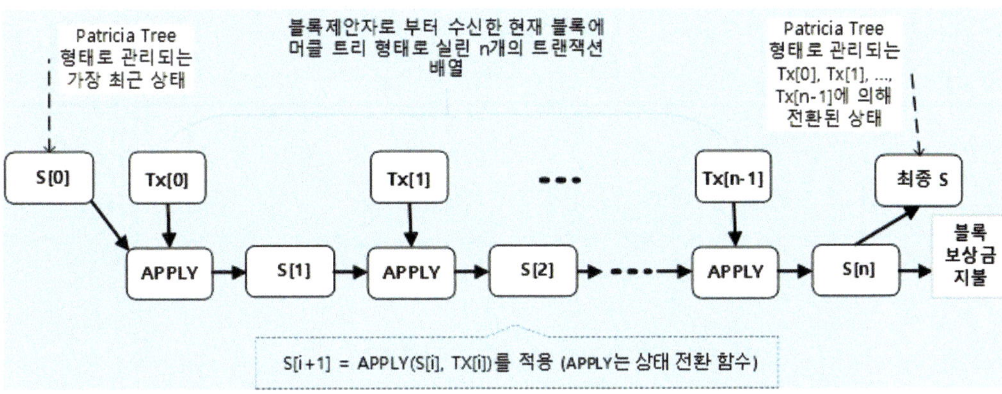

검증자 노드가 제안자가 생성하여 보낸 블록을 받으면 트랜잭션 머클 루트 등이 유효한지 먼저 확인한다. 이를 통과하면 블록에 실린 n 개의 트랜잭션 배열에 대해 하나씩 S[i+1] = APPLY(S[i], TX[i])를 적용한다. n 개의 트랜잭션 배열을 모두 적용한 이후의 마지막 상태인 S[n]이 신규 블록으로 인해 전환된 '최종 S'가 된다. 또 '최종 S'의 상태 머클 트리 루트(Patricia tree)가 상태 블록 헤더에 제공된 최종 상태 루트와 같은 지 확인한다. 같으면 상태 블록이 유효하다. 그렇지 않으면 유효하지 않다.

13. 스마트 계약의 이해

스마트 계약은 블록체인에 배포된 프로그램으로, 조건 충족 시 자동으로 실행됩니다. 이더리움과 같은 플랫폼에서는 복잡한 계약 조건을 프로그래밍할 수 있어, 분산 애플리케이션(DAPP)의 핵심 기능을 담당합니다. ERC-20 표준을 사용하여 다양한 암호화폐 토큰이 발행되며, 이는 이더리움 스마트 계약 내에서 전송과 공급 조건을 정의합니다. 또한, 스마트 계약은 중앙 중재자 없이 거래와 상호작용을 가능하게 하며, 이는 예를 들어 비트코인의 라이트닝 네트워크와 같은 결제 채널에서도 적용될 수 있습니다.

스마트 계약이란 무엇입니까?

비트코인은 하나의 블록에 해당하는 시간 단위로 트랜잭션들을 블록에 포함시키고, 다음 트랜잭션들은 다음 블록에 포함시켜 이전 블록과 이어 붙이기 한 체인입니다. 그래서 사용자는 자금을 인출하거나 다른 사용자에게 보내려면 블록체인에 포함된 트랜잭션 중에서 자신이 관할하는 트랜잭션의 미사용 출력 (UTXO) 들을 찾아서 잠금을 해제하고 인출 작업을 실행할 수 있었습니다. 이때의 비트코인 블록체인은 자금을 안전하게 저장하는 장부 창고 같은 역할을 한 것입니다. 물론 어떤 트랜잭션의 UTXO 에 대하여 이중 지출하는 것을 방지하고 권한을 가진 사용자만이 이 자금의 잠김을 풀 수 있도록 하는 스크립트라고 부르는 간단한 프로그램이 함께 작동하기는 합니다. 그러나 이 스크립트는 자금을 안전하게 만드는 역할 그 이상은 아닙니다. 그러나 제 2 세대 암호화폐인 이더리움의 등장과 함께 블록체인은 단순히 데이터를 저장하는 것 이상의 일을 할 수 있습니다. 비트코인의 UTXO 가 자금을 안전하게 저장하는 곳이라면, 이더리움의 계정은 어떤 목적의 작업을 수행할 수 있는 프로그램 코드를 저장할 수 있으며, 이 저장된 프로그램은 조건이 만족되면 이더리움 가상 머신 (EVM)은 이 프로그램을 실행할 수도 있습니다. 이처럼 블록체인의 계정에 저장된 (배포된) 프로그램은 스마트 계약이라고 하며, 이런 프로그램은 EVM 같은 장치가 실행시킬 수 있는 특정 언어로 작성되어야 합니다. 일반적으로 계약 프로그램은 미래에 일어날 일에 대해 당사자들을 구속하는 당사자 간의 합의를 프로그래밍한 것입니다. "스마트" 라는 용어는 이러한 디지털 계약 프로그램 (EVM 코드 또는 계약 코드)이 제 3 자의 개입없이 자동 실행된다는 의미에서 유래되었습니다.

스마트 계약은 어떻게 작동하나요?

스마트 계약은 배포와 실행으로 나누어 이해해야 합니다. 배포는 개발자의 몫이고, 실행은 배포된 스마트 계약이 미리 정해진 조건을 만났을 때 실행되는 것을 의미합니다. 스마트 계약에 의한 특정 작업의 실행은 메시지에 의해 트리거됩니다

(시동이 걸립니다). 이러한 메시지는 돈을 전송하는 트랜잭션일 수도 있고 데이터만 전송하는 메시지일 수도 있습니다. 간단히 말하면 스마트 계약은 코드로 작성되고 실행되는 많은 "if, then" 문으로 구성됩니다. 계약 조건이 충족되면 제 3 의 중재자 없이 계약이 자동으로 실행됩니다. 스마트 계약은 분산형 애플리케이션(dApp: 디앱)의 맥락에서 가장 자주 논의됩니다. 디앱은 여러 스마트 계약들을 종합하여 어떤 응용 작업을 수행하도록 하는 어플리케이션이라고 보면 됩니다. 디앱은 분산형 거래소부터 경매 플랫폼이나 게임까지 거의 모든 것이 될 수 있습니다.

스마트 계약 템플릿을 이용하여 많은 암호화폐 토큰이 만들어 집니다. 이들은 ERC-20(Ethereum Request for Comment) 표준을 사용하여 이더리움 블록체인에서 발행됩니다. 토큰은 무엇보다도 총 공급량과 토큰 전송 조건을 정의하는 이더리움 블록체인의 스마트 계약 내에서 발행됩니다. ERC -20 토큰 표준은 암호화폐가 쉽게 발행될 수 있게 하고 다양한 지갑 및 거래소에서 사용을 가능하게 허용하는 스마트 계약 템플릿입니다. 스마트 계약의 또 다른 사용 사례로는 결제 및 상태 채널이 있습니다. 대부분의 일반적인 용어로, 오프체인에서 발생하는 상호작용은 마치 온체인에서 발생하는 것처럼 무신뢰가 가능합니다. 가장 인기 있는 결제 채널 네트워크는 비트코인의 라이트닝 네트워크입니다.

스마트 계약 사용 사례

스마트 계약은 변호사나 공증인과 같은 중개인의 필요성을 크게 줄여 거래 비용을 절감할 것을 약속합니다. 가장 중요한 것은 중개인를 배제하여 참가자의 시간을 절약한다는 것입니다. 중개인을 관여하지 않으면 시간도 많이 절약할 수 있습니다. 영업 시간이나 은행 휴무일까지 기다릴 필요가 없습니다. 스마트 계약은 암호화폐와 같은 디지털 자산의 이전을 관리하는 데 사용될 수 있을 뿐만 아니라 주식 및 기타 전통적인 금융 상품 거래, 부동산과 같은 물리적 자산과 관련된 거래 등 다양한 유형의 가치 이전을 관리할 수 있습니다. 이를 달성하기 위해 많은 사용 사례가 있습니다.

- 임대 합의 계약: 집주인과 임차인은 임대 계약을 관리하기 위해 스마트 계약을 사용할 수 있습니다. 스마트 계약은 임차인이 임대료를 지불하지 않으면 자동으로 임차인을 아파트에서 차단할 수 있습니다.
- 티켓팅: 수수료를 받는 제 3 자를 참여시키는 기존의 스포츠 클럽과 티켓팅 과정과는 달리 스마트 계약을 통해 티켓 판매 및 환불을 실현할 수 있습니다.
- 분산형 시장: 스마트 계약의 또 다른 잠재적 사용 사례는 분산형 eBay 와 유사한 플랫폼입니다. 경매 기간과 시작 입찰을 정의하는 만료 날짜로 스마트 계약을 사용하여 구성할 수 있습니다. 최고 입찰자는 경매 기간이 끝날 때 돈을 대가로 물품을 받게 됩니다. 패배한 입찰자는 스마트 계약에 의해 자동으로 환불됩니다. 이러한 eBay 의 분산 버전은 디앱으로 간주됩니다. 일련의 조건이 결합되어 애플리케이션을 활성화할 때 이 스마트 계약 모음을 디앱이라고 합니다. 단순한 스마트 계약과 디앱을 구분하는 경계는 다소 모호합니다. 그래서 사람들이 스마트 계약과 디앱을 이해하기 어렵고 혼돈스럽게 느끼게 합니다.

스마트 계약과 분산형 애플리케이션 (디앱)

디앱(Dapp)은 스마트 계약을 이용한 보다 정교한 사용 사례입니다. 이를 통해 사용자는 익숙한 다른 응용 프로그램과 마찬가지로 조정된 기능, 작업 또는 활동 그룹을 수행할 수 있습니다. 대부분의 기존 애플리케이션과 웹사이트는 API (애플리케이션 프로그래밍 인터페이스)를 사용하여 소셜 미디어 통합이나 기본 데이터베이스와 같은 다양한 구성 요소와 통신합니다. 웹 2.0 에서는 잘 작성된 API 를 사용하면 시스템의 다양한 구성 요소 간의 통신을 정의하여 개발자가 더 쉽게 서비스를 제공할 수 있습니다. 반면에 디앱은 하나 이상의 스마트 계약을 사용하여 기본 블록체인과 통신합니다. 이미 이더리움과 다른 EVM 호환 블록체인들도 스마트 계약 플랫폼을 통한 스마트 계약 시대를 열고 있습니다. 예를 들면 BNB 체인 생태계에서는 생태계의 핵심 역할을 담당하는 체인을 BNB 스마트 체인으로 구축하고 있으며 EVM 호환 블록체인입니다. 여기서 EVM 호환이라는 의미는 이더리움 스마트 계약 프로그램이 그대로 BNB 스마트 체인에 재 배포되어 실행 가능하다는 뜻입니다.

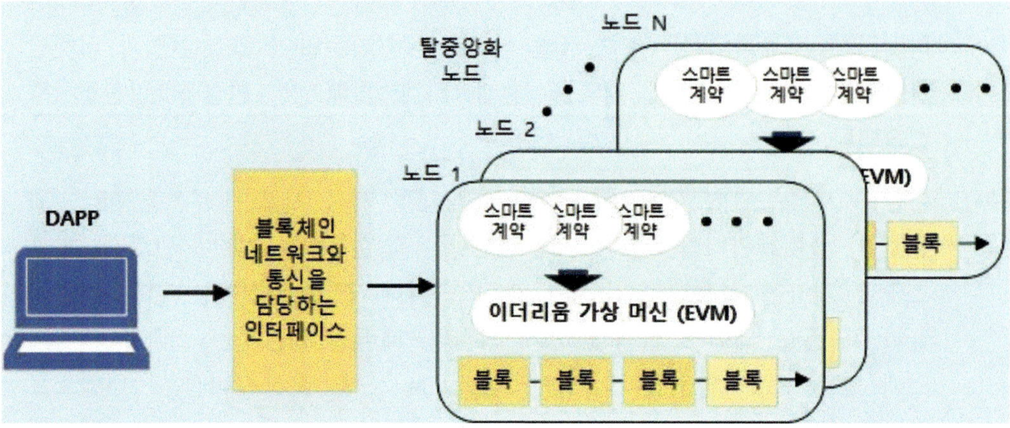

Dapp(분산형 애플리케이션)은 스마트 계약을 이용한 보다 정교한 사용 사례입니다. Dapp 는 하나 이상의 스마트 계약을 사용하여 기본 블록체인과 통신합니다. 이미 이더리움과 다른 EVM 호환 블록체인들도 스마트 계약 플랫폼을 통한 스마트 계약 시대를 열고 있습니다.

스마트 계약은 사용자로부터 들어오는 결제을 감지하고, 사용자에게 지불 요청을 발행하고, 에스크로(escrow) 역할을 하거나, 제출된 데이터 형식을 기반으로 조치를 실행하는 데 사용될 수 있습니다. 우리는 아직 분산형 애플리케이션의 초기 단계에 있습니다. 자금 손실을 초래하는 버그, 온체인 거래의 비효율적인 사용 등 많은 성장통이 있었고 앞으로도 그럴 것입니다. 잘 개발되고 감사가 이루어진 스마트 계약 라이브러리는 스마트 계약 개발을 더욱 쉽고 안전하게 만들 수 있게 하고, 상태 채널과 같은 확장 방법을 통해 스마트 계약 오프체인 통신이 가능하게 합니다. 스마트 계약 플랫폼은 블록체인의 자금뿐만 아니라 스마트 계약 및 디앱 배포도 가능하도록 특별히 설계되었습니다.

이더리움에서 스마트 계약을 작성하는 데 사용되는 Solidity 프로그래밍 언어

비트코인에는 스크립트(Script) 라는 스크립트 언어가 내장되어 있습니다. 비트코인의 스크립트 언어는 이더리움에서 스마트 계약을 작성하는 데 사용되는 Solidity 에 비해 초보적인 언어입니다. Solidity 는 비트코인 스크립트에 비해 더 복잡한 계약을 가능하게 프로그래밍 언어입니다. 복잡한 계약을 처리하는 계약 코드일수록 코드 작성, 분석 및 보안이 더 어려워집니다. 스마트 계약의 맥락에서 보안이란 계약이 실행될 수 있는 가능한 모든 방법을 구현해야 하고 이러한 각 시나리오를 안전하게 실행해야 함을 의미합니다.

디지털 경제

Google, Meta 또는 Amazon 을 생각해 보면 기존의 디지털 세계는 승자 독식 시나리오로 진행되어 온 것 같습니다. 스마트 계약 플랫폼 시장도 비슷한 방향으로 발전할 것으로 예상됩니다. 암호화폐 분야에서 작업하고 있는 작업을 보면 개발자 집중 현상을 볼 수 있습니다. 더 나은 기술은 더 나은 개발자를 끌어들이고, 더 나은 도구와 라이브러리를 구축하여 프로젝트가 플랫폼을 더 쉽게 사용할 수 있도록 하고, 결과적으로 더 많은 개발자를 끌어들입니다. 이는 플랫폼 자체를 더욱 매력적으로 만듭니다. EVM 호환 체인처럼 널리 통용되는 표준을 통해 스마트 계약 배포가 쉽고 디앱 간의 상호 운용성이 향상됩니다. 이러한 기술 집중 현상에 대한 논쟁이 있을 수 있지만 그러나 오늘날의 관점에서 볼 때 승자독식 시나리오는 확실히 0 이 아닌 확률로 계속될 것입니다.

스마트 계약으로 함께 확장성 달성

스마트 계약은 제한된 처리량을 갖는 블록체인에 추가적인 부담을 줍니다. 사용자가 명확하게 볼 수 있는 트랜잭션과 데이터를 저장해야 할 뿐만 아니라 스마트 계약 간의 통신에는 메시지라 부르는 많은 "숨겨진" 트랜잭션이 사용됩니다. 블록체인 게임을 통해 NFT 를 매매하고 생성하는 크립토키티(CryptoKitties)의 출시는 이더리움 블록체인에 많은 스트레스를 가해 거래 비용이 급격히 증가하고 확인 시간이 길어졌습니다. 블록체인에는 UTXO 모델과 계정 기반 모델이라는 두 가지 다른 잔액 또는 회계 시스템이 있습니다. 계정 모델은 계정에 스마트 계약 코드를 배포하기 때문에 스마트 계약 개발을 더 쉽게 만듭니다. 상태 채널과 같은 계층 2 기술은 스마트 계약 플랫폼 자체를 확장하기 위한 유망한 접근 방식입니다. 또 다른 확장 접근 방식은 사이드체인을 사용하는 것입니다. 사이드 체인은 그 자체로 메인체인과 통신할 수 있는 기능을 갖춘 블록체인입니다. 디앱은 사이드체인에서 실행될 수 있으며 메인체인과 다른 합의 메커니즘을 실행할 수도 있습니다. 상태채널은 스마트계약이 상태 채널의 부모와 같은 메인체인에서 실행되지만, 사이드 체인에서는 스마트 계약이 사이드체인 내부에서 실행됨을 의미합니다.

오라클 문제

스마트 계약이 작동하고 실행되도록 하기 위해서는 사용 사례에 따른 세상의 실제 이벤트에 대해 학습해야 합니다. 오라클은 스마트 계약에 세상의 데이터를 제출하는 개체입니다. 이 역할과 관련된 신뢰 문제를 오라클 문제라고 합니다. 무신뢰 환경에서 축구 경기 베팅 플랫폼을 실행하는 스마트 계약을 상상해 보세요. 오라클은 스마트 계약이 승자에게 자금을 분배하도록 하기 위해 실제로 벌어진 축구 경기의 결과를 제출해야 합니다. 오라클은 스마트 계약이 조건문으로 확인하는 내용을 결정하기 때문에 스마트 계약이 수행하는 작업을 제어한다고 볼 수 있습니다. 어떤 서버가 데이터를 스마트 계약에 제출하는 중앙 집중식 오라클은 오라클 문제에 대한 해결책으로 간주되지 않습니다. 실제 구현의 모습이 어떠하든, 어떤 경우에는 거짓으로 데이터를 제출하는 것에 대한 인센티브가 정직하게 행동하는 것의 이점보다 클 수 있습니다. 축구 경기 결과를 잘못 제출하여 사기를 칠 가능성도 존재합니다. 중앙 집중화든 분산화든 상관없이 오라클에는 항상 비용이 듭니다. 정직하게 행동하는 것이 항상 가장 수익성이 높은 전략이어야 하므로 진실한 데이터를 제출하려면 강력한 인센티브가 마련되어야 합니다. 이는 게임이론적 평가와 인센티브 설계가 필요한 문제입니다.

예측 시장

세상 문제를 해결하기 위한 또 하나의 분산형 접근 방식은 예측 시장에 관한 것입니다. 예측 시장은 일반적으로 특정 이벤트에 대한 시장을 먼저 생성함으로써 작동합니다. 이진 결과가 있는 이벤트를 가정해 보겠습니다. X 팀 과 Y 팀 중 누가 슈퍼볼에서 승리할까요? 참가자는 1 달러를 지불하고 X 팀이 승리하는 베팅의 토큰 1 개, Y 팀이 승리하는 베팅의 토큰 1 개, 총 2 개의 선물 계약을 받습니다. 나중에 슈퍼볼 경기가 끝났을 때, 승리한 팀 선물 계약은 $1 를 받게 되고, 그렇지 않은 다른 계약은 $0 를 지불합니다. 어떤 참가자는 경기가 벌어지기 전까지 X 팀이 승리한다고 높은 신뢰를 갖고 있는 경우에는 자기가 가진 Y 가 승리할 경우의 베팅 토큰을 팔고, 대신 X 팀이 승리한다고 예측하는 토큰을 구입할 것입니다. 많은 사람들이 비슷하게 생각하면 X 계약에 대한 수요가 증가하고 Y 계약에 대한 공급이 증가합니다. 수요 공급 법칙에 따라, 선물 계약 X 의 토큰 가격은 상승하는 반면 Y 는 더 저렴해집니다(예: $0.70 대 $0.30). 선물 계약의 가격은 해당 이벤트가 발생할 가능성으로 해석할 수 있으며, 이 경우 X 팀이 승리할 확률은 70% 입니다. Augur 및 Gnosis 와 같은 프로젝트는 예측 시장을 통해 오라클 문제에 대한 분산형 솔루션을 연구하고 있습니다.

14. UTXO 모델과 계정 모델

대부분의 초기 블록체인은 UTXO 모델을 사용했으며, 이는 처리로 트랜잭션 출력에 전달된 아직 미사용 상태인 디지털 통화의 양을 나타냅니다. 반면에 이더리움은 사용자 잔액을 추적하는 계정 모델을 적용했습니다. 비교하면 UTXO 모델은 검증 중심으로 트랜잭션 출력을 생성하고 검증하는 방식이며, 계정 모델은 트랜잭션이 계정의 상태 전환을 지시하고 계산하는 방식입니다. 확장성 측면에서 UTXO 모델은 2 층 기술과 샤딩에 적합하고, 계정 모델은 스마트 계약 활성화에 유리합니다. 계정 모델은 메모리 사용이 효율적이며, 트랜잭션 크기도 작습니다. UTXO 모델은 거래 연결을 어렵게 하여 개인정보 보호에 유리하고, 계정 모델은 대체성이 높아 특정 사용자 추적이 어렵습니다. 계정 모델은 스마트 계약 처리가 더 직관적이고 용이하며, UTXO 모델은 상태 정보를 포함해야 하므로 스마트 계약 처리가 불가능하지는 않으나 복잡합니다.

UTXO 모델과 계정 모델

디지털 화폐가 유용하려면 전송이 가능 해야 합니다. 블록체인에서의 자금 이체는 소유자에 의해 시작되어 거래가 생성됩니다. 이 거래(트랜잭션)는 얼마나 많은 자금이 상대방에게 넘어가고 있는지, 그리고 새 소유자가 누구인지 네트워크에 알려줍니다. 대부분의 초창기 블록체인은 회계를 위해 UTXO 모델을 사용했습니다. UTXO, 즉 미사용 거래 출력(Unspent Transaction Output)은 거래가 실행된 후 결과로서 남아 있는 디지털 통화의 양을 나타냅니다. 두 번째 방법은 이더리움이 적용하기 시작한 방식으로 사용자 잔액을 추적하는 계정 모델입니다.

상태 저장 시스템으로서의 블록체인

다양한 균형 모델을 살펴보기 전에 한 걸음 물러서서 블록체인을 보다 일반적인 용어, 즉 상태 기계로 살펴보는 것이 좋습니다. 시스템은 이전 이벤트 (과거의 거래)나 사용자 상호 작용 (현재의 거래)을 기억하도록 구성된 경우에만 상태 저장 시스템으로 설명됩니다. 저장된 정보는 시스템 상태로 정의됩니다. 따라서 블록체인은 상태 저장 시스템의 자격을 갖습니다. 전체 목적은 과거 이벤트와 사용자 상호 작용을 기록하는 것입니다. 각각의 새로운 블록에서 시스템은 해당 프로토콜에 정의된 상태 전환 논리에 따라 발생하는 상태 전환을 겪습니다. UTXO 또는 계정 모델을 사용하는지 여부에 관계없이 모든 블록체인은 다음 체계를 따릅니다. 사용자 상호 작용(주로 트랜잭션)은 네트워크에 브로드캐스트되며 각각의 새로운 블록마다 그 블록에 해당하는 기간 동안의 트랜잭션들이 묶여진 집합이 영구적으로 기록됩니다. 블록에 묶여진 트랜잭션들은 상태 전환 함수의 입력이 되어 시스템이 새로운 상태로 전환하게 하고 트랜잭션 당사자의 잔액이 업데이트됩니다. UTXO 와 계정 모델의 차이점은 장부를 처리하는 방식에 있습니다. 장부란 상태를 기록하고 한 상태에서 다른 상태로 전환하는 것을 의미합니다.

상태를 기록하는 방식

두 균형 모델 간의 첫 번째 중요한 차이점은 시스템 상태가 기록되는 방식입니다. UTXO 모델에서는 자산 이동이 주소 간 방향성 비순환 그래프 (DAG)로 기록되는 반면, 계정 모델은 네트워크 상태 데이터베이스를 유지합니다.

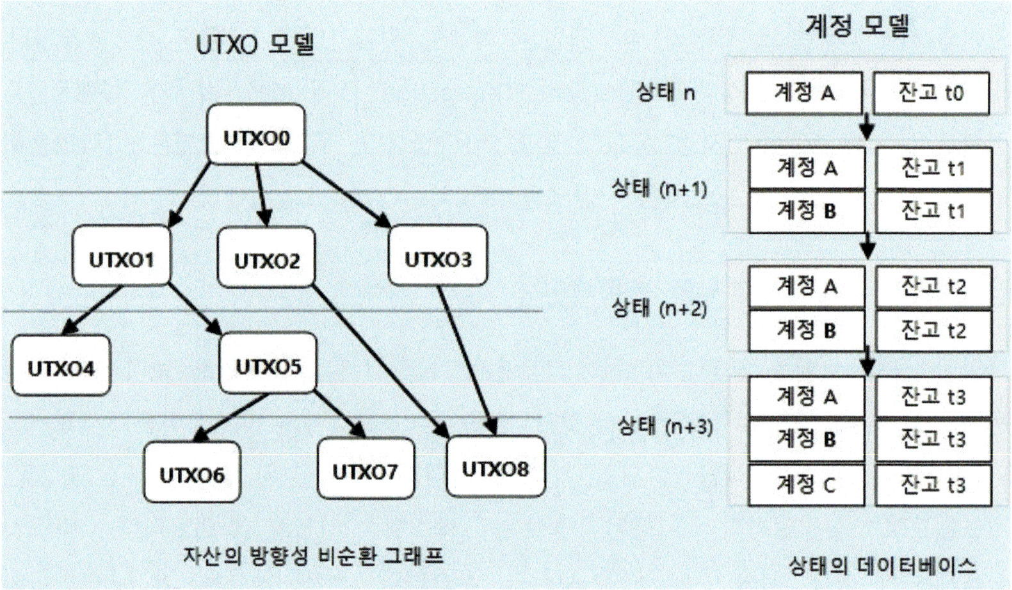

UTXO 모델의 방향성 비순환 (DAG) 그래프에서 각 트랜잭션 출력은 DAG 의 노드로 구성되며, 이 트랜잭션 출력에서 발생하는 하나 이상의 에지로 표시됩니다. 따라서 사용되지 않은 거래 출력에는 그로부터 발생하는 에지가 아직 없습니다. 따라서 UTXO 모델에서 미사용 거래 출력(UTXO)의 전체 그래프는 글로벌 상태를 나타냅니다. 반면에 계정 모델에서는 현재 계정 집합과 해당 잔액만 글로벌 상태를 나타냅니다. 개념적 차이점은 계정 모델이 사용자 잔액을 전역적으로 업데이트하지만, UTXO 모델에서는 사용 가능한 UTXO 를 합산하여 클라이언트 측에서 계정 잔액을 계산됩니다.

UTXO 모델의 그래프는 노드 또는 정점의 집합으로 정의됩니다. 방향성 그래프에서 각 노드에는 일반적으로 화살표로 표시되는 방향이 있습니다. 방향성 비순환 (DAG) 그래프는 노드 간의 순환 관계를 허용하지 않습니다. 각 트랜잭션 출력은 DAG 의 노드로 구성되며, 이 트랜잭션 출력에서 발생하는 하나 이상의 에지로 표시됩니다. 따라서 사용되지 않은 거래 출력에는 그로부터 발생하는 에지가 아직 없습니다. 위의 예에서 마지막 블록이 만들어질 때 시점 기준으로 트랜잭션 출력 4, 6, 7 및 8

은 아직 사용되지 않았습니다. 그래서 위 그래프 상에서 마지막 상태는 이들이 됩니다. 따라서 UTXO 모델에서 미사용 거래 출력의 전체 그래프는 글로벌 상태를 나타냅니다.

오른쪽의 그래픽은 계정 모델의 다양한 상태를 보여줍니다. 새로운 블록이 생성되어 나올 때마다 시스템 상태는 이 블록에 포함된 트랜잭션에 따라 업데이트됩니다. 사용자 또는 스마트 계약 수가 일정하게 유지되는 한 계정 수는 일정하게 유지되며 수행된 거래 수와 무관 합니다. 계정 모델에서는 현재 계정 집합과 해당 잔액만 글로벌 상태를 나타냅니다. 위의 예에서 마지막 블록이 만들어질 때 상태는 계정 A, B, C 및 해당 잔액의 집합입니다.

개념적 차이점은 계정 모델이 사용자 잔액을 전역적으로 업데이트한다는 것입니다. UTXO 모델은 거래 출력만 기록합니다. UTXO 모델에서 계정 잔액은 사용 가능한 미사용 거래 출력(UTXO)을 합산하여 클라이언트 측에서 계산됩니다.

UTXO 모델 (예: Horezen 네트워크)

UTXO 모델은 프로토콜 수준에서 계정이나 지갑을 언급하거나 다루지 않습니다. 이 모델은 전적으로 개별 거래를 모아서 블록으로 그룹화 합니다. 우리는 이것을 특정 금액의 현금을 보유하고 있는 사람들과 비교할 수 있습니다. 지금부터 Horizen 블록체인의 기본 토큰인 ZEN 을 예를 들며 설명해 보겠습니다. 50 ZEN 을 보유한 사용자는 50 ZEN 상당의 단일 UTXO 또는 최대 50 ZEN 까지 합산되는 UTXO 조합을 제어할 수 있다는 의미입니다. 현금과 비교하면, 사용자가 50 달러를 가지고 있다면 50 달러짜리 지폐 한 장이나 소액권의 조합을 갖고 있을 수도 있는 것과 같은 맥락입니다. 이전 블록의 기록은 편집하거나 감액 처리할 수 없으므로 트랜잭션 출력은 한번에 전체가 소비되어야 합니다. 어떤 트랜잭션이 이전 블록에 있는 UTXO 를 지출하려고 할 때, 사용자가 전체 금액을 이체하고 싶지 않은 경우 초과 금액(UTXO 크기와 사용자가 지출하려는 금액의 차이)이 사용자 자신이 제어하는 주소로 옮깁니다.

50 ZEN 가치가 저장된 UTXO 에서 10 ZEN 을 소비한다는 것은 거래에서 두 가지 출력을 생성한다는 것을 의미합니다. 하나는 수취인에게 10 ZEN 이 출력됩니다. 그리고 다른 하나는 원래 소유자에게 40 ZEN 의 변경 출력이 발생합니다. UTXO 모델에서는 프로토콜 수준에는 계정이나 지갑이라는 개념이 없기 때문에 사용자의 잔액을 유지하는 "부담"이 클라이언트 (사용자) 측으로 이동합니다. 지갑은 사용자가 관리하는 모든 주소의 정보를 관리하고 모든 관련 거래에 대해 블록체인을 모니터링합니다. 그래서 UTXO 모델에서 사용자는 개인 지갑 속에 개인키와 공개키 (공개키를 사용하여 주소를 유도)의 짝을 가지고 있어야 미사용 거래 출력 (UTXO)를 제어할 수 있습니다. 제어할 수 있는 모든 사용되지 않은 거래 출력의 합계가 현재 보유 잔액을 결정합니다.

UTXO 모델 블록체인은 잔액을 유지하기 위해 "계정"을 생성하지 않습니다. 그러므로 원장에는 최종 잔액이 저장되지 않습니다. 블록체인은 개별 거래만 저장하며 잔액을 확인하려면 추가 단계가 필요합니다. 지갑을 열 때마다 자동으로 백그라운드에서 일어나는 이 작업이 하는 일은 원하는 출력 주소를 갖는 모든 거래에 대하여 원장을 스캔하고 이를 합산한다는 것입니다.

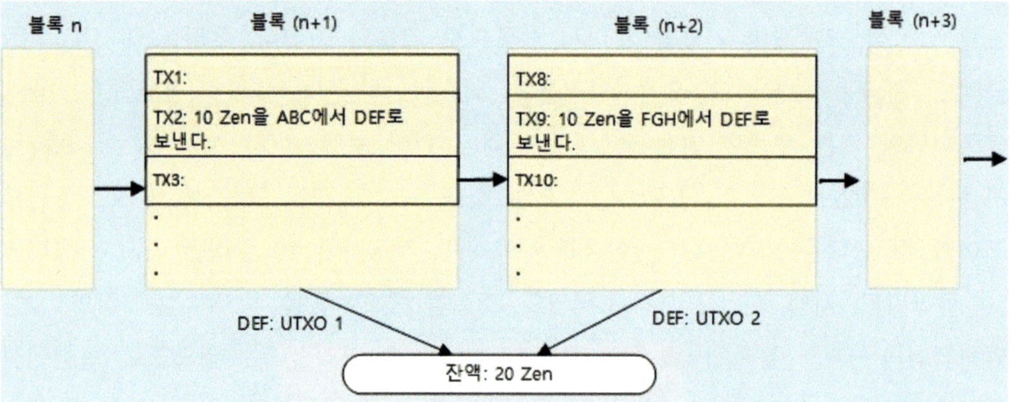

UTXO 모델에서 사용자는 개인 지갑 속에 개인키와 공개키 (공개키를 사용하여 주소를 유도)의 짝을 가지고 있어야 미사용 거래 출력 (UTXO)를 제어하여 자금을 인출할 수 있습니다. 개인 지갑에서 제어할 수 있는 모든 사용되지 않은 거래 출력의 합계를 계산하여 현재 보유 잔액을 확인할 수 있습니다.

UTXO 모델의 상태 전환

UTXO 모델의 각 트랜잭션은 시스템을 새로운 상태로 전환할 수 있지만 단일 트랜잭션이 발생할 때 마다 새로운 상태로 전환하는 것은 불가능합니다. 이유는 모든 네트워크 참가자는 현재 상태에서 동기화를 유지해야 합니다. 상태 전환이 더 자주 발생하면 모든 노드의 동기화를 유지하는 합의 메커니즘을 설계하는 것이 더 어려워집니다. 블록 사이의 시간 간격이 노드에게 가장 최근 블록을 다운로드하고 처리할 수 있는 기회를 제공한다는 점을 고려하면 이는 직관적입니다. 노드가 상태를 업데이트하는 기간이 짧을수록 일부 노드가 다른 노드와 과거 이벤트에 대해 다른 관점을 갖는 불일치 상태에 도달할 가능성이 높아 집니다. 그래서 트랜잭션은 블록으로 일괄 처리되며 각각의 새로운 블록이 생성될 때 마다 시스템 상태 전환이 이루어집니다. 그래서 상태 전환이 이루어지는 주기는 블록 시간이 됩니다.

아래 예에서는 단순화를 위해 단일 가상 트랜잭션만 사용하는 UTXO 상태 전환을 살펴봅니다. Alice 가 8 ZEN 을 Bob 에게 전송하기를 원하고 10 ZEN 상당의 단일 UTXO 를 제어한다고 가정합니다. 그녀가 생성한 트랜잭션은 이전에 사용되지 않은 트랜잭션 출력 (UTXO1)을 입력으로 사용합니다. UTXO 를 사용하려면 "잠금 해제"되어야 합니다. 각 거래 출력에 포함된 공개키 스크립트는 지출 조건을 정의합니다. 이 스크립트를 충족하는 데 필요한 데이터는 지출 트랜잭션의 입력 부분에 제공되며 소유자(이 경우 Alice)의 디지털 서명을 포함합니다. 다음으로, 그녀는 자신의 돈이 어떻게 처리되어야 하는지 출력에 정의합니다. Alice 는 8 ZEN 을 Bob 에게 전송하려고 하므로 다음 두 가지 출력을 생성합니다.

- 밥에게 지불하는 출력
- 그리고 또 다른 하나는 초과 금액을 자신이 통제하는 주소로 이전하는 출력

Alice 가 생성한 트랜잭션의 두 출력에는 두 출력을 사용할 수 있는 지출 조건이 정의되어 스크립트로 구현되어 있습니다. 출력의 합이 소비된 입력의 전체와 같지 않다는 점에 유의하세요. 출력과 입력의 차이는 프로토콜 수준의 거래 수수료로

정의됩니다. 이 경우 TX 수수료는 0.001 ZEN 입니다. 거래 수수료 규모는 체인에 기록된 데이터의 양 (트랜잭션 크기)을 기준으로 지갑에서 예측할 수 있습니다. 채굴자는 제한된 양의 데이터만 블록에 배치할 수 있으므로, '데이터 양에 비례하는 수수료'이라는 지표를 사용하여 채굴자는 블록에 포함할 거래를 결정할 수 있습니다. 그들은 일반적으로 바이트당 수수료가 가장 높은 거래를 우선 선택하여 블록에 포함시킵니다.

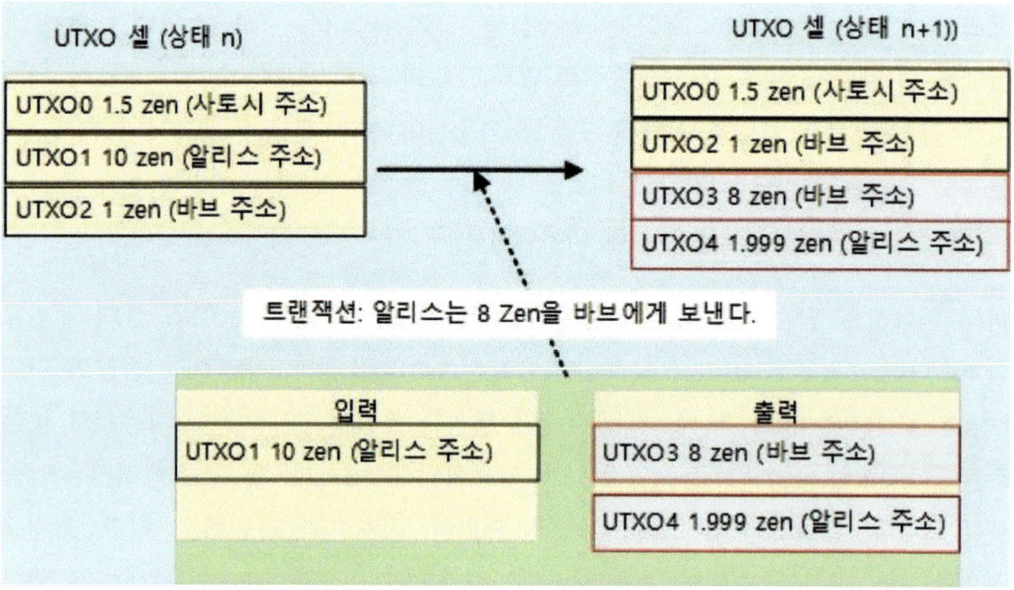

Alice 가 10 ZEN 상당의 단일 UTXO 를 제어하며 8 ZEN 을 Bob 에게 전송하기를 원하는 경우, Alice 는 밥에게 지불하는 출력 (UTXO3)과 초과 금액을 자신이 통제하는 주소(UTXO4)로 이전하는 출력을 만듭니다. 이 이전된 출력 자체가 아직 미사용이므로 UTXO 셀에 포함됩니다

계정 모델 (예: 이더리움 네트워크)

계정 기반 거래 모델은 자산을 은행 계좌와 유사하게 계정 내 잔액으로 나타냅니다. 이더리움은 계정 모델을 사용합니다. 계정에는 두 가지 유형이 있습니다.

- 개인 키로 제어되는 사용자 계정
- 계약 코드로 통제되는 계약 계정

이더 (Ether) 지갑을 만들고 첫 번째 거래를 받으면 개인 키로 제어되는 계정이 전역 상태에 추가되고 네트워크의 모든 노드에 저장됩니다. 스마트 계약을 배포하면 코드로 제어되는 또 다른 종류의 계정이 생성됩니다. 스마트 계약은 자금 자체를 보유할 수 있으며 계약 논리에 정의된 조건에 따라 이 자금은 재분배할 수 있습니다. 이더리움의 모든 계정에는 다른 계정이나 주소를 호출하기 위한 잔액, 저장 공간 및 코드 공간이 있습니다.

계정 기반 모델의 트랜잭션은 노드가 보낸 사람 계정의 잔액을 줄이고 받는 사람 계정의 잔액을 늘리도록 하는 지시 사항에 해당됩니다. 이 지시를 복사하여 재사용하는 재생 공격을 방지하기 위해 계정 모델의 각 트랜잭션에는 nonce 가 첨부되어 있습니다. 재생 공격은 수취인이 이중으로 돈을 받는 사기 거래를 방송하는 경우입니다. 사기 거래가 성공하면 거래가 두 번째로 다시 재생 실행되며 송금인에게 송금하려는 금액의 두 배가 청구됩니다. 이러한 행동을 방지하기 위해 이더리움의 각 계정에는 나가는 트랜잭션마다 1 씩 증가하는 공개적으로 볼 수 있는 nonce 가 있습니다. 이렇게 하면 동일한 거래가 네트워크에 두 번 이상 제출되는 것을 방지할 수 있습니다.

거래 수수료는 계정 모델에서도 다르게 작동합니다. 즉, 상태 전환을 완료하는 데 필요한 계산 수에 따라 계산됩니다. 이더리움은 세계 전체를 처리하는 글로벌 컴퓨터가 되기 위해 출발했습니다. 따라서 이더리움 개발자들은 수수료 계산 방식을 사용된 스토리지 용량보다는 소비된 컴퓨팅 리소스의 정도를 기준으로 요금을 책정해야 한다고 결정했습니다. 이는 스마트 계약 프로그램을 실행해야 하기 때문입니다.

계정 모델은 모든 잔액을 세상 전체를 전역 상태로 추적합니다. 이 상태는 네트워크에 있는 다양한 자산의 현재 잔액과 함께 제어되는 모든 계정, 개인 키 및 계약 코드의 데이터베이스로 이해될 수 있습니다. 참고로 UTXO 모델의 전역 상태는 아직 사용하지 않은 모든 트랜잭션 출력의 집합입니다. 즉, 전역 상태는 항상 UTXO 의 전체 그래프입니다. 반면에 계정 모델의 상태는 계정 목록과 잔액입니다. 주요 차이점은 UTXO 모델의 글로벌 상태가 새로운 UTXO 로만 확장되는 반면, 계정 모델에서서는 이미 만들어진 글로벌 상태가 업데이트되고 잔액이 변경된다는 점입니다.

계정 모델에서 상태 전환

계정 모델에서 트랜잭션은 상태 전환 논리에 따라 블록체인의 상태 전환을 시도하는 이벤트를 제공합니다. UTXO 모델과 마찬가지로 하나의 거래마다 시스템을 새로운 상태로 전환하는 것은 불가능합니다. 거래는 계정 모델에서도 블록으로 일괄 처리되며, 새로운 블록이 나올 때마다 시스템은 새로운 상태로 전환됩니다. 이전과 마찬가지로 설명을 간단하게 하기 위하여 단일 트랜잭션이 시스템을 새로운 상태로 전환하는 예를 아래에서 나타냅니다.

설정은 이전과 동일합니다. Alice 는 8 ZEN 을 Bob 에게 전송하려고 합니다. 그녀의 지갑은 지출 계정, 수신 계정 및 이체 금액을 정의하는 거래를 생성합니다. 그런 다음 이 거래는 Alice 의 개인 키로 서명됩니다. 이 경우 그녀는 자신의 주소에서 지출하고 있으며 수신자는 Bob 이며 이체 금액은 8 ZEN 입니다. 다음 블록에서 시스템이 새로운 상태(n+1)로 전환되면 Alice 의 계정 잔액은 전체적으로 2 ZEN 으로 감소하는 반면 Bob 의 잔액은 9 ZEN 으로 증가합니다. 공개키 및 서명 스크립트는 계정 기반 블록체인에 존재하지 않습니다. 예를 들어 이더리움과 같은 계정 기반 블록체인의 서명 검증은 보낸 사람이 제공한 서명을 확인하여 반환된 주소가 보낸 사람의 주소, 서명 및 답례와 일치하면 거래가 유효합니다. 확인 프로세스를 비교해보면, UTXO 모델은 인출하려는 거래 출력이 미사용인지 확인하는 프로세스인 반면, 계정 모델의 노드는 보낸 사람의 계정에 있는 잔액이 전송된 금액보다 크거나 같은지 확인합니다.

계정 기반 모델의 트랜잭션은 두 개 이상의 계정을 다음 상태로 전환하는 방법에 대한 지침일 뿐입니다. 실제 전환은 검증자 노드에 의해 실행됩니다. UTXO 모델에서는 최종 상태가 미사용 출력형태로 트랜잭션 속에 저장되지만, 계정 모델은 최종 '상태'가 트랜잭션 속에 지정되지 않기 때문에 결과적으로 트랜잭션 크기는 UTXO 모델보다 훨씬 작습니다.

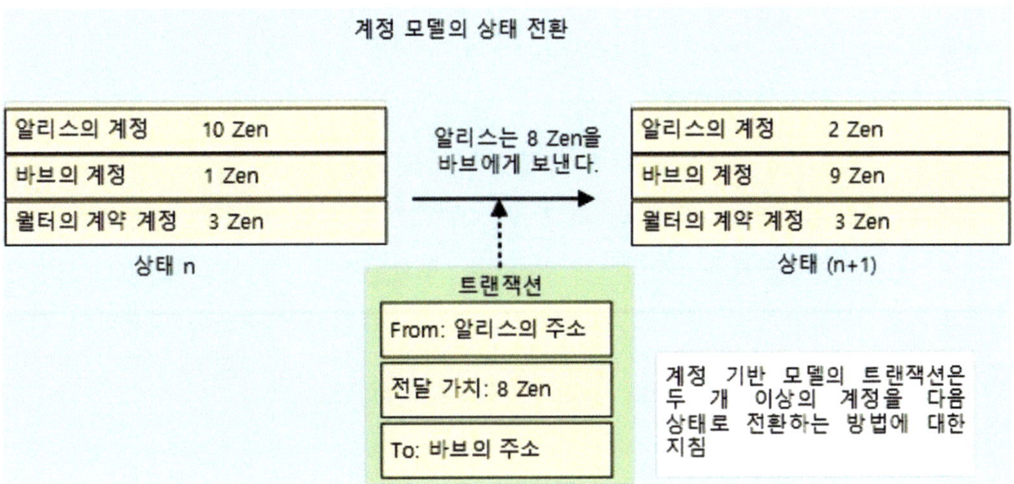

계정 모델에서 트랜잭션은 블록체인의 계정 내부의 상태를 전환시키려고 의도하는 이벤트를 제공합니다. Alice 가 8 ZEN 을 Bob 에게 전송하려고 하는 경우, Alice 의 지갑은 지출 계정, 수신 계정 및 이체 금액을 정의하는 트랜잭션을 생성합니다. 그런 다음 이 거래는 Alice 의 개인 키로 서명됩니다. 다음 블록에서 시스템이 새로운 상태(n+1)로 전환되면 Alice 의 계정 잔액은 전체적으로 2 ZEN 으로 감소하는 반면 Bob 의 잔액은 9 ZEN 으로 증가합니다.

UTXO 모델과 계정 모델의 스마트 계약 처리 능력 비교

웹 3 나 디앱을 배포한다는 것은 복잡한 스마트 계약을 배포하는 일입니다. 그만큼 스마트 계약 처리 능력은 중요합니다. 계정 모델은 스마트 계약 활성화와 관련하여 분명한 이점을 제공합니다. 첫째, 계정 모델 논리가 더 직관적입니다. 잔액을 더하고 빼면 되는 계정 모델은 개발자로 하여금 여러 당사자가 참여하는 상태 정보를 변경하는 트랜잭션을 더 쉽게 설계할 수 있게 합니다. 서명된 거래는 송금 계정에 실행 비용을 지불할 만큼 충분한 잔액이 있는 한 유효합니다. 계정 모델에서 잔액을 확인하는 것은 UTXO 모델에서 트랜잭션 출력이 사용되었는지 또는 사용되지 않았는지 확인하는 것보다 계산 비용이 저렴합니다. 이는 다른 스마트 계약과 상호 작용하는 코드 제어 계정의 경우 특히 그렇습니다. 계약 간의 내부 거래는 계약 잔액을 조정하여 가상 머신에서 수행할 수 있습니다. UTXO 모델은 모든 지출 거래를 명시적으로 블록체인에 기록해야 하기 때문에 계산 오버헤드를 발생시킵니다. UTXO 모델의 스마트 계약에는 자산을 보낼 때 사용할 출력을 선택하는 논리와 새로 만들어지는 변경 출력을 처리하는 논리가 포함되어야 합니다. UTXO 모델은 본질적으로 상태가 없기 때문에 트랜잭션에 상태 정보를 포함하도록 강제하여 전체 설계를 복잡하게 만듭니다.

PART 5 계층적 구조 블록체인

- 레이어 0 그리고 레이어 1 블록체인
- 크로스체인 브리지
- 모범적인 블록체인 에코 시스템
- 최고 처리 속도를 주장하는 레이어 1 체인

PART 5 에서 참조한 주요 블록체인 또는 암호화폐			
폴카닷	이더리움	시냅스	아발란체
문리버	문빔	BNB	솔라나
포장 ETH (wETH)			

15. 레이어 0 그리고 레이어 1 블록체인

최근 암호화폐 생태계는 금융 상품 거래와 디지털 아트 교환 등을 위한 새로운 프로젝트 덕분에 폭발적인 성장을 보였습니다. 이러한 혁신을 뒷받침하는 것은 안전하고 확장 가능하며 분산된 블록체인 인프라의 지속적인 개선입니다. 이더리움과 SOLANA 같은 블록체인이 대표적이며, 이들은 개발자들이 분산형 애플리케이션(DAPP)을 구축할 수 있는 '레이어 1'로 분류됩니다. 그러나 레이어 1 네트워크는 확장성, 보안, 분산화의 우선 순위를 두고 개발자와 사용자 간의 요구 충돌을 겪고 있습니다. 이러한 문제를 해결하기 위해 레이어 0 블록체인이 등장했으며, 이는 개발자가 확장성, 보안, 분산화 중 일부를 최적화할 수 있는 독립 블록체인을 구축할 수 있도록 돕습니다. 레이어 0 은 웹 3 개발에 필요한 확장성, 유연성, 상호 운용성 문제를 해결하여 블록체인 생태계의 성장을 촉진합니다.

레이어 1 체인의 문제

블록체인 인프라의 지속적인 개선에 대한 가장 주목할 만한 예는 스마트 계약에서 두각을 나타내는 이더리움 및 트랜잭션 처리 속도를 높인 Solana 와 같은 블록체인에서 볼 수 있습니다. 이러한 블록체인은 개발자가 호스트 블록체인의 기본 합의 규칙에 연결된 분산형 애플리케이션(Dapp)을 구축하고 출시할 수 있는 인프라 역할을 하기 때문에 '레이어 1' 로 분류됩니다. 이러한 레이어 1 네트워크의 채택과 기본 암호화폐의 가치는 사용자가 인프라에 존재하는 수백 개의 인기 디파이(Defi), NFT 또는 게임 Dapp 과 상호 작용한 결과 급등했습니다.

Dapp 에 대한 수요가 증가하고 개발을 지원하기 위해 더 많은 자본이 공간으로 유입됨에 따라 우리는 Dapp 이 추구하는 3 대 요소, 즉 확장성, 보안 또는 분산화의 우선 순위에 대해 반대 견해를 갖고 있는 개발자와 최종 사용자의 요구를 충족하기 위해 고군분투하는 레이어 1 네트워크의 성장통을 보기 시작했습니다. 레이어 1 네트워크는 모듈식이 아닌 일체형 아키텍처로 구축됩니다. 이는 실행, 합의 및 데이터 가용성 계층이 모두 단일 블록체인 네트워크 내에서 작동한다는 것을 의미합니다. 이러한 스택 설계는 시스템에 부담을 주며 보안을 위한 분산화 또는 분산화를 위한 확장성을 구성하는 블록체인 구축에 한계를 보이고 있습니다.

Dapp 개발자가 구축하는 레이어 1(L1) 기본 인프라에 대한 통제력 부족도 많은 좌절감을 안겨주었습니다. 이더리움 네트워크의 가스 요금 상승으로 인해 모든 이더리움 Dapp 을 사용하기에는 비용이 너무 많이 들고, 솔라나 네트워크의 예상치 못한 멈춤으로 인해 솔라나의 모든 Dapp 도 오프라인 상태가 되기도 합니다. 또한 Dapp 개발자는 서로 다른 L1 네트워크와의 호환성을 유지하기 위해 Dapp 을 설계하는 방법에서 타협을 해야 하며, 합의는 L1 인프라 계층의 주요 기능이기 때문에 다양한 합의 메커니즘을 탐색하거나 토큰 인센티브 모델을 자유롭게 실험할 수 있는 능력이 부족합니다.

L1 네트워크에 대한 과도한 의존성과 확장성 트릴레마로 인해 발생하는 어려운 상충관계는 개발자가 확장성 트릴레마의 다양한 측면에 최적화될 수 있는 자체 독립 블록체인을 시작할 수 있도록 지원하는 새로운 기본 인프라를 생성함으로 써만 해결될 수 있습니다. 이 기본 인프라를 레이어 0 이라고 하며, 이는 블록체인 및 분산형 애플리케이션이 가능한 최고 수준의 분산화 및 검열 저항을 유지하면서 무한한 확장성을 달성하도록 돕는 바탕 운동장이 됩니다.

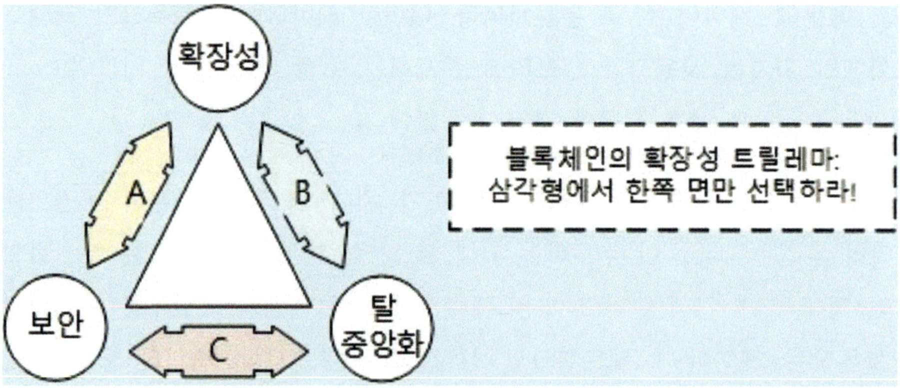

확장성 트릴레마는 블록체인을 설계하고 온체인에 대한 규칙을 구성할 때 반드시 거쳐야 하는 분산화, 속도/확장성, 보안 간의 일련의 절충점입니다. 중앙화 요소가 강할 수록 거래 처리 속도는 증가하지만, 보안성이나 검열 저항 능력은 줄어듭니다. 분산화 요소가 강할 수록 거래 처리 속도는 감소하지만, 보안 및 검열 저항성이 향상됩니다. 삼각형에서 A, B, C 중 하나를 선택할 수 있다는 것입니다.

레이어 0 블록체인이란 무엇입니까?

레이어 0 은 개발자가 각각 특정 목적을 제공하고 확장성 트릴레마의 3 가지(확장성, 보안 또는 분산화) 차원이 아닌 1 가지 또는 2 가지 차원을 충족하도록 설계할 수 있는 여러 레이어 1 블록체인을 시작할 수 있도록 바탕에서 도움을 제공하는 프로토콜 유형입니다. 이렇게 L0 에 바탕을 둔 L1 네트워크 최종 사용자는 실제로 여러 L1 블록체인을 사용하면서 하나의 블록체인을 사용하는 경험을 가질 수 있도록 서로 통신하도록 만들 수도 있습니다. 레이어 0 (L0) 네트워크에는 개발자가 L0 메인체인에 연결되어 있지만, 독립적으로 작동하는 자체 블록체인인 레이어 1 또는 사이드체인을 시작할 수 있도록 하는 소프트웨어 개발 도구 키트 (SDK)가 장착되어 있습니다. 그래서 L0 체인은 비트코인 네트워크나 이더리움 네트워크와 같은 새로운 블록체인을 출시하기 위한 인프라처럼 생각할 수 있습니다. 각 L0 에는 개발자가 자신의 블록체인을 시작할 수 있는 고유한 구현 및 접근 방식이 제공됩니다.

레이어 0 이 필요한 이유는 무엇입니까?

레이어 0 네트워크는 웹 3 개발 및 채택에 있어 확장성, 유연성, 상호 운용성이라는 세 가지 중요한 문제를 해결합니다. 확장성 트릴레마는 블록체인을 설계하고 온체인에 대한 규칙을 구성할 때 반드시 거쳐야 하는 분산화, 속도/확장성, 보안 간의 일련의 절충점입니다. 중앙화 요소가 강할 수록 거래 처리 속도는 증가하지만, 보안성이나 검열 저항 능력은 줄어듭니다. 분산화 요소가 강할 수록 거래 처리 속도는 감소하지만, 보안 및 검열 저항성이 향상됩니다.

확장성을 저하시키지 않으면서 완벽한 탈중앙화를 달성하는 것은 불가능하지는 않더라도 매우 어렵고, 그 반대의 경우도 마찬가지입니다. 이는 트랜잭션 실행, 합의 및 데이터 가용성과 같은 모든 중요한 기능이 단일 네트워크에서 관리되어 혼잡 가능성이 높아지는 일체형 블록체인에서 특히 그렇습니다. 확장성 트릴레마에 대한 해결 방법은 이러한 3 가지 기능에 대한 주요 책임을 서로 다른 독립 블록체인에 위임하는 것입니다. 이 설계는 실행 체인이 분산화에 대한 걱정 없이 높은 TPS 를 요구하는 게임과 같은 Dapp 을 처리하도록 최적화될 수 있도록 보장합니다. 확장성과 관련하여 레이어 0 네트워크는 트랜잭션 처리량을 늘려 블록체인 확장을 도울 수 있습니다.

■ 레이어 0 네트워크는 융통성 문제를 해결합니다.

독립적인 블록체인을 진정으로 독립적으로 만드는 것은 자체 합의 메커니즘을 기반으로 거래를 확인하고 블록을 생성하는 자체 검증자 노드 세트를 갖는 것입니다. 개발자로서 자신만의 블록체인을 처음부터 개발할 수 있다는 것은 다음을 수행할 수 있음을 의미합니다.

- 인플레이션 또는 디플레이션을 통제하는 토큰 발행 모델 설계
- 속도, 분산화 또는 보안을 위해 체인을 최적화
- 네트워크를 비공개 및 허가형 또는 공개 및 무허가형으로 설정
- 네트워크에 구축하려는 Dapp 유형을 선별하고 자체 개발자 생태계를 육성

게다가 L0 프로토콜의 SDK 덕분에 L0 네트워크에서 블록체인을 개발하는 데 드는 시간과 복잡성은 L1 에서 Dapp 을 시작하는 것과 비교할 때 장점이 많습니다. 즉, 상대적으로 적은 노력으로 레이어 1 을 구축하고 관리할 수 있습니다.

■ 레이어 0 네트워크는 상호 운영성 문제를 해결합니다.

블록체인 공간에서 상호 운용성의 중요성을 이해하기 위한 완벽한 비유는 블록체인을 경제 활동이 들어오고 나가기 위해 다리를 통해 연결되어야 하는 대도시로 생각하는 것입니다. 서로 다른 두 도시를 브리지로 연결하듯이 레이어 0 네트워크는 크로스 체인 전송 프로토콜을 사용하여 아래 구간의 토큰 및 기타 형태의 데이터 전송을 활성화합니다. 이런 의미에서 크로스 체인 전송 프로토콜은 이어주는 양쪽을 모두 만족시키는 중립적이고 바탕이 되는 레이어 0 에 해당합니다.

- 레이어 0 메인체인에서 레이어 1 까지 연결
- 레이어 1 부터 레이어 0 까지 연결
- 그리고 레이어 1 들 사이 연결

폴카닷의 레이어 0 블록체인

폴카닷은 사용자가 제어할 수 있는 완전히 분산된 웹을 가능하게 하는 것을 목표로 합니다. 폴카닷은 프라이빗 및 컨소시엄 체인, 퍼블릭 및 무허가 네트워크, 오라클, 아직 생성되지 않은 미래 기술을 연결하도록 하는 의도로 구축되었습니다. 폴카닷은 독립적인 블록체인이 폴카닷 릴레이 체인 (L0 체인)을 통해 제 3 의 중개인이 없는 무신뢰 방식으로 정보와 거래를 교환할 수 있는 인터넷을 촉진합니다. 폴카닷을

사용하면 분산형 애플리케이션, 서비스 및 기관을 그 어느 때보다 쉽게 만들고 연결할 수 있습니다.

폴카닷의 L1 체인인 파라체인은 디파이(DeFi)에서 신원(identity) 및 공급망, 게임, NFT, IoT(사물인터넷), DAO 등에 이르기까지 모든 블록체인 사용 사례에 맞게 맞춤형으로 구축할 수 있습니다. 또한 다음을 포함하여 의도한 기능에 따라 다양한 형태를 취할 수 있습니다.

- 독립적인 토큰 이코노미: 자체 토큰, 수수료 구조 및 경제 생태계를 갖춘 L1 체인을 구축합니다.
- 브리지 파라체인: 브리지를 통해 폴카닷 파라체인은 쿠사마, 비트코인 및 이더리움과 같은 외부 네트워크에 연결할 수 있습니다.
- 스마트 계약 파라체인: 스마트 컨트랙트 기반 디앱 및 서비스를 구축하고 호스팅하기 위한 플랫폼으로, 이더리움 호환 체인의 가상 머신인 EVM 도 지원합니다.

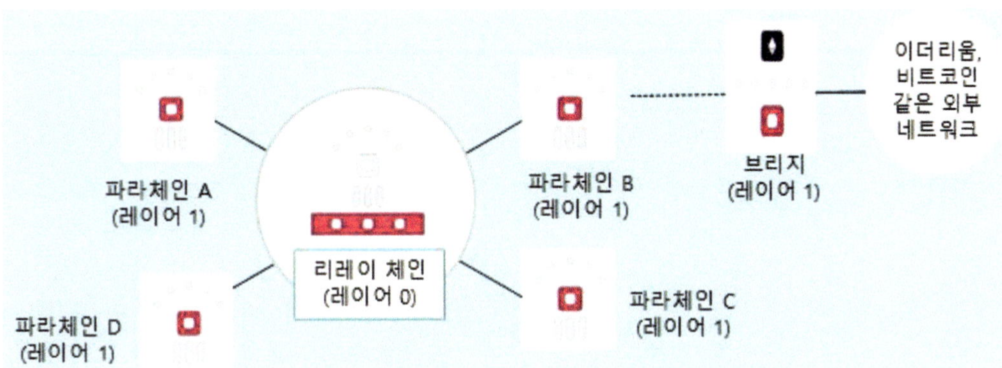

폴카닷의 레이어 0 체인과 레이어 1 체인은 개발자가 적합한 경제성을 통해 웹 3 아이디어를 빠르게 시장에 출시하도록 도와주고 있다 폴카닷의 현재 (2024.1) 운영 현황은 약 1000 개의 노드로 이루어져 있고, 47 개의 파라체인과 43 개의 쿠사마 파라체인이 레이어 1 체인을 구성한다.

16. 크로스체인 브리지

암호화폐 생태계는 계속 진화 중이며, 크로스체인 브리지가 중요한 역할을 하고 있습니다. 브리지는 블록체인 간의 상호 운용성을 제공합니다. 상호 운용성은 블록체인 간에 가치를 전달할 수 있도록 하며, 이는 암호화폐의 유용성과 접근성을 크게 향상시킵니다. 예를 들어, SOLANA 와 BINANCE SMART CHAIN 같은 체인은 이더리움과의 브리징 덕분에 성공할 수 있었습니다. 또한, 사설 블록체인은 공용 네트워크와 상호 작용하여 보안과 투명성을 높일 수 있습니다. 결국, 블록체인 간 상호 운용성은 개발자와 사용자 모두에게 더 나은 경험을 제공합니다.

암호화폐 경제의 장기적인 성공에 필수적인 크로스체인 브리지

암호화폐 생태계는 끊임없이 진화하고 있습니다. 많은 신흥 기술 중에서 브리지는 암호화폐 생태계 진화에서 중추적인 역할을 담당합니다. 뉴스 매체의 헤드라인에서 "기록적인 해킹" 또는 "악용"과 같은 무서운 문구를 보는 경우가 흔한데 이는 암호화폐 크로스체인 브리지에 대한 보도와 관련이 가장 많습니다. 실제로 암호화폐 분석 회사 체인어널리시스(Chainalytic)는 해커들이 2022 년 암호화폐 브리지에서 20 억 달러를 훔쳐 웹 3 의 가장 취약한 지점 중 하나로 만들었다고 추정합니다. 또한 보고서에 따르면 브리지 해킹은 탈 중앙화 금융 (DeFi) 애플리케이션을 사용할 때 거래자가 직면하는 가장 일반적인 위험 중 하나입니다. 그러나 크로스체인 브리지를 둘러싼 문제와 보안 문제에도 불구하고 개발자는 이러한 프로토콜이 암호화폐 경제의 장기적인 성공에 필수적이라고 믿습니다. 그렇다면 암호화폐 브리지란 무엇이며, 무엇이 이를 유망한 기술이자 큰 취약점으로 만듭니까? 또 암호화폐 거래자는 분산형 웹을 탐색할 때 크로스체인 브리지를 어떻게 안전하게 사용합니까?

암호화 브리지란 무엇입니까?

암호화 브리지는 거래자가 하나의 암호화폐 자산을 다른 암호화폐의 분산 네트워크(일명 블록체인)로 보낼 수 있도록 설계된 소프트웨어 프로토콜 또는 서비스입니다. 사람들이 자신의 암호화폐를 브리지로 전송하면 원래 통화를 다른 블록체인의 포장된 복사본(일명 래핑된 토큰)으로 변환합니다. 새로운 암호화폐는 일반적으로 초기 디지털 자산과 동일한 시장 가격을 가지지만, 다른 암호화폐 생태계의 코딩 표준으로 포장되어 있습니다. 예를 들어, Avalanche 블록체인에서 이더리움의 에테르 코인(ETH)을 사용하는 데 관심이 있는 암호화폐 거래자는 Avalanche 에서 액세스할 수 있는 래핑된 ETH(wETH)와 동일한 금액을 받기 위해 ETH 를 Avalanche 브리지로 보냅니다. 각 암호화폐 블록체인은 서로 다른 프로그래밍 언어와 알고리즘을 사용하기 때문에 이더리움 및 Avalanche 와 같은 별도의 네트워크 간에 직접 디지털 자산을 보내는 것이 불가능하며 이는 크로스체인 브리지의 필요성을 나타냅니다.

이해를 돕기 위하여 먼저 래핑된 토큰인 wETH 에 대하여 살펴보겠습니다. 래핑된 ETH(wETH)는 ETH 를 나타내는 ERC-20 토큰으로 ETH 의 가치에 1:1 로 고정되어 있습니다. ETH 는 디파이(DeFi) 프로토콜 및 애플리케이션과 상호 작용하는 데 사용할 수 있지만 ETH 는 그 자체로는 많은 dApp 에서 사용할 수 없는 경우가 있습니다. 코인과 토큰의 차이점을 이해하는 것은 래핑된 이더의 역할을 명확하게 이해하는 데 중요합니다. 코인은 자체적인 독립적인 블록체인을 가진 디지털 자산인 반면, 토큰은 기존 블록체인 인프라 위에 구축됩니다. 코인은 일반적으로 통화 형태 또는 가치 저장 수단으로 사용되는 반면, 토큰은 로열티 포인트에서 디지털 자산에 이르기까지 거의 모든 것을 나타낼 수 있습니다. 예를 들어, 비트코인(BTC)은 비트코인 블록체인에서 실행되고 거래를 검증하는 데 도움이 되기 때문에 코인입니다. 마찬가지로 ETH는 기본 체인인 이더리움 블록체인에서 실행되기 때문에 코인입니다. 이에 대해 생각하는 한 가지 방법은 명목 화폐(법정 통화)를 기프트 카드와 비교하는 것입니다. 둘 다 가치가 있고 둘 다 지불 수단으로 사용할 수 있지만 서로 다른 플랫폼에 존재합니다. 명목 화폐는 독립적으로 존재하는 반면 기프트 카드는 다른 사람의 결제 인프라/생태계에 의존합니다. 그러면 ETH 를 래핑해야 하는 이유는 무엇일까요?

이더리움은 2013 년에 개념화되어 2014 년부터 개발되었습니다. 이후 3 년 동안 이더리움 블록체인의 기본 암호화폐인 이더(ETH)는 주로 가스 요금을 지불하는 데 사용되었습니다. 토큰의 인기가 높아지고 토큰이 쉽게 생성될 수 있게 됨에 따라 이더리움 커뮤니티의 개발자들은 표준화의 필요성을 느꼈습니다. 2017 년에는 ERC-20 을 스마트 컨트랙트 기반 대체 가능한 암호화폐의 표준으로 개발했습니다. ERC-20 표준은 ETH 이후에 만들어졌기 때문에 ETH 자체는 ERC-20 표준을 준수하지 않습니다. 이것은 사용을 크게 제한합니다. 예를 들어, ETH 는 ERC-20 표준용으로 구축된 dApp 에서 직접 사용할 수 없습니다. 이것이 바로 wETH 가 필요한 이유입니다.

ETH 를 래핑해야 하는 세 가지 주요 이유는 다음과 같습니다.

- 디앱(dApp)에서 사용 및 소액결제: 암호화폐 사용자의 가장 큰 비율(약 31%)은 18-29 세 사이이며, 일반적으로 대학생과 신규 졸업생을 포함하는 연령 인구 통계입니다. 이러한 사용자가 거래 수수료에 수백 달러를 지출하는 것은 비현실적입니다. wETH 를 통해 초보 투자자는 높은 수수료의 방해 없이 DeFi 공간에 참여하고 dApp 을 탐색할 수 있습니다. wETH 는 다른 이더리움 호환 체인 및 레이어 2 솔루션에서도 사용할 수 있기 때문에 사용자는 높은 가스 요금을 우회하고 소액 결제를 통해 공간에 대해 더 많이 배울 수 있습니다.
- DeFi 애플리케이션에 대한 노출 확대: 일부 DeFi 프로토콜이 제대로 작동하려면 wETH 가 필요합니다. 기본적으로 일부 프로토콜은 ERC-20 토큰과 상호 작용하기 위해 ERC-20 토큰이 있어야 합니다. ETH 는 ERC-20 표준을 준수하지 않기 때문에 이러한 프로토콜과 함께 직접 사용할 수 없습니다. 그러나 ETH 를 래핑하면 ERC-20 토큰처럼 작동하므로 해당 프로토콜과 함께 사용할 수 있습니다.
- 더 빠르고 저렴한 거래: 이더리움 네트워크의 거래 수수료는 특히 트래픽이 많은 기간 동안 상당히 높을 수 있습니다. 이더리움 메인 체인의 거래도 검증되는 데 몇 시간이 걸릴 수 있습니다. 사용자는 일반적으로 이더리움 위에 구축된 레이어 2 블록체인 솔루션(예를 들면, 폴리곤)에서 wETH 를 사용하여 이 문제를 해결합니다. 이를 통해 사용자는 이더리움 블록체인에서와 동일한 작업을 ETH 로 수행할 수 있지만 작은 비용과 1,000 TPS 이상의 빠른 속도로 수행할 수 있습니다.

다음 그림은 ETH 를 래핑하는 방법을 간단히 설명합니다. ETH 를 래핑한다는 것은 단순히 ETH 코인을 wETH 토큰으로 교환하는 것을 의미합니다. 동일한 양의 wETH 를 생성하는 스마트 계약에 ETH 를 잠그면 됩니다.

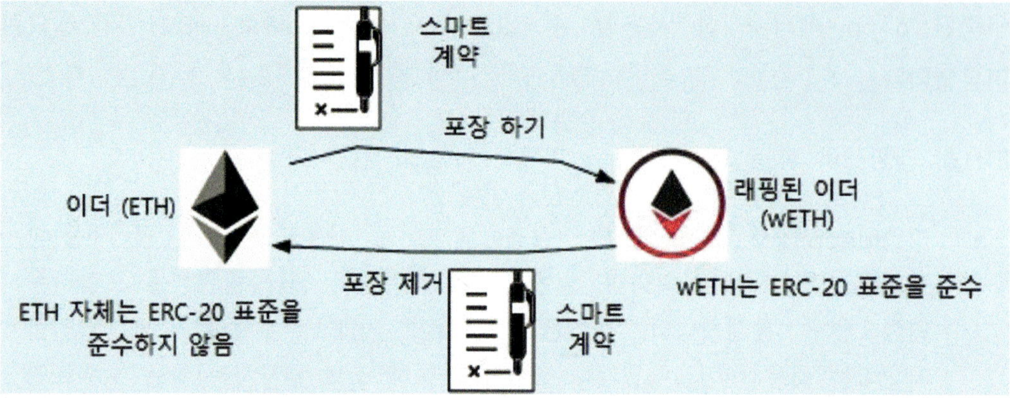

래핑된 ETH(wETH)는 ETH 를 나타내는 ERC-20 토큰으로 ETH 의 가치에 1:1 로 고정되어 있습니다. ETH 는 디파이(DeFi) 프로토콜 및 애플리케이션과 상호 작용하는 데 사용할 수 있지만 ETH 는 그 자체로는 많은 dApp 에서 사용할 수 없는 경우가 있습니다. 그러나 ETH 를 래핑하면 ERC-20 토큰처럼 작동하므로 디파이 프로토콜과 함께 사용할 수 있습니다. ERC-20 은 스마트 컨트랙트 기반 대체 가능한 암호화폐의 표준입니다.

암호화폐 블록체인 브리지는 어떻게 작동하나요?

암호화폐 브리지는 거래자가 요청하는 서비스에 따라 암호화폐를 생성(즉 민트)하거나 삭제(소각)합니다. 거래자가 다른 블록체인에서 사용하기 위해 래핑된 토큰을 원하는 경우 브리지 프로토콜은 거래자가 예치한 암호화폐 금액에 해당하는 래핑 토큰을 발행합니다. 반대로, 거래자가 래핑 토큰을 초기 예치금으로 다시 전환하려는 경우 일반적으로 브리지는 래핑 토큰을 소각하고 원래 암호화폐를 거래자의 지갑으로 보냅니다. ETH-Avalanche 사례로 돌아가서 Avalanche 브리지는 거래자로부터 ETH 를 받으면 wETH 를 발행하지만 거래자가 ETH 인출을 요청하면 wETH 를 소각합니다. 여기서 암호화폐 코인과 래핑 토큰의 차이점을 이해할 필요가 있습니다. 코인은 블록체인의 내부 프로세스(예: 비트코인 블록체인의 비트코인)에 고유하지만, 래핑 토큰은 기본 코인이 있는 블록체인 위에 구축된 암호화폐입니다. 래핑 토큰은 기본 블록체인의 코드를 준수해야 하기 때문에 ETH 코인의 합성 토큰 복사본인 wETH 와 같은 래핑 코인이 Avalanche 블록체인에서 생성하는 것이 가능합니다.

여러 크로스체인 브리지 형태를 비교할 때 중요한 차이점은 관리형인지 비수탁형인지 여부입니다. 수탁형 암호화폐 지갑과 비수탁형 암호화폐 지갑의 차이점과 유사하게, 이러한 브리지를 구분하는 기능은 중앙 집중식 또는 분산형 인프라가 있는지 여부입니다. 관리형(또는 중앙 집중형) 브리지에는 암호화폐 자산 간의 전송을 처리하기 위해 거래소와 같은 단일 지점이 있습니다. 이와 대조적으로 비수탁형(또는 분산형) 브리지는 스마트 계약이라는 블록체인 기반 프로그램을 사용하여 전송 프로세스를 자동화합니다.

브리지 설계의 2 가지 일반적인 형태는 신뢰할 수 있는 브리지과 무신뢰 브리지입니다. 아래 2 가지의 차이점 중 일부를 분석합니다.

신뢰 지점이 있는 브리지	무신뢰 브리지
중앙 당사자에 의존하여 운영	스마트 계약과 알고리즘에 의존하여 운영
자금을 관리하고 연결을 확보하기 위한 기본 신뢰 가정을 포함하고, 사용자는 주로 브리지 운영자의 평판에 의존	신뢰 가정이 이루어지지 않으며 브리지의 보안은 블록체인의 보안과 직접적으로 연결
사용자는 자산에 대한 제어권을 중앙 집중식 운영자에게 양도	사용자는 스마트 계약에 의존하므로 자산을 계속 제어
예: 바이낸스 브리지와 솔라나 웜홀 (wormhole)	예: NEAR 의 Rainbow 와 Cosmos 의 IBC

암호화폐 브리징이 왜 그렇게 중요한가요?

암호화 브리지와 같은 기술이 없으면 서로 다른 블록체인이 서로 통신할 수 없습니다. 암호화폐 업계에서는 블록체인이 엄격하고 사전 정의된 코딩 표준 내에서만 "작동"하기 때문에 이 문제를 종종 "상호 운용성 문제"로 설명합니다. 상호 운용성은 서로 다른 컴퓨터 시스템이 공통 프레임워크를 사용하여 서로 정보를 교환할 수 있도록 하는 프로세스입니다. iOS 기기용으로 설계된 앱이 Android 휴대폰에서 작동할 수 없는 것처럼 고유한 코딩 표준을 갖춘 블록체인 간에 브리지 없이 가치를 전달하는 것은 불가능합니다. 블록체인 상호 운용성을 설명하는 데 사용되는 일반적인 비유는 블록체인을 수천 명의 주민을 수용하고 매일 사람들 간에 수백만 달러의 가치가 교환되는 도시로 생각하는 것입니다. 이 비유에서, 상호 운용 가능한 시스템은 한 도시를 다른 도시로 연결하는 다리 (브리지)와 같아서 주민들이 지역 간에 이동할 수 있도록 하여 자본을 함께 가져오고 마찰을 최소화하면서 다른 도시의 경제 활동 속도를 높일 수 있습니다. 마찬가지로 서로 다른 블록체인간 크로스체인 상호 운용성은 블록체인 채택을 촉진하기 위한 필수 기능이 되고 있습니다.

브리지는 거래자가 암호화폐 생태계 전체에서 디지털 자산을 원활하게 이동할 수 있도록 하여 블록체인 상호 운용성을 향상시킵니다. 하나의 체인에서 사용할 수 있는 코인과 토큰에 의존하는 대신 암호화폐 브리지를 통해 거래자는 디지털 자산을 사용하려는 어떤 분산형 애플리케이션(dApp)으로 보낼 수 있으므로 암호화폐의 유용성, 유연성 및 접근성이 향상됩니다. 따라서 브리징의 주요 이점은 새로운 분산형 웹에 연결하여 이용할 수 있게 합니다.

DeFi 의 상호 운용성은 매우 중요합니다. Solana, Binance Smart Chain, Avalanche 및 폴카닷의 Moonriver 와 Moonbeam 같은 EVM 호환 체인이 지금처럼 성공할 수 있었던 이유는 이더리움 네트워크과의 상호 운용성을 가능하게 하는 간단하고 효율적인 브리징 솔루션 구축에 중점을 두었기 때문일 수 있습니다. Binance 브리지, Solana Wormhole 및 한때 Terra 브리지까지 모두 이더리움에서 다른 네트워크로의 막대한 자금 흐름을 가능하게 하는 데 중추적인 역할을 했습니다. 특히 네트워크 정체가 심해 이더리움 네트워크의 가스 요금이 치솟는 기간에는 더욱 그렇습니다. 이러한 네트워크가 서로 경쟁하더라도 크로스체인 브리징 솔루션이 존재하기 때문에 해당 공간으로 유동성과 사용자 트래픽을 유인하기 위해 에어드롭 또는 높은 수익률 약속을 포함한 모든 종류의 인센티브를 배포할 수 있습니다.

공용 및 사설 블록체인간의 상호 운용성도 필요합니다. 사설 블록체인은 민감한 정보를 비공개로 유지하면서 공용 무허가 네트워크와 소통할 수 있기 때문에 상호 운용성으로부터 큰 이점을 얻습니다. 사설 허가형 네트워크가 공용 네트워크를 활용할 수 있을 때 얻는 이점에는 사설 네트워크 내의 거래를 실행하는 데 사용할 수 있는 공용 네트워크의 최신 데이터에 대한 액세스 권한을 얻는 것뿐만 아니라 보안, 투명성 및 감사 가능성이 향상되는 것이 포함됩니다.

메타버스에는 다양한 게임 환경을 연결하는 상호 운용 가능한 시스템을 구축할 수 있는 엄청난 잠재력이 있습니다. 이는 가상 게임 환경 사이를 이동할 수 있는 교통수단을 만드는 것과 같다고 생각할 수 있습니다. SandBox 및 Decentraland 와 같은 가상의 토지는 언젠가는 원활하게 상호 운용 가능하게 되어 사용자는 가상 토지 위치와 관련된 마찰을 최소화하면서 자산과 가상 캐릭터를 정교하게 구분하고 가치를 부여할 수 있게 될 것입니다.

궁극적으로 블록체인 간의 상호 운용성은 개발자와 최종 사용자 모두의 경험을 크게 향상시켜 여러 블록체인 프로토콜을 채택할 수 있게 해줄 뿐만 아니라, 막힘없이 토큰 교환을 가능하게 하고, 또 서로 다른 시스템 간의 기타 형태의 데이터를 쉽게 주고받을 수 있게 합니다.

암호화 브리지 사용의 위험은 무엇입니까?

크로스체인 브리지는 안전한 블록체인 간 전송을 촉진하는 것을 목표로 하지만 웹 3 에서 가장 취약한 프로토콜 중 일부입니다. 암호화폐 브리지가 심각하고 빈번한 공격을 경험하는 이유는 두 가지, 즉 대규모 내부 보유 암호화폐 볼륨과 코딩 결함입니다. 암호화폐의 다른 많은 혁신과 마찬가지로 브리징 기술은 매우 실험적이며 예상치 못한 오류가 발생하기 쉽습니다. 그러나 브리지와 관련된 더 중요한 위협은 포괄적인 암호화폐들을 재고로 보유하고 있다는 것입니다. 거래자는 새로운 토큰을 만들고 싶을 때마다 암호화폐를 브리지에 보내기 때문에 브리지의 보유고에 엄청난 양의 디지털 자금을 보유하게 됩니다. 암호화폐의 대량 비축으로 인해 브리지는 북한의 Lazarus Group 을 포함하여 세계에서 가장 정교하고 악명 높은 일부 해커들의 주요 표적이 됩니다.

Lazarus Group 의 해커들은 2021 년에 Ronin 브리지에 침입하여 암호화폐 거래자로부터 5 억 달러 이상을 훔쳤습니다. 인기 있는 포켓몬 스타일 게임 Axie Infinity 의 개발자는 사용자에게 더 빠르고 저렴한 게임 경험을 제공하기 위해 2021 년 이더리움 위에 Ronin 사이드 체인을 만들었습니다. Ronin 의 Axie Infinity 와 이더리움 메인넷 간에 자산을 전송하기 위해 거래자는 Ronin 브리지를 통해 암호화폐를 보냈습니다. Lazarus Group 해커는 Ronin 블록체인의 기본 지갑에서 민감한 암호를 발견한 후, 그 암호를 사용하여 Ronin 브리지에서 해커의 암호화폐 지갑으로 자금을 이체할 수 있도록 했습니다. Ronin 브리지 해킹은 크로스체인 브리지에 대한 가장 실질적인 단일 공격이지만 솔라나의 웜홀(Harmony) 및 하모니(Harmony) 브리지와 같은 다른 브리지는 거래자에게 수억 달러의 비용을 발생시킵니다. 크로스체인 브리지가 어떻게 구축되든 이러한 프로토콜은 여전히 매우 실험적이고 취약하다는 점을 알 수 있습니다. 개발자들이 지속적으로 블록체인간 교차 통신을 개선하고 있지만 여전히 암호화폐를 크로스체인 브리지로 보낼 때 내재된 위험이 있습니다.

크로스체인 브리지의 예는 무엇입니까?

사용할 암호화폐 브리지를 찾는 것은 전송하려는 암호화폐와 이를 사용하려는 암호화폐에 따라 다릅니다. 그러나 공개적인 블록체인 프로젝트를 통해 암호화폐 브리지를 개발하는 것이 가장 일반적인 움직임입니다. 예를 들어 폴리곤 네트워크(MATIC)에서 이더리움 기반 토큰을 사용하려는 경우 폴리곤 브리지가 옵션입니다. 또는 이더리움 토큰을 Arbitrum(ARB) 블록체인으로 전송하는 데 더 관심이 있는 경우 Arbitrum 브리지를 사용해야 합니다. 독점 브리지를 갖춘 다른 인기 있는 블록체인으로는 Avalanche 브리지, Optimism 브리지 및 Cronos 브리지가 있습니다. 반대로, 위 브리지 사용의 단점은 디지털 자산을 대상 블록체인으로 전송하는 데만 집중한다는 것입니다. 암호화폐를 다른 생태계로 보내려면 Synapse, Portal 또는 Multichain 과 같은 다중 체인을 지원하는 브리지가 필요합니다. Synapse 브리지는 사용자가 모든 블록체인에서 자산을 원활하게 전송할 수 있도록 하는 크로스 체인 통신 네트워크입니다. Synapse 브리지는 자산을 크로스체인으로 이동하는 데 가장 널리 사용되는 방법이 되었으며, 저렴하고 빠르며 안전한 브리징을 제공합니다.

시냅스 브리지는 시냅스 인터체인 네트워크 급입니다. 시냅스는 자산, 스마트 계약 통화 등을 지원하는 확장 가능한 크로스 체인 통신 프로토콜을 제공하여 블록체인을 연결하는 범용 크로스 체인 유동성 네트워크입니다. 시냅스를 활용함으로써 블록체인은 서로 쉽고 안전하게 상호 운용될 수 있으며 개발자는 크로스체인 DEX, 대출 플랫폼, 마진 시스템, 파생 상품 시장, 수익률 집계기 등을 포함한 진정한 크로스체인 애플리케이션을 구축할 수 있습니다. 시냅스는 원활한 크로스 체인 경험을 위해 가장 많이 사용되는 레이어 1 및 레이어 2 네트워크에 광범위하게 통합됩니다.

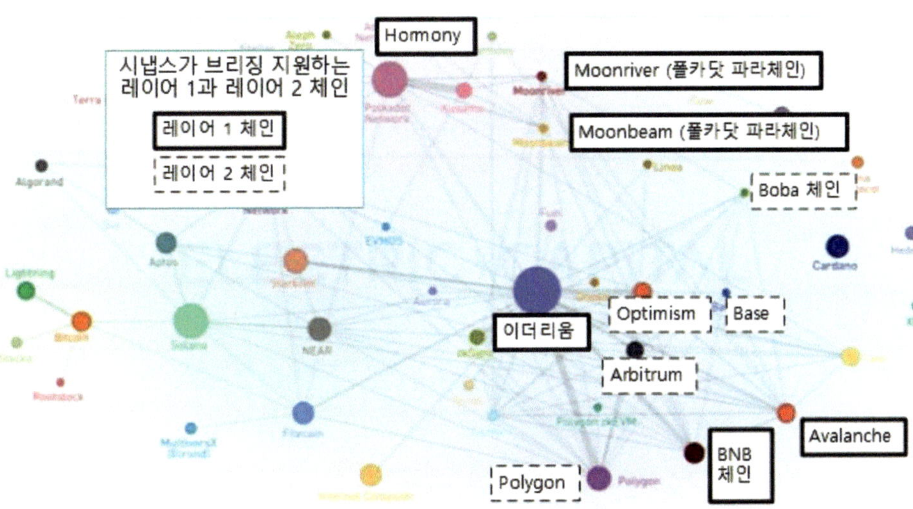

Synapse 브리지는 자산을 크로스체인으로 이동하는 데 시냅스를 시냅스 인터체인 네트워크라고 불러도 손색이 없습니다. 시냅스는 자산, 스마트 계약 통화 등을 지원하는 확장 가능한 크로스 체인 통신 프로토콜을 제공하여 블록체인을 연결하는 범용 크로스 체인 유동성 네트워크입니다.

17. 모범적인 블록체인 에코 시스템

2024 년 1 월 기준, BNB 체인은 기술 발전을 적극 수용하여 레이어 1, 레이어 2, 거버넌스 체인, 사이드 체인, 파일 스토리지 체인을 통합한 생태계를 구축했습니다. BNB 체인은 스테이킹 및 거버넌스 계층인 BNB 비콘 체인, 스마트 계약을 실행하는 BNB 스마트 체인(BSC), 영지식 롤업 구조의 레이어 2 블록체인인 ZKBNB, 낙관적 롤업 기반의 OPBNB, 그리고 스토리지 서비스를 제공하는 BNB 그린필드로 구성됩니다. 이 생태계는 무허가형 및 분산형 환경에 구축된 커뮤니티 우선 및 오픈 소스의 전형적인 모습을 보여줍니다. BNB 체인을 관찰하면 블록체인 생태계를 탑-다운 방식으로 이해하기 쉽습니다.

잘 설계된 블록체인들의 에코 시스템인 BNB 체인

2024 년 1 월 기준 세계에서 가장 인기 있는 블록체인 중 하나인 Build N Build Chain(BNB 체인)은 최근까지 발전된 기술을 적극 수용하여 모범적인 블록체인 생태계를 설계하고 구축하고 있습니다. 잘 설계된 블록체인들의 에코 시스템이기 때문에 레이어 1, 레이어 2 그리고 거버넌스 체인뿐만 아니라 확장을 위한 사이드 체인 그리고 파일 스토리지를 위한 체인 등을 통합하여 생태계를 구성하고 있습니다. 특히 무허가형 및 분산형 환경에 구축된 커뮤니티 우선 및 오픈 소스 생태계의 전형적인 모습을 보여줍니다. 본 세션을 통하여 블록체인 생태계를 구축하는 방법을 탑-다운 방식으로 이해하기를 바랍니다. 전체적인 구조를 설명하다가 보니 후에 다루게 될 영지식 롤업이나 낙관적 롤업 같은 기술 용어를 사용하고 또 비콘 체인이나 사이드 체인 등을 이야기하며 이 세션을 설명할 수밖에 없습니다. 그러니 새로운 기술을 깊이 이해하려 하지 말고 하나의 블록체인 생태계를 외부에서 넓게 보는 시각으로 이 세션을 이해하면 되겠습니다.

BNB 체인은 다음으로 구성됩니다:

- BNB 비콘 체인
  - BNB 비콘 체인은 BNB 생태계의 스테이킹 및 거버넌스 계층입니다.
- BNB 스마트 체인(BSC)
  - BNB 생태계에서 스마트 계약이 실행될 수 있게 하고 전체 생태계의 허브로 상호 운용성을 제공하는 EVM 호환 블록체인입니다.
- zkBNB
  - zkBNB 는 개발자가 더 높은 처리량과 훨씬 더 낮거나 심지어 0 의 거래 수수료를 갖춘 대규모 BSC 기반 앱을 구축하는 데 도움이 되는 영지식 롤업 구조를 기반으로 구축된 레이어 2 블록체인입니다.
- opBNB

- opBNB 네트워크는 낙관적 롤업으로 옵티미즘(Optimism) opStack 기반 버전으로 구동되는 BNB 스마트 체인을 확장하는 레이어 2 확장 체인입니다.

- BNB 그린필드

  - SP(스토리지 공급자)는 스토리지 서비스를 위한 인프라 공급자입니다. 그들은 완전한 스토리지 서비스를 제공하기 위해 Greenfield 검증자와 시너지 효과를 발휘합니다. 검증자는 합의된 메타데이터와 재무 원장을 저장하는 반면, SP 는 그린필드 체인을 원장 및 단일 정보 소스로 사용하여 객체의 실제 데이터(페이로드 데이터)를 저장합니다. SP 는 사용자와 dApp 이 Greenfield 에서 데이터를 관리할 수 있는 다양하고 편리한 서비스를 제공합니다.

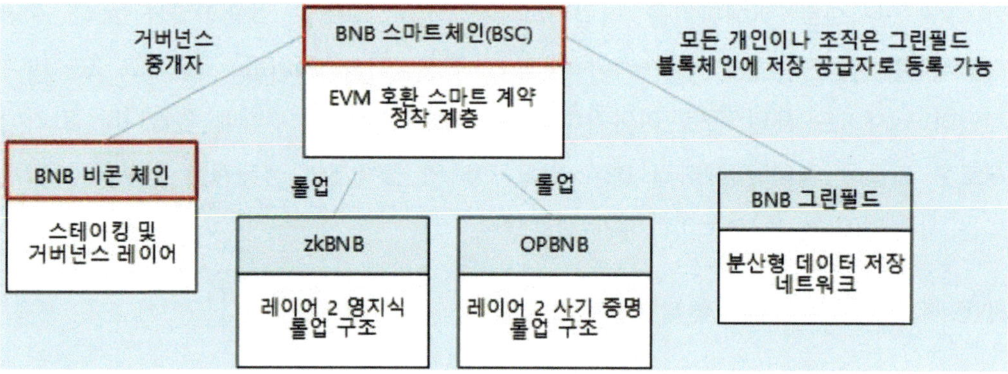

세계에서 가장 인기 있는 블록체인 중 하나인 BNB 체인은 최근까지 발전된 기술을 적극 수용하여 모범적인 블록체인 생태계를 설계하고 구축하고 있습니다. 잘 설계된 블록체인들의 에코 시스템이기 때문에 레이어 1, 레이어 2 그리고 거버넌스 체인뿐만 아니라 확장을 위한 사이드 체인 그리고 파일 스토리지를 위한 체인 등을 통합하여 생태계를 구성하고 있습니다.

BNB 스마트체인(BSC)

BNB 스마트 체인은 짧은 블록 시간과 더 낮은 수수료를 지원할 수 있도록하기 위하여 중앙 집중식 요소가 포함된 합의 방식을 사용합니다. 합의 구조의 핵심인 검증자는 신뢰할 수 있는 55 개의 노드로 제한됩니다. 좋게 말해서 PoSA(Proof of Staked Authority) 합의 방식이라 부릅니다. 스테이킹에서 가장 많이 지분 투자한 검증자 후보가 검증자가 되어 블록을 생성합니다. 이중 서명 탐지, 악의적 투표 탐지 및 기타 슬래싱 논리는 보안, 안정성 및 체인 완결성을 보장합니다. 32 명의 활성 검증인 외에도 다른 23 명의 비활성 검증인을 백업으로 설정하고 있으며 이들을 검증인 '후보자'라고 합니다. 후보자는 BSC 메인넷에서 블록을 생성하고 가스 요금을 부과하지만 선출된 32 명의 공식 검증인보다 가능성이 훨씬 적습니다. 블록을 만들 준비가 안된 후보자도 작은 크기지만 슬래싱 (지분을 압수)될 수 있습니다. 후보자 검증자도 품질을 보장하고 BSC 를 유지하는 데 기꺼이 도움을 줄 수 있도록 적절한 준비가 유지되어야 합니다. 극단적인 경우, 활성 32 명의 검증인 중 과반수가 공격을 받고 오프라인 상태가 되면 후보 검증인은 BNB 비콘 체인에 오래된 차단에 대해 보고하고 재개하여 결국 활성 검증인 세트의 재선택을 제안할 수 있습니다.

BNB 스마트 체인은 EVM 호환 스마트 계약 및 프로토콜도 지원합니다. 크로스 체인 전송 및 기타 통신은 상호 운용성의 기본 지원으로 인해 가능합니다. BNB 스마트 체인을 요약해서 설명하면 다음과 같습니다.

- 자주적 블록체인: 선출된 검증인은 보안과 안전을 책임집니다.
- EVM 호환: 더 빠른 최종성 및 저렴한 거래 수수료와 함께 기존의 모든 이더리움 도구를 지원합니다.
- 빠른 완결성: 대부분의 경우 두 블록 시간 내에서 온체인 거래를 마무리합니다.
- 상호 운용 가능: 효율적인 두 개의 체인간 통신이 제공됩니다. 빠르고 원활한 사용자 경험이 필요한 고성능 dApp 을 확장하는 데 최적화되었습니다.
- 온체인 거버넌스를 통한 분산: PoSA(Proof of Staked Authority)는 탈중앙화 및 커뮤니티 참가자를 불러들입니다. 기본 토큰인 BNB 는 스마트 계약 실행의 가스이자 스테이킹을 위한 토큰 역할을 할 것입니다.

BSC 의 지분 권한 증명(Proof of Staked Authority)

BSC 는 합의를 위해 DPoS (위임 지분 증명 방식)와 PoA(권한 증명 방식)를 결합하여 다음과 같은 합의 방식을 사용합니다.

- 블록은 제한된 검증자 집합에 의해 생성됩니다
- 검증자는 번갈아 가며 이더리움의 합의 설계와 유사한 PoS 방식으로 블록을 생성합니다
- 검증인 집합은 스테이킹 기반 거버넌스에 따라 안팎으로 선출됩니다.

BSC 의 합의 프로토콜은 다음과 같은 목표를 달성합니다.

- 짧은 블록 생성 주기, 메인넷에서 3 초.
- 트랜잭션의 완결성을 확인하는 데 매우 짧은 시간이 필요하며, 약 6 초입니다.
- 네이티브 토큰인 BNB 의 인플레이션은 없으며, 블록 보상은 거래 수수료에서 징수되며 BNB 로 지급됩니다.
- 이더리움 시스템과 100% 호환됩니다.
- 이를 통해 현대적인 지분 증명 블록체인 네트워크 거버넌스를 사용할 수 있습니다.

안전

검증자의 50% 이상이 정직하다는 점을 감안할 때 PoA (권한 증명) 기반 네트워크는 일반적으로 안전하고 적절하게 작동합니다. 그러나 특정 검증자들이 공모한 복제 공격과 같은 방식으로 네트워크를 공격할 수 있는 경우가 여전히 있습니다. BSC 는 이중 서명 또는 사용 불가에 대해 공모 검증자를 처벌하기 위해 슬래싱 로직을 도입합니다. 이 슬래싱 로직은 매우 짧은 시간 내에 악의적인 검증자를 노출시키고 공격을 실행하기가 매우 어렵거나 매우 유익하지 않게 만듭니다.

빠른 완결성

완결성은 블록체인 보안에 매우 중요하며, 블록이 완성되면 더 이상 되돌릴 수 없습니다. 빠른 완결성 기능은 매우 유용하며 사용자는 최신 완성된 블록에서 정확한 정보를 얻은 다음 즉시 다음에 수행할 작업을 결정할 수 있습니다. 67% 이상의 검증자가 정상적으로 투표하면 체인은 두 블록 내에서 최종 확정됩니다.

보상금

현재 검증인 세트의 모든 BSC 검증자는 BNB 로 거래 수수료를 보상받습니다. BNB 는 인플레이션 토큰이 아니기 때문에 비트코인과 이더리움 네트워크가 생성하는 것과 같은 채굴 보상은 없으며 거래 수수료는 검증자의 주요 보상입니다. 검증자에 대한 보상은 각 블록의 거래에서 징수된 수수료입니다. 검증자는 더 많은 스테이킹을 유치하기 위해 BNB 를 스테이킹하는 위임자에게 얼마를 돌려줄지 결정할 수 있습니다. 모든 검증자는 번갈아 가며 동일한 확률로 블록을 생성하므로(100% 활성을 고수하는 경우) 장기적으로 모든 안정적인 검증자는 비슷한 크기의 보상을 받을 수 있습니다. 한편, 각 검증자에 대한 지분은 다를 수 있으므로 더 많은 사용자가 하나의 검증인을 신뢰하고 위임하는 직관적이지 않은 상황이 발생하여 잠재적으로 더 적은 보상을 받을 수 있습니다. 따라서 이성적인 위임자는 검증자가 여전히 신뢰할 수 있는 한 더 적은 지분을 가진 사람에게 위임하는 경향이 있습니다(안전하지 않은 검증자는 슬래싱 가능한 위험을 초래할 수 있음). 결국, 모든 검증인에 대한 지분은 변동이 적습니다. 이것은 실제로 다른 네트워크에서 볼 수 있는 지분 집중과 "승자가 영원히 승리하는" 문제를 방지할 것입니다.

토큰 이코노미

바이낸스 체인(BC)과 바이낸스 스마트 체인(BSC)은 서로 다른 블록체인입니다. BC 의 기본 토큰은 BNB 입니다. BC 는 EVM 과 호환되지 않습니다. 따라서 BC 는 개발자가 스마트 계약을 사용하여 Dapp 을 구축하는 것을 허용하지 않습니다. 이를 위해

BSC 가 있습니다. BSC 는 BC 와 병렬로 실행되는 독립적인 블록체인입니다. BSC 는 EVM 호환 프로그래밍 기능과 BC 와의 기본 크로스체인 통신을 제공합니다. BSC 는 이더리움 기반 애플리케이션을 개발하고 실행할 수 있도록 합니다. 또한 더 빠른 최종성 및 더 저렴한 거래 수수료와 함께 기존의 모든 이더리움 도구를 지원합니다. 그러나 BSC 는 BC 의 업데이트된 버전이 아니며 원래 BC 의 레이어 2 플랫폼도 아닙니다. BSC 는 BC 가 오프라인이 되어도 지속될 수 있는 완전히 별개의 독립형 블록체인이지만, 두 블록체인은 궁극적으로 병렬로 작동하도록 설계되었습니다. 이것은 이중 체인 아키텍처라고 볼 수 있는 데, 사용자는 BSC 에 분산형 애플리케이션과 디지털 자산을 구축하고 BC 에서 빠른 거래를 통해 교환할 수 있도록 해줍니다. BC 와 BSC 는 BNB 및 BEP2 토큰에 대해 동일한 토큰 유니버스를 공유합니다.

스테이킹과 거버넌스

지분 권한 증명은 탈중앙화와 커뮤니티 참여를 가져옵니다. 핵심 논리는 다음과 같이 요약할 수 있습니다.

- 검증자를 포함한 토큰 보유자는 토큰을 지분에 "본딩(bonding)"할 수 있습니다. 토큰 보유자는 자신의 토큰을 검증자 또는 검증인 후보에게 위임하여 실제 검증자가 될 수 있다고 기대할 수 있으며, 나중에 토큰을 다시 위임할 다른 검증인 또는 후보를 선택할 수 있습니다.
- 모든 검증인 후보는 본딩된 토큰의 수에 따라 순위가 매겨지며 상위 검증자가 실제 검증자가 됩니다.
- 검증자는 블록 생성 보상 (수수료)의 일부(일부)를 위임자와 공유할 수 있습니다.
- 검증자는 이중 서명 및/또는 검증자로서 불안정한 참여와 같은 나쁜 행동에 대한 처벌인 "슬래싱"으로 고통받을 수 있습니다.

- 검증인과 위임자에 대한 "본딩 해제(unbonding) 기간"이 있으므로 시스템은 나쁜 행동이 적발되었을 때 토큰이 본딩 상태로 유지되도록 하며, 이 기간 동안 책임자는 삭감됩니다.

BNB 비콘 체인

BNB 비콘 체인은 BNB 생태계의 스테이킹 및 거버넌스 계층을 구현하는 커뮤니티에서 개발한 블록체인입니다. 합의를 위해 Cosmos SDK 를 기반으로 합니다. 빠른 블록 시간, 기본 dApp 레이어 및 스마트 계약 VM (가상 머신)이 없으며 다중 토큰 지원을 대상으로 합니다.

BNB 비콘 체인은 다음과 같은 기능을 구현합니다.

- BNB 및 디지털 자산 보내고 받기
- 새로운 디지털 자산 발행 (BEP-2 및 BEP-8 이라는 표준이 있음)
- 디지털 자산의 발행/소각, 동결/동결 해제, 잠금/잠금 해제
- BNB 비콘 체인 및 사이드 체인에 대한 거버넌스
- 사이드 체인의 스테이킹
- 크로스 체인 전송 및 통신

비콘체인의 BFT 합의

비잔틴 내결함성(BFT) 합의 엔진인 텐더민트 코어(Tendermint Core)가 BNB 비콘 체인에 채택되었습니다. 이중 지출 공격에 대해 강력하게 방지할 수 있고 네트워크의 최대 1/3(~33%) 나쁜 비잔틴 행위자 집합에 대해 안전합니다. 프로토콜에서 검증자는 번갈아 가며 트랜잭션 블록을 제안하고 이에 대해 투표합니다. 블록을 성공적으로 완성되려면 사전 투표와 사전 합의의 두 가지 투표 단계가 필요합니다. 블록은 검증자의 2/3 이상이 동일한 라운드에서 동일한 블록에

대해 사전 합의할 때 이 블록은 합의로 받아들이고 체인을 확장하게 됩니다. 현재 BNB 비콘체인 메인넷에는 11 명의 검증자가 합의에 참여합니다.

네이티브 토큰(Native Token)

BNB 는 BNB 비콘 체인과 BNB 스마트 체인 모두의 기본 토큰입니다. BNB 비콘 체인에서 BNB 는 다음과 같은 일을 합니다.

- BNB 는 스테이킹 및 관리를 위한 토큰으로 사용됩니다.
- 거래 수수료는 BNB 로 지불됩니다.
- 거래는 수수료 일정에 따라 BNB 를 소각합니다.
- BNB 비콘 체인과 사이드 체인 간의 BNB 크로스 체인 전송에 대한 기본 지원을 합니다.

보안 및 완결성

앞서 언급했듯이 텐더민트 코어는 이중 지출 공격에 대해 강력하며 네트워크의 최대 1/3 비잔틴 악성 행위자에 대해 안전합니다. BNB 비콘 체인은 거래에 대한 완결성을 보장하며, 이는 블록에서 합의가 발견되면 블록이 최종적이며 해당 블록 내의 거래는 되돌릴 수 없음을 의미합니다. 요약하자면, BNB 비콘 체인에서 하나의 블록 완결성이 달성되며 일반적으로 1 초도 채 걸리지 않습니다.

거버넌스 (지배구조)

BNB 비콘 체인은 자체 및 관련 사이드 체인(예: BSC)을 관리하기 위해 강력하고 복잡한 모듈을 구현합니다. 사용자는 시그널링, 체인의 합의 매개변수 변경에 대한 다양한 종류의 제안(예: 텍스트 제안, 수수료 매개변수 변경 제안, 스테이킹 매개변수 변경 제안 등)을 제출할 수 있습니다. 각 온체인 제안에는 BNB 입금을 위한 입금 기간과 유권자가 투표할 수 있는 투표 기간이 있습니다. 제안서가 통과되면 크로스체인 통신을 통해 BNB 비콘 체인과 사이드 체인에 적용됩니다.

BNB 그린필드

BNB 그린필드는 데이터 소유권 및 데이터 경제에 대한 분산 기술의 힘을 발휘하고자 하는 혁신적인 블록체인 및 분산형 데이터 저장 장치 (스토리지) 플랫폼입니다. 탈중앙화 데이터 관리 및 액세스를 촉진하는 데 중점을 그린필드는 데이터 저장 및 관리를 용이하게 하고 데이터 소유권을 BNB 스마트 체인(BSC)의 DeFi 환경과 연결하여 데이터 경제를 혁신하는 것을 목표로 합니다. 그린필드가 기존의 중앙 집중식 및 분산형 스토리지 시스템과 차별화되는 점은 세 가지 핵심 구성 요소입니다.

- 이를 통해 이더리움 호환 주소는 데이터와 토큰 자산을 모두 생성하고 관리할 수 있습니다.
- 기본적으로 데이터 권한 및 관리 로직을 교환 가능한 자산으로 BSC 에 연결하고 다른 모든 자산과 스마트 계약 프로그램을 연결합니다.
- 개발자에게 인기 있는 기존 웹 2.0 클라우드 스토리지와 유사한 API 기본 요소 및 성능을 제공합니다.

그린필드의 궁극적인 목표는 웹 3.0 기반의 DApp 모델을 위한 기반을 구축하는 것입니다.

BNB 그린필드의 작동 원리

BNB 그린필드는 두 가지 계층으로 운영됩니다.

- 새로운 스토리지를 관리하는 블록체인이 있습니다.
- "스토리지 공급자"의 네트워크가 있습니다.

BNB 그린필드 블록체인은 사용자를 위한 원장을 유지하고 스토리지 메타데이터를 공통 블록체인 상태 데이터로 기록합니다. 가스 및 거버넌스를 위한 기본 토큰은

BNB 스마트 체인에서 전송되는 BNB 입니다. 또한 BNB 그린필드 블록체인에는 거버넌스를 위해 설계된 자체 스테이킹 로직이 있습니다.

스토리지 공급자(SP)는 그린필드를 원장 및 단일 정보 소스로 사용하는 조직 또는 개인이 제공하는 스토리지 서비스 인프라입니다. 각 SP 는 사용자 데이터 업로드 및 다운로드 요청에 응답하는 동시에 사용자 권한 및 인증에 대한 게이트키퍼 역할을 합니다.

BNB 그린필드 블록체인과 SP 는 함께 이 새로운 경제의 핵심 역할을 하는 분산형 스토리지 시스템을 구성합니다. 개발자는 BNB 그린필드 플랫폼을 사용하여 탈중앙화 애플리케이션(dApp)을 구축할 수 있으며, 이는 그린필드와의 사용자 상호 작용을 용이하게 하는 클라이언트 도구 역할을 할 수 있습니다. 이 애플리케이션은 블록체인 주소를 사용자 식별자로 사용하고 그린필드 블록체인, 그린필드 SP 및 BSC 의 기능 및 스마트 계약과 연결합니다.

BSC 와 BNB 그린필드 블록체인 사이에는 네이티브 크로스체인 브리지가 존재합니다. 그린필드에서 데이터를 생성하고 액세스하는 것이 더 저렴하지만, 관련 데이터 작업을 BSC 로 전송하고 DeFi 스마트 계약 시스템과 통합하여 새로운 비즈니스 모델을 생성할 수 있습니다.

BNB 롤업 체인

zkBNB 는 개발자가 더 높은 처리량과 훨씬 더 낮은 거래 수수료 또는 제로로 대규모 BSC 기반 앱을 구축할 수 있도록 도와주는 인프라입니다. zkBNB 는 영지식 롤업 구조를 기반으로 합니다. zkBNB 는 수백 개의 트랜잭션을 오프체인으로 묶음(또는 "롤업")하고 암호화 증명을 생성합니다. 이러한 증명은 롤업 블록의 모든 단일 트랜잭션의 유효성을 증명할 수 있는 SNARK(간결한 비대화형 지식 인수)의 형태로 제공될 수 있습니다. zkBNB 는 게임 및 소셜 사용 등과 같은 까다롭지 않은 토큰 운영과 내장 마켓플레이스에 중점을 둡니다. 여러 트랜잭션을 단일 트랜잭션으로 묶어 온체인 트랜잭션 비용을 절감함으로써 BNB 스마트 체인의 확장성 솔루션 역할을 합니다. zkBNB 에 사용되는 영지식 증명 시스템은 L2 트랜잭션의 훨씬 더 빠른 완결성 시간을 보장하여 사용자 경험을 개선하는 데 도움이 됩니다.

낙관적 롤업 레이어 2 스케일링 솔루션인 opBNB 에서 Dapp 를 개발하는 것은 BNB 스마트체인에서 직접 구축하는 것과 거의 동일합니다. opBNB 는 EVM 실행 엔진을 사용하므로 많은 코드를 변경하지 않고도 이더리움, BNB 스마트 체인, 폴리곤 및 기타 EVM 호환 체인에서 사용되었던 탈중앙화 애플리케이션을 마이그레이션할 수 있습니다. opBNB 에서 강조되는 몇 가지 핵심 사항은 다음과 같습니다.

- 오프체인 트랜잭션을 번들링하고 사기 증명을 사용하여 유효성을 보장함으로써 BNB 스마트 체인을 확장합니다.
- 이더리움과 BNB 스마트 체인에서 사용하는 것과 동일한 가상 머신인 EVM 을 사용합니다. 즉, EVM 에서 실행되는 모든 DApp, 스마트 컨트랙트 또는 기타 애플리케이션은 코드 변경이 거의 또는 전혀 없이 opBNB 에서 작동할 수 있습니다.
- 디앱(dApp)과 스마트 컨트랙트는 이더리움(Ethereum), BNB 스마트 체인(BNB Smart Chain) 또는 폴리곤(Polygon)과 같은 다른 EVM 체인에서 opBNB 로 마이그레이션할 수 있습니다.
- opBNB 를 기반으로 구축한 디앱은 롤업의 확장성과 저렴한 비용을 제공하는 동시에 BNB 스마트 체인의 보안을 활용할 수 있습니다.

18. 최고 처리 속도를 주장하는 레이어 1 체인

솔라나는 '번개처럼 빠른 트랜잭션 처리 속도'를 목표로 설계된 블록체인 프로젝트입니다. 솔라나는 기본적으로 지분 증명(POS) 방식을 사용하며, 그 위에 역사 증명(POH)이라는 독특한 메커니즘을 적용하여 빠른 블록 생성과 합의를 목표로 합니다. 그러나 솔라나의 실제 트랜잭션 처리 속도는 광고된 65,000TPS 에 못 미치며, 약 4,500TPS 를 보입니다. POH 는 트랜잭션의 순서를 실시간으로 정렬하여 합의 시간을 줄이는 역할을 하지만, 이 방식의 효용성과 과학적 근거는 불확실합니다. 솔라나의 구조는 리더 노드가 트랜잭션을 처리하고 검증자 노드가 이를 확인하는 방식으로 작동하며, 높은 하드웨어 요구사항으로 인해 탈중앙화에 대한 우려가 있습니다. 솔라나는 높은 처리량을 주장하지만, 중앙화 문제와 기술적 불투명성에 대한 해결이 필요합니다.

역사 증명이라는 특별한 접근 방법을 사용하는 솔라나 블록체인

솔라나는 기본적으로 지분 증명(PoS) 합의 방식을 사용하지만 그 위에 역사 증명이라는 특별한 접근 방법을 사용하여 훨씬 더 빠르게 블록 생성 및 합의가 이루어지게 의도하는 독특한 합의 메커니즘을 가지고 있습니다. 솔라나는 레이어 1 체인이면서 어떻게 하면 새로 생성하는 블록의 주기, 즉 블록시간을 최대한 줄이느냐 하는 문제를 해결하기 위하여 역사 증명을 도입하였고 65,000TPS 까지 처리 능력이 있다고 주장하나 실제로는 폴리곤과 비슷한 4,500 TPS 정도의 성능을 보이고 있습니다. 원래 65,000TPS 처리 능력이 있는 레이어 1 체인을 설계하는 것이 목표였습니다. 그러나 이제 더 이상 솔라나가 65,000 TPS 를 처리한다는 주장을 믿을 사람은 없습니다. 솔라나 측도 안타깝게도 이런 빠른 트랜잭션 처리 속도를 증명은 하고 있지 못하고 있고, 또 그렇게 빠른 근거를 제시하지 못하고 있는 실정입니다. 지금도 솔라나 적용 기술은 투명하게 공개되지 않지만, '번개처럼 빠른'과 같은 자극적인 선전은 이어지고 있습니다. 어찌되었건 레이어 1 체인의 트랜잭션 처리 속도를 최고로 높이려고 의도하는 솔라나의 노력은 인정하고 최대한 접근할 수 있는 솔라나의 자료를 찾아서 솔라나 체인의 구조를 분석합니다.

솔라나 네트워크 구조 그림에서 볼 수 있듯이 언제든지 시스템 노드(PoH 발생기)는 역사 증명을 위한 트랜잭션들의 순서를 정렬하는 리더로 지정되어 네트워크 전역의 트랜잭션 처리 일관성과 검증 가능한 트랜잭션들의 시간 흐름 정보를 제공합니다. 이 리더는 사용자 메시지 (트랜잭션)의 순서를 지정하고 시스템의 다른 노드가 트랜잭션들을 효율적으로 합의 처리할 수 있도록 하여 처리량을 최대화합니다. 리더는 RAM 에 저장된 현재 상태에서 트랜잭션을 실행하고 상태를 변경하며, 검증자라고 불리는 복제 노드 (리더와 동등한 수준의 하드웨어와 소프트웨어를 구비)에 트랜잭션과 최종 상태에 대한 리더 서명을 게시합니다. 검증자는 자신이 갖고 있는 상태 사본에 대해 리더가 정렬한 동일한 트랜잭션을 실행하고 전환된 상태에 대한 검증자 서명을 확인으로 게시합니다. PoH 발생기가 메시지 스트림 (트랜잭션들의 쪼개진 조각들)을 생성한 후에 모든 검증자는 500ms 이내에 상태 서명을 제출해야 합니다. 게시된 확인은 합의 알고리즘에 대한 투표 역할을 합니다. 분할되지 않은 '글로벌 상태'에서는 언제든지 네트워크에 하나의 리더가 있습니다. 각 검증자 노드는 리더로 선출될 수 있는 데, 리더 선출은 PoS 기반 선거를 통해 수행됩니다.

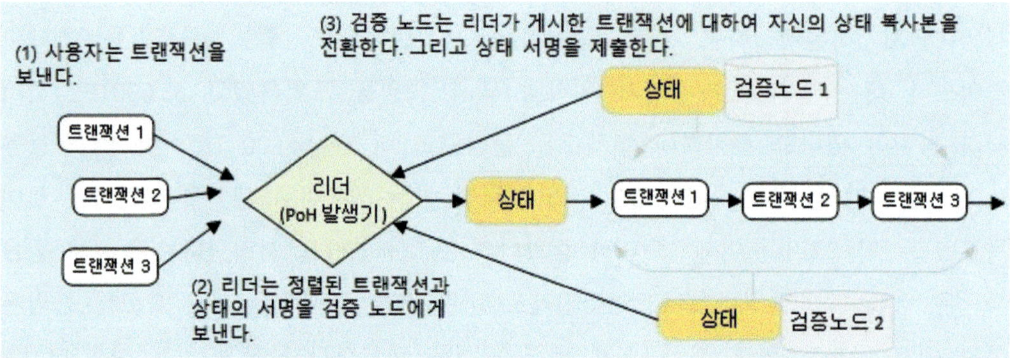

솔라나의 시스템 노드(PoH 발생기)는 역사 증명을 위한 트랜잭션들의 순서를 정렬하는 리더로 지정되어 네트워크 전역의 트랜잭션 처리 일관성과 검증 가능한 트랜잭션들의 시간 흐름 정보를 제공합니다. 이 리더는 사용자 메시지 (트랜잭션)의 순서를 지정하고 시스템의 다른 노드가 트랜잭션들을 효율적으로 합의 처리할 수 있도록 하여 처리량을 최대화합니다.

역사증명 (Proof-of-History)과 암호화 시계

솔라나는 레이어 1 에서 매우 높은 TPS 에 최적화된 블록체인으로, 샤딩이나 롤업과 같은 레이어 2 솔루션이 없습니다. 이러한 높은 처리량을 달성하기 위해 솔라나는 블록 생성 및 검증의 모든 단계를 최적화했으며, 이러한 최적화는 솔라나의 널리 알려진 PoH(Proof-of-History: 역사증명)를 통해 가능합니다. 그렇다면 Proof-of-History 란 무엇일까요?

첫째, PoH 는 합의 메커니즘이 아닙니다. 솔라나는 실제로 에너지 효율적인 합의 알고리즘인 합의를 위해 지분증명(PoS) 버전을 사용합니다(경쟁 블록체인인 아발란체, 카르다노, 알고랜드는 모두 지분증명을 사용하는 반면, 비트코인은 작업증명(PoW)을 사용하는 것으로 유명합니다). 비트코인 블록체인에서 블록이 어떻게 서로 연결되는지 잘 알고 계실 것입니다: 각각의 새 블록에는 이전 블록의 블록 해시라 부르는 암호화 해시(고유 식별자)가 포함되어 있습니다. 이는 각각의 새 블록에 이전 블록의 작은 사진을 포함하는 것과 같습니다. 이는 비트코인 블록의 순서를 논란의 여지가 없게 만듭니다: 만약 블록 B 가 블록 A 의 해시(그림)를 포함하고 있다면, 블록 B 는 블록 A 보다 늦게 생성된 것이지, 그 반대가 아닙니다. 이제 해시를 통한 블록 연결 속도를 극단적으로 높여 컴퓨터가 지속적으로 해시를 생성한 다음 이 해시의 해시를 무한 루프로 생성하는 방식을 상상해 보십시오.

컴퓨터가 초당 계산할 수 있는 해시 수에는 제한이 있습니다. 더 중요한 것은 모든 단계를 시작하려면 이전 단계를 먼저 완료해야하기 때문에 이 루핑을 병렬로 수행할 수 없다는 것입니다. 결과적으로, 이 지속적으로 실행되는 해시 함수는 시계로 사용될 수 있습니다: 해시함수가 처리할 수 있는 해시의 수는 지나간 시간에 비례합니다. 속임수를 쓰거나 더 빨리 갈 수는 없습니다. 이것이 바로 Proof-of-History 의 이면에 있는 아이디어입니다. 솔라나는 이러한 메커니즘을 사용하여 해시로 만든 데이터 구조에 실시간 흐름 시간 정보를 삽입합니다. 모든 고성능 하드웨어에서 거의 동일한 속도로 실행되는 내부 클럭입니다.

역사증명을 사용하여 트랜잭션 순서 정렬

시간의 흐름에 트랜잭션과 같은 외부 이벤트의 해시를 포함시킬 수가 있습니다. 이렇게 하면 들어오는 모든 트랜잭션을 특정 순서로 정렬하는 것이 됩니다. 즉, 새로운 트랜잭션을 수신하기 위해 10 분(비트코인 경우) 또는 13 초(이더리움 경우)를 기다리는 대신, 즉, 해당 기간 동안 수신된 많은 트랜잭션을 모아서 한꺼번에 주문하는 대신, 트랜잭션이 오자마자 주문합니다. 실제로, 전체 블록의 모든 트랜잭션이 아직 존재하지 않더라도 순서대로 조각 하나씩 블록을 형성하기 시작합니다. 그래서 Proof-of-History 를 통해 블록이 채워질 때까지 기다리는 대신 블록의 작은 조각을 다른 노드로 전송하여 검증할 수 있습니다. 즉, PoH 에서 제공하는 타임스탬프와 함께 트랜잭션을 다른 노드로 스트리밍합니다. 솔찍히 이렇게 블록을 조각으로 나뉘어 들어오는 순서데로 트랜잭션을 처리하는 아이디어가 블록 합의에 이르는 시간을 줄이기 위한 주요 요인이라는 이론적 검토는 없습니다. 그러므로 역사증명으로 합의 속도가 빨라진다는 기술은 솔라나의 일방적 주장이며 그 과학적 근거는 찾기 어렵습니다.

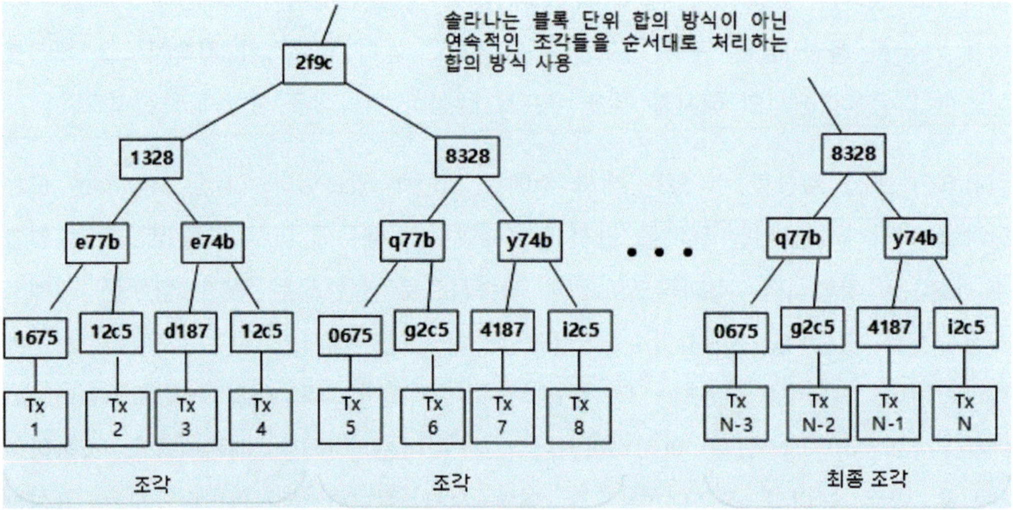

블록을 구성할 N개의 트랜잭션을 모두 기다려 합의를 하지 않고 도착하는 트랜잭션을 순서데로 정렬하여 트랜잭션들을 작은 조각으로 나누어 이들이 들어오는 즉시 검증자에게 전송하여 검증을 받는다.

합의에 도달하기위한 지분 증명

다른 블록체인이 트랜잭션들을 모아서 한꺼번에 하나의 블록으로 합의해 나가는 데 비해, 솔라나는 들어오는 트랜잭션을 시간 흐름에 따른 일정 크기의 조각에 대하여 실시간으로 합의에 들어갑니다. 즉, 쉽게 표현하면 솔라나는 블록 단위 합의 방식이 아닌 연속적인 조각들을 순서대로 처리하는 합의 방식인 셈입니다. 이제 네트워크의 모든 노드가 이 스트리밍 프로세스를 시작한다면 엄청난 양의 데이터가 생성될 뿐만 아니라 노드 간의 통신이 완전히 혼잡해지고 네트워크가 중단될 것입니다. 대신 솔라나는 주어진 시간 슬롯에 1 개의 노드(리더라고 함)만 조각들의 흐름을 제어하여 결국은 마지막 조각에 의하여 1 개의 블록에 대한 합의가 완성될 수 있도록 하는 지분 증명 버전을 사용합니다. 이렇게 하면 리더만 블록 조각을 스트리밍하기 때문에 시스템을 통한 메시징 수가 크게 줄어듭니다. 다른 노드는 수신된 조각을 블록체인 동일 복사본에 추가하여 자체 원장을 재구성합니다. 조각이 올바른 순서로 오지 않더라도 PoH 타임스탬프에서 이 순서를 재구성할 수 있습니다. 이러한 조각 스트리밍은 높은 처리량을 허용할 뿐만 아니라(메시징이 최소한으로 유지되기 때문에) 노드가 최종 조각을 받을 때 블록의 이전 조각을 이미 처리했기 때문에 매우 짧은 대기 시간을 허용한다고 솔라나는 주장합니다. 물론 검증된 이론은 아닙니다. 고성능의 복잡한 하드웨어 장치로 이 조각 처리된 결과물이 결국은 합의된 블록이 되도록 해줄 수 있다고 해도 그것이 좋은 방법이란 보장이 없습니다. 아무튼 결과적으로 솔라나는 약 1/2 초의 블록 시간과 50,000TPS 의 이론적 처리량을 제공할 수 있다고 합니다.

검열 및 데이터 저장

메시징을 줄이고 병목 현상을 피하기 위해 솔라나는 단일 노드(리더)만 언제든지 조각들에 대한 합의의 흐름을 통하여 블록을 생성할 수 있도록 허용합니다. 리더는 약간 미리 무작위로 선택되므로 모든 검증자는 어떤 블록이 누구에 의해 생성될지 미리 알 수 있습니다. 리더는 사기성 트랜잭션을 블록에 포함할 수 없지만(다른 검증자에 의해 거부됨), 일부 트랜잭션은 무시하도록 선택할 수 있습니다. 다른 검증자가 트랜잭션이 리더에 의해 의도적으로 무시되었는지 또는 제때 도달하지 않았는지 알 수 있는 방법이 없습니다. 이는 트랜잭션이 적어도 일시적으로나마 검열될 수 있음을 의미합니다. 이 문제를 완화하기 위해 리더는 짧은 시간(약 2 초) 동안만 선택됩니다. 결과적으로, 특정 리더에 의해 검열된 트랜잭션은 모든 검증자가 공모하지 않는 한 다음 리더에 포함될 것입니다. 또 다른 단점은 이러한 높은 TPS 블록체인에 의해 생성되는 데이터의 양이 필연적으로 엄청나다는 것입니다. 최대 용량에서 솔라나 블록체인은 연간 수 페타바이트의 데이터를 생성합니다(1 페타바이트는 1,000 테라바이트 또는 100 만 기가바이트). 이 데이터를 계속 사용할 수 있도록 하기 위해 솔라나는 먼저 블록체인을 저장하는 것이 유일한 목적인 노드인 자체 아카이버 네트워크를 구축하는 것을 구상했습니다. 이 아이디어는 이제 버려졌습니다. 대신 솔라나는 증가하는 데이터를 저장하기 위해 다른 블록체인인 Arweave 와 파트너십을 맺었습니다. Arweave 는 자체 액세스 증명 기술을 사용하여 분산 네트워크에 데이터를 영구적으로 저장합니다.

중앙 집중화

앞서 언급했듯이 원활하게 실행될 수 있도록 솔라나 검증자는 비트코인 또는 이더리움 노드보다 훨씬 더 높은 하드웨어 요구 사항을 가지고 있습니다. 비트코인 블록 생산자(채굴자)는 게임을 유지하기 위해 고가의 하드웨어(ASIC)가 필요하지만, 일반 비트코인 노드(블록만 검증)는 모든 PC 에서 실행할 수 있습니다. 이런 이유로 솔라나 검증자는 약 1,000 개에 불과합니다. 더 우려스러운 것은 상위 20 명의 솔라나 검증자가 네트워크 전체 지분의 33%를 차지한다는 것인데, 이는 그들이 공모할 경우 블록체인을 중단할 수 있다는 것을 의미합니다.

솔라나는 또한 지난 12 개월 동안 각각 다른 이유로 심각한 중단을 경험했으며 이러한 문제는 하나씩 해결되었지만 더 많은 문제가 나타날 수 있습니다. 솔라나는 "스트리밍 블록체인"이라고 생각할 수 있습니다. 트랜잭션을 한꺼번에 모아서 하나의 블록으로 합의를 보는 대신에 들어오는 순서대로 트랜잭션을 조각으로 처리하여 결국 블록을 완성하는 방법입니다. 실행하려면 값비싼 하드웨어가 필요하지만 대부분의 다른 블록체인보다 훨씬 더 높은 처리량을 허용합니다. 여기 까지가 솔라나 개발자가 비공식적으로 답변한 내용을 정리해 보았습니다.

위 내용은 그나마 솔라나에서 1 년 전에 공개한 정보입니다. 지금도 정보의 공개를 하지 않아 어떻게 체인이 발전하고 안정화되어가고 있는지 알기가 어렵습니다. 그래서 다시 솔라나의 기술적 측면을 요약해 보겠습니다.

■ 역사 증명(Proof-of-History, PoH)

- 솔라나의 핵심 메커니즘 중 하나인 PoH 는 합의 메커니즘이 아니라 시간을 기록하는 메커니즘입니다. 이는 솔라나가 실제 합의를 지원하기 위해 지분 증명(PoS)을 사용하는 동시에 역사 증명을 통해 시간의 흐름을 기록합니다.

■ 트랜잭션 정렬

- PoH 를 사용하여 솔라나는 트랜잭션을 실시간으로 정렬합니다. 이는 새로운 거래가 발생할 때마다 블록을 생성하는 대기 시간이 없게 하며, 모든 거래를 주문대로 처리할 수 있도록 합니다.

■ 합의 도출

- 지분 증명을 사용한 솔라나는 시간 슬롯마다 리더 노드가 거래들이 도착하는 대로 조각 (슬라이스) 단위로 거래를 묶어 스트리밍 형태로 하나의 블록을 제안합니다.
- 솔라나는 오직 1 개의 노드(리더라고 함)만이 블록을 제안할 수 있는 지분 증명 버전을 사용합니다. 주어진 시간 슬롯 동안은 리더만이 블록 슬라이스를 스트리밍합니다. 다른 노드는 수신된 조각을 로컬로 관리하는 블록체인 복사본에 추가하여 자체 원장을 재구성합니다. PoH 는 거창한 것이 아닙니다. 거래 슬라이스 시간 도장을 찍어 보내므로 이들을 수신한 검증자 노드는 복사본 원장을 재구성할 때 순서가 바뀌어 들어오는 조각(슬라이스)도 문제없이 처리할 수 있다는 정도가 PoH 로 처리하는 이유입니다. 즉, 솔라나의 합의 도출은 블록 단위로 일어나지 않고 연속적인 슬라이스 단위로 이루어진다는 점이 솔라나의 가장 큰 특징이라 하겠습니다.

■ 데이터 저장과 아카이빙

- 높은 TPS 로 인해 생성되는 엄청난 양의 데이터를 저장하기 위해 솔라나는 Arweave 와의 파트너십을 맺어 데이터를 영구적으로 저장합니다.

■ 중앙화와 보안 고려사항

- 솔라나의 검증자는 높은 하드웨어 요구 사항을 가지므로 네트워크의 탈중앙화가 도전적일 수 있습니다. 힘있는 검증자의 중앙화 가능성과 관련된 보안 문제가 발생할 수 있습니다.

■ 기술적인 문제와 가동 중단

- 솔라나는 지난 기간 동안 몇 가지 기술적인 문제와 가동 중단을 겪었습니다.

다음은 학계가 염려하는 솔라나의 실상입니다. 솔라나의 Proof-of-History 를 사용하는 합의 메커니즘은 대규모로 테스트되지 않았으므로 해결해야 할 발견되지 않은 결함이 있을 수 있습니다. 또한 솔라나에서 적어도 부분적으로는 Proof-of-History 합의 메커니즘에 기인할 수 있는 몇 가지 취약점이 발견되었습니다. 전문가들의 조사결과에 따르면 솔라나는 불투명한 면이 있습니다.

- 역사 증명이 솔라나 자체 합의 프로토콜의 통신 복잡성을 개선하는 데 중요한 역할을 한다거나 이 프로토콜의 통신 복잡성이 기존 다른 합의 프로토콜보다 낫다는 명확한 증거는 없습니다. 실제로, 전문가들은 솔라나의 합의 프로토콜이 통신 복잡성을 해결한다는 요인은 고성능 하드웨어 같은 다른 기술의 결과일 가능성이 더 높다고 추측합니다.
- 역사 증명을 사용하면 합의 프로토콜에 의해 발생하는 지연을 피할 수 있는 가능성을 조사했지만, 역사 증명에 기반한 합의 프로토콜로 인하여 네트워크가 빠르게 실행될 수 있는 방법을 찾기가 어려웠고 이는 프로토콜의 노드가 조각들을 이어 붙이는 해시 체인을 계산하는 데 상당한 시간을 낭비하고 있기 때문입니다.
- 솔라나의 합의 프로토콜에서 조각 스트림에 대한 재구성 동기, 조각 스트림 처리의 장점, 중앙화리더의 보안 속성은 불분명하며, 또한 시간의 경과에 동의하기 위해 일반(동기화되지 않은) 시계를 사용하는 것이 이 아이디어를 구현하기에 충분하지 않아 보인다고 지적합니다.

실제로, 현재 공개된 솔라나의 세부 정보의 부족, 의미 있는 동료 평가의 부족 및 안전한 합의 프로토콜 설계의 본질적인 미묘함을 감안할 때, 현재 솔라나 합의 프로토콜의 보안에 대해 확신을 가질 근거를 찾기 어렵습니다.

폴카닷 커뮤니티가 바라본 솔라나

아래 글은 2024 년 reddit 의 폴카닷 커뮤니티에 올라온 글을 소개합니다. 물론 이글은 폴카닷을 선전하기 위하여 솔라나를 끌어들여 비교 설명하려고 의도하고 있지만, 이글을 통하여 솔라나의 실상을 더 잘 파악할 수 있습니다.

폴카닷은 ETH, Solana, BTC, XRP, BNB 또는 기타 대형 체인과 달리 모든 주요 개발자가 나서서 진행 상황을 공개적으로 발표하는 유일한 프로젝트라는 점 때문에 나는 폴카닷을 좋아합니다. 다른 많은 암호화폐들은 비공개로 모든 일을 처리하고 그들 중 일부 만을 RFC 및/또는 기사로 게시하는 수준의 프로젝트의 진행 상황을 공개하고 있습니다. 폴카닷은 실제로 사람들을 위한 사람들에 의한 프로젝트입니다. OpenGov 2.0 도 그 어떤 다른 암호화폐 세계의 거버넌스 프로젝트보다 상당히 앞서 있습니다. 폴카닷은 실제로 제작 중인 두 번째 솔라나입니다. 차이점이라면 솔라나는 중앙 집중식 상태 시스템이기 때문에 기술적 진보가 전혀 필요하지 않았고, 이로 인해 몇 년 전에도 빠르게 실행되었습니다. 솔라나는 중앙 집중식이기 때문입니다. 반면에 폴카닷은 분산화와 확장성을 동시에 추구해 왔기 때문에 혁신이 필요했습니다. 곧 출현될 폴카닷 2 (DOT 2)에서 우리는 솔라나보다 더 많은 tps(초당 트랜잭션 처리 속도)를 갖게 될 것입니다. 솔라나는 하드웨어 확장성에 의존하지만 (노드에 최소 256GB 의 RAM 저장장치가 필요하기 때문에 중앙 집중화 문제의 일부이기도 함), 폴카닷은 본질적으로 소프트웨어를 통해 확장 가능하기 때문입니다.

폴카닷 커뮤니티에서 바라보는 솔라나의 문제점을 블록체인의 확장성 트릴레마 문제와 연관시켜 분석해 봅시다 확장성 트릴레마는 블록체인을 설계하고 온체인에 대한 규칙을 구성할 때 반드시 거쳐야 하는 분산화, 속도/확장성, 보안 간의 일련의 절충점입니다. 다시 정리하자면,

- 중앙화 요소가 강할 수록 거래 처리 속도는 증가하지만, 보안성이나 검열 저항 능력은 줄어든다.
- 분산화 요소가 강할 수록 거래 처리 속도는 감소하지만, 보안 및 검열 저항성이 향상된다.

확장성을 저하시키지 않으면서 완벽한 탈중앙화를 달성하는 것은 불가능하지는 않더라도 매우 어렵고, 그 반대의 경우도 마찬가지입니다. 이는 트랜잭션 실행, 합의 및 데이터 가용성과 같은 모든 중요한 기능이 단일 네트워크에서 관리되어 혼잡 가능성이 높아지는 일체형 블록체인에서 특히 그렇습니다. 확장하기가 훨씬 더 어려워집니다. 지금 돌이켜 보면 6 년 전부터 솔라나는 확장성을 저하시키지 않으면서 완벽한 탈중앙화를 달성하는 기술적 노력을 기울이는 대신 탈중앙화를

어느 정도 희생하면서 빠른 실행 능력을 달성하는 쉬운 길을 택했습니다. 즉, 세상에서 가장 빠른 블록체인 네트워크를 출시하기 위하여 탈중앙화를 희생시킨 것입니다. 솔라나는 리더 노드를 주축으로 하는 중앙집중식 상태 시스템이라고 볼 수 있으며 속도가 빠른 이면에는 이런 중앙 집중식 방식이 내재되어 있습니다. 또 솔라나는 검증노드가 고급 하드웨어와 대용량 저장 장치를 구비하도록 하여 하드웨어 확장성에 의존한다고도 볼 수 있습니다.

솔라나의 역사 증명 구조는 미래에도 통할 것인가?

솔라나는 2021 년, 혜성처럼 암호화폐 시장에서 엄청난 성장을 이룬 블록체인입니다. 솔라나는 퀄컴 개발자 출신의 아나톨리 야코벤코(Anatoly Yakovenko)에 의해 2017 년에 백서로 제안되었습니다. 2017 년 역사증명이라는 기술을 앞세우고 블록체인의 확장성 문제를 해결했다고 광고했지만, 안을 들여다 보면 솔라나 블록체인은 리더 노드를 중심으로 움직이는 중앙집중식 상태 시스템이었습니다. 다만 솔라나는 역사 증명 방식의 블록체인으로 포장되어 있었을 뿐입니다. 6 년이 지난 지금 역사 증명 방식이라는 포장지를 벗길 때가 온 것 같습니다. 폴카닷과 같은 블록체인은 이 6 년 동안 블록체인 트릴레마와의 싸움, 즉 완벽한 탈중앙화를 달성하면서 확장성을 증가시키는 기술 혁신을 계속해 왔습니다. 그러나 솔라나는 지금부터 6 년 전에 중앙화 방식을 혼용한 속도 높이기 구조로 쉬운 길을 걸어왔습니다. 문제는 지금에 와서 솔라나가 자랑하는 트랜잭션 처리 속도를 유지하면서 솔라나 구조에 자리잡은 중앙화 요소를 제거할 수 있느냐 하는 문제입니다. 불행하게도 그렇게 될 것 같지 않습니다. 지금도 솔라나는 신비주의인 것처럼 솔라나에 대한 투명한 기술 공개를 하지 않습니다. 확장성과 탈중앙화의 수준을 검증할 수 있도록 비교적 투명하게 기술 공개를 하는 폴카닷과는 비교가 됩니다. 이런 면에서 SOL 의 미래 보다는 DOT 의 미래 전망을 밝게 보는 사람들이 나타나기 시작했습니다.

PART 6 블록체인 확장성과 상태 채널

- 레이어 2 블록체인
- 이더리움과 오프체인인 상태 채널
- 비트코인 결제 채널

PART 6 에서 참조한 주요 블록체인 또는 암호화폐			
폴리곤	알비트럼	옵티미즘	라이트닝네트워크
비트코인		이더리움	

19. 레이어 2 블록체인

블록체인의 주요 과제인 확장성은 더 많은 트랜잭션을 처리하는 기술 개발을 의미합니다. 이를 해결하기 위해 라이트닝 네트워크 같은 2 계층 기술이나 사이드체인 방식이 사용됩니다. 레이어 2 솔루션은 레이어 1 블록체인 위에 위치해 속도와 비용을 개선하며, 거래를 오프체인에서 처리한 후 L1 에서 검증합니다. 이 방식은 거래 처리 속도와 확장성을 제공하면서도 보안을 유지합니다. 그러나 레이어 2 는 중앙화 요소가 있어 자금 저장의 위험이 있을 수 있습니다.

확장성에 대한 일반적 접근 방식

블록체인 공간의 주요 엔지니어링 과제 중 하나는 확장성입니다. 확장성이란 주어진 시간 내에 더 많은 트랜잭션을 처리할 수 있는 기술이나 프로토콜의 개발을 의미합니다. Visa 와 같은 기존 결제 네트워크는 초당 수천 건의 거래를 처리할 수 있는 반면, 대부분의 블록체인은 동일한 시간 내에 소수의 거래 만 처리할 수 있습니다. 이는 분산된 특성 때문입니다. 블록체인 네트워크의 모든 노드는 모든 트랜잭션을 병렬로 처리합니다. 이는 성능이 가장 낮은 노드가 네트워크의 전체 성능을 제한하는 요소라는 것을 의미합니다. 높은 수준의 탈중앙화를 유지하려면 많은 노드 수가 중요하므로 노드에 대한 최소 요구 사항을 높이는 것은 그에 따라 보상되지 않으면 문제가 됩니다.

확장성에 대한 일반적으로 2 가지 접근 방식이 있습니다.

- 라이트닝 네트워크에서 사용되는 결제 또는 상태 채널과 같이 언제든지 온체인에서 결제할 수 있는 옵션과 함께 오프체인 거래를 수행하는 레이어 2 기술
- 블록체인의 병렬화로 설명할 수 있는 사이드체인 접근 방식과 롤업 방식처럼 자산은 양방향 페그 (2WP) 를 통해 한 체인에서 다른 체인으로 이전될 수 있으며 트랜잭션을 처리하는 부하는 메인체인과 사이드체인 간에 공유

레이어 2 블록체인이란 무엇입니까?

확장성 트릴레마는 2009 년 비트코인 블록체인이 출시된 이후 블록체인 개발자를 괴롭혀온 지속적인 문제입니다. 더 큰 블록 크기, 대체 합의 메커니즘, 더 정교한 채굴 하드웨어 등 수년에 걸쳐 테스트된 많은 솔루션 중에서 레이어 2 네트워크는 분산화를 저하하지 않고 블록체인을 확장할 수 있는 가장 우아한 솔루션으로 인정받고 있습니다. 레이어 2 (블록체인)를 핵심 요약하면 다음과 같습니다. 레이어 2 는 비트코인이나 이더리움과 같은 레이어 1 (L1) 블록체인 위에 위치하는 확장

솔루션입니다. 레이어 2(또는 L2)는 속도를 높이고 블록체인에서의 거래 비용을 줄입니다. 레이어 2 는 L1 네트워크의 확장성 문제, 특히 네트워크 혼잡 시 높은 가스 요금 문제를 해결하기 위해 존재합니다. 레이어 2 확장 솔루션은 결제 채널, 상태 채널, 사이드체인 및 롤업을 포함하여 다양한 형태를 취할 수 있습니다. 낙관적 롤업 기술을 사용하는 L2 네트워크의 잠재적인 단점은 L2 에서 이더리움 메인넷으로의 출금 시간이 완료되는 데 때때로 몇 시간에서 7 일이 걸릴 수 있다는 것입니다. 또한 레이어 2 는 속도를 달성하기 위해 분산화와 보안을 타협하여 중앙화 요소가 있어 자금을 저장하는 것이 더 위험해질 수 있습니다.

레이어 2 확장이란 무엇입니까?

레이어 2 는 제한된 노드 또는 참가자 집합 간에 트랜잭션이 실행될 수 있는 별도의 네트워크 또는 채널을 설정하여 레이어 2 블록체인에서 트랜잭션 속도를 높이고 비용을 줄여 합의를 달성하는 데 걸리는 시간을 줄입니다. 레이어 2 네트워크(블록체인)의 트랜잭션은 자주 함께 묶어서 일괄 처리 방식으로 기본 레이어 1 네트워크(블록체인)으로 다시 전송되며, 여기서 레이어 1 노드에 의해 단일 트랜잭션으로 취급하여 검증됩니다. 즉, 실시간 업무 처리는 레이어 2 에서 담당하고, (예를 들면) 수행한 업무의 검토는 일정 시간 단위로 처리한 업무를 묶어서 레이어 1 에서 일괄 검토하는 것과 같은 방식입니다. 이 2 개 계층의 모듈식 설계를 통해 레이어 1 네트워크는 분산화와 보안을 우선시하고 레이어 2 는 거래 처리 속도와 확장성에 집중할 수 있습니다.

레이어 2 는 오프체인도 가능합니다.

레이어 2 의 트랜잭션 실행 프로세스가 결국은 레이어 1 블록체인에서 완성되기 때문에 레이어 2 는 오프 체인 확장 솔루션으로도 간주됩니다. 이는 레이어 2 네트워크가 별도의 블록체인일 필요가 없으며 단순히 스마트 계약을 사용하여 2 명 이상의 참가자 간에 자금을 전송하기 위한 결제 채널일 수도 있고, 심지어 참가자가 의존하는 신뢰를 대신하여 동의하는 중앙 집중식 네트워크일 수도 있음을 의미합니다. 레이어 2 의 주요 목표는 속도와 확장성입니다. 즉, 보안을 강화하기 위해 어느 시점에서 데이터가 이더리움 메인넷에 전달되는 한 레이어 2 에 중앙화도 허용하는 다양한 설계가 적용될 수 있습니다.

레이어 2 가 필요한 이유는 무엇입니까?

이더리움과 같은 레이어 1 은 안전하고 검열에 강한 애플리케이션을 개발하기 위한 고도로 분산된 인프라를 제공하지만, 네트워크 정체 기간 동안 높은 가스 요금으로 인해 네트워크가 손상될 수 있습니다. 이는 레이어 1 에만 의존하여 확장할 수 없는 직접적인 결과입니다. 높은 가스 요금은 Dapp 에서 거래를 수행하려는 사용자에게 비용이 많이 드는 방해 요소입니다. 또한 더 저렴하고 빠른 결제를 위한 도구로서 블록체인의 가치 제안을 약화시킵니다. 3%의 수수료 때문에 Paypal 과 같은 중앙 집중식 결제 서비스를 떠나는 사용자는 이더리움에서 단일 거래를 하기 위해 $200 이상을 지출해야 한다면 이더리움이 더 좋다고 볼 수 없습니다. Polygon, Arbitrum, Loopring 및 Optimism 과 같은 레이어 2 솔루션은 현재 이러한 확장성 문제 중 일부를 완화하기 위해 이더리움 위에 존재합니다. 이를 통해 사용자는 이더리움 메인넷에서 사용할 수 있는 동일한 Dapp 을 레이어 2 에 올려 사용하기에 가스 요금은 훨씬 저렴합니다.

레이어 2 와 레이어 0 의 차이점은 무엇입니까?

레이어 0 은 개발자가 레이어 0 메인체인에 연결되어 있지만 독립적으로 작동하는 여러 레이어 1 블록체인을 만들 수 있도록 하는 프로토콜 유형입니다. 레이어 0 위의 각 레이어 1 블록체인은 기본 인프라를 확장하기 위해 잠재적으로 자체 L2 네트워크를 운영할 수 있습니다. 레이어 0 프로토콜은 개발자가 자체 블록체인을 통해 DApp 의 기본 인프라 (블록체인 네트워크)를 제어할 수 있도록 함으로써 DApp 을 설계하는 방법에 있어 더 큰 유연성을 제공하도록 설계되었습니다. 단일 메인체인에 연결된 다양한 L1 네트워크가 서로 통신하기가 더 쉽기 때문에 바탕의 레이어 0 네트워크는 크로스체인 거래, 즉 상호 운용성을 만족시키는 데 최적화되어 있습니다.

레이어 2 확장의 바탕은 레이어 1 입니다.

레이어 2 네트워크는 주로 단일 레이어 1 네트워크를 확장하기 위해 존재합니다. 향상된 프로토콜 유연성과 크로스체인 상호 운용성은 L2 의 핵심 초점이 아닙니다. 레이어 2 스케일링 솔루션은 스마트 계약을 사용하여 두 참가자 간의 거래를 처리하기 위한 결제 또는 상태 채널로 설계하거나 자체 검증 노드 세트가 있는 완전히 별도의 네트워크(또는 사이드체인)로 설계할 수 있습니다. 레이어 2 네트워크를 분류하기 위해서 하나씩 개요를 먼저 살펴봅니다.

결제 채널 개요

결제 채널은 2 명의 참가자 간에 실행되는 양방향 채널이며 완전히 오프체인에 존재합니다. 두 명의 사용자가 각각 온체인 스마트 계약에서 일정량의 토큰을 잠금으로써 결제 채널을 형성할 수 있습니다. 스마트 계약에서 자금을 잠그면 채널이 열리게 되어 두 참가자가 지출한 총 금액이 스마트 계약에서 잠긴 금액 미만으로 유지되는 한 두 당사자가 서로에게 토큰을 보낼 수 있습니다. 토큰이 한 사람에게서 다른 사람으로 전송될 때마다 각 사람 계정의 현재 상태도 공유됩니다. 이는 두 은행에서 확인된 계좌에 일정 금액의 자본을 보유하고 있는 두 은행 간에 IOU(차용증)를 이전하는 것과 유사하다고 생각할 수 있습니다. 결제 채널 내에서 IOU 는 돈으로 허용됩니다. 왜냐하면 양 당사자는 필요할 때 IOU 를 전액 상환할 수 있을 만큼 충분한 자산을 잠거 두었다는 것을 알고 있기 때문입니다. 채널을 폐쇄하기 위해 사용자는 최신 상태 업데이트(즉, 두 사용자 계정의 최종 잔액)를 L1 에 제출할 수 있으며, 이는 이 항목을 L1 블록체인의 단일 트랜잭션으로 검증합니다.

L2 채널을 통한 결제는 확인을 위해 탈중앙화된 네트워크 합의가 필요하지 않기 때문에 훨씬 더 빠릅니다. 또한 사용자는 채널을 열기 위해 스마트 계약으로 자금을 잠글 때와 채널을 닫기 위해 L1 에 최종 잔액을 제출할 때 L1 에 수수료만 지불하면 되기 때문에 훨씬 저렴합니다. 결제 채널은 다중 서명 지갑을 사용하여 설정할 수도 있습니다. 다중 서명 접근 방식을 사용하면 각 사용자는 잠긴 자금을 저장하고 결제 채널 내에서 거래를 중재하는 지갑에 대한 개인 키의 일부를 보유하게 됩니다. 이는 해당 지갑에서 자금을 지출할 수 있도록 승인하기 위해 양쪽 당사자가 함께 합의로 디지털 서명을 제공해야 함을 의미합니다.

일회성 거래를 위해 결제 채널을 설정하거나 참가자들이 오프체인에서 서로 거래할 수 있도록 장기간 열어 둘 수 있으며, 사용자가 그들의 자금의 일부를 인출하려고 할 때 주기적으로 채널의 현재 상태를 L1 에 게시할 수 있습니다. 채널의 현재 상태를 L1 에 게시할 때 결제 채널 참가자의 다중 디지털 서명이 이용됩니다.

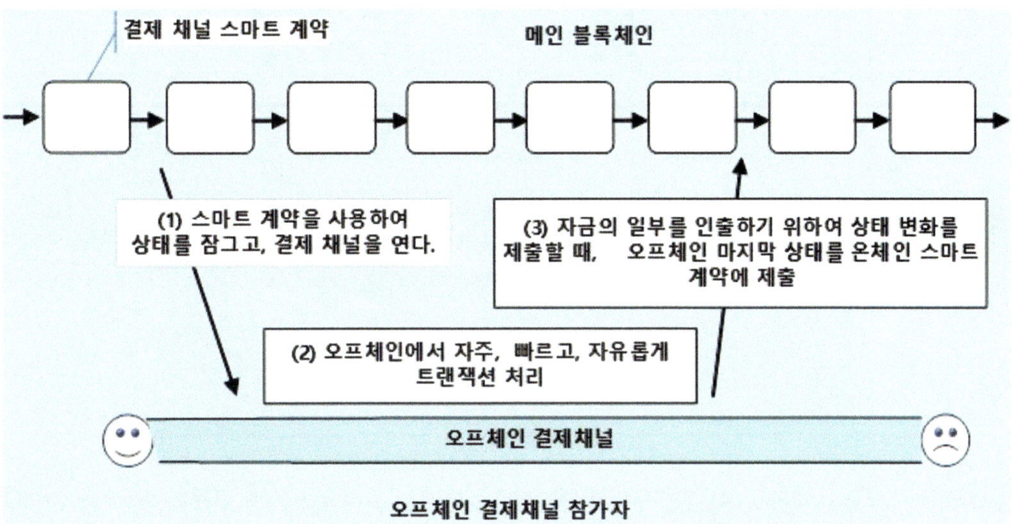

결제 채널은 2 명의 참가자 간에 실행되는 양방향 채널이며 완전히 오프체인에 존재합니다. 두 명의 사용자가 각각 온체인 스마트 계약에서 일정량의 토큰을 잠금으로써 결제 채널을 형성할 수 있습니다. 이것을 에스크로 계좌처럼 생각할 수 있습니다

상태 채널 개요

상태 채널은 보다 일반화된 형태의 결제 채널입니다. 이를 통해 참가자는 단순 결제를 주고받는 것보다 더 복잡한 작업을 수행할 수 있습니다. 상태 채널에서 수행할 수 있는 작업의 예로는 2 명의 사용자 간의 틱택토 게임이 있습니다. 여기서 '게임 로직'에는 게임 규칙이 포함되고 '상태 로직'에는 게임의 현재 상태가 기록됩니다. 게임을 진행하는 동시에 최종 결과에 따라 스마트 계약에 고정된 자금이 어디로 가야 하는지 결정합니다. 결제 채널과 마찬가지로 수수료는 채널을 열고 닫을 때만 발생하며, 채널 내에서 사용자 간에 발생하는 모든 거래는 기본적으로 즉각적이고 무료입니다. 이 상태 채널 메커니즘을 통해 L2 에서 수익 창출 게임 및 엄밀히 말하면 자금 거래가 아닌 기타 Dapp 을 출시할 수 있습니다.

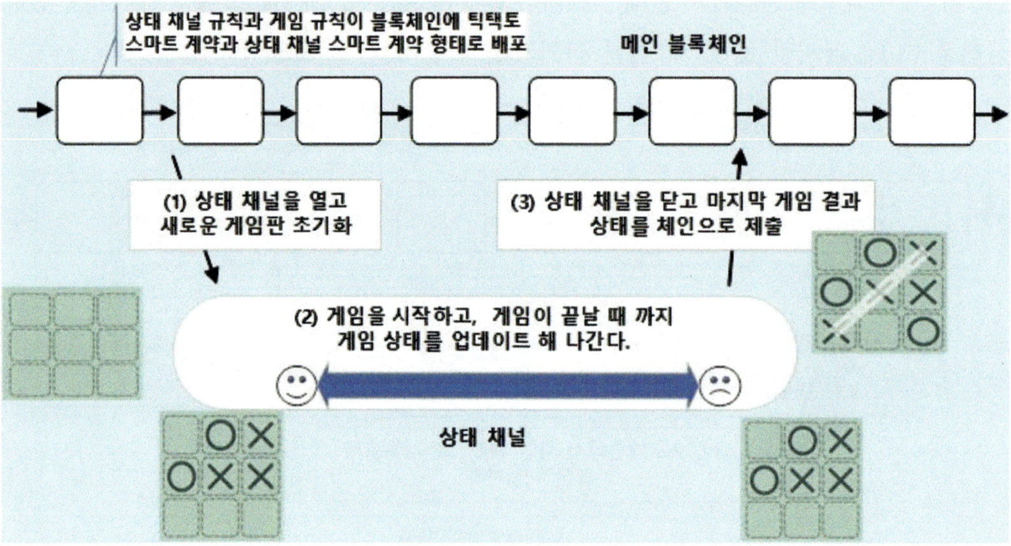

상태 채널은 보다 일반화된 형태의 결제 채널입니다. 이를 통해 참가자는 단순 결제를 주고받는 것보다 더 복잡한 작업을 수행할 수 있습니다. 상태 채널에서 수행할 수 있는 작업의 예로는 2 명의 사용자 간의 틱택토 게임이 있습니다.

사이드 체인 개요

결제 또는 상태 채널과 달리 사이드체인은 자체 검증 노드 세트를 갖춘 독립적인 블록체인입니다. 사이드체인은 일반적으로 L1 메인체인보다 적은 수의 노드를 가지므로 더 빠르게 합의를 달성할 수 있습니다. 개발자는 기본 인프라에 대해 더 많은 유연성과 제어가 필요한 경우 결제 또는 상태 채널을 개설하기 위하여 사이드체인을 채택할 수 있습니다. 이는 L1 아닌 L2 에 스마트 계약을 배포함으로서 가능해진 저렴한 비용과 더 빠른 속도를 활용하면서 토큰이나 Dapp 을 출시하기 위한 것일 수 있습니다. 사이드체인은 자체 합의 메커니즘을 사용하여 작동합니다. 즉, 개발자는 확장성, 보안 또는 분산화를 위해 네트워크를 최적화할 수 있으며 네트워크를 비공개 및 허가형 또는 공개 및 무허가형으로 선택하여 설정할 수도 있습니다. 사이드체인은 상태 데이터를 메인체인에 제출할 필요가 없지만, 많은 사람들은 더 크고 분산된 L1 체인의 보안을 활용하기 위해 여전히 그렇게 하기를 원하기도 합니다.

롤업 개요

L2 와 이더리움 메인넷 (L1) 간에 롤업 방식으로 가치를 전송하는 두 가지 주요 방법은 Optimistic Rollups (낙관적 롤업)와 zk-Rollups (영지식 롤업)입니다. 둘 다 합의 계층으로는 이더리움 메인넷에 의존 하면서, 모든 단일 트랜잭션을 검증할 필요 없이 L2 실행 계층(예: 계정 잔액 및 각 L2 의 총 가치)에서 실제 거래를 처리하고, 바뀌는 상태를 확인합니다.

■ 낙관적 롤업 개요

낙관적 롤업은 거래 데이터를 이더리움 네트워크에 먼저 제출하고 사기 거래를 탐지하기 위한 분쟁 해결 시스템을 활용하여 제출된 모든 거래가 유효한지 레이어 2 검증자들이 확인하도록 합니다. 이더리움 네트워크에 일괄 거래 제출을 담당하는 당사자는 제출이 사기인 것으로 판명될 경우 빼앗거나 삭감할 수 있는 ETH 자금을 예탁해야 합니다. 예를 들면, 아비트럼(Arbitrum)은 이더리움 확장성을 지원하는 낙관적 롤업 솔루션입니다. 쉽게 이야기하면 선 조치하고 후에 검증하는 방식입니다. 그래서 결국 검증이 일어나기 때문에 레이어 2 에서 롤업 제출을 사기로 하지 않는다는 점을 활용하여 처리 속도를 빠르게 할 수 있다는 것입니다.

■ 영지식(ZK) 롤업 개요

영지식 증명 (ZKP)은 거래의 한 당사자(증명자)가 해당 정보가 무엇인지 공개하지 않고 다른 당사자(검증자)에게 특정 정보에 대한 지식이 있음을 증명할 수 있는 암호화 형식입니다. 이 기술은 사용자의 민감한 데이터를 보호할 뿐만 아니라 노드 통신 방식을 단순화하여 블록체인 네트워크가 더 효율적으로 거래를 확인하고 확장성을 높일 수 있다는 점에서 많은 이점을 가지고 있습니다. 영지식 롤업을 사용하면 수천 개의 레이어 2 트랜잭션을 하나의 트랜잭션으로 묶은 다음 이더리움 노드가 각 트랜잭션의 세부 사항을 알지 않고도 이더리움 네트워크에서 전송하고 검증할 수 있습니다. 영지식 롤업은 ZK-SNARK 를 이용하여 L1 이 L2 에서 처리된 각 트랜잭션을 확인하지 않고 대신 트랜잭션 묶음의 일괄 계산 증명만 확인하도록 요구합니다. 따라서 L2 는 Dapp 을 위한 오프체인 확장 솔루션으로 간주됩니다. 이들은 독립적인 블록체인이 아니므로 덜 안전하고 최종 거래 결제를 위해 L1 네트워크에 의존합니다. 예를 들면, 폴리곤에는 여러 영지식 롤업 솔루션들이 있습니다.

레이어 2 확장성 단점

레이어 2 네트워크에서 이더리움 메인넷으로의 출금을 완료하는 데 때로는 몇 시간에서 7 일이 걸릴 수 있습니다. 낙관적 롤업은 검증자가 네트워크에 제출된 거래에 사기가 있는지 확인하는 데 시간이 걸리기 때문에 가장 긴 출금 시간을 경험합니다. 레이어 2(L2)는 L1 이 제공하는 보안 보장이 있다는 사실로 인해, 레이어 2 자신은 분산화와 보안에 있어서 상당한 타협을 합니다. 즉, L2 는 중앙화의 요소를 가지기도 합니다. 폴리곤과 같은 사이드체인은 자체 검증자들에게 보상하기 위한 기본 토큰이 있는 독립적인 블록체인으로 작동합니다. 사이드체인은 독립적이기 때문에 이더리움 L1 에서 제공하는 보안 보장은 지불 또는 상태 채널과 동일한 방식으로 이 사이드 체인 프로토콜에 자동으로 적용되지 않습니다. 이는 사이드체인이 정기적으로 이더리움 메인넷에 상태 데이터를 제출하지 못하는 상황이 생길 경우, 사이드 체인이 51%가 공격을 당하면 가장 최근 상태에 대한 검증된 증거를 전달하는 대체 네트워크가 없기 때문에 사용자 자금이 영구적으로 손실될 수 있음을 의미합니다.

레이어 2 는 L1 네트워크를 확장하는 최적화 대안

L2 네트워크의 중앙 집중화가 증가한다는 위험에도 불구하고 레이어 2 는 개발자와 최종 사용자가 블록체인과 상호 작용할 수 있는 보다 비용 효율적이고 빠른 대안을 제공합니다. 그러므로 비트코인 및 이더리움과 같은 레이어 1 이 기본 프로토콜 레이어의 분산화를 손상시키지 않고 사용자 채택을 늘릴 수 있습니다. 레이어 2 네트워크가 기본 L1 의 보안을 계속 활용하는 한, 해킹 위험은 L2 네트워크 상태의 최신 데이터가 보다 분산되고 안전한 L1 블록체인에 백업된다는 사실을 통해 대부분 완화될 수 있습니다.

20. 이더리움과 오프체인인 상태 채널

상태 채널은 블록체인 외부에서 트랜잭션을 수행할 수 있는 양방향 통신 채널입니다. 이는 사전 합의된 스마트 계약을 통해 열리고, 최종 거래 상태만 블록체인에 기록하여 네트워크 혼잡을 줄입니다. 결제 채널은 주로 잔액을 추적하는 반면, 상태 채널은 스마트 계약의 현재 상태도 추적합니다. 상태 채널은 보안 취약성을 해결하기 위해 분쟁 중재 시스템을 사용합니다. 채널을 열 때 자금을 예치하고, 거래 후 최종 상태를 블록체인에 제출하여 정산합니다.

메인 체인의 보안 시스템에 의존하면서 오프체인에서 상호 작용하는 채널

이더리움과 같은 퍼블릭 블록체인은 분산 아키텍처로 인해 확장성 문제에 직면해 있습니다. 온체인 트랜잭션은 모든 지분 증명 노드에서 실행되어야 합니다. 노드는 적당한 하드웨어를 사용하여 블록의 사용자들이 발생시킨 트랜잭션 볼륨을 처리할 수 있어야 하며, 네트워크를 분산된 상태로 유지하기 위해 트랜잭션 처리량이 불가피하게 제한되며 거래 수수료가 증가하게 됩니다. 해결책으로 채널은 사용자가 최종 결제를 위해 메인 체인의 보안 시스템에 의존하면서 오프체인에서 상호 작용할 수 있도록 하여 이 문제를 해결합니다.

상태 채널

결제 채널은 오프 체인 지불을 지원하기 위하여 채널 참여자의 잔액만 잘 처리하면 되었습니다. 그러나 상태채널은 비싼 수수료를 부담해야 하는 온체인 활동을 최소화하도록 하는 효과는 같지만, 채널 참여자의 잔액뿐만 아니라 스마트 계약 변수 값 등 계약 저장소의 현재 상태를 추적하는 채널입니다. 즉, 상태 채널은 범용 계산을 확장하는 데 유용한 채널을 만들기 위해 만들어졌습니다. 상태 채널은 여전히 결제 채널과 공통점이 많습니다. 상태 채널의 쌍방이 모두 개인키로 서명된 메시지(트랜잭션)를 교환하여 상호 작용합니다. 제안된 상태 업데이트에 모든 참가자가 서명하지 않은 경우 유효하지 않은 것으로 간주됩니다. 그러나 상태 채널은 사용자의 잔액을 보유하는 것 외에, 또한 계약 스토리지의 현재 상태(즉, 상태 채널을 열 때 계약한 변수의 값)를 추적합니다. 이를 통해 두 사용자 간의 스마트 계약을 온체인이 아닌 오프 체인으로 실행할 수 있습니다. 이 시나리오에서 스마트 계약의 내부 상태에 대한 업데이트에는 채널을 만든 두명의 계약 당사자의 승인만 필요합니다. 이렇게 하면 확장성 문제가 해결되지만 보안에 영향을 미칩니다. 이더리움에서 상태 전환의 유효성은 네트워크의 합의 프로토콜에 의해 시행됩니다. 이로 인해 메인넷 스마트 계약의 상태에 대한 잘못된 업데이트를 제안하거나 스마트 계약 실행을 변경할 수 없습니다. 그런데 상태 채널에는 동일한 보안 보장이 없습니다. 어느 정도 상태 채널은 메인넷의 축소형 버전이므로 규칙을 적용하는 참가자의 수가 제한되어 있습니다. 그래서 소수 참가자에 의한 악의적인 동작(예: 잘못된 상태 업데이트 제안)의 가능성이 높아집니다. 상태 채널은 사기 방지를 기반으로 한 분쟁 중재 시스템을 사용하여 보안의 취약 부분을 보강합니다.

상태 채널의 기본 워크플로 (채널 열기, 채널 사용, 채널 닫기 및 분쟁 해결)

채널을 열려면 참가자가 메인넷의 스마트 계약에 자금을 예치해야 합니다. 예치금은 채널에서 사용되는 가상 소형 금고의 기능을 하므로 참여자는 채널에서 자유롭게 소형 금고의 자금으로 거래할 수 있습니다. 채널을 완료하고 닫는 경우, 당사자들은 서로를 정산하고 가상 소형 금고의 남은 부분을 인출합니다. 소형 금고 예치금은 또한 각 참가자의 정직한 행동을 보장하는 채권 역할도 합니다. 예치자가 분쟁 해결 단계에서 악의적인 행동을 한 것으로 판명되면 계약은 예치금을 삭감합니다. 채널 참여자 양쪽은 모두 동의하는 초기 상태에 서명해야 합니다. 이는 상태 채널의 초기 생성 단계에서 이루어 지며, 그 후에 그들은 채널을 사용하여 거래를 할 수 있습니다.

채널을 사용하는 방법을 살펴봅시다. 채널의 상태를 초기화한 후 채널 참가자 양쪽은 트랜잭션에 서명하고 승인을 위해 서로 전송하여 상호 작용합니다. 참가자는 이러한 트랜잭션으로 상태 업데이트를 주도하고, 다른 사람의 상태 업데이트에 서명하게 됩니다. 상태 채널 내에서 거래할 때 내부 트랜잭션은 [nonce, 채널의 이전 상태, 채널의 새 상태, 거래 정보]로 구성됩니다. nonce는 트랜잭션의 고유 ID 역할을 하고 재사용 공격을 방지하기 위해 사용됩니다. 또한 nonce 는 상태 업데이트가 발생한 순서를 식별하는 데 사용되어 분쟁 해결을 위해 중요한 값입니다. 여기서 '거래 정보'는 예를 들어 'Alice sends 5 ETH to Bob'처럼 상태 전환을 활성화하는 거래를 뜻합니다.

채널의 상태 업데이트는 일반적으로 사용자가 메인넷에서 상호 작용할 때와 다릅니다. 채널의 상태 업데이트는 온체인으로는 브로드캐스트되지 않는 데, 이는 온체인 공간의 사용을 최소화하려는 상태 채널의 목표와 일치합니다. 채널 참가자가 함께 상태 업데이트에 동의하는 한 이더리움 온체인 거래만큼 해당 거래는 최종적으로 처리 완료된 것이 됩니다. 참가자는 분쟁이 발생할 경우에만 메인넷의 합의에 의존하면 됩니다.

상태 채널을 그만두고 온체인으로 되돌아오려면 어떻게 해야 하나 봅시다. 상태 채널을 닫으려면 채널에서 마지막으로 합의된 상태를 온체인 스마트 계약에 제출해야 합니다. 온체인 상태 업데이트에서 참조되는 세부 정보에는 각 참가자의 상태 변환 횟수와 채널 안에서 승인된 거래 목록이 포함됩니다. 모든 당사자의 디지털 서명을 확인하는 방법으로 상태 업데이트가 유효한지 확인한 후, 스마트 계약은 채널을 마무리하고 채널의 제출 결과에 따라 잠긴 자금을 온체인에서 분배합니다. 오프체인에서 이루어진 지불은 이더리움의 상태에 적용되며, 각 참가자는 잠긴 자금의 나머지 부분을 받습니다.

사용자가 합의에 도달하지 못하고 채널을 마무리하지 못하는 사고가 일어날 수 있는데, 다음 중 하나에 해당할 수 있습니다.

- 참가자가 오프라인 상태가 되어 상태 전환을 제안하지 못함
- 참가자가 유효한 상태 업데이트의 공동 서명을 거부
- 참가자가 온체인 계약에 대한 이전 상태 업데이트를 제안하여 채널을 마무리하려고 시도하거나 잘못된 상태 전환을 제안

채널에 참여하는 행위자 간의 합의가 무너질 때마다 마지막 옵션은 메인넷의 합의에 의존하여 채널의 최종 유효한 상태를 적용하는 것입니다. 이 경우 상태 채널을 닫으려면 온체인에서 분쟁을 해결해야 합니다. 앞서 설명한 합의 위반 상황이 발생하면 어느 쪽이든 온체인 계약을 작동시켜 채널을 폐쇄하고 자금을 분배할 수 있습니다. 한쪽이 온체인 분쟁 해결 시스템을 가동하면 상대방은 제한 시간 (챌린지 기간이라고 함) 내에 응답해야 합니다.

상태 채널은 이더리움과 어떻게 상호 작용하는가?

비록 오프체인 프로토콜로 존재하지만, 상태 채널에는 온체인 구성 요소가 딱 하나 있습니다. 바로 그 하나는 채널을 열 때 이더리움에 배포되는 스마트 계약입니다. 이 계약은 채널에 예치된 자산을 제어하고, (채널을 닫을 때) 상태 업데이트를 확인하며, 참가자 간의 분쟁을 중재합니다.

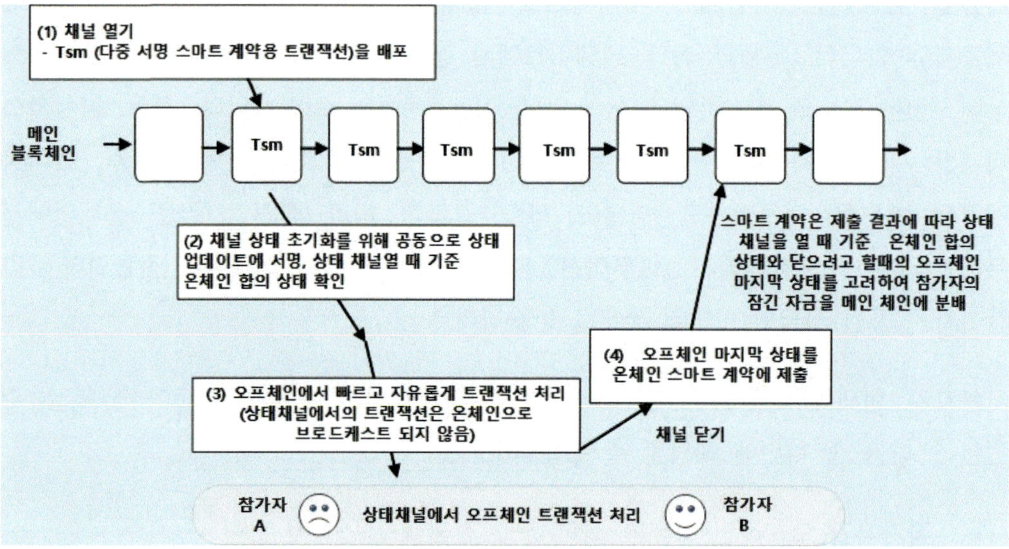

상태 채널을 사용하면 '상태' 변경이 채널 참가자에 의해 실행되고 검증되어 이더리움의 실행 계층에서 담당하는 계산을 최소화합니다. 상태 채널은 사용자의 잔액을 보유하는 것 외에, 계약의 현재 상태를 추적합니다. 이를 통해 두 사용자 간의 스마트 계약을 온체인이 아닌 오프 체인으로 실행할 수 있습니다.

상태 채널은 기본 이더리움 프로토콜에 의존

■ 채널 활성화 (Liveness)

채널을 열 때 배포되는 온체인 계약은 채널의 기능에 관한 책임을 집니다. 계약이 이더리움에서 실행 중인 경우 채널을 항상 사용할 수 있습니다.

■ 보안

상태 채널은 이더리움의 스마트 계약에 의존하므로 어느 정도 보안을 제공하고 악의적인 상대방으로부터 사용자를 보호할 수 있습니다. 채널은 사용자가 유효하지 않거나 오래되어 비정상인 업데이트로 채널을 마무리하려는 시도에 이의를 제기할 수 있는 사기 방지 메커니즘을 사용합니다. 이 경우 정직한 당사자는 사기 증명을 통해 상호 불신하는 당사자도 그 과정에서 자금을 위험에 빠뜨리지 않고 오프체인 거래를 수행할 수 있습니다.

■ 최종성

채널 사용자가 집합적으로 서명한 상태 업데이트는 온체인 트랜잭션만큼 신뢰할 수 있는 것으로 간주됩니다. 그러나 모든 채널 내 활동은 채널이 닫히고 이더리움으로 돌아왔을 때만 진정한 최종성을 달성합니다. 정상적인 경우 양 당사자는 협력하여 최종 상태 업데이트에 서명하고 온체인에 제출하여 채널을 닫은 후, 채널의 최종 상태에 따라 자금을 분배합니다.

상태 채널을 스마트 계약이 아닌 '지불'에 간단하게 이용하는 경우의 장점

- 처리량: 채널당 오프체인 트랜잭션의 양은 이더리움의 처리량과 무관합니다. 트랜잭션을 오프체인으로 실행함으로써 블록체인 채널은 더 높은 처리량을 달성할 수 있습니다.
- 개인 정보: 채널은 오프 체인으로 존재하기 때문에 참가자 간의 상호 작용에 대한 세부 사항은 이더리움의 공개 블록 체인에 기록되지 않습니다. 따라서 채널은 더 많은 비밀스러운 거래를 원하는 개인에게 유용합니다.
- 대기 시간: 채널 참여자 간에 수행되는 오프체인 트랜잭션은 양 당사자가 협력하면 즉시 정산되어 결제 처리 지연을 줄일 수 있습니다.
- 비용: 상태 채널은 참가자 집합이 장기간에 걸쳐 많은 상태 업데이트를 교환하는 상황에서 특히 유용합니다. 발생하는 유일한 비용은 주 채널 스마트 계약의 개설 및 폐쇄 비용입니다.

21. 비트코인 결제 채널

암호학자 사토시 나카모토는 비트코인을 글로벌 P2P 전자 현금 시스템으로 구상했지만, 많은 거래자들은 일상적인 거래 대신 비트코인을 귀금속 같은 가치 저장 수단으로 보고 있습니다. 비트코인의 높은 가스 요금과 느린 거래 속도 때문에 많은 사람들이 비트코인을 사용하지 않고 보유(HODL)하고 있습니다. 이를 해결하기 위해 비트코인 라이트닝 네트워크(LN)가 도입되어 소액 거래를 빠르고 저렴하게 처리할 수 있는 환경을 제공하고 있습니다. LN 은 비트코인 블록체인과 독립된 레이어 2 솔루션으로, 스마트 계약을 이용해 오프체인에서 소규모 거래를 결제한 후 메인 블록체인에서 한 번에 정산합니다. LN 은 아직 초기 단계이지만 암호화폐 커뮤니티에서 큰 호응을 얻고 있으며, 비트코인의 거래 속도와 효율성을 높이는 데 기여하고 있습니다.

비트코인 프로토콜을 확장하여 거래를 혁신하려는 시도

암호학자 사토시 나카모토는 비트코인(BTC)을 글로벌 P2P(Peer-to-Peer) "전자 현금 시스템"으로 구상했지만, 많은 거래자들은 일상적인 거래에서 BTC 를 사용하지 않습니다. 실제로 밀레니엄 세대 중 최소 67%는 BTC 를 귀금속과 같은 "가치 저장" 자산으로 보고 있습니다. 암호화폐 분석업체 글래스노드(Glassnode)도 1 년 넘게 움직이지 않은 비트코인의 양이 2023 년 65% 이상으로 최고치를 기록했다는 사실을 발견했습니다. 사람들이 BTC 를 사용하지 않고 "HODL"하는 몇 가지 이유는 블록체인의 높은 가스 요금과 느린 거래 속도 때문입니다. 비트코인이 주류 통화가 되려면 전 세계 사용자를 대상으로 프로토콜을 확장할 수 있는 방법이 필요합니다. 비트코인 라이트닝 네트워크(LN)가 이 문제에 대한 답을 줍니다. 비트코인 라이트닝 네트워크는 BTC 소액 거래를 위한 빠르고 저렴한 포털 서비스를 제공하는 환경을 만들어 비트코인의 확장성 문제를 해결하는 데 앞장서고 있습니다. 라이트닝 네트워크는 아직 초기 단계이지만 이미 암호화폐 커뮤니티의 개발자, 거래자 및 사용자에게 큰 호응을 얻고 있습니다. 비트코인 라이트닝 네트워크를 이해하면 BTC 거래를 어떻게 혁신하고 있는지에 대한 방향이 보입니다.

비트코인 라이트닝 네트워크(LN)란 무엇입니까?

비트코인 LN 에 참여하는 사람들은 다른 사용자와의 모든 BTC 거래를 비트코인 블록체인에서 확정하기로 결정할 때까지 먼저 비트코인 LN 의 디지털 원장에 기록합니다. 원래 비트코인 네트워크와 마찬가지로 LN 은 사람들이 보내고 받는 모든 BTC 를 모니터링하고 확인하는 분산형 컴퓨터 시스템에서 실행됩니다. 그러나 비트코인과 달리 비트코인 LN 은 레이어 2 소프트웨어 솔루션입니다. 즉, 독립형 레이어 1 블록체인이 아닌 비트코인 프로토콜을 기반으로 구축되었습니다. LN 은 스마트 계약이라는 자체 실행 프로그램을 사용하여 제 3 자 중개자에 의존하지 않고 LN 과 비트코인 블록체인 간에 데이터를 전송합니다.

비트코인의 기본 체인을 개선하는 대신 BTC를 위한 새로운 결제 포털을 만든 이유는 무엇일까요?

흥미롭게도 이는 개발자 Joseph Poon 과 Thaddeus Dryja 가 2016 년에 비트코인 LN 을 제안했을 때 비트코인 커뮤니티의 중심 논쟁이었습니다. 비트코인 LN 을 선호하는 사람들은 이를 블록체인의 분산화 및 보안을 희생하지 않고 BTC 의 거래 속도를 높일 수 있는 안전한 방법으로 여겼습니다. LN 의 사용자는 소규모 비트코인 거래를 비트코인의 기본 네트워크에서 대량으로 결제하기 전에 오프체인에서 결제하기 때문에 메인 블록체인에서 대량의 데이터를 끌어내려와서 비트코인의 효율성을 향상시킵니다. 그러나 일부 개발자는 비트코인의 데이터 저장 한도를 블록당 1MB 로 늘려 시간당 처리할 수 있는 거래 수를 늘려 비트코인 네트워크의 자체 속도를 향상시키기를 원했습니다. 평균 블록 크기를 늘리면 거래 처리량이 향상되지만, 비평가들은 데이터를 저장하는 데 필요한 계산 능력이 증가하여 비트코인 블록체인이 새로운 보안 위험과 중앙 집중화 증가에 노출될 수 있다고 주장합니다. 비트코인의 블록 크기를 늘리기 위한 이들은 모두 2017 년 비트코인 커뮤니티에서 분리되어 비트코인 캐시(BCH)라는 별도의 암호화폐를 만들었습니다.

비트코인 라이트닝 네트워크는 어떻게 작동하나요?

비트코인 LN 은 디지털 직불 카드 시스템처럼 작동하지만 은행 계좌에서 현금을 이체하는 대신 사람들은 LN 지갑에서 BTC 를 사용합니다. LN 에 가입하려면 먼저 비트코인 블록체인에서 다른 LN 사용자가 있는 다중 서명 지갑으로 BTC 를 전송해야 합니다. 다중 서명 지갑은 최소 2 명의 사용자가 개인 키라고 하는 그들의 비밀번호 세트를 가진 암호화폐 지갑입니다. 비트코인 LN에서 거래를 확인하려면 양 당사자 모두 개인 키를 사용하여 전송을 확인하는 추가 보안 계층을 추가해야 합니다. 두 명의 LN 사용자는 비트코인의 메인 블록체인에서 잔액을 정산하기로 결정할 때까지 결제 채널에 BTC 전송을 기록합니다. LN 위에 있는 결제 채널이 닫히면 비트코인 블록체인의 노드가 최종 잔액을 기록하고 BTC 를 각 사용자의 암호화폐 지갑에 배포합니다.

예를 들어, 홍길동은 아이스크림 가게에 비트코인 LN 결제 채널을 개설하고 싶다고 가정해 보겠습니다. 홍길동은 먼저 Wallet of Satoshi 또는 Eclair 와 같은 LN 호환 암호화폐 지갑을 사용하여 매장의 LN 주소로 결제 채널을 만들어야 합니다. 또한 새로운 LN 결제 채널의 상점에서 제품을 구매하려면 BTC 를 새로운 결제 채널로 입금해야 합니다. 이 경우, 송신인 홍길동이 아이스크림 가게 주인의 계좌에 0.05 BTC 를 입금했다고 가정해 보겠습니다. LN 에서 이 모든 데이터가 분명하면 결제 채널을 폐쇄하기 전이지만 아이스크림 비용 지불은 이루어졌습니다.

비트코인 LN 거래에 소요되는 시간과 금액은 얼마나 됩니까?

최대 용량에서 비트코인 LN 은 초당 백만 건 이상의 트랜잭션(TPS)을 처리하여 가장 빠른 암호화폐 전송 서비스 중 하나입니다. 네트워크 정체가 심한 경우에도 LN 의 사람들은 일반적으로 몇 초 안에 자신의 계정에서 BTC 내역을 확인할 수 있습니다. 이와 대조적으로 비트코인 블록체인은 초당 7 개의 트랜잭션을 처리하는 수준에 머무르고 있고, 새로운 BTC 전송 트랜잭션을 마무리하는 데 최소 10 분이 걸립니다. 그리고 많은 사람이 동시에 비트코인을 전송하는 경우 간단한 BTC 전송이 블록체인에 게시되는 데 몇 시간이 걸릴 수 있습니다. 수수료와 관련하여 LN 에서 BTC 를 보내는 평균 비용은 일반적으로 거래당 $0.0003 입니다. 가격은 시장 수요에 따라 변동하지만 LN 이 BTC 전송에 대해 1 페니 이상을 청구하는 경우는 들어본 적이 없습니다. 그런데 네트워크 정체가 적은 기간에도 비트코인 블록체인에서는 BTC 전송 비용이 0.50 달러 미만인 경우가 거의 없습니다.

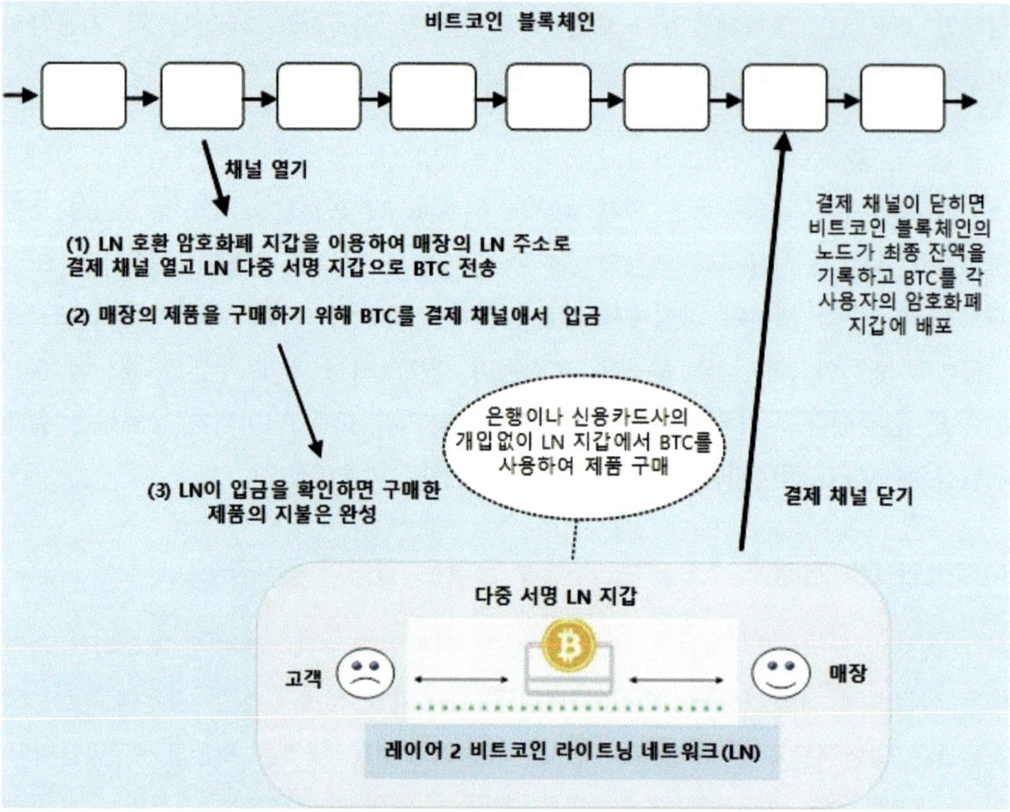

비트코인 LN 은 비트코인 프로토콜을 기반으로 스마트 계약으로 구축된 레이어 2 소프트웨어 솔루션입니다. LN 의 사용자는 소규모 비트코인 거래를 비트코인의 기본 네트워크에서 대량으로 결제하기 전에 오프체인에서 결제하기 때문에 메인 블록체인에서 대량의 데이터를 끌어내려와서 비트코인의 효율성을 향상시킵니다. 비트코인 LN 은 디지털 직불 카드 시스템처럼 작동하지만 은행 계좌에서 현금을 이체하는 대신 사람들은 LN 지갑에서 BTC 를 사용합니다.

비트코인 라이트닝 네트워크 통계

LN 이 가장 큰 암호화폐 프로젝트는 아니지만 더 많은 사람과 기업이 이 새로운 시스템을 활용하고 있습니다. LookIntoBitcoin 의 차트에 따르면 LN 계정에 예치된 BTC 수가 매년 지속적으로 증가하고 있습니다. 2022 년 말 현재 1 억 3 천만 달러에 해당하는 5,000 개의 BTC 예치량을 넘어섰습니다. LookIntoBitcoin 은 또한 비트코인 LN 의 노드 수가 증가하는 네트워크 수요를 충족하기 위해 증가하여 2022 년에 활성 노드가 20,000 개에 달한다는 사실을 발견했습니다. Arcane Research 의 분석가들은 비트코인 LN 성장의 대부분이 핀테크 앱, 특히 Square 의 Cash App 과의 통합으로 인한 것임을 발견했습니다. Cash App 이 2022 년에 LN 전송을 제공한 후 비트코인 LN 의 사용자 수는 2021 년 1,000 만 명에서 8,000 만 명으로 증가했습니다.

비트코인 라이트닝 네트워크 (LN)의 장점은 무엇입니까?

비트코인 LN 의 주요 이점은 BTC 소액 거래를 처리하는 빠르고 저렴한 방법을 제공한다는 것입니다. LN 의 결제 채널 덕분에 이제 기업과 소비자가 BTC 를 사용하여 신용 카드나 핀테크 앱을 사용하는 것처럼 매일 구매하는 것이 재정적으로 가능해졌습니다. 월마트나 맥도날드와 같은 몇몇 주요 회사는 일부 지역에서 비트코인 LN 결제를 실험하기 시작했습니다. 그러나 소액 결제가 비트코인 LN 이 제공하는 유일한 잠재적 이점은 아닙니다. 예를 들어, 일부 개발자는 LN 을 사용하여 게이머에게 비디오 게임에서 BTC 플레이-투-수익 인센티브를 제공하고, Zion 과 같은 앱은 LN 의 인프라를 사용하여 분산형 소셜 미디어 플랫폼을 만듭니다. Strike 와 같은 암호화폐 지갑은 이주 노동자에게 LN 에서 저렴한 수수료의 국경 간 송금 결제를 제공합니다. LN 의 부수적인 이점은 비트코인의 에너지 소비와 오염을 줄이는 것입니다. LN 에서 비트코인이 수백만 건의 전송을 기록하기 때문에 비트코인 네트워크의 부하를 줄입니다.

비트코인 라이트닝 네트워크의 사용에 따른 위험과 경쟁력

비트코인 LN 은 암호화폐에서 가장 널리 채택되는 레이어 2 중 하나이지만 비평가들은 잠재적인 보안 문제에 대해 우려하고 있습니다. 해커들이 아직 LN 에 침입하지는 않았지만 LN 출시 이후 버그와 취약점에 대한 여러 보고가 있었습니다. 비트코인 LN 의 중앙 집중화 증가를 둘러싼 우려도 있습니다. Cash App, Chivo 및 Strike 와 같은 일부 인기 있는 LN 지갑 제공업체는 중앙 집중식 회사이므로 사용자 계정에서 BTC 전송을 추적, 식별 및 동결할 수 있습니다. 예를 들어, Cash App 을 사용하면 사용자는 BTC 를 다른 암호화폐 지갑으로 보낼 때 온체인 거래를 활성화할 수 있습니다. 활성화 기능을 사용하면 사람들은 자신의 BTC 를 다른 앱 사용자나 암호화폐 지갑으로 보낼 수 있지만 Cash App 은 암호화폐 관리인 역할을 하며 의심스러운 것으로 간주되는 거래를 제한할 수 있습니다. LN 은 또한 네트워크에서 의심스러운 활동을 모니터링하고 표시하기 위해 Watchtower 노드를 도입했습니다. Watchtowers 는 스팸이나 해킹의 발생률을 줄일 수 있지만 또 다른 잠재적인 중앙 집중화 위험을 제시합니다. 마지막으로, 비트코인 LN 은 빠르고 저렴한 P2P 거래 제공을 약속하는 유일한 암호화폐 프로젝트가 아닙니다. 라이트코인(LTC), 비트코인 캐시(BCH), 대시(DASH)와 같은 암호화폐는 P2P 소액결제를 현실화하는 데 중점을 두고 있습니다. 게다가 이더리움 호환 래핑된 비트코인(wBTC)의 순환 공급량은 현재 LN 의 5,000 BTC 보다 30 배 더 많습니다. 옹호론자들은 비트코인의 LN 을 귀중한 결제 수단으로 보고 있지만 다른 전망이 좋은 경쟁하는 프로젝트가 많다는 것도 사실입니다.

PART 7 사이드 체인

- 영지식 증명 (ZKP)
- zk-SNARKs 와 zk-STARKs
- 사이드체인의 크로스체인 프로토콜
- EVM 호환 사이드체인

PART 7 에서 참조한 주요 블록체인 또는 암호화폐			
폴리곤	알비트럼	옵티미즘	아발란체
dydX	코스모스	이더리움	BNB

22. 영지식 증명 (ZKP)

영지식 증명(ZKP: ZERO-KNOWLEDGE PROOFS)은 레이어 1 블록체인의 확장성을 향상시키고 개인 정보 보호를 강화하는 핵심 기술입니다. ZKP 는 개인정보를 노출하지 않고 블록체인에서 진술의 유효성을 증명하는 프로토콜로, 사용자는 거래 세부 정보를 공개하지 않고도 거래의 유효성을 확인할 수 있습니다. 이를 통해 개인 식별 정보(PII)를 보호하고, 분산 신원 시스템에서 개인 정보 보호 목표를 달성할 수 있습니다. 예를 들어, 사용자가 18 세 이상임을 증명할 때 신분증을 공개하지 않고도 ZKP 를 통해 이를 증명할 수 있습니다. ZKP 는 대화형과 비대화형 두 가지 유형이 있으며, ZK-SNARK 와 ZK-STARK 와 같은 다양한 프로토콜이 존재합니다.

레이어 1 블록체인의 확장성 한계를 뛰어넘을 수 있도록 해주는 핵심 기술

레이어 1 블록체인의 확장성 한계를 뛰어넘을 수 있도록 해주는 바탕에는 영지식 증명(ZKP: Zero-Knowledge Proofs)이 핵심 기술로 자리잡고 있습니다. 또 이 영지식 증명은 분산 신원 시스템에도 이용되어 개인 정보 보호에 대한 목표를 달성하기 위하여 없어서는 안될 주요 기술이 되었습니다.

영지식 증명이란 무엇입니까?

영지식 증명(ZKP: Zero-Knowledge Proofs)은 개인정보를 침해할 수 있는 정보를 제공하지 않고 블록체인에 있는 진술의 유효성을 증명하는 데 도움이 되는 프로토콜입니다. 이를 통해 사용자는 거래 세부 정보를 공개하지 않고도 거래의 유효성을 확인할 수 있습니다. 영지식 증명에서 증명자는 주장을 증명하는 역할을 하며, 검증자의 역할은 이를 검증하는 것입니다. 프로토콜은 숨겨진 정보가 유효하다는 증명을 온체인에 제시하고, 검증자는 이를 확인하고 직접 노출하지 않은 정보의 유효성을 매우 확실하게 알게 됩니다. 악의적인 행위자의 손에 있는 개인 식별 정보(PII)는 신원 도용, 평판 훼손, 차별과 같은 특정 위험을 초래할 수 있습니다. 영지식 증명을 통해 귀하의 PII 가 보호됩니다. 지금도 암호화폐 중앙거래소에 등록하려면 신원을 증명하기 위하여 운전면허증 및 기타 PII 와 같은 증거를 제공해야 합니다. 그러나 해당 정보가 이 같은 제 3 자의 손에 들어가면 고객은 해당 정보의 안전을 통제할 수 없게 됩니다. 해커가 제 3 자의 중앙 데이터베이스를 표적으로 삼을 수도 있고, 제 3 자가 표적 광고 목적 및 기타 이유로 귀하의 정보를 다른 사람과 공유할 수도 있습니다. 영지식 증명을 사용하면 운전면허증 및 기타 PII 와 같은 증거를 제공하지 않고 그 유효성을 계속 증명할 수 있습니다. 예를 들어, 어떤 사람이 18 세 이상임을 증명하고자 한다면, 증명자는 신분증으로 온갖 개인정보가 포함된 자격증명을 발급하는 것이 아니라 ZKP 를 사용하여 확인하려는 신원의 모든 측면이 확인 가능한 '정확한 계산 증명'을 구성할 수 있습니다. 예를 들어 18 세 이상임을 증명하기 위하여 18 세 이상만이 발급해주는 운전면허를 소지한 경우 등을 계산증명 할 수 있습니다.

영지식 증명의 속성은 무엇입니까?

영지식 증명 알고리즘에는 다음 3 가지 속성이 포함되어야 합니다.

- 영지식(Zero-Knowledge)
  - 증명자가 프로토콜을 따르고 그 진술이 올바른 것으로 간주되면 검증자는 제공된 증명 외에 다른 정보에 대한 지식이 없더라도 증명자의 진술이 사실임을 확신해야 합니다.
- 건전성
  - 진술이 거짓인 경우 검증자는 프로토콜을 따르더라도 증명을 확신하지 못할 것입니다. 프로토콜에는 증명자가 자신의 진술이 사실이 아님에도 검증자가 사실로 생각하도록 검증자를 속일 여지가 없도록 보장하는 안전 장치가 있어야 합니다.
- 완전성
  - 진술이 정확하고 증명자와 검증자가 모두 올바른 프로토콜을 따른다면 검증자는 증명을 참으로 받아들여야 합니다.

영지식 증명의 유형

영지식 증명에는 대화형과 비대화형의 두 가지 유형이 있습니다.

- 대화형 영지식 증명을 통해 두 당사자 간의 앞뒤 통신이 가능합니다. 통신을 통해 검증자는 만족할 만큼 진술 유효성을 검증할 수 있습니다.
- 비대화형 영지식 증명에서 두 당사자는 단 한 번의 통신 라운드에만 참여합니다. 증명자는 영지식 증명을 계산하는 알고리즘과 정보를 공유합니다. 검증자는 증명을 수신하고 다른 알고리즘을 사용하여 증명자의 지식을 확인합니다.

비대화형 ZKP 의 편리성을 고려하면 현재 사용 가능한 많은 프로토콜이 비대화형 ZKP 범주에 속합니다. 그 중 일부를 살펴보겠습니다.

- ZK-SNARK: 영지식 (Zero-Knowledge Succinct Non-Interactive Argument of Knowledge)으로 알려져 있으며 증명 데이터의 크기가 작아 검증 프로세스가 쉽습니다. 이러한 프로토콜은 타원 곡선을 활용하여 가스 효율적인 것으로 간주되는 프로세스인 암호화 증명을 생성합니다.
- ZK-STARK: 이는 영지식 확장형 투명 지식 논증 (Zero-Knowledge Scalable Transparent Argument of Knowledge)으로 알려져 있습니다. 두 당사자 간의 상호 작용이 최소화되어 속도가 빠릅니다.

다음 사용 사례에 적용되는 ZKP 의 특정 형식은 zk-SNARKs 입니다. zk-SNARKs 에서 '비대화형'은 단순히 계산 증명을 구성하거나 검증하기 위한 코드가 사람의 개입 없이 자율적으로 작동한다는 것을 의미합니다. 증명자인 클라이언트가 검증자인 브로커에게 자신의 재정 상태를 공개하지 않고 은행 계좌에 일정 금액 (예를 들어 $100k 이상)의 돈이 있다는 것을 증명해야 한다고 가정해 보겠습니다.

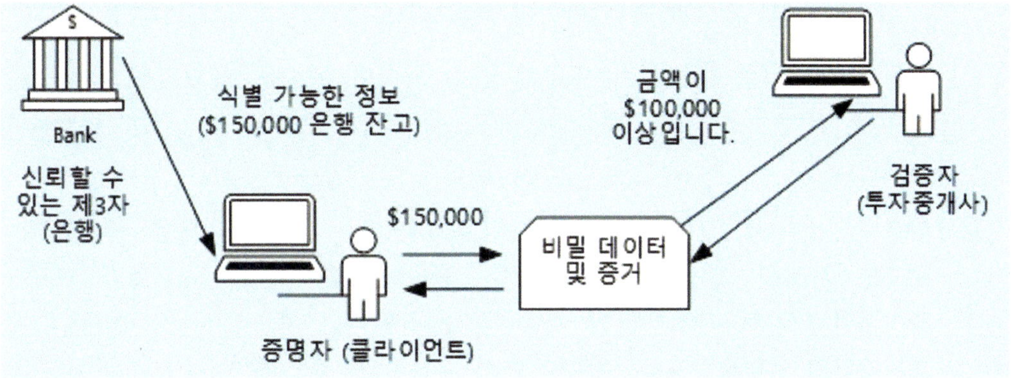

클라이언트(증명자)와 투자 중개사 (검증자) 사이에는 제 3 자인 은행이 개입하지 않고 대신에 클라이언트는 블록체인 내부의 시뮬레이터가 출제한 일련의 문제를 해결하는 계산을 실행할 수 있습니다. 투자 중계사는 zk-SNARK 를 사용하여 일련의 문제를 해결하는 계산이 실행되었는지 간단히 확인할 수 있습니다. 그래서 블록체인에서 관련 계산 실행 결과(예: 은행 가치> $100,000)를 검증하면 이는 진술이 사실임을 정확하게 확인하는 것입니다.

클라이언트는 은행에 $150k 의 예금 잔고를 가지고 있다고 가정합시다. 클라이언트는 은행 잔고 증명서를 발급받아 이를 투자 중개사에게 제출하지 않습니다. 클라이언트(증명자)와 투자 중개사 (검증자) 사이에는 제 3 자인 은행이 개입할 수 없습니다. 대신에 클라이언트는 블록체인 내부의 시뮬레이터가 출제한 일련의 문제를 해결하는 계산을 실행할 수 있고, 투자 중계사는 zk-SNARK 를 사용하여 일련의 문제를 해결하는 계산이 실행되었는지 간단히 확인할 수 있습니다. 그래서 블록체인에서 관련 계산 실행 결과(예: 은행 가치> $100,000)를 검증하면 이는 진술이 사실임을 정확하게 확인하는 것입니다.

영지식 증명이 필요한 이유는 무엇입니까?

영지식 증명이 필요한 이유를 설명하기 위하여 가장 중요한 몇 가지 사용 사례를 살펴보겠습니다.

- 보안 및 개인 정보 보호: 웹 3 의 가명성은 거래 내역이 공용 블록체인에서 제공되므로 완전한 개인 정보 보호를 보장하지 못합니다. ZKP 를 사용하면 PII 를 공개하지 않고도 정보 확인이 가능하므로 익명성이 유지됩니다.
- 신원 확인: 신원 증명에는 민감한 정보 공유가 포함될 필요가 없습니다. ZKP 는 신원 확인 절차를 비공개로 안전하게 수행할 수 있는 방법을 제공합니다.
- 확장성: ZKP 를 사용하면 블록체인 네트워크는 기본 데이터를 공개하지 않고도 거래를 확인할 수 있습니다. 블록체인에 저장되는 정보가 크게 줄어들기 때문에 네트워크의 효율성이 향상됩니다. 즉, ZKP 는 레이어 2 블록체인의 기술적 토대가 됩니다.
- 규정 준수: 조직은 자금 세탁, KYC 및 기타 관련 법률에 관한 규제 요구 사항을 준수할 수 있습니다. ZKP 를 사용하면 조직은 사용자의 개인 정보를 중앙 데이터베이스에 저장하지 않고도 규정을 준수할 수 있습니다.

영지식 증명의 사용 사례

영지식 증명의 잠재력은 사실상 무제한입니다. 다음은 ZKP 를 적용하여 기술과 전통 경제에서 문제를 해결하고 새로운 기회를 창출하는 방법에 대한 몇 가지 예입니다.

■ 의료 분야

ZKP 를 적용할 수 있는 한 가지 방법은 환자가 증명자(환자)에게 제기된 문제에 대한 특정 건강 기록을 공개하지 않고도 특정 치료나 약물을 받을 자격이 있는지 확인자(검증자)가 확인할 수 있도록 올바른 계산의 증거를 보여줄 수 있다는 것입니다. 또한 ZKP 를 사용하면 지적 재산이나 기밀 환자 데이터로 구성될 수 있는 민감한 정보를 노출하지 않고도 의약품의 오남용이 적절하게 감사될 수 있습니다.

■ 금융 서비스 및 디파이

ZKP 는 사용자가 연령이나 순자산을 공개하지 않고 특정 금융 상품을 사용할 자격이 있거나 대출을 받아야 한다는 증거를 제공하는 데 도움을 줄 수 있습니다.

■ 실제 자산

실제 자산은 주류 암호화폐 채택의 다음 개척지를 나타냅니다. 지난 3 년 동안 Aave 및 Uniswap 과 같은 Defi 프로토콜은 개인과 단체가 안전하고 제 3 신뢰자의 도움 없이도 효율성이 뛰어난 스마트 계약을 사용하여 디지털 자산을 거래하고 대출할 수 있는 기반을 마련했습니다. 또한 OpenSea 와 같은 NFT 마켓플레이스의 출현으로 주로 예술 작품을 대표하는 대체 불가능한 디지털 자산의 원활한 거래가 가능해졌습니다. 일부 사람들은 이러한 혁신을 투기 도구에 불과하다고 생각하지만, 기업체, 재단, 심지어 정부 기관과 같은 대규모 시장 참여자가 현실 세계의 자산을 토큰화하여 이러한 DEFI 에 연결하기 위한 엄청난 양의 미개척 잠재력이 존재합니다. ZKP 는 보다 효율적이고 안전한 방식으로 대출, 라이센스, 거래 및 소유권 이전을 가능하게 하는 프로토콜입니다. 이런 미래 채택 단계에서 누락된 주요 구성 요소 중 하나는 개인 정보 보호입니다. 주로 규제가 심한 기관이 법적 또는 상업적 위험에 노출되지 않고 공개 블록체인에 민감하거나 독점 정보가 포함될 수 있는 자산을 토큰화할 수 있도록 하려면 어떻게 해야 할까요? zk-SNARK 와 같은 개인 정보 보호 기술은 자산에 대한 세부 정보를 공개하지 않고도 자산의 진위성을 입증할 수 있는 메커니즘을 만들어 이 문제를 해결할 수 있습니다. 이를 통해 기업은 불필요한 공개로부터 정보를 보호하면서 매출채권, 상표, 지적 재산권 또는 기계와 같은 실제 자산을 현금화하고 상업화할 수 있습니다.

■ 디파이 KYC (고객 신원 확인)

ZKP 기반 ID 확인 방법을 사용하면 디파이 플랫폼 또는 기타 공용 블록체인 애플리케이션이 사용자 데이터 수집 및 저장이 필요한 기존 KYC 절차를 수행하지 않고 또 증명자의 전체 신원을 공개하지 않고도 규제 기관 및 기관 고객에 대한 규정 준수를 증명할 수 있습니다. zk-SNARK 를 사용하면 DEX 와 상호 작용하는 사용자는 자신의 신원이나 출처에 대한 세부 정보를 공개하지 않고도 자신에 대한 특정 사실, 즉 특정 연령 이상이고 은행 계좌에 일정 금액 이상의 돈을 보유하고 있음을 증명할 수 있습니다.

대규모 기관 거래 회사나 은행은 온체인에서 KYC 인증을 수행하려는 고객(예: 증명자)에게 신뢰할 수 있는 제 3 자로서 자신을 항상 공개하고 싶어하지 않을 수 있습니다. 이들의 정보 공개는 특정 지갑 주소가 해커의 표적이 될 수 있거나 트레이딩 봇을 통한 선점 대상이 될 수 있게 하기 때문입니다. 신뢰할 수 있는 제 3 자는 블록체인에 익명으로 존재할 수 있으며 증거 구성에 필요한 개인 정보와 매개변수를 제공할 수 있습니다. 이것이 작동할 수 있는 한 가지 방법은 zk-SNARK 를 사용하여 이름이나 기타 식별 가능한 정보를 공개하지 않고 거래소나 은행이 법적으로 등록된 법인임을 증명하는 것입니다. 증명자가 작성한 증거는 모든 사용자가 이미 신뢰할 수 있는 제 3 자에 의해 식별되었으며 서비스 사용에 대한 특정 요구 사항을 충족한다는 것을 보여주기 위해 DEX 에서 규제 기관에 제출할 수 있습니다.

신원 확인의 방법으로 증명자가 중개업체인 검증자에게 정확한 나이를 밝히지 않고 18 세 이상임을 증명하고 싶다고 가정해 보겠습니다. 증명자는 신뢰할 수 있는 제 3 자(예: 은행 또는 정부 기관)가 승인한 식별 가능한 정보를 기반으로 생성된 '증명'을 구성할 필요가 있습니다. 증명을 구성하는 과정에는 특정 정보에 대한 지식을 증명하는 (해시 함수) 시뮬레이터에서 출제하는 일련의 문제를 올바르게 해결하는 과정이 포함됩니다. 신뢰할 수 있는 제 3 자의 역할은 개인정보를 인증하는 것뿐만 아니라 출제된 문제에 대한 매개변수를 설정하는 것이기도 합니다. 이것을 결과가 검증되는 스무고개 게임의 규칙과 같다고 생각하십시오. 질문을 구성하는 매개변수는 검증자와 공유되므로 게임 참가자 양쪽이 게임 규칙을 이해할 수 있고 검증자도 해당 규칙에 따라 게임을 했다는 것을 알 수 있습니다.

해시 함수 시뮬레이터가 출제하는 일련의 문항을 이해하기 위하여, 은행 통장을 개설하거나 대규모 금융 거래를 승인하기 전에 신원을 확인하기 위해 은행에서 묻는 보안 질문과 일련의 문항을 비교할 수 있습니다. 매개 변수 들, 즉 이전 거래 내역, 이전 집 주소 또는 전화번호에 대한 질문등이 있을 수 있습니다. 질문이 많을수록 귀하가 실제로 계정의 정당한 소유자로 인정받을 수 있는 가능성이 높아집니다. 시뮬레이터가 제기한 문제가 해결되면, 증명서가 구성되어 검증자에게 전송됩니다. 증명서는 단순히 제기된 질문에 올바르게 대답했음을 인정하는 인증서입니다. 다음 단계는 검증자가 증명서를 수신한 다음 사용자 정의 알고리즘을 사용하여 이전에 제공된 매개변수를 기반으로 증거의 정확성을 확인하는 것입니다. 이 사용자 정의 알고리즘은 기본적으로 검증자가 시뮬레이터가 출제한 문제와 같은 일련의 질문을 다시 실행시켜 보는 절차입니다. 그래서 개인 정보를 공개하지 않고 보내온 답변에 대해 검증자는 일련의 질문을 다시 실행하여 정답이 올바른지 확인합니다. 확인이 완료되면 검증자는 증명자가 18 세 이상이라는 진술이 정확하다고 인정할 수 있습니다.

ZKP 증명 시스템에서 "18 세 이상 확인" 사용 사례에 대한 증명 진술의 예는 다음과 같습니다.

- 증명자는 자격 확인서 A 를 보유하고 있는가?
- 자격 확인서에 일치하는 데이터 구조 B 가 있는가?
- 필드 C 를 포함하는가?
- C 에는 18 보다 큰 숫자 값이 포함되어 있는가?
- 자격 증명에는 내가 알고 있는 링크 비밀 D 에 대한 암호화 약속이 포함되어 있는가?
- 자격 증명에는 자격취소 색인 E 가 있는가?
- 자격취소 레지스트리 F 에서,
- F 는 자격 증명 상태는 취소되지 않았음을 보여주는가?
- 증명자는 서명 G 를 알고 있는가?
- 자격 확인서 발행자 H 로부터, A, B, D, E, F 의 맥락에서 C 라는 가치를 보증하는가?

이 진술은 증명자가 정보를 공개하는 것이 아니라 올바른 계산을 통해 '자격 A'의 소유를 보여줄 수 있는 능력으로 검증됩니다. '발행자 H'는 서명을 사용하여 자격 증명 A 를 보증하는 신뢰할 수 있는 제 3 자입니다. 이처럼 영지식 증명에는 신뢰할 수 있는 제 3 자의 개입이 필요합니다. 앞에서 예를 든 스무고개 게임에서 질문 문항에 답한 내용을 증명서에 포함시키고 제 3 자가 이 증명서가 확실하다는 것을 서명해야 합니다. 그러므로 제 3 자는 증명서에 포함된 답변이 실제로 실행되었다는 것을 보증하는 것입니다. 증명자와 네트워크에 연결되어 있는 검증자 입장에서는 제 3 자가 서명했기 때문에 이 증명서를 신뢰할 수 있습니다.

■ 인력 채용

노동 시장은 항상 투명성이 높아지면 이익을 얻을 수 있지만, 많은 상황에서 기업이 제공할 수 있는 급여의 공개는 기업이 경쟁력을 유지해야 하는 필요성과 충돌할 수 있습니다. 마찬가지로 직원들은 동료가 급여를 얼마나 받는지 알고 싶어하지만 법적인 이유로 이 정보는 공개할 수 없는 경우가 많습니다. ZKP 를 사용하면 고용주는 동료의 급여가 얼마인지 공개하지 않고도 직원의 급여가 동료의 평균 급여보다 낮거나 높다는 것을 증명할 수 있습니다. 회사는 또한 이 기술을 사용하여 직원의 급여를 공개하지 않고도 시장 급여보다 높은 급여를 지불한다는 것을 증명할 수 있습니다.

■ 마케팅 및 설문 조사

영지식 증명을 사용하면 고객이 온라인 서비스를 선택하고 자신이 누구인지 밝히지 않고 자신을 인증할 수 있습니다. 이는 개인 정보 보호가 가능한 믿을 수 있는 웹사이트를 이용할 수 있게 합니다. ZKP 를 사용하면 설문 조사 기관이 데이터를 기록할 필요 없이 특정 기준에 맞는 사람들을 소싱할 수 있는 익명 설문조사도 가능합니다.

■ 투표 및 거버넌스

ZKP 를 사용하면 개인이나 단체가 자신이 누구인지 밝히지 않고도 어떤 것에 투표할 자격이 있음을 증명할 수 있습니다. 이는 본질적으로 민감하고 익명성이 필요하지만 투표 과정에서 조작이 없도록 하기 위해 일종의 인증이 필요한 문제에 유용할 수 있습니다. 블록체인 거버넌스는 코인 기반 투표를 기본으로 하기 때문에 ZKP 의 사용은 더욱 유용합니다.

■ 블록체인 확장성

확장성을 만족하는 많은 레이어 2 네트워크는 ZK-롤업(ZK-Rollups) 이라는 ZKP 버전을 채택했습니다. ZK-롤업은 원래 이더리움에서 시작된 혁신으로, 이더리움 노드가 각 거래의 세부 사항을 알지 않고도 L2 거래들을 이더리움 네트워크에서 확인할 수 있도록 합니다. 이는 이더리움 노드가 거래 데이터 자체가 아닌 계산 증명만 보내주도록 요구함으로써 이더리움 네트워크에 더 큰 확장성을 제공하도록 설계되었습니다.

23. ZK-SNARKS 와 ZK-STARKS

많은 프로토콜 개발자가 영지식 증명(ZKP)에 주목하는 이유는 개인 정보 보호와 네트워크 확장성 때문입니다. ZKP 는 정보 노출 없이 해당 정보를 증명하는 암호화 기술로, 민감한 데이터 보호와 블록체인 네트워크 효율성을 높이는 데 기여합니다. 주요 접근 방식으로 ZK-SNARK 와 ZK-STARK 가 있으며, 전자는 더 널리 채택되고, 후자는 신뢰할 수 있는 설정이 필요 없는 대입니다. ZK-SNARK 는 이더리움 레이어 2 확장 솔루션의 핵심으로 사용되고, ZK-STARK 는 탈중앙화 거래소 DYDX 에서 사용됩니다. 두 기술 모두 블록체인 트랜잭션의 비밀성과 확장성을 강화합니다.

영지식 증명의 2 가지 접근 방식

블록체인 확장성 트릴레마를 해결하기 위한 싸움에서 주요 세력으로 등장한 영지식 증명은 2 가지 접근 방식이 있습니다. zk-SNARK 와 zk-STARK 입니다. SNARK 와 STARK 는 모두 블록체인의 트랜잭션에 대한 데이터를 공개하지 않고 계산 증명을 검증하는 방법입니다.

zk-SNARK

zk-SNARK (zero-knowledge Succinct Non-interactive ARguments of Knowledge)의 개념은 버클리 대학의 Alessandro Chiesa 교수가 공동 저술한 2012 년 논문에서 처음 설명되었습니다. zk-SNARK 는 '간결'하고 '비대화형'인 영지식 증명의 한 형태입니다. 간결한 증명은 데이터 크기 측면에서 작고 사용자 지정 알고리즘을 사용하여 쉽게 확인할 수 있는 증명입니다. '비대화형'이란 거래 상대방 측 (검증자)에서 명령문이 참이거나 트랜잭션이 해시 함수 시뮬레이터에 대해 유효하다는 것을 증명해야 함을 의미합니다. 또 '비대화형'이란 의미는 신뢰할 수 있는 설정에 의존해야 한다는 것입니다. '신뢰할 수 있는 설정'은 트랜잭션의 거래 상대방이 트랜잭션이 유효한 것으로 확인해야 하는 '증명'을 구성할 수 있게 하기 위하여 개인 키 집합을 사전에 설정해 두어야 함을 의미합니다. 비대화형으로 증명자가 증명서를 만들고 검증자가 이 증명을 검증할 수 있도록, 증명을 구성하는 프로세스는 해시 함수 시뮬레이터에서 발행한 일련의 문제를 해결해야 합니다. 이러한 챌린지는 신뢰할 수 있는 설정 이벤트에서 개인 키에 의해 처음 생성된 매개 변수 집합을 기반으로 합니다. 신뢰할 수 있는 설정 모델의 단점은 신뢰할 수 있는 제 3 자에 의존하여 증명을 구성하는 데 사용되는 개인 키를 생성하여 프로세스를 중앙 집중화한다는 것과 관련되어 있습니다. 악의적인 행위자가 개인 키에 액세스할 수 있게 되면 메인체인의 노드에 유효한 것처럼 보이는 거짓 증명을 구축할 수 있으며, 이를 통해 사이드체인 거래에서 토큰을 받았다고 거짓 증명을 통해 주장함으로써 허공에서 새로운 토큰을 생성할 수 있습니다. 그럼에도 불구하고 zk-SNARK 는 이더리움 네트워크에서 더 넓은 개발 채택 및 지원, 더 작은 증거 크기 및 저렴한 가스 비용을 포함하여 몇 가지 주요 이점을 제공합니다.

zk-STARK

zk-STARK(zero-knowledge Scalable Transparent Argument of Knowledge)는 2018 년 zk-SNARK 에 대한 대안으로 신뢰할 수 있는 설정을 사용할 필요가 없는 대안으로 발명되었습니다. zk-STARK 는 신뢰할 수 있는 당사자에 의존하지 않고 증명을 구성하는 방법으로 공개적으로 검증 가능한 정보의 무작위 샘플을 사용합니다. 이 접근 방식을 통해 zk-STARK 는 속도를 개선하고 트랜잭션 데이터의 계산 크기를 줄이는 측면에서 더 큰 확장성을 제공한다고 주장합니다. 또한 충돌 방지 해시 함수를 사용하여 양자 컴퓨터의 공격에 저항할 수 있습니다. zk-STARK 의 단점은 공개적으로 검증 가능한 정보를 샘플링할 때 처리해야 하는 데이터 세트가 더 크기 때문에 증명서 크기가 zk-SNARK 보다 크다는 것입니다. 더 큰 증명서가 방송되고 또 노드가 더 큰 데이터 처리를 요구하는 zk-STARK 가 거래에 더 많은 가스 요금을 요구한다는 것을 의미합니다.

사이드 체인에 이용되는 zk-SNARK

사이드 체인의 검증자는 거래의 세부 정보(즉, 거래된 주소 또는 값)를 알려주지 않고 ZKP 만 메인체인에 보내주는 방식으로 메인체인에게 사이드체인의 트랜잭션이 유효하다는 것을 증명할 수 있도록 합니다. 사이드체인은 먼저 사이드체인에 도달한 트랜잭션을 정상적으로 검증한 다음 '증명'을 구성합니다. 증명을 구성하는 과정에서는 사이드체인이 해시 함수 시뮬레이터에서 발행한 일련의 문제를 해결하여 트랜잭션 데이터가 올바르게 검증되었음을 증명해야 합니다. 따라서 증명서는 사이드체인의 상태(즉, 각 사이드체인의 계정 잔액 및 총 가치)를 정확하게 나타내는 데 사용되며, 이는 사이드체인이 나타내는 수만 개의 트랜잭션에 비해 훨씬 적은 데이터를 메인 체인에 보내고서도 메인 체인이 사이드 체인의 모든 트랜잭션에 대한 계산 증명을 검증할 수 있다는 의미입니다.

레이어 2 영지식 롤업에 이용되는 zk-SNARK

zk-SNARK 는 STARK 보다 훨씬 오래되었기 때문에 더 널리 채택됩니다. Zcash 는 2016 년 개인 거래에 zk-SNARK 를 활용한 최초의 블록체인입니다. 최근에는 zk-SNARK 가 영지식 롤업 (zk-Rollup)를 통해 이더리움 레이어 2 확장 솔루션의 핵심 구성 요소가 되었습니다. 영지식 롤업을 사용하면 메인넷 노드가 각 트랜잭션의 세부 정보를 알지 않고도 이더리움 메인넷에서 레이어 2 트랜잭션을 확인할 수 있습니다. 이더리움 네트워크에 더 큰 확장성을 제공하도록 설계되었으며, 이더리움노드는 레이어 2 가 처리한 트랜잭션 데이터 자체가 아닌 계산 증명만 확인합니다. 영지식 롤업은 Loopering, 폴리곤 및 zk-Sync 와 같은 레이어 2 확장 솔루션에 채택되었습니다.

zkSTARKS 를 사용하는 탈중앙화 거래소

탈중앙화 파생상품 거래소인 디와이디엑스(dYdX)는 탈중앙화 거래소(DEX) 분야에서 가장 앞선 곳 중 하나입니다. 이전까지의 DEX 들과 가장 큰 차이점은 dYdX 는 이더리움 위의 계층 2 체인에서 작동하도록 구축되었습니다. 이더리움 네트워크와 dYdX 체인간에는 영지식 롤업 (zk-Rollup) 기술로 블록체인 상의 거래를 결제하기 빠른 실행 속도를 유지하면서 보안과 개인정보 보호를 확보합니다. dYdX 레이어 2 는 zkSTARKS 를 사용하여 네트워크의 확장성을 높입니다. 이 기술은 오프체인 트랜잭션의 실행은 dYdX 에서 담당하지만, 이 트랜잭션의 검증은 트랜잭션 묶음(배치) 단위로 이더리움 블록체인으로 다시 전송되어 와서 스마트 계약에 의해 이루어집니다. 참고할 사항은 지금의 디와이디엑스(dYdX)는 바탕이 되는 블록체인이 이더리움 위의 계층 2 에서 작동하던 체인을 바꾸어 COSMOS 의 기술을 활용한 레이어 1 급 체인에서 배포되어 실행되고 있습니다.

24. 사이드체인의 크로스체인 프로토콜

사이드체인은 메인 블록체인의 보안과 분산화 이점을 유지하면서도 애플리케이션 맞춤화 및 유연성을 제공합니다. 메인 블록체인의 보안 모델에 의존하지 않고 사이드체인에서 기능을 추가하거나 제거할 수 있어 다양한 블록체인이 병렬로 실행됩니다. DAPPCHAIN 같은 애플리케이션별 사이드체인은 특정 DAPP 의 요구에 맞춘 합의 알고리즘을 사용하여 확장성과 효율성을 높입니다. 또한, 사이드체인은 메인체인과 독립적으로 크로스체인 전송을 처리합니다. 이를 통해 개발자와 사용자는 더욱 효율적이고 자유로운 블록체인 환경을 구축할 수 있습니다.

사이드체인이 필요한 이유는 무엇입니까?

블록체인 기술은 누구나 허가 없이 참가할 수 있는 행위자 (검증 노드) 간의 합의를 달성하고 검증 노드의 정직한 행동에 대한 강력한 인센티브를 제공하는 메커니즘 등 몇 가지 고유한 특성을 가지고 있습니다. 그러나 블록체인 기술을 기반으로 실제 애플리케이션을 구축하는 것은 어려울 수 있습니다. 블록체인에 애플리케이션을 구축하는 최우선 과제는 보안입니다. 블록체인의 보안은 네트워크 참여자 (검증 노드)의 수가 많아질수록 증가합니다. 그런데 블록체인의 보안 모델은 기존 시장에서 거래 가능한 실제 가치를 지닌 토큰을 얼마나 네트워크 운영 참가자에게 줄 수 있느냐 하는 데 달려 있습니다. 예를 들어 비트코인 채굴자에게 적절한 가치의 비트코인이 보상금으로 주어지지 않거나, 이더리움의 검증자에게 이더로 보상이 주어지지 않으면 블록체인의 보안 모델은 무너집니다. 메인 퍼블릭 블록체인에 애플리케이션을 구축하려면 보안을 위하여 실제 가치를 지닌 충분한 토큰이 필요합니다. 또 퍼블릭 메인 블록체인 위에 애플리케이션을 직접 구축하려면 추가적으로 다음과 같은 문제제가 발생합니다. 첫째, 보안 때문에 트랜잭션 처리 속도가 느릴 수밖에 없는 메인 블록체인은 대량의 데이터와 거래를 처리하는 데 적합하지 않습니다. 둘째, 특정 애플리케이션에 필요할 수 있는 새로운 기능을 배포하려면 전체 이해관계자 커뮤니티 간의 합의 구축이 필요합니다. 소수의 참가자만이 이 기능의 혜택을 누릴 경우 새로운 기능이 메인 체인 전체 사용자의 동의를 얻어 구현될 가능성이 낮습니다. 마지막으로, 기능과 애플리케이션이 메인체인에 직접 구축되면 완전한 소스코드를 빠르게 관리할 수 없게 됩니다.

사이드체인은 기본 메인 블록체인의 분산화 및 보안의 이점을 누리며 매우 구체적인 용도로 전용 어플리케이션을 해결할 수 있는 유연성을 제공합니다. 사이드체인에 기능을 추가하고 제거하는 것은 메인체인의 커뮤니티 합의에 의존하지 않습니다. 새로운 기능은 사이드체인 사용자에게만 영향을 미치기 때문입니다. 또한 별도의 사이드체인 원장에 새로운 기능을 추가하여 (메인체인 위에 어플리케이션을 구축할 때와 비교하여) 스트레스를 줄일 수 있습니다.

사이드체인은 메인체인에서 100% 보안을 얻을 수 없습니다. 여전히 전용 노드가 필요합니다. 그러나 기존 메인체인 노드가 그 위에 구축된 사이드체인도 지원하도록 유도하는 인센티브 메커니즘을 구축할 수 있습니다. 사이드체인을 활성화하면 다양한 블록체인이 병렬로 실행될 수 있습니다. 사이드체인은 그 자체로 메인 블록체인과 상호 운용이 가능한 추가 기능을 갖춘 블록체인입니다. 사이드체인 구축에서 가장 중요한 부분은 크로스체인 전송 프로토콜입니다. 이 혁신은 메인체인이 사이드체인을 추적할 필요도 없고 중앙화된 검증자 연합을 도입하지 않고도 가능한 많은 사이드체인 중 하나에서 메인체인으로 트랜잭션을 허용하는 새로운 역방향 전송 프로토콜입니다. 사이드체인 합의 프로토콜은 표준화된 방식보다는 다양한 사이드체인 합의 프로토콜이 고려될 수 있습니다.

DAPP 을 맞춤형으로 구축하는 프라이빗 또는 퍼블릭 블록체인은 사이드체인이 될 것입니다. 사이드체인의 중요한 목표 중 하나는 대규모 온라인 게임과 소셜 앱을 구축하고 실행하기 위한 블록체인 플랫폼을 구축하는 방법입니다. Twitter, Reddit, Facebook, 및 StackOverflow 와 같은 사이트 조차도 커뮤니티 중심이고 검열이 불가능한 미래를 상상합니다. 그런데 만약 레이어 1 위에 이들이 배포된다면, 레이어 1 의 리소스를 놓고 다른 모든 DApp 및 금융 거래와 경쟁하게 될 것입니다. 즉, 사용자는 거래를 더 빨리 확인하기 위해 가스에 더 많은 비용을 지불하므로 확장할 수 없는 수수료 시장이 생성됩니다.

블록체인 개발자들은 DApp 의 모든 작업에 동일한 최고 수준의 보안이 필요한 것은 아니라는 점을 확인했습니다. 공격자는 수백만 달러의 가치가 있는 이더(Ether) 거래를 검열하거나 이중 지출하는 것에 비해 게임에서 소액의 가치 이전이나 소셜 앱의 게시물을 악용할 동기가 훨씬 적습니다. 디파이와 DApp REDDIT 는 다른 종류의 블록체인 네트워크가 필요합니다. DApp 은 자체 사이드체인으로 실행되도록 하는 것입니다. 이것을 디앱 체인 (DAppChain)이라 부릅니다. 더 구체적으로 말하면, DAppChain 은 애플리케이션별 사이드체인으로, 이 경우에는 메인체인인 L1 체인과 병렬로 실행됩니다. DAppChain 의 규칙 세트는 사용 사례에 따라 맞춤화되며 보안은 메인체인의 합의 알고리즘에 의해 유지됩니다. 하나의 DApp 이 하나의 사이드 체인에서 실현될 수 있습니다. DApp 을 지원하고 개발에 대한 투표권을 갖고 싶어하는 사용자는 DAppChain 에서 자신의 노드를 실행할 수 있습니다.

DAppChain 에서 실행되는 DApp 은 확장 가능합니다. DAppChain 에서 발생하는 모든 트랜잭션은 해당 DApp 에 따라 다르므로 특정 유형의 트랜잭션에 맞게 최적화된 합의 알고리즘을 실행할 수 있습니다. 예를 들어, 게임의 경우 매우 빠르고 저렴한 실행이 가능한 위임 지분 증명(Delegated Proof of Stake)과 같은 합의 알고리즘을 사용할 수 있습니다. 각 DAppChain 은 해당 DApp 에 맞게 합의 알고리즘이 조정되고 최적화됩니다.

기존 게임이나 웹 서비스에서는 개발자가 사용자가 동의하지 않는 업데이트를 시작하거나 계정을 금지/검열하기로 결정한 경우 이에 대해 아무 조치도 취할 수 없습니다. 게임 내에서 해당 시점까지의 게임 진행 상황 등 모든 데이터에 다시 접근할 수 없습니다. 반면에 DAppChain 에서 실행되는 DApp 의 데이터는 공개적이고 공유 가능합니다. DAppChain 의 노드는 DAppChain 의 초기 블록 이후 모든 데이터의 전체 복사본을 사용자에게 제공합니다. 이 공유 가능한 공개 데이터는 또한 동일한 상태를 공유하는 두 게임과 같은 완전히 새로운 개념의 등장과 추가 혁신을 가능하게 합니다.

DAPP 전용의 사이드체인과 메인 체인과의 교차 트랜잭션 처리 문제

DAppChain 으로서의 사이드 체인을 위한 기술적 도전은 엄청난 처리량과 확장성을 만족시키고, 개인 정보를 보호하고 완전히 분산된 블록체인 네트워크로 강화해 나가는 것입니다. 그런데 DAPP 전용의 사이드체인과 메인 체인과의 교차 트랜잭션 처리 문제가 먼저 해결되어야 합니다. 이런 목적을 가지고 개발된 프로토콜 중 하나가 zk-SNARK 가 활성화된 검증 가능한 (기술이 투명하게 공개된) 크로스체인 전송 프로토콜인 Zendoo 입니다. Zendoo 사이드체인은 널리 채택된 암호화폐인 ZEN 을 기반으로 합니다. zk-SNARK 를 기반으로 만들어진 Zendoo 는 제 3 의 검증자에 의존하지 않고 크로스 체인 거래를 가능하게 합니다. 크로스체인 전송 프로토콜의 구체적 사례로 여기에 설명할 Zendoo 는 메인체인과 사이드체인 사이의 비대칭 페그 (peg)를 기반으로 합니다. 사이드체인은 메인체인의 이벤트를 모니터링하지만 메인 블록체인은 사이드체인에 대해 독립적입니다. 메인체인에서 사이드체인으로의 순방향 전송은 자산을 메인체인으로 반환하는 역방향 전송 보다 구성하기가 더 간단합니다. 역방향 전송에서 수신 체인(메인체인)은 들어오는 자금을 쉽게 확인할 수 없습니다. 그래서 역방향 전송을 할 때 Zendoo 는 사이드체인이 각 특정 기간(Epoch)에 대한 증거를 생성하는 SNARK 기반 증명 시스템을 도입합니다. SNARK 증명은 해당 epoch 에서 역방향 전송과 함께 메인체인에 제출됩니다. 역방향 전송 및 증명은 메인체인과의 통신을 구성하는 특수 컨테이너인 출금 증명서로 그룹화됩니다. 암호화 증명을 통해 메인체인은 사이드체인을 직접 모니터링하지 않고도 사이드체인의 상태 전환을 확인할 수 있습니다. 이 사이드체인 설계가 작동하기 위해서는 메인체인의 설계가 일부 수정되어야 합니다.

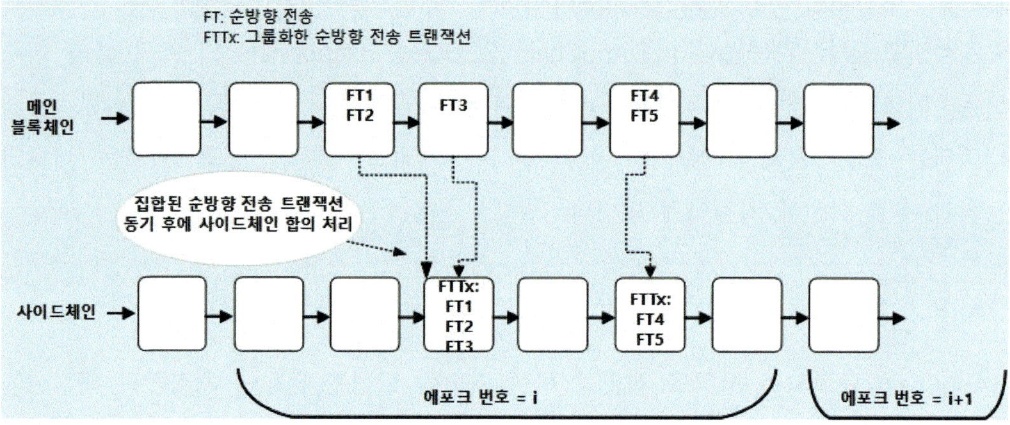

메인 체인에서 사이드체인으로의 순방향 전송은 "보내기"와 "받기"로 간주할 수 있는 한 쌍의 트랜잭션으로 표시됩니다. "보내기"는 순방향 전송을 통해 메인체인 측에서 수행됩니다. "받기"는 집계된 전달 트랜잭션을 통해 사이드체인 측에서 수행됩니다. "보내기"는 메인체인의 코인을 파괴하는 반면, "받기"는 사이드체인에 해당 수의 코인을 생성합니다

메인체인에서 순방향 전송

순방향 전송은 자산을 메인체인에서 사이드체인 중 하나로 이동합니다. 이러한 순방향 트랜잭션의 출력은 메인체인에서 사용할 수 없고 일부 메타데이터를 포함하므로 사이드체인 중 하나에서 사용할 수 있습니다. 들어오는 트랜잭션에 대해 메인체인을 모니터링하고 이를 사이드체인 블록에 포함시키는 것은 사이드체인 노드의 책임입니다. 일반적으로 시나리오는 다음과 같습니다. 메인 체인에서 사이드체인으로의 전송은 "보내기"와 "받기"로 간주할 수 있는 한 쌍의 트랜잭션으로 표시됩니다. "보내기"는 순방향 전송을 통해 메인체인 측에서 수행됩니다. "받기"는 집계된 전달 트랜잭션을 통해 사이드체인 측에서 수행됩니다. "보내기"는 메인체인의 코인을 파괴하는 반면, "받기"는 사이드체인에 해당 수의 코인을 생성합니다.

사용자가 메인체인에서 사이드체인으로 코인을 전송하려는 경우 사이드체인 관련 다음과 같은 데이터를 포함하는 트랜잭션을 생성합니다.

- ledgerId: 활성 사이드체인의 고유 식별자
- ReceiverMetadata: 수신자에 대한 정보(즉, 주소)와 기타 사이드체인 관련 데이터를 포함하여 receiverMetadata 가 만들어집니다. 순방향 전송 트랜잭션의 출력을 이루는 RECEIVERMETADATA 부분은 메인체인에 의해 검증되지 않지만, 사이드체인의 어떤 종류의 합의 프로토콜도 이 부분을 처리할 수 있습니다.

아래 예시에서는 총 8(5 + 3)개의 코인이 2 개의 UTXO 에서 소비됩니다. 거래는 4 개의 새로운 출력을 생성하며, 그 중 2 개는 메인체인에서 사용할 수 있는 일반 출력입니다. 다른 두 출력은 각각 2 개와 3 개의 코인을 사용하여 단일 사이드체인(ledgerId 0x300C...)에 코인을 보내는 것입니다.

```
type Transaction
{
    Inputs:
    {
        엽력(addr: 0x013A..., amount: 5, signature: 0x034B...),
        입력(addr: 0x0930..., amount: 3, signature: 0x1AA1...),
    }
    Outputs:
    {
        출력(addr: 0x023B..., amount: 1),
        출력(addr: 0x0731..., amount: 1.999),
        순방향전송(ledgerId: 0x300c..., receiverMetadata: 0x139G..., amount: 2),
        순방향전송(ledgerId: 0x300c..., receiverMetadata: 0x8451..., amount: 3),
    }
}
```

사이드 체인에서 순방향 전송 마무리

사이드체인 개발자는 들어오는 전달 전송을 처리하는 메커니즘을 자유롭게 설계할 수 있습니다. 2023 년 초 기준, 사이드체인 합의 프로토콜의 선두 주자였던 LATUS 를 예를 들어 순방향 전송을 처리하는 방법을 설명합니다. 전반적인 아이디어는 하나 이상의 메인체인 블록의 순방향 전달 전송 (FT)을 특수한 전달 전송 트랜잭션 (FTTx)으로 그룹화하는 것입니다. 이 FTTX 트랜잭션은 체인 내부 입력을 포함하지 않는다는 점에서 메인체인의 코인베이스 트랜잭션과 유사합니다. 그래서 FTTX 트랜잭션은 사이드체인에서 코인을 발행하는 거래로 간주될 수 있습니다. FTTX 트랜잭션은 순방향 이체의 출력 (ForwardTransfer)으로만 구성됩니다. 메인체인 블록 기간 동안 사이드체인으로의 전달이 없으면 FTTX 트랜잭션이 발생하지 않습니다.

사이드체인에게 보내는 receiverMetadata 에는 수신자의 주소 뿐만 아니라 전달 전송이 실패할 경우를 대비하여 메인체인에 있는 보낸 사람에게 환불하는 데 사용되는 회수 주소가 포함됩니다. 이는 순방향 전송을 포함하는 메인체인 블록이 참조되지 않거나 수신자의 주소가 올바르게 제공되지 않았기 때문일 수 있습니다. 후자는 메인체인이 사이드체인 특정 데이터를 확인하지 않기 때문에 순방향 전송이 사이드체인에 동기화된 후에만 분명해집니다. 예를 살펴보겠습니다:

```
type 그룹화한순방향전송트랜잭션 (mcid: BlockID, ft: 목록[FT])
{
    출력: 목록 [UTXO];
    rejectedTransfers: List [BackwardTransfer]
}
```

메인체인 식별자 (mcid)는 FTTx 에서 순방향 전송이 동기화되는 메인체인의 해당 블록을 식별합니다. 동기화된 순방향 전송 목록 (목록[FT])은 일반 메인체인 트랜잭션의 입력과 유사하지만 사이드체인이 유효성을 확인하지 않는다는 차이점이 있습니다. 이유는 이 목록[FT])는 메인체인에서 합의되어 온체인에 존재하기 때문입니다. 만약 메인체인 합의 규칙을 위반했다면 이들은 메인체인에 포함되지 않았을 것입니다. 목록[UTXO]는 사이드체인 합의 프로토콜에 정의된 조건에 따라 사이드체인에서 사용할 수 있도록 새로 생성된 출력으로 구성됩니다. 마지막으로 처리가 불가능한 순방향 이체를 모아서 다음 출금증명서에 포함시킵니다. 이 메커니즘은 메인체인이 실패한 순방향 전송에 대해 다른 방식으로 추적하지 않기 때문에 필요합니다. 사이드체인이 발생시킨 출금증명서에 포함된 처리가 불가능한 순방향 이체에 관한 통보를 받지 않고 메인체인이 환불 거래 자체를 생성할 수는 없습니다.

사이드체인 내부 거래

사이드체인 내부 거래를 실현하는 방법에는 여러 가지가 있습니다. 사이드체인이 크로스체인 전송 프로토콜을 준수하는 한 사이드 체인의 내부 트랜잭션은 적절하게 구현될 수 있습니다. 사이드 체인 내부 거래 모델을 결정할 때 가장 먼저 고려해야 할 사항 중 하나는 사이드체인이 UTXO 또는 계정 모델을 실행할 것인지 여부입니다. UTXO 모델을 사용하는 Horizen 의 메인체인이지만, 사이드체인에는 계정 모델을 사용할 수도 있습니다. 한 가지 이유는 계정 모델에서 복잡한 스마트 계약 기능을 더 쉽게 구현할 수 있다는 것입니다. 계정 모델을 사용하면 사용자 계정 잔액은 보다 전통적인 데이터 구조로 유지되거나 방향성 비순환 그래프(DAG) 와 같은 매우 진보적인 데이터 구조로 유지될 수 있습니다. 사이드 체인 내부 트랜잭션을 실현하기 위한 옵션 공간은 매우 큽니다. LATUS 는 사이드체인 내부 거래의 실현을 위하여 UTXO 회계 모델을 사용합니다. Latus 사이드체인에서의 거래는 일반 UTXO 온체인 거래와 동일하게 작동합니다. 각 거래마다 최소 하나의 입력이 소비되며, 해당 지출은 디지털 서명을 통해 승인됩니다. 생성된 출력의 총량은 소비된 입력의 수보다 작거나 같아야 합니다.

역방향 전송

역방향 전송은 비대칭 디자인으로 인해 어렵습니다. 역방향 전송은 사이드체인 노드에 의해 메인체인으로 전파되는 특수 트랜잭션입니다. 역방향 전송은 일반적으로 출금 증명서로 일괄 처리되고 사이드체인에서 시작됩니다. CCTP 프로토콜은 사이드체인 설계에 큰 유연성을 허용합니다. CCTP 에 도입되어 모든 역방향 이체에 영향을 미치는 두 가지 개념에 대해 알아봅니다. 첫 번째 개념은 주로 역방향 이체를 위한 컨테이너 역할을 하는 출금 증명서입니다. 또한, 이는 사이드체인의 활성화 상태 표시기로 사용됩니다. 해당 사이드체인 배포로 정의된 기간 (SUBMIT_LEN) 내에 특정 사이드체인에 대해 제출된 출금 증명서가 없는 경우 해당 사이드체인은 메인체인에 의해 비활성화된 것으로 간주되며, 해당 사이드체인에 대한 추가 출금 증명서는 메인체인에서 받아들여지지 않습니다.

역방향 전송을 그룹화하면 개별적으로 방송하는 것에 비해 두 가지 장점이 있습니다. 첫째, 체인 간 통신의 양을 줄입니다. 단일 사이드체인이 있는 시스템을 고려하면 이점은 무시할 수 있는 것으로 간주될 수 있습니다. 그러나 수십, 잠재적으로 수백 개의 사이드체인이 있는 시스템에서는 체인간 통신의 양을 상당히 줄입니다. 둘째, 사이드체인의 계산 부담을 줄일 수 있습니다. 각 출금 증명서에는 거래를 승인하고 사이드체인 내에서 올바른 상태 전환을 증명하는 SNARK 증명이 첨부되어 있습니다. 이 증명을 생성하는 데에는 계산 비용이 발생하는 데, 사이드체인이 채택한 그룹화 증명 시스템에 따라 사이드체인 업데이트를 메인체인에 덜 자주 방송함으로써 비용을 줄일 수 있습니다. 메인체인 합의 프로토콜은 출금 증명서가 정확히 어떻게 생성되어야 하는지, 또는 누구에 의해 제출되어야 하는지에 대한 어떠한 규칙도 부과하지 않습니다.

CCTP 에 도입되어 모든 역방향 이체에 영향을 미치는 두 번째로 중요한 개념은 출금 시간 주기, 즉 에포크 (Epoch) 입니다. 에포크의 길이는 사이드체인이 메인체인에 방송될 역방향 전달 트랜잭션을 수집하는 주기를 몇 개의 메인체인 블록 시간으로 할 것인가에 따라 달라집니다. 모든 역방향 이체가 유효하다는 SNARK 증명과 함께 에포크 단위로 하나의 출금 증명서가 메인체인에게 제출됩니다. 다수의 메인체인 블록 시간으로 정의된 에포크 길이는 사이드체인이 초기 배치될 때 설정됩니다. 에포크 길이의 선택은 사이드체인의 블록 시간과 같은 매개변수에 따라 달라집니다. 예를 들어, 사이드체인이 많은 게임 내 소액 결제를 위해 구축되었기 때문에 블록이 높은 빈도로 생성되면 메인체인 블록 측면에서 에포크가 짧을 수 있습니다. 이렇게 하면 출금 증명서에 포함된 역방향 인출 수가 적어서 출금 증명서가 너무 커지는 것을 방지할 수 있습니다. 예를 들어 공급망 추적 시스템과 같이 주로 데이터를 저장하는 데 사용되는 사이드체인은 게임 내 결제 사이드체인에 비해 더 긴 에포크 길이를 선택할 수 있습니다.

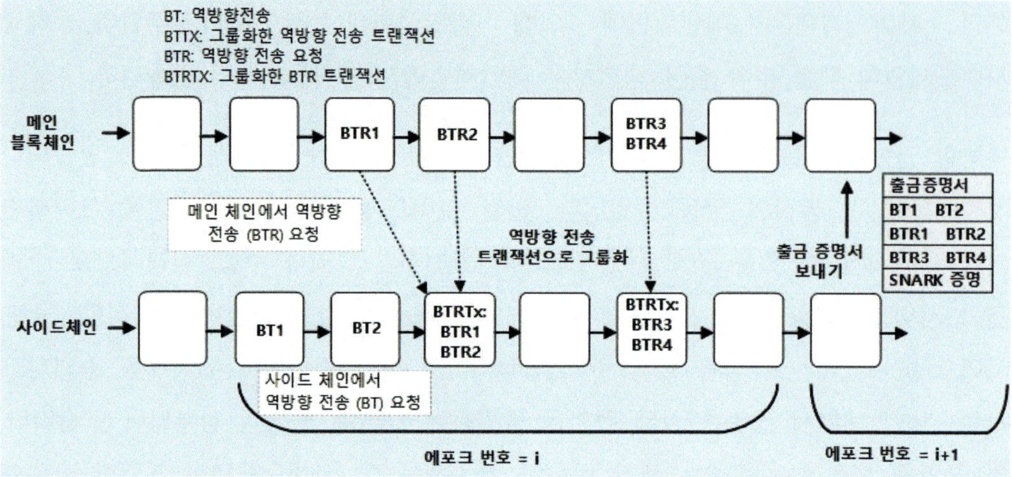

역방향 전송은 사이드체인 노드에 의해 메인체인으로 전파되는 특수 트랜잭션입니다. 역방향 전송은 일반적으로 출금 증명서로 일괄 처리되고 사이드체인에서 시작됩니다. 모든 역방향 이체가 유효하다는 SNARK 증명과 함께 에포크 단위로 하나의 출금 증명서가 메인체인에게 제출됩니다.

사이드 체인에서 역방향 전송 시작

UTXO 기반 사이드체인의 정기적인 역방향 전송은 일반적인 블록체인 내부 거래와 매우 유사하게 작동합니다. 이전에 사용되지 않은 거래 출력 (UTXO)은 입력으로 소비되며, 이 사용되지 않은 출력에서 인출은 디지털 서명을 통해 승인됩니다. 역방향 전송 트랜잭션 (BT)는 메인체인에 소속된 수신자의 메인체인 주소와 전송할 금액을 지정해야 합니다. 단일 에포크 내에서 시작된 모든 역방향 이체는 역방향 전송 거래 (BTTx)로 그룹화됩니다. 이는 모든 출력이 메인체인에서 소비될 수 있는 일반적인 다중 출력 트랜잭션입니다. 이 역방향 이체 거래는 출금 증명서에 저장되어 메인체인에 방송됩니다.

메인체인에서 역방향 전송 시작

사용자는 메인체인에서 직접 역방향 전송 (BTR)을 요청해야 할 수도 있습니다. 이는 사이드체인이 잘못 구현되었거나 비활성화되었기 때문에 악의적인 행위자에 의해 제어되기 때문에 발생할 수 있습니다. 모든 사이드체인 노드에 역방향 전송을 브로드캐스트하는 대신 사용자는 메인체인에서 직접 역방향 전송을 시작할 수 있는 두 가지 메커니즘, 즉 역방향 전송 요청 (BTR)과 중단된 사이드체인 출금 (CSW)

중 하나를 사용할 수 있습니다. 메인체인에서 생성된 역방향 전송 요청 (BTR)은 특별한 유형의 거래입니다. 여기에는 사이드체인을 지정하는 ledgerId, 메인체인의 수신자 주소 및 전송할 금액이 포함됩니다. 또한, 사이드체인 노드가 들어오는 역방향 전송 요청 (BTR)을 확인할 수 있도록 하는 증거 데이터가 BTR 과 함께 제출됩니다. 증거 데이터는 사이드체인의 UTXO(s)를 사용할 권한 즉 디지털 서명을 포함합니다. 역방향 전송을 시작하는 또 다른 메커니즘은 CSW(Ceased Sidechain Withdrawal)입니다. 사이드체인이 제출 기간 내에 출금 증명서를 제출하지 못하면 비활성화되고 더 이상 출금 증명서가 허용되지 않습니다. 중단된 사이드체인 출금 (CSW)은 메인 체인에 제출된 거래이며 사이드체인에 영향을 미치는 이벤트를 유발한다는 점에서 역방향 전송 요청(BTR)과 유사합니다. 그런데 CSW 는 사이드체인 출금이 중단된 때에 제출자에게 즉시 지출이 이루어지게 합니다. CSW 요청 처리와 관련하여 사이드체인은 자금 인출을 위한 역방향 전송 요청을 지원할 필요가 없습니다.

메인체인으로 들어오는 역방향 전송 처리

에포크 마다 해당 기간의 모든 역방향 전송 (사이드체인의 일반 역방향 전송, 메인체인에서 시작된 BTR 및 CSW)이 제출되면 SNARK 증명과 함께 출금 증명서로 메인체인에 방송됩니다. 이제 이 데이터는 메인체인에서 검증되어야 합니다. 먼저, 메인체인 노드는 ledgerId 가 현재 활성화된 사이드체인을 참조하는지 확인합니다. 다음으로, epochId 는 해당 사이드체인에 대한 유효한 출금 에포크 번호여야 합니다. 마지막으로, 증명은 사이드체인 배포 시 제출된 확인 키를 사용하여 유효한 SNARK 증명이어야 하며 유효한 것으로 평가되어야 합니다. SNARK 증명 및 공개 매개변수가 유효한 경우 출금 증명서가 메인체인에 포함되어 처리됩니다.

25. EVM 호환 사이드체인

폴리곤 네트워크는 이더리움의 확장성을 개선하는 웹 3 소프트웨어 플랫폼으로, 많은 글로벌 기업들이 이를 채택하고 있습니다. 2017 년 설립된 폴리곤은 낮은 거래 수수료와 빠른 거래 처리 속도를 제공합니다. MATIC 토큰은 거래 비용 지불, 검증자 보상, 스테이킹에 사용되며, ZKEVM 기술로 보안과 속도를 향상시켰습니다. 폴리곤은 탈중앙화 자율 조직(DAO)을 통해 커뮤니티 참여를 강화하고 있습니다. 주요 사용 사례로는 DEFI, NFT 거래, 블록체인 게임 등이 있습니다.

EVM 호환 사이드체인의 선두 주자

폴리곤(Polygon) 네트워크는 웹 3 분야를 이끌고 있는 선두 주자 가운데 하나입니다. Walt Disney Company, Facebook 의 Meta 에서 Starbucks 와 Reddit 에 이르기까지 수십 개의 세계 최대 기업이 폴리곤 블록체인을 사용하여 혁신적이고 대화형 웹 3 경험을 개발하고 있습니다. 이러한 대규모 파트너십 외에도 폴리곤 네트워크는 2 억 1900 만 명 이상의 활성 사용자, 20,000 개의 분산형 애플리케이션(dApp) 및 약 25 억 건의 거래(작성 당시)를 자랑하여 확실한 암호 화폐 시장 리더가 되었습니다.

암호화폐에서 폴리곤이란 무엇입니까?

폴리곤 네트워크는 이더리움 블록체인과의 상호 작용을 더 쉽게 만드는 데 초점을 맞춘 웹 3 소프트웨어 플랫폼입니다. 공식적으로 폴리곤은 모든 웹 3 도구가 이더리움의 "레이어 1" 블록체인 위에 구축되고 이더리움의 확장성 이니셔티브를 지원하기 때문에 "레이어 2 확장 솔루션"이라고 불립니다. 즉, 폴리곤의 애플리케이션은 더 낮은 거래 수수료와 더 빠른 확인 속도를 제공함으로써 사람들이 이더리움을 더 쉽게 사용할 수 있도록 해줍니다.

폴리곤은 2017 년 Jaynti Kanani, Sandeep Nailwal, Anurag Arjun 등 세 명의 개발자가 인도 뭄바이에서 Matic Network 라는 회사를 시작하면서 시작되었습니다. 당시 Kanani 는 특히 블록체인 게임 CryptoKitties 가 출시된 이후 이더리움 메인넷의 비효율성을 발견했습니다. 캐나다 스튜디오 Dapper Labs 가 제작한 CryptoKitties 를 통해 사용자는 애니메이션 고양이 아바타를 나타내는 대체 불가능한 토큰(NFT)이라는 고유한 암호화폐를 수집하고 번식할 수 있습니다. 이 귀여운 암호화폐 고양이에 대한 수요가 너무 강해서 이더리움의 기본 거래 수수료(일명 가스 수수료)가 상승하고 평균 결제 확인 속도가 느려졌습니다. CryptoKitties 혼잡 논란을 조사한 후 Kanani, Nailwal 및 Arjun 은 이더리움의 메인 체인에서 암호화폐 결제를 처리하기 위한 분산형 소프트웨어 솔루션을 개발하기 시작했습니다.

Matic Network 는 2019 년에 암호화폐 거래소 바이넌스에서 MATIC 토큰을 출시했으며, 1 년 후 공식적으로 이더리움 확장성 서비스를 선보였습니다. 2021 년 매틱은 사명을 '폴리곤 네트워크'로 바꾸었으며, 현재 소프트웨어 개발 회사인 폴리곤 연구소 (Polygon Labs)는 폴리곤의 온라인 인프라 구축을 담당하고 있습니다.

폴리곤의 기술은 어떻게 작동합니까?

처음에 폴리곤 네트워크는 이더리움의 확장성을 향상시키기 위해 플라즈마 체인을 사용하는 데 중점을 두었습니다. 때때로 "자식 체인"이라고도 불리는 플라즈마 체인은 스마트 계약을 사용하여 연결된 "부모 체인"과 거래 데이터를 전달하는 별도의 블록체인입니다. 플라즈마 체인은 부모 체인(이 경우 이더리움) 바깥에서 거래 데이터를 처리하므로 메인 체인의 부담을 완화하고 일반적으로 더 빠르고 저렴한 암호화폐 거래를 제공합니다. 폴리곤은 2020 년 출시 직후 독립형 이더리움 호환 "사이드체인"도 출시했습니다. 이러한 폴리곤 사이드체인과 이더리움의 협력은 이더리움에 배포된 스마트 계약을 통해 이루어 집니다. 사이드체인에는 내부 암호화폐 거래를 안전하게 처리하기 위해 메인 블록체인과 독립적인 "합의 알고리즘"도 있습니다. 예를 들어, 폴리곤의 사이드체인은 지분 증명(PoS) 합의 메커니즘을 사용합니다.

폴리곤 사이드체인의 메인체인에 대한 상대적 독립성은 개발자에게 더 유연함을 제공하지만, 사이드체인 거래의 보안은 플라즈마 체인이 메인체인에게서 상속받는 보안의 수준만큼 미치지 못했습니다. 그런데 폴리곤 사이드체인에 중요한 전환점이 나타납니다. 폴리곤 사이드체인의 2023 년 Polygon Network 는 "폴리곤 zkEVM "이라는 또 다른 획기적인 확장성 솔루션을 출시했습니다. "zk"라는 약어는 "영지식(zero-knowledge)"을 의미합니다. 다음으로 EVM 은 이더리움 블록체인을 가능하게 하는 분산형 소프트웨어 인프라인 이더리움 가상 머신을 의미합니다. 폴리곤 zkEVM 은 ZK 기술의 보안과 속도를 이더리움 네트워크와 결합하여 더 낮은 수수료와 더 높은 거래 처리량을 갖춘 합성 이더리움 버전을 만듭니다. 폴리곤

zkEVM 을 사용하면 이더리움 개발자는 폴리곤에서 직접 DApp 용 코드를 원활하게 생성하거나 포팅하여 사용자의 참여와 경험을 높일 수 있습니다. 폴리곤 사이드체인의 거래는 메인체인의 거래와 동등한 보안이 보장된다는 뜻입니다.

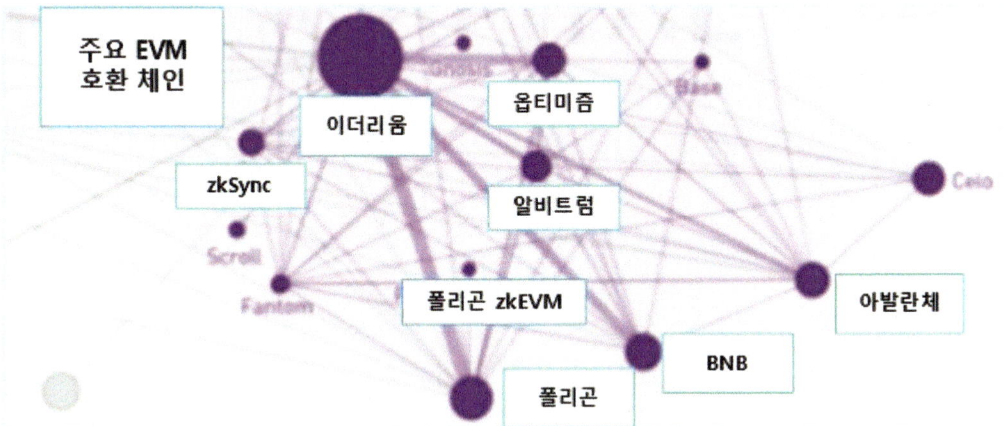

ZK 기술과 이더리움 블록체인 기술을 결합한 폴리곤 zkEVM 은 보안을 만족하면서 더 낮은 수수료와 더 높은 거래 처리량을 제공하게 되었습니다. 그림에서 EVM 호환 체인간 선의 두께는 개발인력의 공유 정도를 의미합니다. 또 보라색 원의 크기는 상대적인 개발 인력 참여 규모를 나타냅니다

MATIC 은 폴리곤 네트워크의 기본 암호화폐입니다. MATIC 토큰을 보유한 사람들은 블록체인에 MATIC 토큰을 잠그고 보상을 얻으며 폴리곤 사이드체인에서 검증 노드를 실행할 수 있습니다. 직접 검증 노드를 운영하지 않더라도, 사람들은 자신의 MATIC 을 폴리곤의 공식 스테이킹 풀에 "위임"하여 이 스테이킹 풀 (검증 노드)에게서 일정 비율의 보상을 얻습니다. 앞으로 폴리곤은 MATIC 보유자가 블록체인 거버넌스에 해당하는 폴리곤의 DAO 에 대한 검토를 위해 PIP(Polygon Improvement Proposal)를 제출하고 향후 업그레이드를 위해 토큰으로 투표할 수 있도록 할 계획입니다.

폴리곤 대 이더리움

Solana, Cardano 및 Avalanche 와 같은 블록체인과 달리 폴리곤은 현재 이더리움의 성공과 불가분의 관계가 있습니다. 폴리곤 PoS 사이드체인은 기술적으로는 별도의

블록체인이지만 폴리곤의 모든 애플리케이션은 이더리움을 더욱 편리하고 효율적으로 만드는 데 중점을 둡니다. 따라서 폴리곤 네트워크는 레이어 1 블록체인인 이더리움과 경쟁관계에 있지 않고 협력 관계에 있습니다.

폴리곤과 이더리움의 밀접한 연관성에도 불구하고 이러한 암호화폐 프로젝트 간에는 중요한 차이점이 있습니다. 예를 들어, 폴리곤 네트워크는 이더리움 블록체인보다 더 빠르고 저렴한 거래 속도를 제공합니다. 평균적으로 폴리곤 사용자는 전송당 약 $0.018 를 지불하며 블록체인은 초당 7,000 건 이상의 트랜잭션 (TPS)을 처리합니다. 반면 이더리움은 확인 속도가 15TPS 이고 네트워크 정체에 따라 변동되는 가스 요금이 더 높습니다.

폴리곤은 사용자 관점에서 많은 긍정적인 기능을 제공하지만 분산화와 보안이 희생됩니다. 암호화폐 시장에서 폴리곤의 성장에도 불구하고, 네트워크 참여자가 적고 시가총액 측면에서 여전히 이더리움보다 약 30 배 더 작습니다. 현재 폴리곤의 블록체인 검증자 노드 수는 100 명으로 제한되는 반면, 이더리움의 블록체인에는 500,000 명 이상의 검증자 노드가 있습니다. 또한 2022 년 보고서에 따르면 폴리곤의 다중 서명(다중 서명) 암호화폐 지갑에 있는 자금에 해커가 접근한 것으로 나타났습니다. 이 지갑에는 개인 키라고 불리는 여러 개의 비밀번호가 있으며, 사용자는 디지털 자금을 이체할 때마다 입력해야 합니다. 다중서명 지갑의 기본 아이디어는 도난 위험을 줄이는 것입니다. 왜냐하면 해커가 암호화폐 자금을 이체하려면 두 개 이상의 비밀번호가 필요하기 때문입니다. 폴리곤은 또한 의사결정 과정에서 커뮤니티 구성원에게 발언권을 주기 위해 분산형 자율 조직(DAO) 이라는 거버넌스 구조를 도입했습니다. 폴리곤이 성장함에 따라 개발자는 더 큰 분산화를 달성하기 위해 점차적으로 프로젝트에서 방향을 전환할 계획입니다. ZK 기술과 이더리움 블록체인 기술을 결합한 폴리곤 zkEVM 은 보안을 만족하면서 더 낮은 수수료와 더 높은 거래 처리량을 제공하게 되었습니다.

PART 8 롤업 방식 레이어 2 체인

- 영지식 롤업 체인
- 이더리움 영지식 롤업의 작동
- 합의결과를 낙관하는 롤업 체인

PART 8 에서 참조한 주요 블록체인 또는 암호화폐			
폴리곤	알비트럼	옵티미즘	이더리움

26. 영지식 롤업 체인

영지식 롤업(ZK-ROLLUPS)은 블록체인의 확장성과 프라이버시 문제를 해결하기 위해 개발된 기술입니다. 이더리움 메인체인에서 거래 세부 사항을 알지 않고도 거래를 확인할 수 있게 하여 거래 속도와 비용을 크게 줄입니다. ZK-ROLLUPS 는 거래 데이터를 암호화 증명으로 묶어 메인체인에 제출하며, 이는 이더리움 메인체인에 의해 검증됩니다. 주요 L2 프로젝트로는 LOOPRING, POLYGON, IMMUTABLE X 등이 있으며, 이들은 이더리움 메인체인의 보안을 상속받아 더 높은 처리량과 낮은 비용을 제공합니다. 사이드체인과는 달리 L2 는 최종 결제 및 보안을 메인체인에 의존하여 더 안전합니다.

블록체인 개인 정보 보호와 확장성의 독특한 조합: 영지식 롤업

오랫동안 블록체인 공간의 개인 정보 보호 기술은 주로 거래가 공개 원장에 표시되지 않도록 불투명하게 처리하는 방법으로 채택되었습니다. ZCash 와 같은 네트워크는 고급 암호화를 사용하여 공공 거래가 노출되지 않도록 하는 zk-SNARK 사용을 개척했습니다. 암호화폐 산업이 발전하고 개발자들 사이에서 더 짧은 시간과 더 낮은 비용으로 더 많은 거래를 처리하기 위해 블록체인을 확장하는 방법이 주요 초점이 되면서, 영지식 증명은 거래 기록의 프라이버시를 유지하면서 더욱 강력하고 검열에 강한 체인 (레이어 1)에 '상태'를 백업할 때, 더 빠르게 그리고 안전하게 처리하기 위해 적용할 수 있는 기술로 다시 등장했습니다. 블록체인 개인 정보 보호와 확장성의 독특한 조합은 영지식 롤업으로 가능하게 되었습니다.

영지식 롤업은 이더리움 노드가 각 트랜잭션의 세부 사항을 알지 않고도 이더리움 메인체인에서 레이어 2 (L2) 트랜잭션을 전송하고 확인할 수 있도록 하는 이더리움에서 처음 출시된 혁신입니다. 이는 이더리움 노드가 메인체인 바깥에서 일어난 거래들 (레이어 2 에서 일어난 거래들)에 대하여 거래 데이터 자체가 아닌 계산 증명만 확인하도록 요구함으로써 이더리움 네트워크에 더 큰 확장성을 제공하도록 설계되었습니다. 영지식 롤업은 온체인 파생상품이나 게임과 같은 특정 활동에 이더리움 레이어 1 (L1)이 지원할 수 없는 더 높은 거래 속도와 더 낮은 비용이 필요하다는 이해를 바탕으로 발명되었습니다. 따라서 거래 데이터의 최종 정산 및 저장을 위해 이더리움 메인체인을 사용하면서도 거래 속도에 최적화된 두 번째 '오프체인' 계층으로 이러한 활동을 확장하는 것이 합리적이었습니다.

영지식 롤업의 작동 원리

주기적으로 L2 체인의 거래 데이터는 암호화 '증거'로 일괄 처리됩니다. 이는 기본적으로 L1 메인체인에서 인식하는 표준 프로세스를 기반으로 L2 내의 트랜잭션 일괄 집합이 올바르게 검증되었음을 증명하는 증명서입니다. 그런 다음 이 증명서는 메인체인 (L1)에 제출되며, 여기서 L1 노드는 다른 트랜잭션의 유효성을 검사하는 방법과 유사한 단일 트랜잭션으로 유효성을 검사합니다. 최종 결과는 L2 의 최신 '상태', 즉 사용자 잔액과 각 지갑의 총 가치에 대한 회계가 메인체인에 영구적으로 기록되어 L2 체인의 보안이 침해된 경우 기록을 복구할 수 있다는 것입니다. 레이어 2 는 Dapp 을 위한 오프체인 확장 솔루션으로 간주됩니다. 이들은 독립적인 블록체인이 아니므로 최종 거래 정산을 위해 이더리움 네트워크에 의존하므로 덜 안전합니다.

영지식 롤업은 이더리움이 계층 구분이 없는 일체식에서 모듈식 블록체인 아키텍처로 전환하는 첫 번째 주요 단계에 해당하는 기술입니다. 모듈식 아키텍처에서 블록체인은 실행, 합의, 데이터 가용성과 같은 중요한 기능을 다양한 전문 네트워크로 분리합니다. 이를 통해 더 넓은 네트워크가 보다 효과적으로 작동하고 유명한 확장성 트릴레마로 인해 발생하는 일부 문제를 완화할 수 있습니다.

LoopRing, Polygon 및 Immutable X 와 같은 L2 는 이더리움 네트워크 위에서 작동하며 영지식 롤업을 사용하여 이더리움 메인체인의 보안을 상속합니다. 즉, 이들은 트랜잭션의 실행을 담당하고 합의는 메인체인이 담당합니다. 이러한 L2 의 모든 거래는 궁극적으로 이더리움 메인체인에서 검증되어야 하며, 이를 통해 L2 에만 저장되는 경우보다 더 안전하고 검열에 저항할 수 있습니다.

레이어 2 와 사이드 체인의 차이

L2 는 블록체인 및 Dapp 을 위한 오프체인 확장 솔루션으로 간주되며 일반적으로 스마트 계약을 사용하여 소규모 참가자 그룹 간에 자금을 교환하기 위한 결제 채널로 설정되기도 합니다. L2 는 Lightning Network 와 같은 간단한 결제 채널로 존재할 수도 있고 폴리곤과 같이 완전히 별도의 노드 네트워크로 존재할 수도 있습니다. L2 를 차별화하는 점은 최종 거래 결제 및 보안을 위해 이더리움이나 비트코인과 같은 메인체인 네트워크에 의존한다는 것입니다. 대조적으로, 사이드체인은 자체 합의 메커니즘을 운영할 수 있고 메인체인 없이도 독립적으로 거래를 검증하고 해결할 수 있는 독립적인 블록체인입니다. 그러나 이것이

사이드체인의 거래가 메인체인에 의해 검증될 수 없다는 의미는 아니며, 단지 네트워크 보안을 유지하기 위한 요구사항은 아닙니다.

사이드체인과 L2 가 상호 운용성으로 알려진 프로세스인 메인체인 간에 통신하고 가치를 전송할 수 있도록 함으로써 블록체인 네트워크는 선택적으로 활용되지 않고, 전문화를 통해 확장성 트릴레마를 해결한 하나의 통합 블록체인으로 작동할 수 있습니다. 또한, 모듈식 아키텍처를 사용하면 전문성이 향상된다는 것은 속도, 보안, 개인 정보 보호 및 분산화와 모든 특성을 하나의 단일 블록체인에 강제로 적용하는 대신 특정 특성에 맞게 사이드체인을 최적화할 수 있다는 의미입니다.

영지식 확장성 적용 사례

■ 폴리곤 zkEVM

폴리곤 zkEVM 은 영지식 롤업 확장 솔루션인 EVM(Ethereum Virtual Machine)의 레이어 2 (L2) 네트워크입니다. 폴리곤 zkEVM 은 ZK 증명이라는 암호화 기본 요소를 사용하여 상태 전환을 검증합니다. 폴리곤 zkEVM 은 EVM 과 동일합니다. 대부분의 이더리움 솔리디티 언어, 사전 컴파일 및 명령어 코드를 지원합니다. 개발자는 이미 이더리움에서 작동하지만 비용이 훨씬 낮은 L2 환경에서 작동하게 스마트 계약, 개발자 도구 및 지갑을 사용할 수 있게하여 이익을 얻습니다. 폴리곤 zkEVM 테스트넷은 2022 년 10 월 완전한 ZK 증명 시스템과 전체 거래 데이터 가용성을 갖춘 상태로 출시되었습니다. 증명 시스템은 STARK 증명과 SNARK 증명을 조합하여 사용하여 압축되어 최종 ZK 증명을 생성합니다. 테스트넷 출시 이후 폴리곤 zkEVM 의 코드 베이스는 철저한 보안 감사를 받았습니다. 감사 후 폴리곤 zkEVM 메인넷 베타는 2023 년 3 월에 출시되었습니다. 그 이후로 zkEVM 네트워크는 2023 년 9 월 Dragon Fruit(ForkID5), 2023 년 11 월 Inca Berry(ForkID6)라는 두 가지 주요 업그레이드를 거쳤습니다. zkEVM 의 업그레이드는 확장을 위한 L2 일괄 처리의 추가 이점과 함께 이더리움 보안이 그대로 레이어 2 에 상속됩니다. 즉, ZK 증명은 거래 유효성을 보장하고 사용자 자금을 보호합니다. 또 저장된 정보가 변경되거나 손상될 수 없다는 보장이 있습니다.

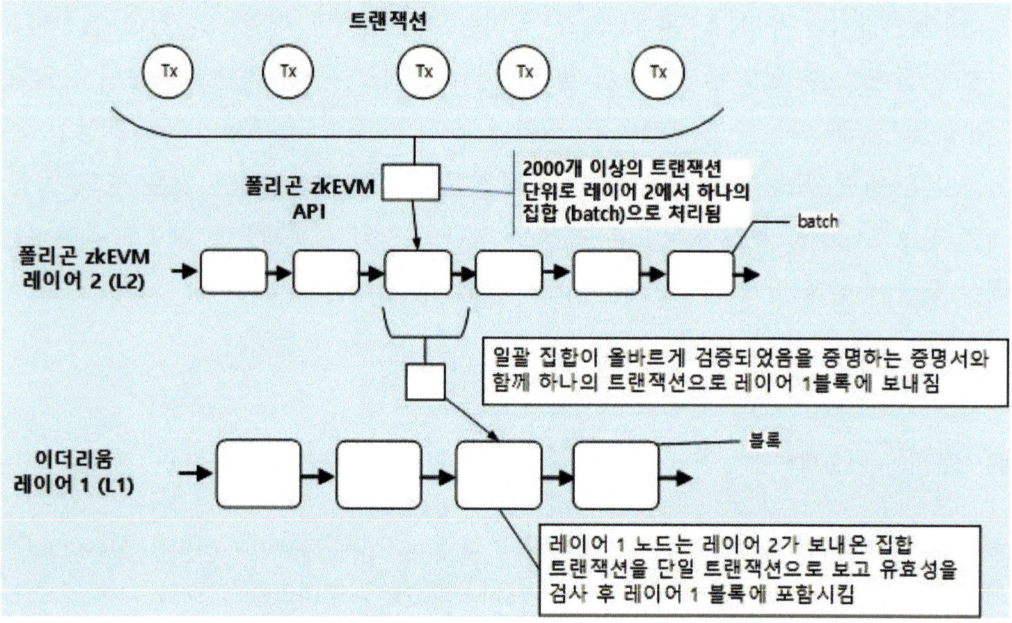

폴리곤 zkEVM 의 L2 는 확장을 위한 일괄 처리의 추가 이점과 함께 이더리움 보안이 그대로 레이어 2 에 상속됩니다.

- Horizen Zk-SNARKS

Horizen 은 이더리움 메인넷이 Zk-Rollups 를 활용하는 방식과 유사한 방식으로 zk-SNARK 를 활용합니다.

- zkBNB

BNB 체인 생태계에서 하나의 구성 요소이면서 영지식 롤업 기술을 사용하는 체인인 zkBNB 는 개발자가 더 높은 처리량과 훨씬 더 낮거나 심지어 거래 수수료가 없는 대규모 BSC (BNB 스마트 체인) 기반 앱을 구축하는 데 도움이 되는 사이드 체인입니다. zkBNB 는 영지식 롤업 아키텍처를 기반으로 구축되었습니다. zkBNB 는 수백 건의 오프체인 거래를 번들(또는 "롤업")하고 암호화 증명을 생성합니다. 이러한 증명은 롤업 블록의 모든 단일 트랜잭션의 유효성을 증명할 수 있는 SNARK(간결한 비대화형 지식 주장)의 형태로 제공될 수 있습니다.

BNB 체인 생태계의 핵심이며 스마트 계약용 체인이라 볼 수 있는 BSC 는 네트워크 확장성 문제를 겪고 있으며 핵심 개발자는 이 문제를 해결하기 위해 사이드체인을 사용할 것을 제안했습니다. 왜냐하면 이러한 사이드체인은 훨씬 더 높은 처리량과 낮은 가스 요금을 위해 설계될 수 있기 때문입니다. 또 zkBNB 는 zkSNARK 증명 덕분에 확장성으로 겪을 수 있는 보안 문제를 해결하여 BSC 와 동일한 보안을 공유하게 합니다.

■ StarkNet

StarkNet 은 zk-롤업에 대한 zk-STARK 접근 방식을 위한 주력 프로젝트입니다. zk-STARK 의 발명가인 Eli Ben-Sasson 은 StarkNet 의 배후 회사인 Starkware 의 창립자이기도 합니다. StarkNet 에 배포된 가장 주목할만한 프로젝트는 무기한 스왑 계약 거래를 위한 온체인 DEX 인 dYdX 였습니다. 그는 StarkNet 을 사용하여 zk-rollup 이 어떻게 온체인 파생상품 거래소를 운영할 수 있을 만큼 저렴하고 빠르게 전환할 수 있는지 보여주었습니다.

■ 루프링 (Loopring)

루프링은 이더리움의 ZK 롤업을 활용하여 빠르고 저렴한 DEX 및 결제 프로토콜을 구축합니다.

■ 불변 (Immutable) X

Immutable X 는 더 낮은 비용과 더 빠른 속도로 NFT 를 거래하는 데 최적화된 이더리움 기반 ZK 롤업 프로토콜입니다. NFT 마켓플레이스와 ERC-721 또는 ERC-1155 형식의 게임 내 디지털 자산을 거래할 수 있는 기능을 제공합니다.

27. 이더리움 영지식 롤업의 작동

영지식 롤업(ZK-롤업)은 계산 및 상태 저장을 오프체인으로 이동해 이더리움 메인체인의 처리량을 높이는 레이어 2 확장 솔루션입니다. 수천 건의 트랜잭션을 일괄 처리한 후, 최소한의 요약 데이터와 암호화 증명서만 메인체인에 게시하여 상태 변경 사항의 정확성을 보장합니다. 영지식 롤업 운영자는 일괄 처리된 거래 요약과 유효성 증명서를 메인체인에 제출해, 이더리움에서 추가적인 지연 없이 자금을 이동할 수 있습니다. 트랜잭션 데이터는 압축 기술을 사용해 줄이며, 누구나 롤업 상태를 독립적으로 재구성할 수 있도록 CALLDATA 로 저장됩니다. 이로 인해 사용자 비용을 줄이고, 효율적인 데이터 관리를 가능하게 합니다.

영지식 롤업(ZK-롤업)은 메인체인의 계산 및 상태 저장을 오프체인으로 이동하여 메인체인의 처리량을 높이는 레이어 2 확장 솔루션

영지식 롤업(ZK-롤업)은 계산 및 상태 저장을 (이더리움 입장에서는) 오프체인으로 이동하여 이더리움 메인체인의 처리량을 높이는 레이어 2 확장 솔루션입니다. 영지식 롤업은 수천 건의 트랜잭션을 일괄 처리한 다음 최소한의 요약 데이터만 메인넷에 게시할 수 있습니다. 이 요약 데이터는 이더리움 '상태'에 적용되어야 하는 변경 사항과 해당 변경 사항이 정확하다는 일부 암호화 증명서를 정의합니다. 영지식 롤업은 트랜잭션을 오프체인에서 실행시키고 일괄 처리로 묶습니다. 오프체인 계산은 블록체인에 게시되어야 하는 데이터의 양을 줄입니다. 영지식 롤업 운영자는 각 거래를 개별적으로 보내는 대신 일괄적으로 모든 거래를 나타내는 데 필요한 변경 사항 요약을 메인체인에 제출합니다. 영지식 롤업 운영자는 또 변경 사항의 정확성을 증명하기 위한 증명서를 함께 메인체인에 제출합니다. 영지식 롤업의 상태는 이더리움 네트워크에 배포된 스마트 계약에 의해 유지됩니다. 이 상태를 업데이트하려면 영지식 롤업 노드가 검증을 위해 유효성 증명서을 제출해야 합니다. 앞서 언급했듯이 유효성 증명은 롤업에 의해 제안된 상태 변경이 실제로 주어진 트랜잭션 집합을 실행한 결과라는 암호화된 보증입니다.

ZK 롤업은 이더리움과 어떻게 상호 작용합니까?

영지식 롤업 체인은 이더리움 블록체인 위에서 작동하고 온체인 이더리움 스마트 계약에 의해 관리되는 오프체인 프로토콜입니다. ZK 롤업은 메인넷 외부에서 트랜잭션을 실행하지만 주기적으로 오프체인 트랜잭션 일괄 집합을 온체인 롤업 계약에 제출합니다. 이 거래 기록은 이더리움 블록체인과 마찬가지로 변경할 수 없으며 ZK 롤업 체인을 형성합니다.

ZK 롤업의 핵심 아키텍처는 다음 구성 요소로 구성됩니다.

온체인 계약: 앞서 언급했듯이 영지식 롤업 프로토콜은 이더리움에서 실행되는 스마트 계약에 의해 제어됩니다. 여기에는 영지식 롤업 체인에 롤업 블록을 저장하고 예금을 추적하며 상태 업데이트를 모니터링하는 기본 계약이 포함됩니다. 또 다른 온체인 계약(검증자 계약)은 블록 생산자가 제출한 영지식 증명을 확인합니다. 따라서 이더리움은 영지식 롤업의 기본 레이어 또는 "레이어 1" 역할을 합니다.

오프체인 가상 머신(VM): 영지식 롤업 프로토콜이 이더리움에 존재하는 동안 트랜잭션 실행 및 상태 저장은 EVM 과 독립적인 별도의 가상 머신 (VM)에서 발생합니다. 이 오프체인 VM 은 영지식 롤업의 트랜잭션을 위한 실행 환경이며 영지식 롤업 프로토콜의 보조 레이어 또는 "레이어 2" 역할을 합니다. 이더리움 메인체인에서 검증된 유효성 증명은 오프체인 VM 의 상태 전환의 정확성을 보장합니다.

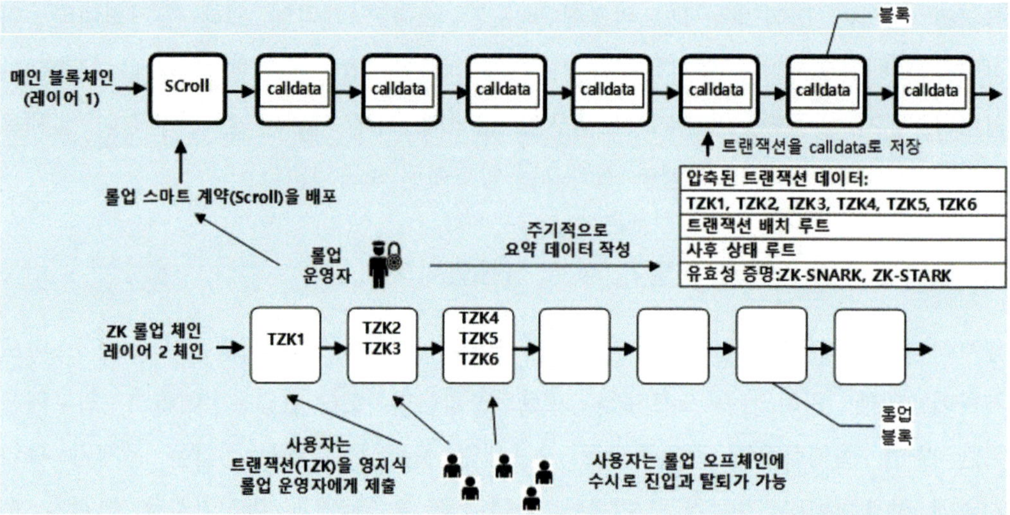

영지식 롤업은 수천 건의 트랜잭션을 일괄 처리한 다음 최소한의 요약 데이터만 메인넷에 calldata 로 저장합니다. calldata 는 외부 호출을 받은 스마트계약이 외부 호출에서 넘겨주는 데이터를 저장하는 곳입니다. 따라서 영지식 롤업의 상태는 이더리움 네트워크에 배포된 롤업 운영자의 스마트 계약에 의해 유지됩니다.

영지식 롤업은 독립적으로 작동하지만 이더리움에서 보안을 끌어내는 오프체인 프로토콜인 "하이브리드 확장 솔루션"입니다. 특히 이더리움 네트워크는 영지식 롤업에 대한 상태 업데이트의 유효성을 강제하고 롤업 상태에 대한 모든 업데이트 뒤에 있는 데이터의 가용성을 보장합니다. 영지식 롤업은 다음을 위해 기본 이더리움 프로토콜을 사용합니다.

■ 데이터 가용성

영지식 롤업은 오프체인으로 처리된 모든 거래에 대한 상태 데이터를 이더리움에 게시합니다. 이 데이터를 사용하면 개인이나 기업이 롤업 상태를 재현하고 체인 자체를 검증할 수 있습니다. 이더리움은 이 데이터를 네트워크의 모든 참가자에게 calldata 라는 형태로 이용할 수 있게 합니다. 영지식 롤업은 유효성 증명이 이미 상태 전환의 신뢰성을 확인하므로 온체인에 많은 거래 데이터를 게시할 필요가 없습니다. 그럼에도 불구하고 데이터를 온체인에 저장하는 것은 L2 체인 상태에 대한 무허가 독립적 검증을 허용하여 누구나 일괄 트랜잭션을 제출할 수 있게 하고 악의적인 운영자가 체인을 검열하거나 동결하는 것을 방지하기 때문에 여전히 중요합니다.

■ 거래 최종성

이더리움은 영지식 롤업을 위한 결제 계층 역할을 합니다. L2 거래는 L1 계약이 유효성 증명을 수락하는 경우에만 완료됩니다. 이는 모든 거래가 메인넷에서 승인되어야 하기 때문에 악의적인 운영자가 체인을 손상시키는 위험(예: 롤업 자금 절도)을 제거합니다. 또한 이더리움은 L1 에서 완료되면 사용자 작업을 되돌릴 수 없음을 보장합니다.

■ 검열 저항

대부분의 영지식 롤업은 롤업 운영자가 "슈퍼노드"(연산자)를 사용하여 트랜잭션을 실행하고 트랜잭션 일괄 집합을 생성하며 블록을 L1 에 제출합니다. 이는 효율성을 보장하지만 검열 위험을 증가시킵니다. 악의적인 영지식 롤업 운영자는 트랜잭션을 일괄적으로 포함하는 것을 거부하여 사용자를 검열할 수 있습니다. 보안 조치로서 영지식 롤업을 사용하면 사용자가 롤업 운영자에 의해 검열되고 있다고 생각되는 경우 메인체인의 롤업 계약에 직접 트랜잭션을 제출할 수 있습니다. 이를 통해 사용자는 롤업 운영자의 허가에 의존하지 않고도 영지식 롤업에서 이더리움으로 강제 탈출할 수 있습니다.

영지식 롤업은 어떻게 작동하나요?

■ 롤업 체인의 트랜잭션 처리

사용자가 서명한 트랜잭션을 L2 운영자에게 제출하면, 운영자는 이 트랜잭션을 처리하고 다음 배치 (일괄 처리 묶음)에 포함시킵니다. 2 가지 종류의 운영자가 있습니다.

- 시퀀서: 트랜잭션을 실행하고 일괄 처리하여 L1 에 제출하는 시퀀서라고 하는 중앙 집중식 엔터티입니다. 이 시스템의 시퀀서는 L2 블록을 생성하고 L1 의 영지식 롤업 계약에 롤업 트랜잭션을 추가할 수 있는 유일한 개체입니다.
- 지분증명 유효성 검사기 세트: 영지식 롤업은 지분 증명 유효성 검사기 세트를 사용하여 운영자 역할을 순환할 수 있습니다. 운영자 자격을 얻기 위하여 롤업 계약에 자금을 예치해야 하며, 예치된 지분의 크기는 다음 롤업 배치를 생산하도록 선택되는 지분 보유자의 기회에 영향을 미칩니다. 운영자가 악의적으로 행동하면 지분이 삭감될 수 있으며, 이는 유효한 블록을 게시하도록 장려합니다.

■ 영지식 롤업이 이더리움에 트랜잭션 데이터를 게시하는 방법

거래 데이터는 이더리움에 calldata 라는 형태로 게시됩니다. Calldata 는 함수에 인수를 전달하는 데 사용되는 스마트 계약의 데이터 영역이며 메모리와 유사하게 작동합니다. calldata 는 이더리움 상태의 일부로 저장되지는 않지만 이더리움 체인의

기록 로그의 일부로 온체인에 유지됩니다. calldata 는 이더리움의 상태에 영향을 미치지 않으므로 데이터를 체인에 저장하는 저렴한 방법입니다.

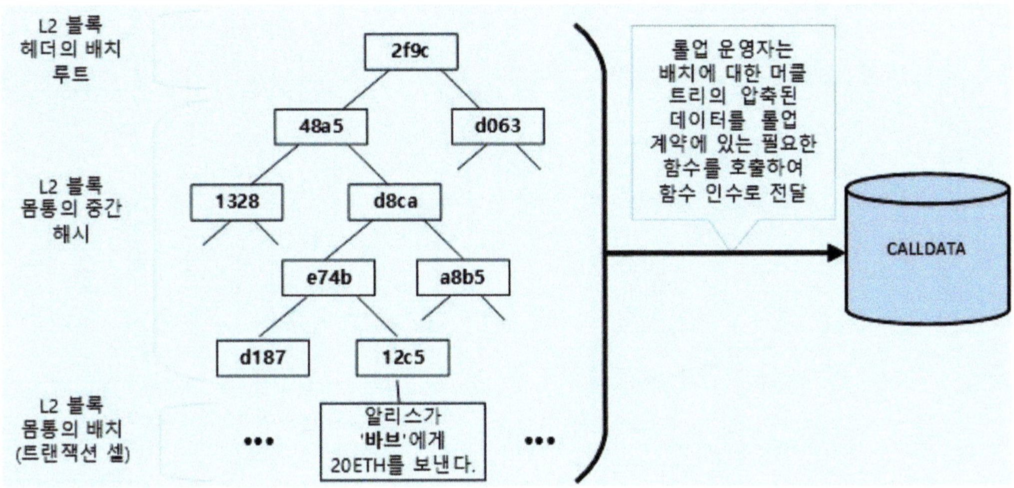

calldata 는 스마트 계약이 사용하는 데이터 영역이며 메모리입니다. calldata 는 이더리움 상태의 일부로 저장되지는 않지만 이더리움 체인의 기록 로그의 일부로 온체인에 유지됩니다. 따라서 calldata 안의 정보는 블록체인에 게시되므로 누구나 롤업 상태를 독립적으로 재구성할 수 있습니다.

calldata 의 키워드는 종종 트랜잭션에 의해 호출되는 스마트 계약 함수를 식별하고 임의의 일련의 바이트 형태로 함수가 받아들일 입력을 가지고 있습니다. 다시 설명하면, 롤업 운영자 (시퀀서)는 롤업 계약에 있는 필요한 함수를 호출하여 새 배치 (거래 묶음)를 추가하려고 압축된 데이터를 호출하는 함수 인수로 전달합니다. 롤업 수수료의 상당 부분이 거래 데이터를 체인에 저장하는 데 사용되므로 이는 사용자의 비용을 줄이는 데 도움이 됩니다.

■ L2 상태를 롤업 L1 상태로 제출

L2 계정과 잔액을 포함하는 영지식 롤업의 상태는 머클 트리로 표현됩니다. 머클 트리 루트(머클 루트)의 암호화 해시는 온체인 계약에 저장되어 롤업 프로토콜이 영지식 롤업 상태의 변경 사항을 추적할 수 있도록 합니다. 새로운 트랜잭션 세트 (배치)가 실행된 후 롤업이 새로운 L2 상태로 전환됩니다. 상태 전환을 시작한

운영자는 새로운 상태 루트를 계산하고 온체인 계약에 제출해야 합니다. 배치와 관련된 유효성 증명서의 검증에 따라 검증자 계약에 의해 인증되면 새로운 L2 머클 루트가 영지식 롤업의 정식 L1 상태 루트가 됩니다.

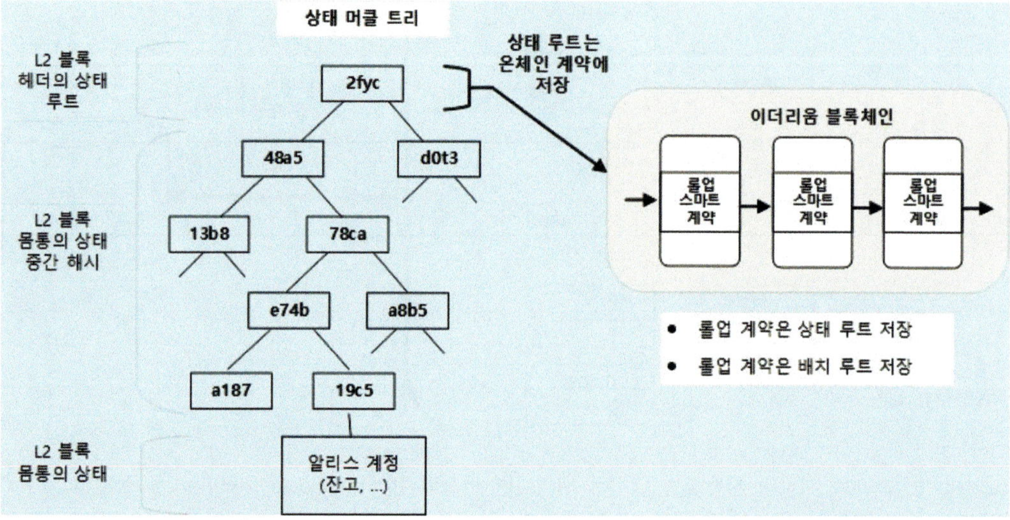

L2 계정과 잔액을 포함하는 영지식 롤업의 상태는 머클 트리로 표현됩니다. 새로운 트랜잭션 배치가 실행된 후 롤업이 새로운 L2 상태로 전환됩니다. 상태 전환을 시작한 운영자는 새로운 상태 루트를 계산하고 온체인 계약에 제출해야 합니다.

상태 루트를 계산하는 것 외에도 영지식 롤업 운영자(시퀀서)는 배치의 모든 트랜잭션을 구성하는 머클 트리의 루트인 배치 루트도 생성합니다. 새로운 배치가 제출되면 롤업 계약은 새로운 트랜잭션 세트에 대한 배치 루트를 저장하여 사용자가 트랜잭션(예: 출금 요청)이 배치에 포함되었음을 확인할 수 있도록 합니다. 이 확인을 위하여 사용자는 거래 세부 정보, 배치 루트 및 거래가 포함된 경로를 보여주는 머클 증명을 제공해야 합니다.

유효성 증명

영지식 롤업 운영자가 L1 계약에 제출하는 새로운 상태 루트는 롤업 상태 업데이트의 결과입니다. Alice 가 Bob 에게 10 개의 토큰을 보낸다고 가정하면,

운영자는 단순히 Alice 의 잔액을 10 만큼 줄이고 Bob 의 잔액을 10 만큼 늘립니다. 그런 다음 운영자는 업데이트된 계정 데이터를 해시하고 롤업의 머클 트리를 다시 구축한 다음 새로운 머클 루트를 온체인 계약에 제출합니다. 그러나 롤업 계약은 운영자가 롤업 상태에 대한 올바른 업데이트로 인한 새로운 머클 루트 (상태 루트)를 만들었다는 것을 증명할 때까지 업데이트된 상태의 보고를 자동으로 수락하지 않습니다. 영지식 롤업 운영자는 일괄 트랜잭션 (트랜잭션 셉)의 정확성을 확인하는 간결한 암호화 약속인 유효성 증명을 생성하여 이를 수행합니다.

유효성 증명을 통해 당사자는 진술 자체를 공개하지 않고도 진술의 정확성을 증명할 수 있으므로 영지식 증명이라고도 부릅니다. 영지식 롤업은 유효성 증명을 사용하여 이더리움에서 트랜잭션을 다시 실행할 필요 없이 오프체인 상태 전환의 정확성을 확인합니다.

ZK 롤업에서 유효성 증명은 어떻게 작동합니까?

■ L2 의 증명 회로에 의한 증명 생성

거래를 수락하기 전에 운영자는 일반적인 확인을 수행합니다. 여기에는 다음 사항을 확인하는 것이 포함됩니다.

- 보낸 사람 및 받는 사람 계정은 상태 트리의 일부입니다.
- 송금인은 거래를 처리하기에 충분한 자금을 가지고 있습니다.
- 거래가 정확하고 롤업에 있는 보낸 사람의 공개 키와 일치합니다.
- 발신자의 nonce 가 정확합니다.

영지식 롤업 노드에 충분한 트랜잭션이 있으면 이를 일괄 처리로 집계하고 증명 회로에 대한 입력을 컴파일하여 간결한 영지식 증명으로 컴파일합니다. 여기에는 다음이 포함됩니다.

- 배치의 모든 트랜잭션으로 구성된 트랜잭션 머클 트리

- 거래들이 배치에 포함되었음을 증명하기 위한 머클 증명
- 트랜잭션의 각 발신자-수신자 쌍에 대한 해당 계정이 롤업 상태 트리의 일부임을 증명하기 위한 머클 증명
- 트랜잭션 배치에 대하여 각 트랜잭션에 대한 상태 업데이트를 적용한 후(예: 보낸 사람 계정 감소 및 수신자 계정 증가) 생성된 상태 루트는 배치에 속한 트랜잭션 수만큼 만들어진다. 이 중간 상태 루트를 모두 모아 놓은 상태 루트 집합

■ L1 계약의 증명 확인

L2 증명 회로가 상태 업데이트의 정확성을 확인한 후 L2 운영자는 계산된 유효성 증명을 L1 의 검증자 계약에 제출합니다. L1 의 계약에 속한 검증 회로는 증명의 유효성을 확인하고 증명의 일부를 구성하는 공개 입력도 확인합니다.

- 이전 상태 루트: L2 체인의 마지막으로 알려진 유효한 상태를 반영하는 영지식 롤업의 이전 상태 루트(즉, 현재 일괄 트랜잭션이 실행되기 바로 전의 상태 루트)입니다.
- 사후 상태 루트(Post-state root): L2 체인의 최신 상태를 반영하는 영지식 롤업의 새로운 상태 루트(즉, 일괄 트랜잭션 실행 후)입니다. 사후 상태 루트는 증명 회로에서 상태 업데이트를 적용한 후 파생된 최종 루트입니다.
- 트랜잭션 배치 루트(Batch root): 배치의 트랜잭션을 머클화하고 트리 루트를 해싱하여 파생된 배치의 머클 루트입니다.
- 트랜잭션 입력: 제출된 배치의 일부로 실행된 트랜잭션과 관련된 데이터입니다.

증명이 회로를 만족한다면(즉, 유효하다면) 이는 이전 상태에서 새로운 상태로 전환하는 일련의 유효한 트랜잭션이 존재함을 의미합니다. 이전 상태 루트가 롤업 계약에 저장된 상태 루트와 일치하고 증명이 유효한 경우 롤업 계약은 증명에서 사후 상태 루트를 가져와 롤업의 변경된 상태를 반영하도록 상태 트리를 업데이트합니다.

롤업체인 참여 및 탈퇴

사용자는 L1 체인에 배포된 롤업 계약에 토큰을 예치하여 영지식 롤업에 들어갑니다. 운영자만이 롤업 계약에 트랜잭션을 제출할 수 있으므로 이 트랜잭션은 대기열에 추가됩니다. 보류 중인 입금 대기열이 채워지기 시작하면 ZK 롤업 운영자는 입금 트랜잭션을 가져와 롤업 계약에 제출합니다. 사용자의 자금이 롤업 계약에 들어오면 사용자는 트랜잭션을 운영자에게 보내면서 거래를 시작할 수 있습니다. 사용자는 자신의 계정 데이터를 해싱하고, 해시를 롤업 계약에 보내고, 현재 상태 루트를 확인하기 위한 머클 증명을 제공하여 롤업의 잔액을 확인할 수 있습니다.

영지식 롤업에서 L1 으로 돌아오는 것 (철수)은 간단합니다. 사용자는 롤업된 자산을 지정된 계정으로 보내서 소각 처리를 하게 하는 종료 트랜잭션을 시작합니다. 운영자가 다음 영지식 증명과 함께 보내는 일괄 처리에 해당 거래를 포함시키는 경우 사용자는 온체인 계약에 출금 요청을 제출할 수 있습니다. 이 철회 요청에는 다음이 포함됩니다.

- 사용자의 트랜잭션이 트랜잭션 배치의 소각 계정에 포함되어 있음을 증명하는 머클 증명
- 트랜잭션 데이터
- 트랜잭션 배치 루트
- 입금된 자금을 받을 L1 주소

롤업 계약은 트랜잭션 데이터를 해시하고 트랜잭션 배치 루트가 존재하는지 확인하며 머클 증명을 사용하여 트랜잭션 해시가 트랜잭션 배치 루트에 이르는 나뭇가지의 일부인지 확인합니다. 그 후 계약은 종료 거래를 실행하고 L1 에서 사용자가 선택한 주소로 자금을 보냅니다.

28. 합의결과를 낙관하는 롤업 체인

알비트럼 트랜잭션의 단계적 과정은 다음과 같습니다:

첫째, 시퀀서가 클라이언트로부터 트랜잭션을 수신하여 오프체인 받은 편지함에 순서대로 정렬하고, 이를 실행해 "즉시" 거래 영수증을 제공합니다.

둘째, 시퀀서는 L2 트랜잭션 배치를 L1 에 게시하며, 클라이언트는 이로 인해 트랜잭션이 최종적으로 확인된다고 낙관적으로 간주할 수 있습니다.

셋째, 시퀀서가 배치를 L1 에 게시한 후에는 더 이상 관여할 수 없으며, 알비트럼의 상태는 결정적으로 계산됩니다.

넷째, 검증자가 트랜잭션을 검토하고, 필요시 이의 제기 과정을 통해 검증합니다.

다섯째, 모든 분쟁이 해결된 후 RBLOCK 이 L1 에서 최종 확인됩니다.

블록 제안자를 낙관적으로 신뢰하나 대비책으로 결함 증명도 하는 레이어 2 체인

알비트럼 (Arbitrum)을 가능하게 하는 큰 아이디어는 낙관적 롤업입니다. 낙관적 롤업의 낙관적이란 용어 사용은 작명이 재미 있습니다. 이더리움과 같은 대부분의 지분 증명 방식 합의 메커니즘에서 트랜잭션은 검증 노드들 간의 합의를 거쳐서 블록에 개제되면서 이 트랜잭션의 최종성이 완성됩니다. 즉, 합의와 검증이 정상적인 블록의 생성과 함께 같이 이루어집니다. 이더리움과 같은 L1 체인과는 달리 이더리움을 부모로 하는 자식 체인, 즉 L2 체인인 경우는 좀 다르게 합의와 검증을 수행하도록 하여 크랜잭션의 처리 속도를 높이고 가스 비용을 절감할 수 있게 하는 방법이 있습니다. 낙관적 롤업 L2 에서 핵심 역할을 하는 시퀀서는 도달하는 트랜잭션을 순서 정렬하여 한 묶음으로 모은 후에 이를 L1 에 약정 제출하는 방식입니다. 물론 시퀀서가 악의로 잘못된 트랜잭션을 제출할 수 있습니다. 그러나 대부분은 시퀀서가 잘못 제출할 가능성은 아주 희박하다고 보는 것입니다. 그래서 낙관적이라는 용어를 사용합니다. 그렇다고 낙관적이라고 해서 전적으로 시퀀서를 신뢰할 수는 없습니다. 이 문제에 대한 대비책이 프로토콜로 존재해야만 합니다. 그것은 결함 증명이라는 방식입니다. L1 에 약정 제출된 트랜잭션은 챌린지 기간이라는 시간이 주어집니다. 이 기간 동안 L2 의 노드는 L1 에 제출한 약정을 보고 이의가 있을 경우 결함 증명을 제출하여 잘못된 약정을 바로잡을 수 있습니다.

낙관적 롤업체인이 트랜잭션을 시작에서 확정까지 처리하는 단계적 과정

알비트럼 (Arbitrum)에서 처리되는 트랜잭션을 시작에서 확정까지 단계적 과정을 살펴보면 낙관적 롤업체인이 동작하는 방식을 이해할 수 있습니다. 알비트럼 체인에 거래를 시작하는 메시지가 도달할 때부터 시작해 봅시다. 사용자나 스마트 계약으로부터 받은 메시지는 받은 편지함 (입력함)에 집어넣습니다. 알비트럼 체인은 메시지를 한 번에 하나씩 읽고 각 메시지를 처리합니다. 이렇게 하면 체인의 상태가 업데이트되고 거래 접수 확인증 및 거래가 시작한 모든 인출과 같은 몇 가지 출력을 생성합니다. 실행은 결정적이며, 이는 체인의 동작이 받은 편지함의 내용에 의해 고유하게 결정된다는 것을 의미합니다. 이 때문에 거래가 받은 편지함에 입력되는 즉시 거래 결과를 알 수 있습니다. 모든 알비트럼 노드는 결과를 알려줄 수 있습니다. 아직 합의는 없습니다. 그러나 합의 결과를 낙관하고 있습니다. 알비트럼이 낙관적 롤업 체인이라 하는 이유입니다. 왜 낙관할 수 있는지 차근차근 설명해 보겠습니다.

알비트럼 프로토콜을 구성하는 다양한 구성 요소를 소개하기 위해 클라이언트가 서명된 트랜잭션을 생성하는 것부터 시작하여 궁극적으로 레이어 1 에서 다시 확인되기까지 알비트럼 트랜잭션이 거치는 과정을 단계별로 살펴보겠습니다. 또한 "완결성 확인"을 통해 거래의 다양한 단계를 통해 고객이 거래의 최종성에 대해 어떤 보장을 받는지(즉, 거래 결과가 보장되고 나중에 변경되지 않을 것이라는 보증)를 설명합니다. 아래 설명은 알비트럼 롤업 프로토콜에 중점을 둘 것입니다.

■ 1 단계. 시퀀서가 트랜잭션을 수신합니다.

일반적으로 트랜잭션의 수명 주기는 도착 트랜잭션들을 순차적으로 정렬하는 역할을 담당하는 엔터티인 시퀀서가 클라이언트로부터 트랜잭션을 수신하는 것으로 시작됩니다. 시퀀서는 다음 두 가지 방법 중 하나로 트랜잭션을 받을 수 있습니다.

- 1a. 직접/오프체인

L2 환경 내에서 일반적인 거래(즉, L2 네이티브 dapp 사용)의 경우 클라이언트는 지갑을 L2 노드에 연결하고 서명된 트랜잭션을 직접 L2 노드로 전달합니다.

- 1b. L1 에서 시퀀서로 (지연된 받은 편지함을 통해).

클라이언트가 알비트럼 체인의 지연된 받은 편지함에 L1 트랜잭션에 서명하고 시퀀서에 메시지를 보낼 수 있습니다. 이 기능은 브리지를 통해 ETH 또는 토큰을 예치하는 데 가장 일반적으로 사용됩니다.

■ 2 단계. 시퀀서가 트랜잭션을 도착 순서대로 정렬합니다 (오프체인)

트랜잭션을 수신하면 시퀀서는 다음을 수행합니다.

- 오프체인 받은 편지함에서 트랜잭션들을 순서데로 정렬합니다.
- 알비트럼 Nitro VM (가상 머신)을 사용하여 로컬에서 실행합니다.
- 고객에게 "즉시" 거래 영수증을 제공합니다 ("즉시"의 의미는 시퀀서 외부의 온체인 확인이 필요하지 않으며 일반적으로 1 초 또는 2 초 이상 걸리지 않습니다).

이 단계에서 클라이언트의 완결성 수락은 시퀀서를 신뢰하는가 여부에 달려 있습니다. 즉, 악성/결함이 있는 시퀀서는 트랜잭션 영수증에서 약속한 것과 궁극적으로 배치 (일괄 처리하는 트랜잭션 묶음)로 게시되는 것 사이에서 엉뚱한 행동을 할수 있습니다. 그래서 시퀀서가 제공하는 "즉시" 결과 통보를 "소프트 확정"이라고 부르기도 합니다. 소프트 확정은 거래의 최종성 측면에서 보면 신뢰하는 시퀀서에 의해서 확인된 정도입니다.

■ 3 단계. 시퀀서가 트랜잭션을 일괄 게시(온체인)

시퀀서는 결국 클라이언트의 트랜잭션을 포함하는 L2 트랜잭션 배치 (일괄 묶음)를 기본 L1 에 'calldata'로 게시합니다. 정상적인 조건에서 시퀀서는 몇 분마다 배치를 게시합니다.

3a. 시퀀서에 트랜잭션이 포함되지 않으면 어떻게 되나요?

시퀀서가 트랜잭션을 배치에 포함하지 않는 경우 클라이언트는 지연된 받은 편지함에 게시한 다음 일정 지연 기간(현재 Arbitrum One 에서 ~ 24 시간) 후에 "강제로 포함"하여 L2 체인에 포함할 수 있습니다.

3 단계에서 클라이언트가 적어도 하나의 잘 작동하는 활성 알비트럼 검증자가 있다고 믿는다고 가정합니다. 현재 알비트럼 프로토콜에 대한 검증 프로세스는 허가 받은 곳에서만 할 수 있게 되어 있지만, 알비트럼의 최신 분쟁 프로토콜인 BOLD(Bounded Liquidity Delay)는 허가 없이 알비트럼 체인에 대한 검증을 허용할

가능성이 있으므로 시간이 지나면 제한된 검증의 필요성을 제거할 수 있을 것입니다. 분쟁 프로토콜이 정상작동하는 경우 클라이언트는 트랜잭션의 최종성을 일반 이더리움 트랜잭션과 동일하게 취급할 수 있습니다. 즉, L2 트랜잭션은 배치(트랜잭션들을 묶은 덩어리)로 기록한 L1 트랜잭션과 동일한 최종성을 갖습니다.

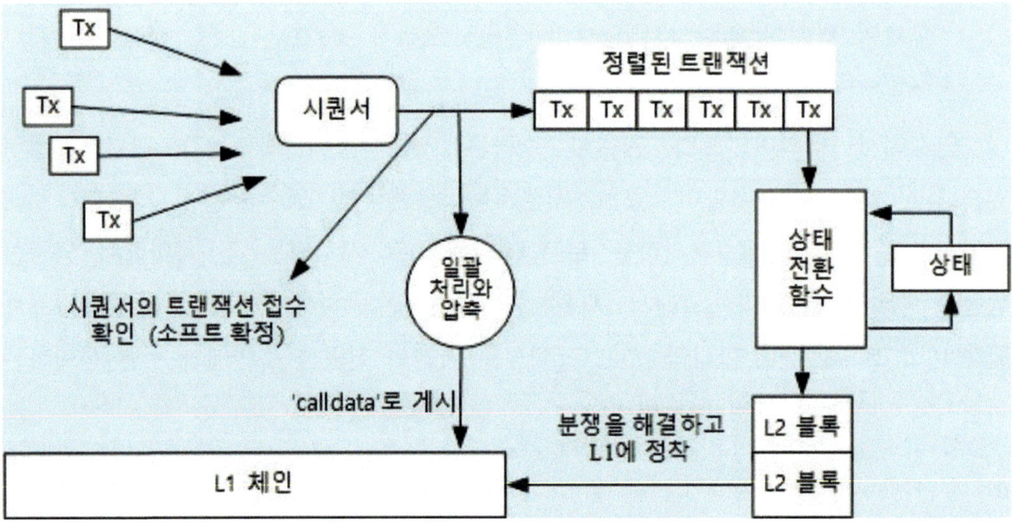

시퀀서는 결국 클라이언트의 트랜잭션을 포함하는 L2 트랜잭션 배치 (일괄 묶음)를 기본 L1 에 'calldata'로 게시합니다. 정상적인 조건에서 시퀀서는 몇 분마다 배치를 게시합니다. L2 에는 적어도 하나의 잘 작동하는 활성 알비트럼 검증자가 있다고 믿는다고 가정하면 분쟁 프로토콜이 정상작동한다고 믿을 수 있어 클라이언트는 L2 트랜잭션의 최종성을 일반 이더리움 트랜잭션과 동일하게 낙관적으로 취급할 수 있습니다.

클라이언트는 시퀀서의 '소프트 확인'의 신뢰 모델을 믿을 수 없더라도 시퀀서가 트랜잭션을 배치(3 단계)로 게시할 때까지 기다리면 낙관적으로 최종 확인이 이루어졌다고 주장할 수 있습니다. 이런 대담한 주장을 뒷받침할 수 있는 이유는 다음과 같습니다.

- 시퀀서가 배치를 L1 에 게시하고 나면, 시퀀서는 트랜잭션의 수명 주기에 대해 더 이상 관여할 수 있는 길이 없습니다.
- L1 의 받은 편지함 컨트랙트는 시퀀서가 배치를 게시할 때 임의의 알비트럼 노드가 L2 체인의 상태를 재구성하고 검증하기에 충분한 데이터를

Rblock 로 L1 에 게시하도록 합니다. 즉, 이 "입력" 데이터의 가용성은 이더리움 자체에 의해 보장됩니다.

- 알비트럼에서의 실행은 완전히 결정적입니다. 따라서 시퀀서가 배치를 게시하는 순간에 L2 체인의 상태를 계산할 수 있습니다.
- 알비트럼의 결함 방지 시스템은 건전합니다. 즉, 검증자가 (나중에) 유효한 L2 상태에서 벗어나려고 시도하는 경우 정직한 검증자는 궁극적으로 이에 이의 제기(challenge)하여 승리할 수 있습니다.

■ 4 단계. 추후 검증자에 의한 철저한 검증

시퀀서의 주도적 활동을 믿고 맡기지만 추후 검증자에 의한 검증은 철저하게 이루어집니다. 낙관적 롤업의 특징이 4 단계에서 나타나기 때문에 4 단계부터 설명이 좀 길어 집니다. 스테이킹된 활성 검증자는 받은 편지함의 입력에 대해 알비트럼 VM 을 실행하고(이전에 시퀀서가 했던 것과 동일하지만 지금은 L1 에 게시된 트랜잭션에 대해서만 실행됨) 체인의 최신 상태(예: 롤업 블록 또는 "RBlock")에 대한 온체인에 바탕을 둔 확인 과정을 수행합니다. RBlock 은 일반적으로 30-60 분마다 이렇게 확인됩니다.

- 4a. 이의를 제기하지 않습니다.

행복한/일반적인 경우에 해당됩니다. 검증인은 유효한 RBlock 을 주장했고, 분쟁 기간(Arbitrum One 에서 1 주일) 동안 다른 검증인은 이에 이의를 제기하지 않았습니다.

- 4b. 이의 제기가 있습니다!

두 명의 검증자가 서로 다른 RBlock(유효하다는 RBlock 와 유효하지 않다는 RBlock)을 주장하는 경우 그 중 하나만 유효할 수 있으므로 분쟁에 휘말리게 됩니다.

L1 스마트 계약은 얼마나 많은 스테이커가 의견이 일치하지 않는지, 누가 현재 누구와 논쟁을 벌이고 있는지 등을 추적합니다. 이러한 수준의 알비트럼 설계 아키텍처를 "주장 트리 프로토콜"이라고 부릅니다.

■ 5 단계. L1 에서 RBlock 이 확인되었습니다.

모든 분쟁이 해결되고 충분한 시간이 지나면 L1 에서 RBlock 을 확인할 수 있습니다(L1 의 모든 이더리움 계정에서 확인할 수 있음).

지금 부터는 낙관적 롤업체인인 알비트럼의 구성 요소별로 주요 기능을 요약해 보겠습니다.

시퀀서

시퀀서는 특별히 지정된 알비트럼의 완전체 노드로, 정상적인 조건에서 사용자의 트랜잭션을 L1 에 제출하는 역할을 합니다. 원칙적으로 체인의 시퀀서는 다양한 형태를 취할 수 있습니다. 현재 Arbitrum One 은 단일 중앙 집중식 엔터티입니다. 시퀀서들로 구성된 분산 위원회가 순서를 정하는 합의하는 방식을 사용할 수 있습니다. 그러나 형태에 관계없이 시퀀서에는 시스템의 다른 부분에는 적용되지 않는 근본적인 제한 사항이 있습니다. 즉, 원칙적으로 시퀀서의 보안은 레이어 1 의 보안을 상속받지 못합니다. 이것은 시퀀서가 잘못 행동할 때를 가정한다면 알비트럼 롤업의 검열 저항에 대한 주장에 의문을 제기할 수 있습니다. 메커니즘은 시퀀서가 완전히 응답하지 않거나 심지어 악의적이더라도 검열 저항을 보존하는 방법이 필요합니다. 일반적인 경우, 시퀀서는 활성 상태이며 잘 동작합니다.

주장 트리

알비트럼 체인의 '상태'는 "논쟁의 여지가 있는 주장" 또는 "DA"라고도 하는 "주장"을 통해 이더리움에서 다시 확인됩니다. 이는 알비트럼 검증자가 알비트럼 체인의 상태에 대해 제기한 주장입니다. 주장을 하려는 검증자는 이더 (ETH)를 잠그고 묶어 두어야 합니다. 모든 미해결 주장은 일반적으로 유효합니다. 즉, 유효한 주장은 다른 유효한 주장을 기반으로 구축되고, 이는 다른 유효한 주장을 기반으로 구축되는 식입니다. 분쟁 기간(약 1 주일)이 지나고 주장에 이의를 제기하지 않으면

L1 에서 다시 확정됩니다. 그러나 두 개 이상의 충돌하는 주장이 있는 경우 주장 트리는 여러 분기로 분기됩니다.

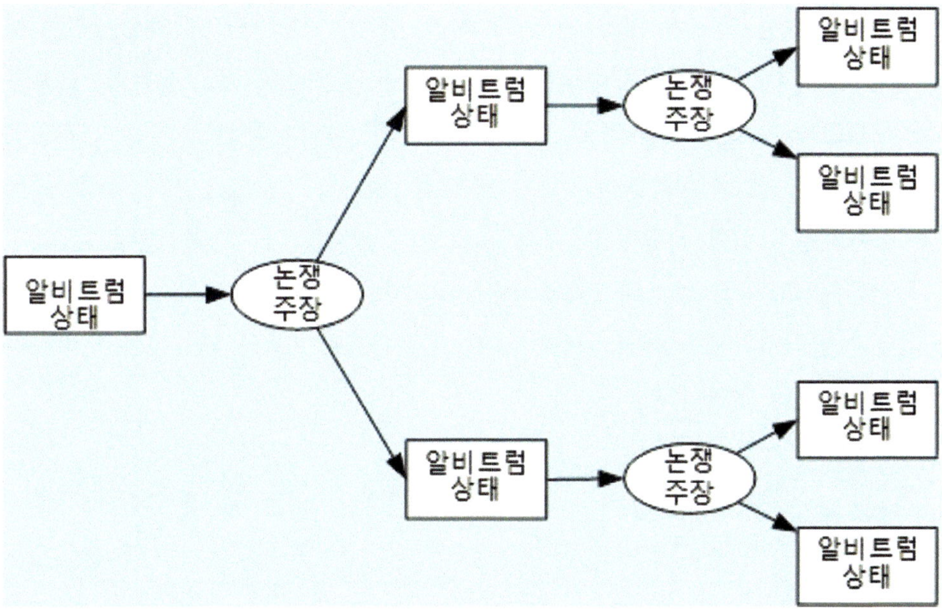

주장 트리에 충돌하는 리프가 여러 개 있고 여러 분쟁이 진행 중이더라도 검증자는 계속 주장을 할 수 있습니다. 그림은 주장 트리에 6 개의 리프(잎)가 포함된 경우이며 결국 이들 가운데 하나의 리프만 유효한 체인 상태를 나타낼 수 있습니다

알비트럼 체인을 상태 변환 함수로 볼 때, 체인 상태와 몇 가지 새로운 입력이 주어지면 유효한 출력이 하나만 있습니다. 따라서 주장 트리에 둘 이상의 리프(잎)가 포함된 경우 최대 하나의 리프만 유효한 체인 상태를 나타낼 수 있습니다. 정직한 활성 유효성 검증자가 하나 이상 있다고 가정하면 정확히 하나의 리프가 유효합니다. 두 가지 상충되는 주장이 논쟁에 들어갈 수 있습니다. 이의 제기 절차를 나타내는 방법은 대화형 챌린지라고 합니다. 주장 트리 프로토콜에 대한 이해를 돕기 위해, 2 자 간의 분쟁은 최대 정해진 시간(1 주일) 동안 지속되며, 이 기간이 끝나면 두 개의 상충되는 주장 중 하나가 거부되고 이를 게시한 검증자는 지분을 잃게 됩니다. 주장이 확인되고 지분이 회복되기 위해서는 두 가지 조건이 충족되어야 합니다: 분쟁을 위한 충분한 시간이 지나야 하며, 주장 트리에 다른 충돌하는 분기가

존재해서는 안 됩니다. 이러한 속성들은 적어도 하나의 정직한 활성 유효성 검증자가 존재하는 한 유효한 체인 상태가 궁극적으로 확인되도록 합니다.

주장 트리에 충돌하는 리프가 여러 개 있고 여러 분쟁이 진행 중이더라도 검증자는 계속 주장을 할 수 있습니다. 정직한 검증자는 단순히 하나의 유효한 리프를 기반으로 구축합니다. 분쟁 중이라도 마찬가지로 트랜잭션이 체인의 받은 편지함에 계속 게시되기 때문에 사용자는 L2 에서 거래를 계속할 수 있습니다. 분쟁 중에 사용자가 경험하는 유일한 지연은 L2 에서 L1 로의 트랜잭션 메시지(즉, "인출")입니다. 이러한 지연을 고의로 일으켜 시스템을 저하시키려는 "지연 공격자"는 지연 시간이 증가할 때마다 공격자가 또 다른 지분을 잃게 되기 때문에 이 공격에 상당한 비용이 든다는 것을 알게 될 것입니다.

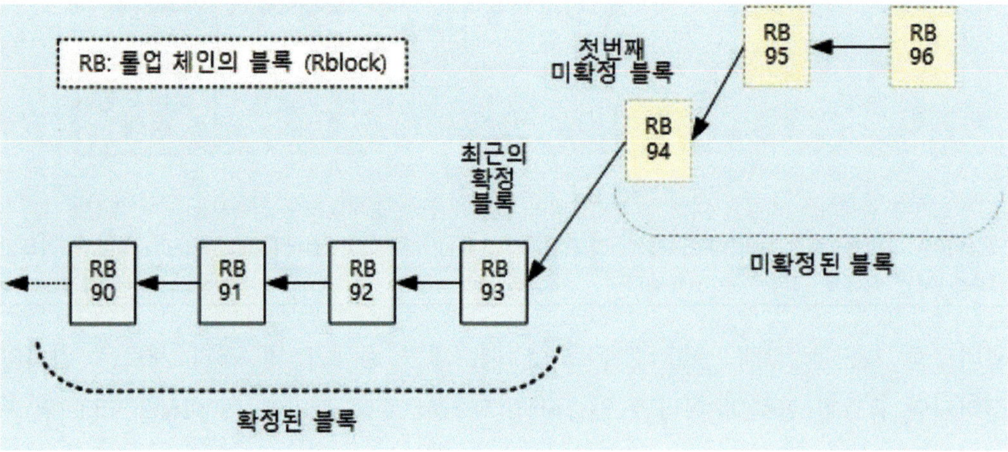

RBlock 은 알비트럼 롤업 프로토콜이 관리하고 감독하는 별도의 체인을 형성하는 것으로 생각할 수 있습니다. 그림은 롤업 체인 (Rblock chain)의 예시입니다.

L2 블록과 RBlock 의 차이점은 무엇입니까?

L2 블록은 L1 블록의 개념과 매우 유사합니다. 이러한 블록은 시퀀서가 정렬한 트랜잭션들 (배치)에 대하여 상태 전환 기능을 실행하여 알비트럼의 검증자 노드에 의해 생성됩니다. L2 블록의 생성은 시퀀서가 주도합니다. L2 블록의 구조는 이더리움

블록의 구조와 유사합니다. 반면에 RBlock 은 알비트럼 체인의 가장 최근 상태에 대한 지문(fingerprint) 역할을 하기 위해 L1 으로 다시 전송되는 고유한 블록입니다. RBlock 은 Arbitrum (L2) 체인의 현재 상태 루트에 대한 주장과 인출 및 챌린지와 관련된 기타 필수 정보로 구성됩니다. 이러한 RBlock 도 검증자에 의해 생성되지만 L1 체인에 추가됩니다. 다른 검증자는 체인의 현재 상태 해시가 처음에 주장된 것과 다르다는 것을 발견하면 약 1 주일의 특정 기간 동안 이의를 제기할 수 있습니다. 챌린지 기간이 경과하면 L1 에서 RBlock 이 확정됩니다.

Rblock 으로 이루어진 롤업 체인(Rblock chain)

롤업 프로토콜은 롤업 블록(L1 의 RBlock) 체인을 추적합니다. 레이어 1 이더리움 블록과 동일하지 않으며 레이어 2 블록과도 동일하지 않습니다. RBlock 은 알비트럼 롤업 프로토콜이 관리하고 감독하는 별도의 체인을 형성하는 것으로 생각할 수 있습니다. 검증자는 RBlock 을 제안할 수 있습니다. 새 RBlock 은 처음에는 해결되지 않습니다. 결국 모든 RBlock 은 확인 또는 거부되어 해결됩니다. 확인된 RBlock 은 체인의 확인된 기록을 구성합니다. 각 RBlock 에는 다음이 포함됩니다.

- RBlock 번호
- 이전 RBlock 번호: 이 RBlock 이전의 마지막 RBlock 번호는 정확하다고 주장됩니다.
- L2 체인의 역사에서 생성된 L2 블록의 수
- L2 체인 기록에서 사용된 받은 편지함 메시지 수
- L2 체인의 역사를 통해 생성된 출력의 해시입니다.

RBlock 번호를 제외하고, RBlock 의 내용은 모두 RBlock 제안자의 주장일 뿐입니다. 알비트럼은 처음에는 이러한 필드 중 하나라도 올바른지 여부를 알지 못합니다. 이러한 필드가 모두 올바르면 프로토콜은 결국 RBlock 을 받아들입니다. 이러한 필드 중 하나 이상이 잘못된 경우 프로토콜은 결국 RBlock 을 거부해야 합니다. RBlock 에는 다른 검증자가 응답해야 하는 기간을 나타내는 마감일이 할당됩니다.

검증자이고 RBlock 이 정확하다는 데 동의하는 경우 아무 것도 할 필요가 없습니다. RBlock 에 동의하지 않으면 감증자는 다른 결과로 다른 RBlock 을 게시할 수 있으며 첫 번째 RBlock 의 스테이커에 대한 도전으로 끝날 수 있습니다.

체인 역사의 초기 부분을 나타내는 가장 왼쪽에서부터 RBlock 은 확인되었습니다. 이는 체인을 관리하는 레이어 1 계약에 의해 완전히 수락되고 기록되었습니다. 확인된 RBlock 중 최신 RBlock 인 RBlock 93 를 "최신 확인된 RBlock"이라고 합니다. 오른쪽에는 새로 제안된 RBlock 세트가 있습니다. 프로토콜은 마감일이 아직 끝나지 않았기 때문에 아직 확인하지 않았거나 거부할 수 있습니다. 운명이 아직 결정되지 않은 가장 오래된 RBlock 인 RBlock 94 는 "최초의 해결되지 않은 RBlock"이라고 불립니다. 제안된 RBlock 은 이전에 제안된 RBlock 을 기반으로 빌드될 수 있습니다. 이를 통해 검증자는 프로토콜이 이전 프로토콜을 확인할 때까지 기다릴 필요 없이 RBlock 을 계속 제안할 수 있습니다. 아주 드문 경우를 제외하면, 제안된 모든 RBlock 은 유효하므로 결국 모두 수락됩니다.

다음은 여러 검증자가 악의적일 경우 체인 상태가 어떻게 보일 수 있는지에 대한 또 다른 예입니다. 프로토콜에서 발생할 수 있는 다양한 사례를 설명하기 위해 고안된 인위적인 예로, 이런 경우는 좀처럼 일어나지 않습니다.

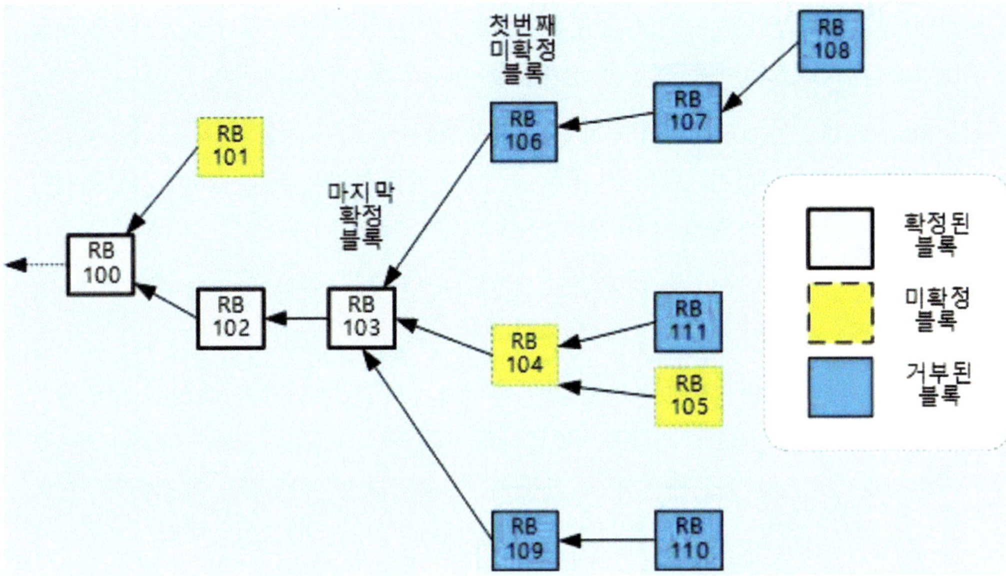

여러 검증자가 악의적일 경우 체인 상태가 어떻게 보일 수 있는지에 대한 롤업 체인 (Rblock chain)의 예시입니다.

위 그림에는 많은 악의적인 일이 일어나고 있다는 가정이 있습니다.

- RBlock 100 이 확인되었습니다.
- RBlock 101 은 RBlock 100 의 올바른 후계자라고 주장했지만 101 은 거부되었습니다.
- RBlock 102 는 결국 100 의 올바른 다음 Rblock 로 확인되었습니다.
- RBlock 103 이 확인되었으며 현재 가장 최근에 확인된 RBlock 입니다.
- RBlock(104)은 RBlock(103)의 후임자로서 제안되었고, 105 는 104 의 후임자로서 제안되었습니다. 104 는 잘못된 것으로 거부되었고, 결과적으로 105 는 전임자가 거부되었기 때문에 거부되었습니다.
- RBlock 106 이 해결되지 않았습니다. RBlock 103 의 올바른 후계자라고 주장하지만 프로토콜은 아직 이를 확인할지 거부할지 결정하지 않았습니다. 확인되지 않은 첫 번째 RBlock 입니다.

- RBlock(107)과 108 은 106 번부터 체인으로 연결된다고 합니다. 그들은 또한 해결되지 않았습니다. 106 이 거부되면 자동으로 거부됩니다.
- RBlock 109 는 RBlock 106 과 일치하지 않는다고 주장합니다. 둘 다 동일한 전임자를 주장하기 때문입니다. 그 중 적어도 하나는 결국 거부되지만 프로토콜은 아직 해결하지 못했습니다.
- RBlock 110 은 109 를 따른다고 주장합니다. 해결되지 않았습니다. 109 가 거부되면 110 도 자동으로 거부됩니다.
- RBlock 111 은 104 를 따른다고 주장합니다. 111 은 전임자가 이미 거부되었기 때문에 필연적으로 거부될 것입니다. 그러나 프로토콜이 RBlock 번호 순서로 RBlock 을 해결하기 때문에 프로토콜은 111 을 해결하기 전에 106 에서 110 까지 순서대로 해결해야 하기 때문에 아직 거부되지 않았습니다. 110 이 해결되면 111 을 즉시 거부할 수 있습니다.

다시 말하지만, 이런 종류의 일은 실제로 거의 일어나지 않습니다. 이 다이어그램에서 최소 4 명의 당사자가 잘못된 RBlock 에 스테이킹을 해야 하며, 논쟁이 가라앉으면 최소 4 명의 당사자가 지분을 잃게 됩니다. 물론 프로토콜은 이러한 경우를 올바르게 처리하지만 드문 경우입니다. 이 다이어그램은 일어날 가능성은 낮지만 다양한 상황과 프로토콜이 이를 처리하는 방법을 설명하고 있습니다.

PART 9 웹 3.0 의 발전

- 웹 3.0 의 진화
- 웹 3.0 용으로 설계된 암호화폐 지갑
- 블록체인 애플리케이션을 위한 오프체인 데이터 저장
- 블록체인 데이터를 오프체인에서 체계적으로 색인화

PART 9 에서 참조한 주요 블록체인 또는 암호화폐			
이더리움	메타마스크	Infura	IPFS
파일코인	더그래프	폴리곤	

29. 웹 3.0 의 진화

웹 3 애플리케이션(DAPP)은 웹 2 애플리케이션과 구조적으로 크게 다릅니다. 웹 2 에서는 중앙 서버가 데이터베이스와 백엔드를 통해 모든 데이터를 관리하지만, 웹 3 는 블록체인 기술을 활용하여 분산된 네트워크의 노드가 데이터를 관리합니다. 스마트 계약을 통해 웹 3 애플리케이션의 로직을 정의하고 이더리움 가상 머신(EVM)이 이를 실행합니다. 프론트엔드는 사용자의 인터페이스를 정의하며 블록체인과 상호작용하기 위해 JSON-RPC 를 통해 노드에 연결됩니다. IPFS 와 같은 분산형 스토리지를 통해 데이터를 저장하며, 확장성을 위해 폴리곤과 같은 레이어 2 솔루션이 사용됩니다. THE GRAPH 와 같은 인덱싱 솔루션을 통해 블록체인 데이터를 효율적으로 질의할 수 있습니다.

웹 2 구조에서는 중앙 서버가 중심

웹 3(Web 3.0) 애플리케이션(또는 "DApp")의 구조는 웹 2(Web 2.0) 애플리케이션과 완전히 다릅니다. 아래는 오늘날 대부분의 웹 2 애플리케이션이 어떻게 작동하는지에 대한 간단한 요약입니다. 예를 들어 사용자가 자신의 콘텐츠를 게시하고 다른 사람의 콘텐츠와 상호 작용할 수 있는 간단한 블로그 사이트인 Medium(미디엄)을 생각해 보세요. 웹2 애플리케이션으로서는 단순하게 들릴 수도 있지만, 이 모든 것을 가능하게 하기 위해 Medium 의 아키텍처에는 많은 기능이 포함되어 있습니다. 첫째, 사용자, 게시물, 태그, 댓글, 좋아요와 같은 필수 데이터를 저장할 장소가 있어야 합니다. 이를 위해서는 지속적으로 업데이트되는 데이터베이스가 필요합니다. 둘째, 백엔드 코드(Node.js, Java 또는 Python 과 같은 언어로 작성됨)는 Medium 의 비즈니스 로직을 정의해야 합니다. 예를 들어, 신규 사용자가 가입하거나, 새 블로그를 게시하거나, 다른 사람의 블로그에 댓글을 달면 어떻게 처리할 것인가를 백엔드 코드가 정의합니다. 셋째, 프론트엔드 코드(일반적으로 JavaScript, HTML, CSS 로 작성됨)는 Medium 의 사용자 인터페이스 로직을 정의해야 합니다. 프론트엔드 코드는 사이트는 어떤 모습이며, 사용자가 페이지의 각 요소와 상호 작용하는 인터페이스를 정의합니다. 종합해보면, Medium 에 블로그 게시물을 작성할 때 미디엄의 프론트엔드와 상호작용하게 됩니다. 프론트엔드는 백엔드와 데이터베이스와 통신합니다. 이 코드를 가지고 있는 곳은 모두 중앙 서버이며 사용자는 인터넷 브라우저를 통해 HTTP 프로토콜로 서버와 통신합니다. 하지만 모든 것이 변하고 있습니다. 블록체인 기술은 웹 3 애플리케이션에 대한 흥미롭고 새로운 방향을 제시했습니다.

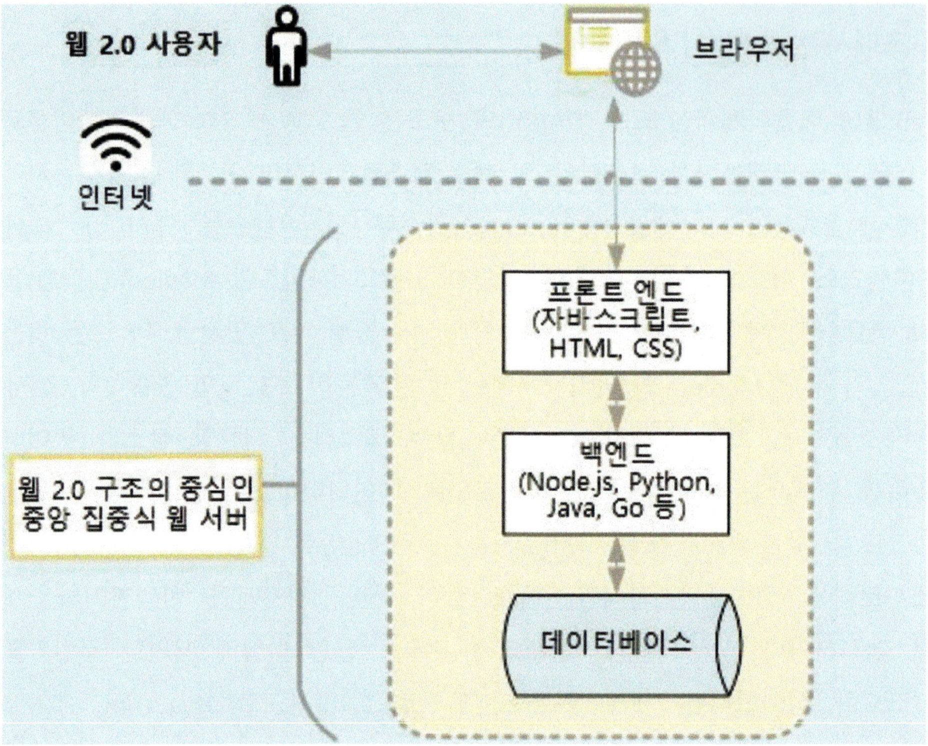

웹 2 애플리케이션을 위하여 필수 데이터를 저장할 중앙집중식 서버의 지속적으로 업데이트되는 데이터베이스가 필요합니다. 특히 프론트엔드는 백엔드와 백엔드는 데이터베이스와 통신합니다. 이 코드를 가지고 있는 곳은 모두 중앙 서버이며 사용자는 인터넷 브라우저를 통해 HTTP 프로토콜로 서버와 통신합니다.

웹 3 이 웹 2 와 다른 점은 무엇입니까?

Medium 과 같은 웹 2 애플리케이션과 달리 웹 3 은 중간자를 제거합니다. 애플리케이션 상태를 저장하는 중앙 집중식 데이터베이스도 없고 백엔드 로직이 상주하는 중앙 집중식 웹 서버도 없습니다. 대신, 블록체인을 활용하여 인터넷의 분산된 익명 노드에 의해 유지 관리되는 분산 상태 전환시스템 (블록체인)에 앱을 구축할 수 있습니다. "상태 머신"이란 특정 프로그램 상태에서 어떤 메시지가 입력되면 해당 머신은 다음 상태로 전환해 나가는 머신을 의미합니다. 블록체인은 일부 초기 생성 상태로 인스턴스화되고 해당 상태가 어떻게 전환될 수 있는지

정의하는 매우 엄격한 규칙(즉, 합의)을 통해야만 작동하는 상태 머신입니다. 더 좋은 점은 단일 개체가 이 분산 상태 시스템을 제어하지 않는다는 것입니다. 이는 네트워크의 모든 노드가 공동으로 유지 관리합니다.

웹 2 의 백엔드 서버는 어떻게 달라질까요? Medium 의 백엔드를 제어하는 방식 대신 웹 3 에서는 애플리케이션의 논리를 정의하고 이를 분산 상태 시스템에 배포하는 스마트 계약을 작성할 수 있습니다. 이는 블록체인 애플리케이션을 구축하려는 모든 사람이 이 공유 상태 머신에 자신의 코드를 배포한다는 것을 의미합니다. 그러나 프론트엔드는 몇 가지 예외를 제외하고 거의 동일하게 유지됩니다. 이더리움 블록체인을 예로 들면, 웹 3 구조는 다음 그림과 같습니다.

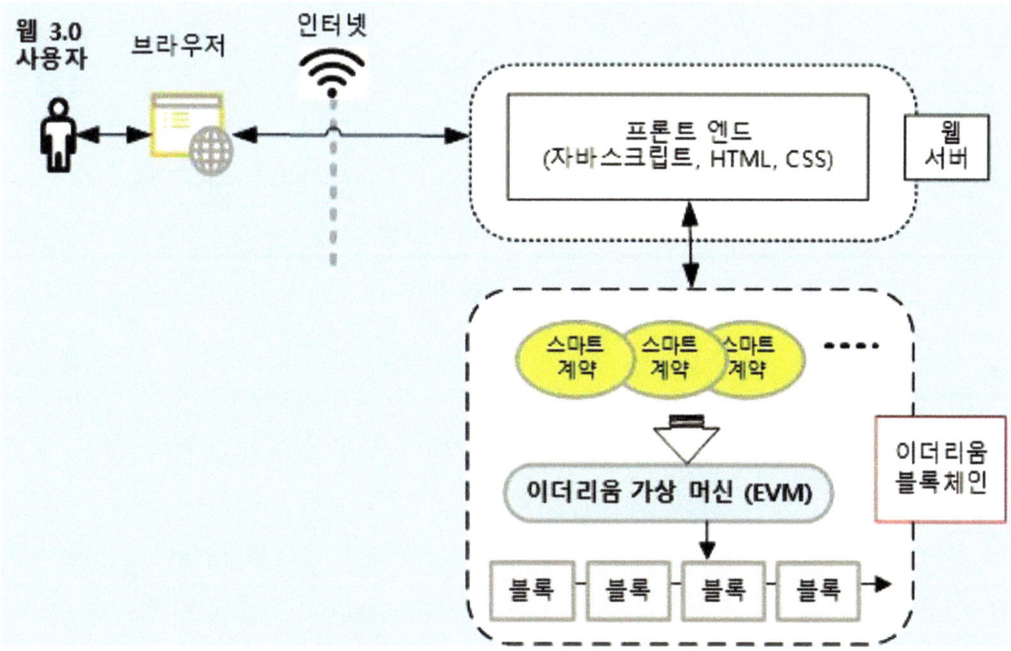

웹 2 의 백엔드 서버 부분이 웹 3 에서는 애플리케이션의 논리를 정의하고 이를 분산 상태 시스템에 배포하는 스마트 계약으로 작성됩니다. 당연히 스마트 계약은 블록체인에 배포되고 EVM 으로 실행됩니다.

무엇이 웹 3 를 가능하게 하는가?

■ 블록체인

이더리움 블록체인이 종종 "세계의 컴퓨터"로 불리는 이유는 블록체인이 P2P 노드로 구성된 네트워크에 의해 유지 관리되는 전 세계적으로 접근 가능한 결정론적 상태 머신이기 때문입니다. 이 상태 시스템의 상태 변경은 네트워크를 구성하는 노드들 간의 합의 규칙에 따라 관리됩니다. 즉, 말 그대로 전 세계 누구나 접근 (read) 가능하고 쓸(write) 수 있는 상태 시스템으로 설계되었습니다. 결과적으로 이 시스템은 단일 개체의 소유가 아니라 네트워크의 모든 노드가 공동으로 소유하게 됩니다.

■ 스마트 계약

스마트 계약은 이더리움 블록체인에서 실행되고 블록체인에서 발생하는 상태 변경의 논리를 정의하는 프로그램입니다. 스마트 계약은 Solidity 또는 Vyper 와 같은 고급 언어로 작성됩니다. 스마트 계약 코드는 이더리움 블록체인에 저장되기 때문에 누구나 네트워크상의 모든 스마트 계약의 애플리케이션 로직을 검사할 수 있습니다.

■ 이더리움 가상 머신(EVM)

EVM 은 스마트 계약에 정의된 논리(스마트 계약코드)를 실행하고 전역적으로 접근 가능한 상태 머신에서 발생하는 상태 변경을 처리합니다. EVM 은 스마트 계약을 작성하는 데 사용되는 Solidity 및 Vyper 와 같은 고급 언어를 이해하지 못합니다. 대신, 고급 언어를 바이트코드로 컴파일해야 EVM 이 실행할 수 있습니다.

■ 프런트엔드

프론트엔드는 UI (사용자 인터페이스) 로직을 정의하지만, 프런트엔드는 스마트 계약에 정의된 애플리케이션 로직과도 통신합니다. 프런트엔드와 스마트 계약 간의 통신은 조금 복잡합니다. 프론트엔드 코드는 이더리움의 스마트 계약과 어떻게 통신하는지를 살펴보겠습니다. 프론트엔드 코드는 중앙집중식 서버에 배포되어 있지만, 스마트 계약 코드는 분산형 노드에 동일한 복사본들이 배포되어 있는 까닭으로 프론트엔드가 스마트 계약과 통신하여 계약 기능을 호출하는 방법의 이해가 필요합니다. 이더리움 네트워크의 모든 노드는 모든 스마트 계약과 관련된 코드 및 데이터를 포함하여 이더리움 상태 시스템의 모든 상태 사본을 보관합니다.

상호작용 트랜잭션을 처리하는 공급자

스마트 계약의 복사본은 모든 노드가 보유하고 있습니다. 그래서 블록체인의 데이터 및 스마트 계약 코드와 상호 작용하려면 이러한 노드 중 하나와 상호 작용해야 합니다. 이 상호 작용 트랜잭션은 모든 노드로 브로드캐스트되고, 모든 노드는 EVM 에서 이 트랜잭션이 관련된 스마트 계약을 실행시키게 됩니다. 그러면 모든 노드의 동일한 스마트 계약이 동일하게 결국 실행됩니다. 물론 여기에는 채굴자 또는 검증자들이 주도하는 결과적인 상태 변경을 위한 합의 단계가 있습니다.

신규 트랜잭션을 블록체인 네트워크로 브로드캐스트하는 방법에는 두 가지가 있습니다.

- 이더리움 블록체인 소프트웨어를 실행하는 자체 노드를 설정
- Infura, Alchemy, Quiknode 와 같은 타사 서비스에서 제공하는 노드를 사용

타사 서비스를 사용하는 경우 완전한 블록체인 노드를 직접 실행하는 데 따른 모든 골치 아픈 문제를 처리할 필요가 없습니다. 자체 노드를 설정하려면, 자신의 서버에 새로운 이더리움 노드를 설정하는 데 며칠이 걸릴 수 있습니다. (동기화해야 할 데이터가 많습니다. 일반 노트북이 처리할 수 있는 것보다 더 많은 대역폭과 저장 공간을 차지할 수도 있습니다.) 게다가 전체 이더리움 블록체인을 저장하는 비용은 DApp 이 확장됨에 따라 올라갑니다. 블록체인 인프라도 계속 확장합니다. 그렇기 때문에 인프라가 더욱 복잡해짐에 따라 완전한 블록체인 노드를 운영하려면 정규 노드 운영 엔지니어가 필요하게 됩니다. 즉, 이러한 골치 아픈 문제를 피하는 것이

많은 DApp 이 Infura 또는 Alchemy 와 같은 서비스를 사용하여 노드 인프라를 관리하기로 선택하는 이유입니다. 블록체인과 상호 작용해야 할 때 연결하는 노드(직접 설정하든 타사 서비스의 기존 노드를 사용하든)를 종종 "공급자"라고 합니다.

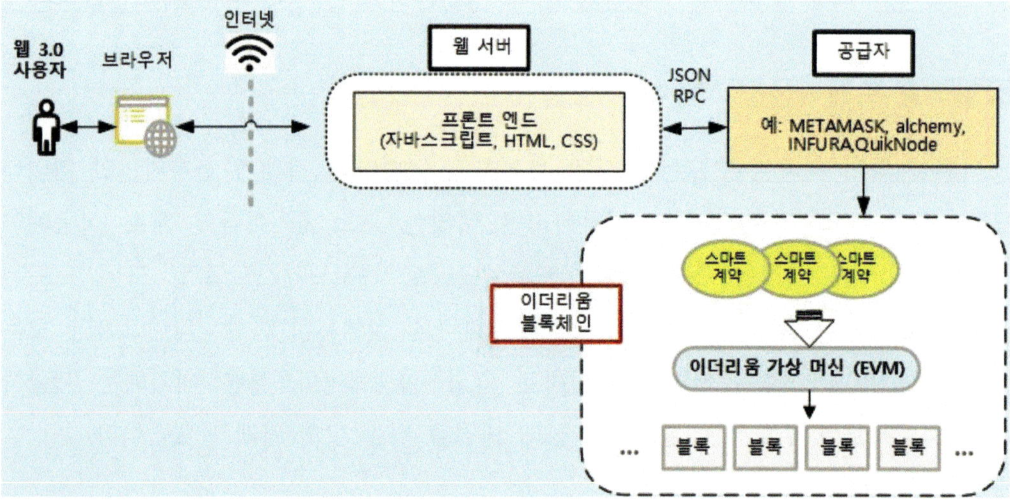

스마트 계약의 복사본은 모든 노드가 보유하고 있기 때문에 블록체인의 데이터 및 스마트 계약 코드와 상호 작용하려면 이러한 노드 중 하나와 상호 작용해야 합니다. 신규의 상호작용 트랜잭션을 블록체인 네트워크로 브로드캐스트하는 방법에는 자체 노드를 설정하는 방법과 타사 서비스에서 제공하는 노드를 사용하는 방법이 있습니다. 타사 서비스를 사용하는 경우가 편리하지만, 직접 설정하든 타사 서비스의 기존 노드를 사용하든 블록체인과 상호 작용해야 할 때 연결하는 노드를 "공급자"라고 합니다.

블록체인에 "쓰기"를 가능하게 하는 서명자

모든 이더리움 클라이언트(예: 공급자)는 JSON-RPC 사양을 구현합니다. 이를 통해 프런트엔드 애플리케이션이 블록체인과 상호 작용하려고 할 때 필요한 통일된 호출 함수의 집합이 있음을 보장합니다. 여러 데이터 구조와 해당 처리 규칙을 정의하는 상태 비저장 경량 원격 프로시저 호출(RPC)는 소켓과 HTTP 를 통한 메시지 전달 환경과 같은 개념의 프로토콜이며, 데이터 형식으로 JSON(RFC 4627)을 사용합니다.

공급자를 통해 블록체인에 연결하면 블록체인에 저장된 상태를 읽을 수 있습니다. 그러나 상태에 기록하고 싶다면 블록체인에 트랜잭션을 제출하기 전에 수행해야 할 작업이 한 가지 더 있습니다. 개인 키를 사용하여 트랜잭션에 "서명"하는 것입니다. 예를 들어, 사용자가 블로그 게시물을 읽거나 블록체인에 게시할 수 있는 DApp A 가 있다고 가정해 보겠습니다. 누구나 특정 사용자가 작성한 블로그 게시물을 쿼리할 수 있는 버튼이 프런트엔드에 있을 수 있습니다. 블록체인에서 읽으려면 사용자가 거래에 서명할 필요가 없습니다. 그러나 사용자가 블록체인에 새 게시물을 게시하려고 할 때 DApp A 는 사용자에게 개인 키를 사용하여 거래에 "서명"하도록 요청합니다. 그래야만 DApp A 가 트랜잭션을 블록체인에 전달합니다. 그렇지 않으면 노드가 거래를 수락하지 않습니다. 이러한 거래 "서명"은 Metamask 가 필요한 지점입니다.

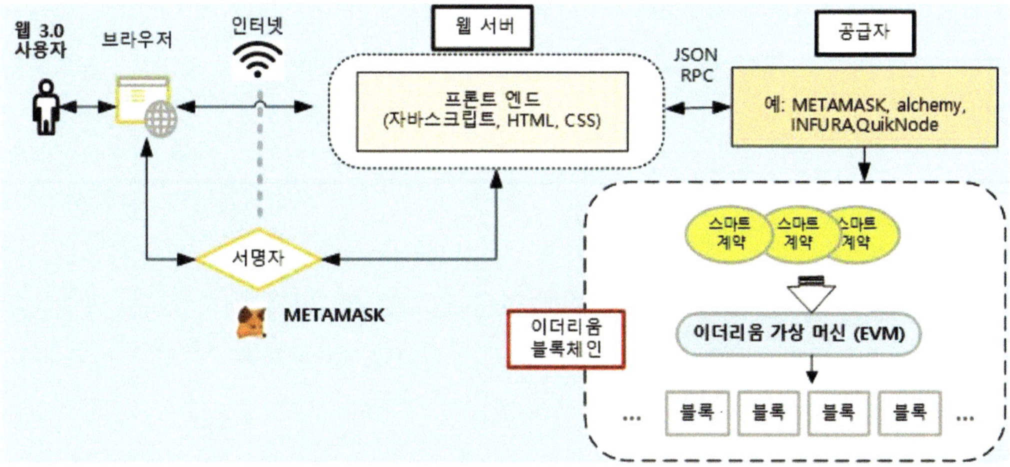

공급자를 통해 블록체인에 연결하면 블록체인에 저장된 상태를 읽을 수 있습니다. 그러나 상태에 기록하고 싶다면 블록체인에 트랜잭션을 제출하기 전에 개인 키를 사용하여 트랜잭션에 "서명"해야 합니다. 이러한 거래 "서명" 처리를 하는 서명자 역할을 Metamask 가 수행해 줍니다.

Metamask 는 애플리케이션이 키 관리 및 트랜잭션 서명을 쉽게 처리할 수 있게 해주는 도구입니다. Metamask 는 사용자의 개인 키를 브라우저에 저장하고 프런트엔드에서 사용자가 트랜잭션에 서명해야 할 때마다 Metamask 를 호출합니다. 또한 Metamask 는 트랜잭션에 서명하는 데 필요하기 때문에 메타마스크가 관리하는 노드에 이미 연결되어 있습니다. 또 메타마스크는 공급자 자격으로 블록체인에 대한 연결을 제공합니다. 이런 방식으로 Metamask 는 공급자이자 서명자입니다.

분산형 오프체인 스토리지 솔루션

앞에서 설명한 웹 3 구조는 모든 스마트 계약과 데이터가 전적으로 이더리움 블록체인에 존재하는 앱을 구축하는 경우에 해당합니다. 하지만 이더리움에 앱을 구축해 본 사람이라면 모든 것을 블록체인에 저장하는 것이 비용이 많이 들고 느리다는 것을 알고 있습니다. 이더리움에서는 블록체인에 새로운 데이터를 추가할 때마다 사용자가 비용을 부담해야 합니다. 분산형 상태 머신에 상태를 추가하면 해당 상태 머신을 유지 관리하는 노드의 비용이 증가하기 때문입니다. 거래로 새로운 상태를 블록체인에 추가해야 할 때마다 DApp 사용에 대한 추가 비용을 지불하도록 사용자에게 요청하는 방식은 좋은 해결책이 아닙니다. 이에 대처하는 한 가지 방법은 IPFS 또는 Swarm 과 같은 분산형 오프체인 스토리지 솔루션을 사용하는 것입니다.

IPFS 는 데이터를 저장하고 액세스하기 위한 분산 파일 시스템입니다. 따라서 IPFS 시스템은 중앙 집중식 데이터베이스에 데이터를 저장하는 대신 P2P 네트워크에 데이터를 배포하고 저장합니다. 이렇게 하면 필요할 때 쉽게 검색할 수 있습니다. IPFS 에는 "파일코인"이라는 인센티브 계층도 있습니다. 이 계층은 전 세계 노드가 이 데이터를 저장하고 검색하도록 장려합니다. Infura(IPFS 노드 제공) 또는 Pinata(파일을 IPFS 에 "고정"하고 IPFS 해시를 가져와 블록체인에 저장할 수 있는 사용하기 쉬운 서비스 제공)와 같은 공급자를 사용할 수 있습니다.

Swarm 은 분산형 스토리지 네트워크라는 점에서 유사하지만 한 가지 눈에 띄는 차이점이 있습니다. 파일코인은 별도의 시스템인 반면, Swarm 의 인센티브 시스템은 데이터 저장 및 검색을 위해 이더리움 블록체인의 스마트 계약을 통해 내장 및 시행됩니다. 이제 IPFS 또는 Swarm 을 사용하면 웹 3 구조는 다음과 같습니다.

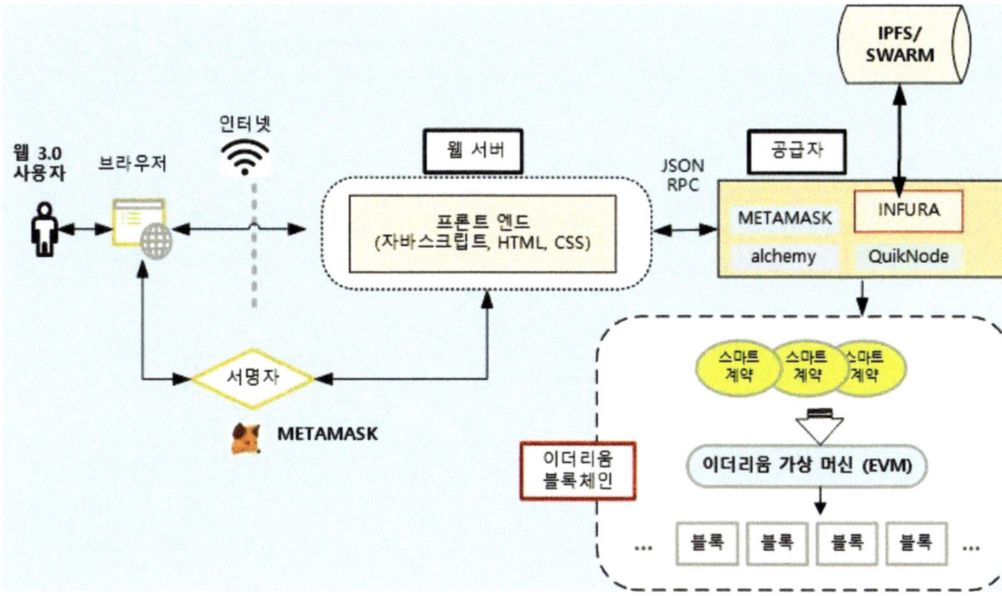

모든 스마트 계약과 데이터를 전적으로 이더리움 블록체인에 존재하는 앱을 구축하려면 비용이 많이 들고 데이터 사용이 느리다는 점이 문제입니다. 이에 대처하는 한 가지 방법은 IPFS 또는 Swarm 과 같은 분산형 오프체인 스토리지 솔루션을 사용하는 것입니다.

웹서버 대신 분산형 스토리지 솔루션에서 프런트엔드를 호스팅

독자들은 프런트엔드 코드가 블록체인에 저장되지 않는다는 사실을 알아차렸을 수도 있습니다. 웹 2 에서 일반적으로 하는 것처럼 아마존 웹 서비스 (AWS)에서 이 코드를 호스팅할 수 있지만 이는 DApp 에 대한 중앙 집중식 구성 요소의 문제점을 안고 있습니다. AWS 가 다운되거나 앱을 검열하는 경우가 생길 수 있습니다. 그렇기 때문에 진정한 분산형 앱을 구축하려면 IPFS 또는 Swarm 과 같은 분산형 스토리지 솔루션에서 프런트엔드를 호스팅하도록 선택할 수 있습니다. 이런 애플리케이션 구조는 다음과 같습니다.

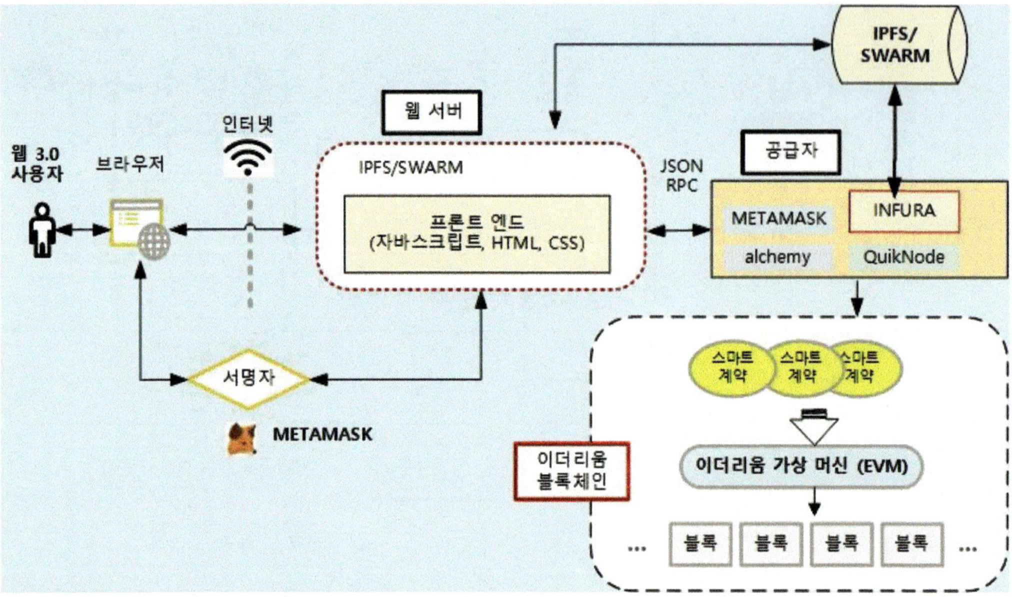

웹 2 에서 일반적으로 하는 것처럼 아마존 웹 서비스 (AWS)에서 프런트 엔드 코드를 호스팅할 수 있지만 이는 DApp 에 대한 중앙 집중식 구성 요소의 문제점을 안고 있습니다. 그렇기 때문에 진정한 분산형 앱을 구축하려면 IPFS 또는 Swarm 과 같은 분산형 스토리지 솔루션에서 프런트엔드를 호스팅하도록 선택할 수 있습니다.

블록체인의 데이터를 더 쉽게 질의할 수 있게 해주는 오프체인 인덱싱 솔루션

지금까지 우리는 트랜잭션에 서명한 다음 이를 블록체인으로 보내 블록체인에 쓰는 방법에 대해 이야기했습니다. 하지만 블록체인의 스마트 계약에서 데이터를 읽는 방법은 두 가지가 있습니다.

■ 스마트 계약 이벤트

Web3.js 라이브러리를 사용하여 스마트 계약 이벤트로 질의를 보내거나 스마트 계약의 이벤트를 수신할 수 있습니다. 특정 이벤트를 수신하고 이벤트가 발생할 때마다 콜백을 보내주도록 지정할 수 있습니다. 예를 들어 사용자 A 가 사용자 B 에게 지속적인 결제 스트림을 보내는 스마트 계약이 있는 경우 새로운 결제가 이루어질 때마다 사용자 B 에게 이벤트를 내보낼 수 있습니다. 프런트엔드 코드는 스마트 계약이 실행하는 이벤트를 수신할 수 있고, 수신한 이벤트에 따라 특정 작업을 수행합니다.

■ 더 그래프(The Graph)

앞에서 설명한 스마트 계약 이벤트에 의한 접근 방식은 작동하지만 몇 가지 제한 사항이 있습니다. 예를 들어, 스마트 계약을 배포한 후 나중에 원래 포함하지 않았던 이벤트를 발생시켜야 한다는 사실을 깨닫게 된다면 어떻게 될까요? 안타깝게도 해당 이벤트와 데이터가 포함된 새로운 스마트 계약을 재배포해야 합니다. 더욱이 다양한 UI 로직을 처리하기 위해 콜백을 사용하는 것은 매우 복잡해집니다. 여기서 "The Graph"가 등장합니다.

The Graph (기본 코인은 GRT)는 이더리움 블록체인의 데이터를 더 쉽게 질의할 수 있게 해주는 오프체인 인덱싱 솔루션입니다. The Graph 를 사용하면 인덱싱할 스마트 계약, 수신할 이벤트 및 함수 호출, 수신 이벤트를 프런트엔드 로직(또는 API 를 사용하는 모든 항목)이 사용할 수 있는 방법을 “서브그래프”로 정의할 수 있습니다. 오프체인인 인덱싱된 "서브그래프"를 표준 GraphQL API 로 질의할 수 있습니다. 그래서 The Graph 를 사용하면 블록체인 데이터를 인덱싱함으로써 짧은 대기 시간으로 애플리케이션 로직에서 온체인 데이터를 질의할 수 있습니다. 아래에 설명은 서브그래프 매니페스트가 배포된 후의 이더리움 트랜잭션을 처리하는 데이터 흐름에 대한 정보를 제공합니다.

- 디앱(dApp)은 스마트 계약에 대한 트랜잭션을 통해 이더리움에 데이터를 추가합니다.
- 스마트 계약은 트랜잭션을 처리하는 동안 하나 이상의 이벤트를 내보냅니다.
- The Graph 노드는 이더리움에서 만들어지는 새로운 블록을 계속 모니터링하면서 블록에 포함되어 있는 서브그래프에 속하는 데이터를 지속적으로 추적합니다.

- The Graph 노드는 이러한 블록에서 서브그래프에 속하는 이더리움 이벤트를 찾고 사용자가 제공한 매핑 핸들러를 실행합니다. 여기서 이더리움 이벤트에 대한 응답으로 그래프 노드가 저장하는 데이터 엔터티를 생성하거나 업데이트하는 블록체인 데이터와 서브그래프간 매핑이 일어납니다.
- dApp 은 노드의 GraphQL 엔드포인트를 사용하여 블록체인에서 인덱싱된 데이터에 대해 그래프 노드에 질의합니다. 그래프 노드는 이 데이터를 가져오기 위해 GraphQL 질의를 위해 인덱싱 기능을 사용합니다. 디앱은 최종 사용자에게 서브그래프에서 얻은 데이터를 표시합니다.

그래프를 사용하는 DApp 구조는 아래 그림과 같습니다.

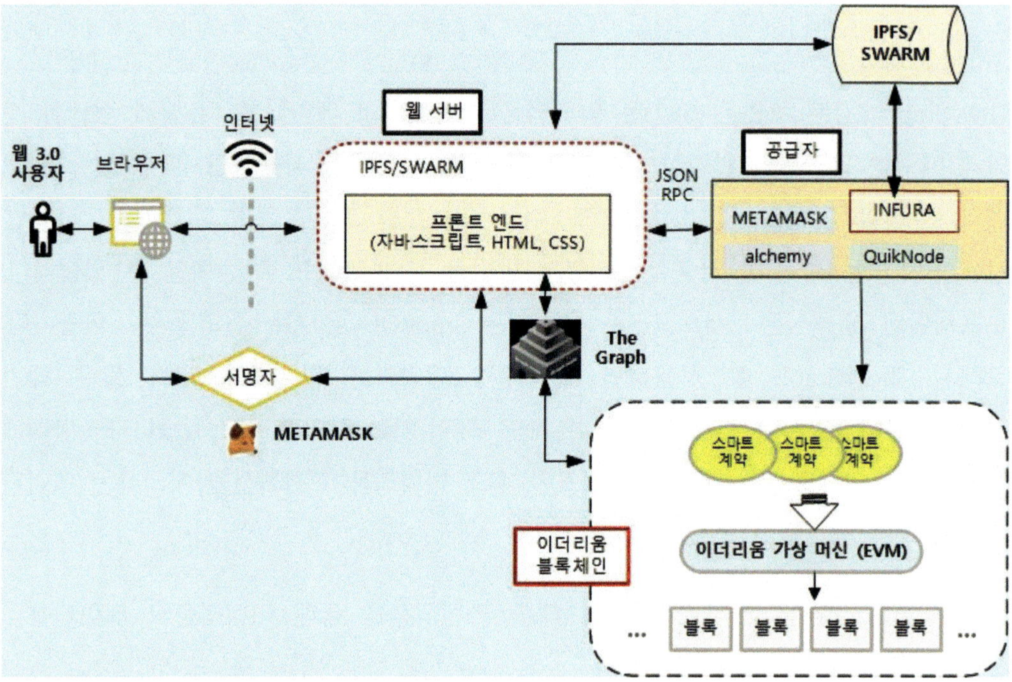

The Graph (기본 코인은 GRT)는 이더리움 블록체인의 데이터를 더 쉽게 질의할 수 있게 해주는 오프체인 "서브그래프"로 정의할 수 있습니다. The Graph 노드는 이더리움에서 만들어지는 새로운 블록을 계속 모니터링하면서 블록에 포함되어 있는 서브그래프에 속하는 데이터를 지속적으로 추적합니다. 그래서 직접 블록체인에 질의하지 않고 인덱싱된 "서브그래프"를 통하여 표준 GraphQL API 로 질의할 수 있습니다.

웹 3.0 의 수요를 만족시킬 수 있는 블록체인 네트워크의 확장성

이더리움 체인만으로 늘어나는 Dapp 의 규모를 감당할 수 없습니다. 여러 가지 확장성 솔루션이 개발되고 구축되고 있지만, 웹 3 구조와 연관하여 설명하기 위하여 레이어 2 확장 솔루션인 폴리곤 네트워크를 예로 들겠습니다. 폴리곤에는 메인 블록체인에서 트랜잭션을 실행하는 대신 트랜잭션을 처리하고 실행하는 "사이드체인"이 있습니다.

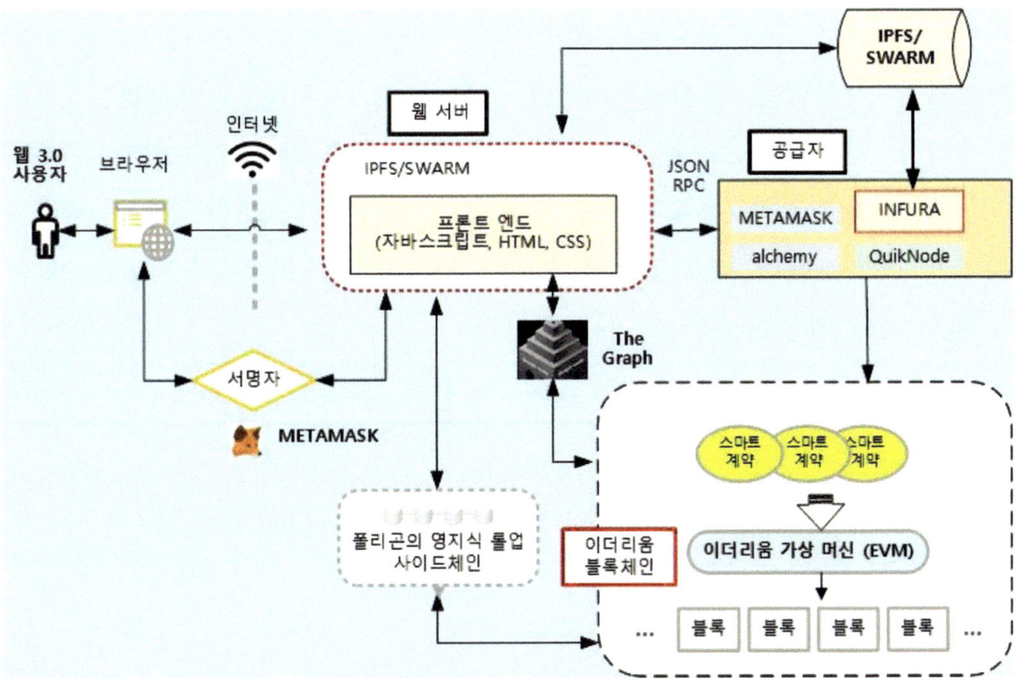

Dapp 의 수요를 만족시킬 수 있는 블록체인 네트워크의 확장성을 위하여 발전하는 레이어 2 확장 솔루션이 웹 3 구조의 또 다른 특징입니다.

30. 웹 3.0 용으로 설계된 암호화폐 지갑

웹 3 를 활용하려면 암호화폐 지갑이 필요하며, 이는 DAPP 과 상호 작용하는 관문 역할을 합니다. METAMASK 는 이러한 암호화폐 지갑의 대표적인 예로, METAMASK 사용의 주요 장점은 쉬운 설치, 이더리움 DAPP 과의 원활한 연결, 하드웨어 지갑 링크 지원, 편리한 법정화폐 전환 기능입니다. 단점으로는 이더리움 호환 블록체인에서만 작동하며, 하드웨어 지갑만큼 안전하지 않고, 암호화폐 사기에 취약하다는 점이 있습니다. METAMASK 는 무료로 설치할 수 있고 개인 정보를 요구하지 않지만, 비이더리움 블록체인을 지원하지 않습니다. 또한, 항상 온라인 상태인 소프트웨어 지갑이므로 해킹 위험이 있으며, 사용자들은 보안 문제에 대해 각별한 주의가 필요합니다.

Dapp 과 상호 작용하기 위한 관문 역할을 하는 암호화폐 지갑

웹 3 의 잠재력을 활용하려면 암호화폐 지갑이 필요합니다. 브라우저가 인터넷의 관문 역할을 하는 것과 마찬가지로 지갑은 Dapp 과 상호 작용하기 위한 관문 역할을 합니다. 오늘날 여러분이 알고 있는 기존 지갑과 디지털 지갑의 역할을 설명하는 것은 암호화폐 또는 웹 3 지갑의 특성을 이해하는 데 도움이 될 수 있습니다. 전통적인 지갑은 물리적입니다. 지갑이나 주머니에 넣어두고 신용카드, 현금, 운전면허증은 물론 사랑하는 사람의 사진까지 보관할 수 있습니다. 휴대폰 지갑과 같은 디지털 지갑은 무형이지만 신용 카드 정보, 디지털 현금, 콘서트 티켓, 탑승권 등 다양한 개체를 보관합니다. 이에 비해 암호화폐 지갑은 웹 3 용으로 설계된 디지털 지갑의 한 형태입니다. 데이터를 공유하고 암호화폐, NFT 등을 저장하는 권한을 관리하는 데 도움이 됩니다. 암호화폐 지갑은 웹 3 용으로 설계된 디지털 지갑의 한 형태입니다. 암호화폐 지갑은 귀하의 권한을 보유하므로 어디를 가든지 행사할 수 있습니다.

웹 3 에서 권한을 어떻게 행사하나요?

지갑은 개인 키로 표시되는 신원을 저장하고 관리하는 수단입니다. 블록체인에서 모든 작업(Dapp 에 연결, 암호화폐 보내기 또는 받기, NFT 구매 또는 판매 등)을 수행하려면 이러한 개인 키가 필요합니다. 사용하려는 앱에 대한 액세스 권한을 부여하는 웹 3 권한 관리자가 지갑이 됩니다. 보통 암호화폐 지갑이 생성되는 순간 '비밀 복구 문구'(SRP) 또는 '시드 문구'로 알려진 고유한 문구가 생성됩니다. 이 문구는 비밀스러워 보일 수도 있지만 실제로는 비밀로 유지해야 하는 암호화 마스터 비밀번호일 뿐입니다. 이는 암호화폐 지갑 생성자의 디지털 공개 주소와 개인 키가 싹트는 씨앗입니다. 공개 주소는 블록체인에서 자신을 식별하는 첫 번째 방법입니다. 이는 은행 계좌 번호와 비슷하지만 SRP 에서 파생된 개인 키는 은행 계좌에 로그인하기 위한 개인 인증 확인 코드와 비슷합니다. 암호화폐 지갑은 지갑 소유자가 원하는 블록체인에서 쉽게 거래할 수 있도록 이 두 키를 모두 관리합니다.

보안을 한 단계 더 끌어올리기 위해 하드웨어 지갑은 키를 오프라인으로 저장하여 추가 보안 계층을 추가하기도 합니다.

암호화폐 지갑으로 할 수 있는 작업은 다음과 같습니다.

- 거래 승인 및 취소
- 거래 확인
- 암호화폐 구매
- 웹 3 ID 생성, 구축 및 관리
- NFT 구매 및 발행
- 암호화폐의 보관
- 제안/청원에 대한 투표
- Dapp 에 연결

암호화폐 지갑의 가장 흥미로운 기능 중 하나는 분산형 애플리케이션(Dapp)에 연결하는 기능입니다. Dapp 을 브라우저에서 액세스할 수 있지만 블록체인에 연결하는 특수 포털이 내장되어 있는 전통적인 웹사이트라고 생각해도 됩니다. 해당 네트워크의 기능과 상호 작용하려면 웹 사이트의 Dapp 부분에 연결된 지갑이 있어야 합니다. 이것이 바로 MetaMask 와 같은 암호화폐 지갑이 등장하는 곳입니다. Dapp 기능을 갖춘 많은 웹사이트에는 '지갑 연결' 또는 'Dapp 에 연결'이라는 버튼이 사이트에 있습니다. 클릭하면 암호화폐 지갑(예, MetaMask)이 현재 사용 중인 Dapp 에 연결되는 일련의 상호 작용이 시작됩니다.

지금 부터는 유명한 암호화폐 지갑 중 하나인 MetaMask 를 예를 들어 설명하겠습니다. 모바일과 데스크톱을 위한 암호화폐 지갑은 부족하지 않을 만큼 많지만 경쟁사보다 우월한 이름은 MetaMask 입니다. 월간 활성 사용자가 3 천만 명 이상인 MetaMask 는 암호화폐 지갑 카테고리의 거대 기업이며 종종 탈중앙화 금융(DeFi) 및 대체 불가능한 토큰(NFT)과 같은 흥미로운 웹 3 분야에 대한 암호화폐 거래자의 관문 역할을 합니다. 선도적인 위치를 활용하기 위해 MetaMask 팀은 암호화폐 애호가들이 지갑 서비스에 더욱 쉽게 접근할 수 있도록 지속적으로 업그레이드를 해나가고 있습니다. 많은 거래자에게 MetaMask 는 이더리움(ETH) 애플리케이션을 구매, 거래 및 상호 작용하는 비교적 간단한 방법이지만, 호평을 받는 이 앱을 다운로드하기 전에 검토해야 할 몇 가지 제한 사항이 있습니다. MetaMask 가 무엇인지, 왜 그렇게 인기가 있는지, 그리고 지원되는 웹 브라우저에 귀여운 여우 마스코트의 메타마스크를 추가하는 방법을 알아봅니다.

메타마스크 지갑이란 무엇입니까?

프로그래머 Dan Finlay 와 Aaron Davis 가 2016 년에 만든 MetaMask 는 사용자가 Ethereum 네트워크 및 Ethereum 호환 블록체인에서 암호화폐를 저장, 전송 및 사용할 수 있게 해주는 무료 암호화폐 지갑 소프트웨어입니다. 일종의 온라인 지갑에 해당합니다. 뉴욕에 본사를 둔 Consensys 가 소유하고 관리하는 MetaMask 는 처음에는 데스크톱 브라우저 확장 프로그램으로 출시된 후 2020 년에 iOS 및 Android 장치용 모바일 앱을 출시했습니다. 거래자가 MetaMask 의 데스크톱 또는 모바일 버전을 다운로드하면 개인 키라는 비밀번호가 제공됩니다. 암호화폐 지갑에서는 개인 키를 통해 사용자가 해당 지갑에 저장된 암호화폐에 독점적으로 액세스할 수 있습니다. 또한 거래자가 현재 지갑에 접근할 수 없는 경우를 대비해 백업 문구를 사용합니다. 예를 들어 누군가 MetaMask 앱을 사용하는 iPhone 을 파손한 경우 MetaMask 와 연결된 개인 키를 사용하여 새 iOS 기기에서 계정을 복원합니다. MetaMask 는 사용자에게 개인 키에 대한 통제권을 부여하므로 자체 관리형 지갑이라는 범주에 속합니다. MetaMask 는 주로 이더리움 블록체인에서 작동하지만 계속해서 많은 이더리움 호환 네트워크와의 통합을 도입하고 있습니다. 이더리움 외에도 MetaMask 친화적인 블록체인에는 Arbitrum, 눈사태, 크로노스, 팬텀, Optimism 및 폴리곤 등이 있습니다.

MetaMask 의 주요 기능은 무엇입니까?

MetaMask 는 사용자에게 디지털 자산을 저장하고 P2P(Peer-to-Peer) 블록체인으로 보낼 수 있는 안전한 장소를 제공합니다. 또한 가장 인기 있는 분산 애플리케이션(dApp)과의 통합 및 명목 화폐를 암호화폐로 변환할 수 있는 편리한 인앱 기능을 자랑합니다. 다음은 몇 가지 주요 기능입니다.

- 암호화폐 저장: 모든 암호화폐 지갑의 주요 목적은 사용자의 디지털 코인과 토큰을 안전하게 저장하는 것입니다. 그러나 MetaMask 는 이더리움 및 이더리움 호환 블록체인의 암호화폐만 허용합니다. 비트코인(BTC), 라이트코인(LTC), 솔라나(SOL)와 같은 이더리움 기반이 아닌 자산은 MetaMask 주소로 보낼 수 없습니다.
- 암호화폐 자산 전송: MetaMask 를 사용하면 암호화폐를 동료 암호화폐 사용자 또는 분산형 블록체인 프로토콜의 DApp 에 보낼 수 있습니다. 또한 MetaMask 에서 사용할 수 있는 암호화폐에 대한 공개 키 주소를 얻을 수 있으므로 민감한 개인 정보를 공개하지 않고 디지털 지갑에 암호화폐를 입금할 수 있습니다.
- 수백 개의 Dapp 에 연결: Dapp 은 소셜 미디어, 비디오 게임, 금융과 같은 분야에서 회사나 은행과 같은 제 3 자 중개자가 없이 수많은 분산형 온라인 경험을 열어줍니다. MetaMask 는 이더리움 생태계의 대부분의 Dapp 에 연결되어 웹 3 의 새로운 가능성을 탐색할 수 있는 안전하고 원활한 방법을 제공합니다.
- 암호화폐 구매 및 교환: 일부 거래자는 선호하는 암호화폐 거래소에서 자신의 MetaMask 계정으로 암호화폐를 보내는 것을 선호하지만 MetaMask 를 통해 직접 디지털 자산을 구매하는 방법이 있습니다. MetaMask 의 구매 탭에서는 제 3 자 법정화폐-암호화 서비스를 통해 ACH 또는 은행 송금, PayPal, 신용카드 또는 직불카드를 통해 ETH 와 같은 암호화폐를 구매할 수 있습니다. MetaMask 에는 수천 개의 암호화폐 간에 즉시 거래할 수 있는 스왑 기능도 내장되어 있습니다.

MetaMask 지갑을 설정하는 방법

일반적으로 데스크탑이나 모바일 장치에 MetaMask 지갑을 설정하는 데는 몇 분밖에 걸리지 않습니다. 이 지갑을 다운로드하기 전에 공식 URL(metamask.io)에 있는지 다시 한번 확인하세요. MetaMask 의 인기로 인해 수많은 암호화폐 사기꾼들이 비슷한 이름과 디자인을 가진 악성 앱을 출시했습니다. 시작하는 방법은 다음과 같습니다.

iOS 또는 Android 기기에 MetaMask 를 다운로드하는 경우 동일한 프로세스를 따르게 됩니다. 유일한 차이점은 App Store 나 Google Play 에서 MetaMask 앱을 찾아야 한다는 것입니다. 최대한의 안전을 위해 MetaMask 공식 웹사이트를 방문하여 iOS 또는 Android 앱에 대한 링크를 찾아 MetaMask 이름을 사용하는 사기성 앱을 방지하세요.

메타마스크 사용 방법

MetaMask 웹사이트의 메인 페이지에는 현재 ETH 잔액과 암호화폐 구매, 보내기, 교환 및 연결 버튼이 표시됩니다.

■ 구매

구매하려면 PayPal, 신용카드, 직불카드, ACH 또는 법정화폐-암호화폐를 통한 전신 송금을 통해 암호화폐 자산을 구매할 수 있는 옵션이 있습니다.

■ 보내기

MetaMask 계정에서 암호화폐를 전송하려면 수신자 계정의 ETH 공개 키가 필요합니다. ETH 를 전송한 후 수신자는 자신의 계정 홈페이지 상단에 있는 공개 키 주소를 복사하여 공유해야 지갑에 ETH 를 성공적으로 받을 수 있습니다.

■ 스왑 및 브리지

스왑 기능을 통해 MetaMask 지갑의 암호화폐를 교환하거나 브리지 기능을 통해 다른 블록체인으로 보낼 수도 있습니다.

Dapp 에서 MetaMask 를 사용하는 방법

dydX 와 같은 Dapp 에서 MetaMask 를 사용하려면 다음 단계를 따르세요.

- Dapp 웹사이트에서 "지갑 연결"을 누르세요.
- Dapp 이 MetaMask 를 허용하는 경우 지갑 연결 기능에 여우 로고와 함께 MetaMask 옵션이 표시됩니다.
- MetaMask 를 탭하면 Dapp 이 MetaMask 계정에 연결할 수 있는 권한을 요청합니다. MetaMask 를 연결하려면 "확인"을 누르고 Dapp 에서 지갑을 사용하세요.

MetaMask 사용의 장점과 단점은 무엇입니까?

MetaMask 는 암호화폐의 가장 성공적인 소프트웨어 지갑 중 하나이지만 계정을 만들기 전에 장단점을 아는 것이 중요합니다.

■ 메타마스크 장점

- 쉬운 설치 촉진: MetaMask 는 세계에서 가장 널리 사용되는 일부 웹 브라우저 및 모바일 장치에 간단하게 설치할 수 있는 사용자 지갑입니다. 보너스로 MetaMask 지갑 생성은 무료이며 Consensys 는 계정을 개설하기 위해 이름, 전화번호 또는 집 주소와 같은 개인 정보를 요구하지 않습니다.
- 인기 있는 이더리움 Dapp 과 원활하게 연결: 메타버스 게임, NFT 및 DeFi 와 같은 신흥 블록체인 분야에 관심이 있는 암호화폐 거래자는 MetaMask 지갑을 통해 웹 3 의 광범위한 세계에 액세스할 수 있습니다. Uniswap, OpenSea 및 MetaMask 를 사용한 dydx-link 를 포함하여 가장 활동적인 이더리움 Dapp 중 다수가 Metamask 지갑을 통하여 억세스할 수 있습니다.

- 하드웨어 지갑 링크: 암호화폐 자산에 대한 추가 보안을 원하는 거래자는 메타마스크를 Ledger, Trezor 또는 AirGap Vault 와 같은 호환 가능한 하드웨어 지갑과 연결할 수 있습니다. 하드웨어 지갑은 개인 키를 오프라인 저장소에 보관하여 해커가 암호화폐 계정에 침입할 확률을 줄입니다.
- 편리한 법정 화폐에서 암호화폐로의 전환 제공: MetaMask 의 구매 기능을 통해 사용자는 교환을 사용하지 않고도 ETH 및 기타 인기 있는 암호화폐를 계정에 추가할 수 있습니다. MetaMask 는 이 서비스에 대해 추가 비용을 청구하지만 암호화폐에 빠르고 쉽게 액세스하려는 사람들에게 편리한 옵션입니다.

■ 메타마스크 단점

- 이더리움 호환 블록체인에서만 작동합니다. 현재 MetaMask 는 이더리움 생태계 외부의 블록체인에서는 작동하지 않으므로 다른 체인에 디지털 자산을 보유하고 있는 사람들은 또 다른 암호화폐 지갑이 필요합니다. 예를 들어 Bitcoin, Cardano(ADA) 또는 Dogecoin(DOGE)과 같은 암호화폐를 MetaMask 계정으로 보내는 것은 불가능합니다.
- 하드웨어 장치만큼 안전하지 않습니다. 소프트웨어 지갑인 MetaMask 는 항상 온라인 상태이므로 고품질 하드웨어 암호화폐 지갑보다 해킹에 더 취약합니다.
- 암호화폐 사기에 취약함: MetaMask 의 엄청난 성공으로 인해 사기꾼들은 종종 그 이름을 사용하여 피해자로부터 암호화폐를 훔칩니다. MetaMask 사용자는 보안 문제, 특히 개인 정보를 요구하는 의심스러운 이메일 메시지에 대해 각별히 주의해야 합니다. ConsenSys 는 지갑의 시드 문구나 민감한 정보를 절대 요구하지 않으므로 사용자는 이러한 메시지를 암호화폐 사기로 처리해야 합니다.

31. 블록체인 애플리케이션을 위한 오프체인 데이터 저장

웹 2 애플리케이션은 AWS 나 AZURE 같은 중앙 집중식 클라우드 스토리지를 사용하지만, 웹 3 에서는 DAPP 개발자가 분산형 스토리지를 선호합니다. IPFS 는 이러한 웹 3 스토리지 솔루션 중 가장 널리 사용되는 분산 프로토콜로, 콘텐츠 기반 주소 지정과 분산화, 높은 복원력을 제공합니다. IPFS 는 콘텐츠의 신뢰성과 무결성을 보장하고, 단일 실패 지점을 제거하여 데이터의 탄력적 이용과 성능을 향상시킵니다. 또한, 링크된 데이터의 부패 문제를 해결하고, 데이터 주권과 오프체인 스토리지를 가능하게 합니다.

중앙 집중식 스토리지 대신 분산형 스토리지 솔루션을 사용하는 웹 3

대부분의 웹 2 애플리케이션과 웹사이트는 디지털 자산, 코드 및 미디어 파일을 중앙 집중식 스토리지(일반적으로 AWS 또는 Azure 와 같은 클라우드 서비스에서 관리)에 저장하는 반면, 웹 3 패러다임에서는 Dapp 개발자가 분산형 스토리지 솔루션을 선택합니다. IPFS(InterPlanetary File System)는 이러한 웹 3 스토리지 솔루션 중 가장 널리 사용되는 솔루션 중 하나입니다. IPFS 는 보다 분산되고 탄력적인 인터넷으로 성장하고 발전하도록 설계된 분산 프로토콜입니다. 2015 년 Juan Benet 이 개발하고 Protocol Labs 가 감독하는 IPFS 는 가장 선호하는 분산형 스토리지 솔루션 중 하나로 빠르게 성장했습니다. Aave (분산형 비수탁 유동성 시장)와 같은 주요 시장 참여자 및 이더리움 생태계 내의 NFT 프로젝트에 Indie dapp (자율성과 독창성을 가지고 개발된 dapp)에서 IPFS 를 널리 채택했습니다. IPFS 는 BitSwap 이라는 프로토콜을 사용하여 콘텐츠와 파일의 P2P 공유를 용이하게 하는 네트워크를 구현합니다.

중앙집중식 스토리지와 비교한 IPFS 의 이점

■ 콘텐츠 기반 주소 지정

기존 스토리지 서비스는 HTTP URL 을 통해 파일 호스팅을 제공합니다. 이러한 URL 은 위치 기반입니다. 즉, 데이터 가져오기는 데이터의 특정 물리적 또는 가상 위치에 따라 달라집니다. 게다가 주어진 URL 에서 사용 가능한 콘텐츠를 변경하는 것도 간단합니다. 예를 들어, 'dog.jpg'라는 이미지를 업로드한 후 https://mywebsite.com/dog.jpg 와 같은 URL 을 얻을 수 있습니다. 이 이미지를 다른 이미지로 바꾸되 이름은 동일하게 유지하면 URL 은 변경되지 않지만 콘텐츠는 달라집니다. 이는 메타데이터의 무결성이 가장 중요한 NFT 와 같은 자산을 관리할 때 문제가 됩니다. 이와 대조적으로 IPFS 는 콘텐츠 기반 주소 지정을 채택합니다. 파일의 IPFS URL 은 해당 내용에 따라 달라집니다. 파일 내용이 변경되면 해당 파일을 가리키는 IPFS URL 도 변경됩니다. 결과적으로 IPFS 는 특정 URL 에 연결된 데이터가 일관되고 불변성을 유지하도록 보장합니다.

■ 분산화

기존 웹 호스팅은 일반적으로 중앙 집중식 서버에 의존하여 데이터를 저장하고 관리합니다. 이러한 설정에서는 중앙 서버가 중단되거나, 유지 관리를 받거나, 어떤 형태로든 손상이 발생하는 경우 사용자는 데이터에 액세스할 수 없게 됩니다. 이 중앙 실패 지점은 보안 및 접근성 문제입니다. 대조적으로, IPFS 는 분산화의 기본 원칙에 따라 운영됩니다. 단일 중앙 서버에 저장되는 대신 IPFS 의 파일은 광범위한 글로벌 노드 네트워크에 분산됩니다. 각 파일은 여러 개의 덩어리로 나누어지고 이러한 덩어리는 여러 노드에 걸쳐 중복 저장됩니다. 결과적으로, 한 노드가 오프라인 상태가 되거나 문제가 발생하더라도 동일한 파일을 보유하고 있는 다른 노드가 데이터를 제공할 수 있으므로 데이터에 계속 접근할 수 있습니다. 이 디자인은 데이터 가용성을 향상시킬 뿐만 아니라 잠재적인 데이터 손실이나 검열을 방지합니다. 또한 IPFS 의 분산 특성은 DDoS 공격의 위험을 줄여줍니다. 기존 서버는 트래픽이 너무 많아 이러한 공격에 취약할 수 있습니다. IPFS 를 사용하면 요청이 다양한 노드에 분산되어 단일 트래픽 급증의 영향이 희석됩니다.

■ 복원력

중앙 집중식 서버의 데이터 가용성은 서버의 가동 시간과 해당 위치의 데이터 지속성에 따라 달라집니다. 사용 중인 중앙 집중식 클라우드 솔루션이 중단되거나 파일 소유자가 해당 솔루션을 삭제하면 해당 파일을 복구할 수 없게 됩니다. 웹 3 프로젝트, 특히 NFT 를 포함하는 프로젝트의 경우 이는 상당한 위험을 초래합니다. NFT 가 중앙 집중식 플랫폼에 저장되어 있다고 상상해보세요. 악의적인 주체가 NFT 를 판매하고 거래 후 서버에서 관련 파일을 모두 지울 수 있습니다. IPFS 는 이러한 위법 행위에 대해 강력한 방어 기능을 제공합니다. 분산형 솔루션으로서 콘텐츠가 IPFS 네트워크에 업로드되면 누구나 전 세계적으로 연결하여 로컬 또는 서버 복사본을 저장한 다음 전 세계 클라이언트에게 배포할 수 있습니다. IPFS 의 견고성은 타의 추종을 불허합니다. 해당 구조는 단일 피어나 중앙화된 엔터티에 의존하지 않고 데이터에 영구적으로 접근할 수 있도록 보장합니다. IPFS 는 분산된 방식으로 데이터(파일, 디렉터리, 웹 사이트 등)을 게시하는 것입니다. 그래서 IPFS는 현재 웹 2와는 다른 데이터 표현/라우팅/전송 프로토콜의 대안을 제시하려고 합니다.

데이터 저장 문제의 해결사인 IPFS

■ 검증가능성

IPFS 사용암호화 해시파일의 신뢰성과 무결성을 확인하여 악의적인 행위자가 파일을 변조하거나 삭제하는 것을 어렵게 만듭니다.

■ 회복력

IPFS 에는 단일 실패 지점이 없으며 사용자는 서로를 신뢰할 필요가 없습니다. 즉, 네트워크의 단일 또는 다중 노드의 장애는 전체 네트워크의 기능에 영향을 미치지 않으며, IPFS 노드는 네트워크의 다른 노드 중 하나 이상이 해당 데이터를 가지고 있는 한 네트워크에서 데이터를 가져올 수 있습니다.

■ 데이터의 탄력적 이용

IPFS는 중앙 집중식 서버의 데이터의 폐쇄된 중앙화를 줄여 IPFS를 기존 시스템보다 더 탄력적으로 만드는 개방형, 분산형, 참여형 네트워크입니다. 단일 법인이나 개인이 IPFS 를 통제, 관리 또는 소유하지 않습니다. 오히려 이는 프로토콜의 여러 구현, 해당 프로토콜을 활용하는 여러 도구 및 앱, 설계 및 개발에 기여하는 여러 사용자 및 조직이 포함된 커뮤니티에서 유지 관리되는 프로젝트입니다.

■ 성능

IPFS 는 여러 위치에서 데이터를 복제 및 검색할 수 있도록 하고 사용자가 콘텐츠 주소 지정을 사용하여 가장 가까운 위치에서 데이터에 액세스할 수 있도록 함으로써 데이터에 대한 더 빠른 액세스를 제공합니다. 즉, 데이터는 내용에 따라 주소가 지정될 수 있으므로 네트워크의 노드는 데이터가 있는 네트워크의 다른 노드에서 해당 데이터를 가져올 수 있습니다. 따라서 대기 시간과 같은 성능 문제가 줄어듭니다.

■ 링크된 데이터의 부패 문제

링크로 지시하는 곳에 원하는 파일이 없거나 다른 곳으로 이전한 경우와 같은 링크 부패 데이터가 발생하지 않도록 파일을 위치가 아닌 내용으로 처리할 수 있습니다. 즉, IPFS 의 콘텐츠는 위치에 관계없이 계속 접근할 수 있으며 사용 가능한 특정 서버에 의존하지 않습니다.

■ 데이터 주권

IPFS 는 데이터 주권을 보호합니다. 사용자가 중앙화된 제 3 자 서버가 아닌 분산된 노드 네트워크에 직접 데이터를 저장하고 액세스할 수 있도록 함으로써 가능합니다. 이를 통해 중개자가 데이터를 제어하고 관리할 필요가 없어져 사용자에게 데이터에 대한 완전한 통제권과 소유권이 부여됩니다.

■ 오프체인 스토리지

블록체인 상태와 IPFS 에 게시된 콘텐츠 주소 간의 링크를 생성하여, IPFS 는 검증 가능한 오프체인 스토리지를 가능하게 합니다. 이는 스마트 계약에 콘텐츠 식별자(CID)를 저장하기 때문에 가능합니다.

■ 로컬 우선 소프트웨어

IPFS 를 사용하면 데이터를 로컬로 저장, 확인 및 처리한 다음 네트워크 연결이 가능할 때 다른 IPFS 노드와 동기화하고 공유할 수 있습니다.

■ 공급업체 종속

IPFS 는 사용자가 데이터 및 인프라에 대한 주권을 가지므로 공급업체 종속을 방지합니다. 이는 단일 위치 또는 인프라 공급자의 데이터를 분리하는 콘텐츠 주소 지정을 통해 가능합니다. 기존 클라우드 공급업체와 달리 IPFS 를 사용하면 API 및 데이터 관리와 같은 항목을 변경하지 않고도 데이터 저장 위치를 변경할 수 있습니다. 또한 IPFS 는 오픈 소스이고 커뮤니티에서 유지 관리되며 모듈식이기 때문에 사용자는 특정 하위 시스템을 사용할 의무가 없습니다. 대신 사용자는 선호하는 기술, 요구 사항 및 가치에 맞게 IPFS 를 사용자 지정할 수 있습니다.

IPFS 작동 방식

IPFS 작동 방식을 이해하기 위하여 IPFS를 주요 하위 시스템으로 나누어 알아봅니다. IPFS 의 하위 시스템은 많으나 다음 3 가지에 대하여 중점적으로 설명합니다.

역할	목적	하위 시스템
데이터 표현 및 주소 지정	데이터 표현 및 구성	CID, IPLD
라우팅 데이터	콘텐츠 라우팅, 콘텐츠 식별자(CID)와 IP 주소 간 연결	Kademlia DHT, Bitswap
데이터 전송	데이터 전송	Bitswap

■ 콘텐츠 식별자(CID)

IPFS 의 데이터는 해당 내용에 입각하여 주소로 지정되는 콘텐츠 주소 지정방식을 사용하기 때문에 기존의 IP 주소를 주소로 사용하는 위치 주소 지정 방식과는 완전히 다릅니다. IPFS 에서는 데이터가 여러 단위 덩어리로 쪼개집니다. 하나의 덩어리(블록)에는 콘텐츠 식별자(CID)라는 고유 식별자가 할당됩니다. 일반적으로 CID는 데이터의 해시와 관련이 있습니다. CID는 계산된 데이터마다 고유하며 IPFS에 다음과 같은 이점을 제공합니다.

- 위치가 아닌 콘텐츠를 기반으로 데이터를 가져올 수 있습니다.
- 수신된 데이터의 CID 를 계산하고 요청할 때의 CID 와 비교하여 데이터가 요청된 것이 맞는지 확인할 수 있습니다.

■ IPLD

IPLD 는 "InterPlanetary Linked Data"의 약자입니다. IPFS 는 IPLD 를 사용하여 CID 및 콘텐츠 주소 지정 데이터로 작업합니다. IPFS 의 IPLD 는 Merkle DAG 라고 하는 DAG(Directed Acyclic Graph)를 사용하여 파일 디렉토리 및 기타 계층 구조와 같은 콘텐츠 주소 지정 데이터 간의 관계를 나타냅니다.

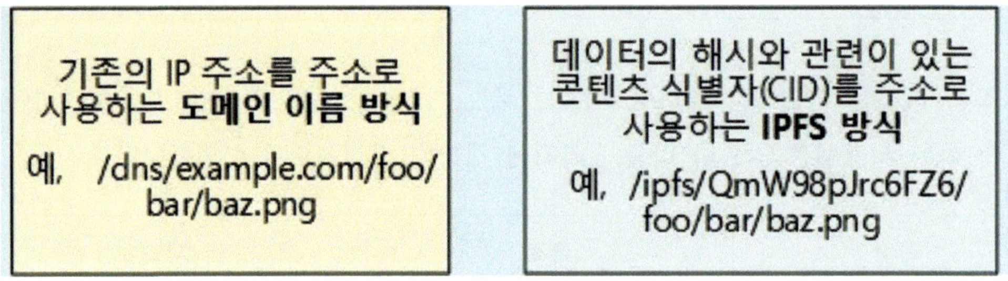

IPFS 는 데이터의 주소를 나타내기 위하여 해당 내용에 입각하여 주소로 지정되는 콘텐츠 주소(CID) 지정방식을 사용합니다. 때문에 위치가 아닌 콘텐츠를 기반으로 데이터를 가져올 수 있습니다. 또 수신된 데이터의 CID 를 계산하고 요청할 때의 CID 와 비교하여 데이터가 요청된 것이 맞는지 확인할 수 있습니다.

■ Merkle DAG

Merkle DAG 는 DAG 구조를 기반으로 하는 Merkel 트리입니다. 비트코인 설계에서 머클 트리는 블록의 모든 거래를 요약하고, 전체 트랜잭션 세트의 디지털 서명을 생성하고, 블록에 트랜잭션이 존재하는지 여부를 확인하는 효율적인 방법, 즉 머클 경로를 제공하는 데 사용됩니다. 그러나 DAG(Directed Acyclic Graph)는 블록체인의 체인 구조와 다릅니다. Directed Acyclic Graph 는 독립된 단일 체인 구조일 뿐만 아니라 방향도 있습니다. 이것은 파일 파편화 (여러 덩어리로 쪼개기)에 매우 유용합니다. 파일 블록에는 루트 노드가 필요하며 다음 데이터 블록은 차례로 이 루트 노드를 가리킬 수 있습니다. 이 구조는 파일 구성 및 데이터 순회에 매우 유용합니다.

IPFS 시스템은 IPFS 파일의 구조화된 처리로 두 개의 Merkle-DAG 의 조합을 사용합니다. IPFS가 파일을 블록 (덩어리)으로 나눈 후 각 데이터 블록에 따라 콘텐츠 기반 해시가 생성되며, 이를 IPFS 에서는 CID 라고 합니다. 리프 노드는 머클 계산을 통해 상위 수준 링크 노드를 생성합니다. 링크 노드에는 파일의 원본 데이터가 포함되지 않고 머클 트리 구조 정보만 포함됩니다. 다음 수준 노드를 가리킵니다. 링크 노드는 계산을 통해 파일의 루트 해시를 가져옵니다. 마찬가지로 루트 해시는 링크 구조를 가진 노드이기도 합니다. 링크 데이터를 분석한 후 포함된 데이터 블록을 볼 수 있습니다.

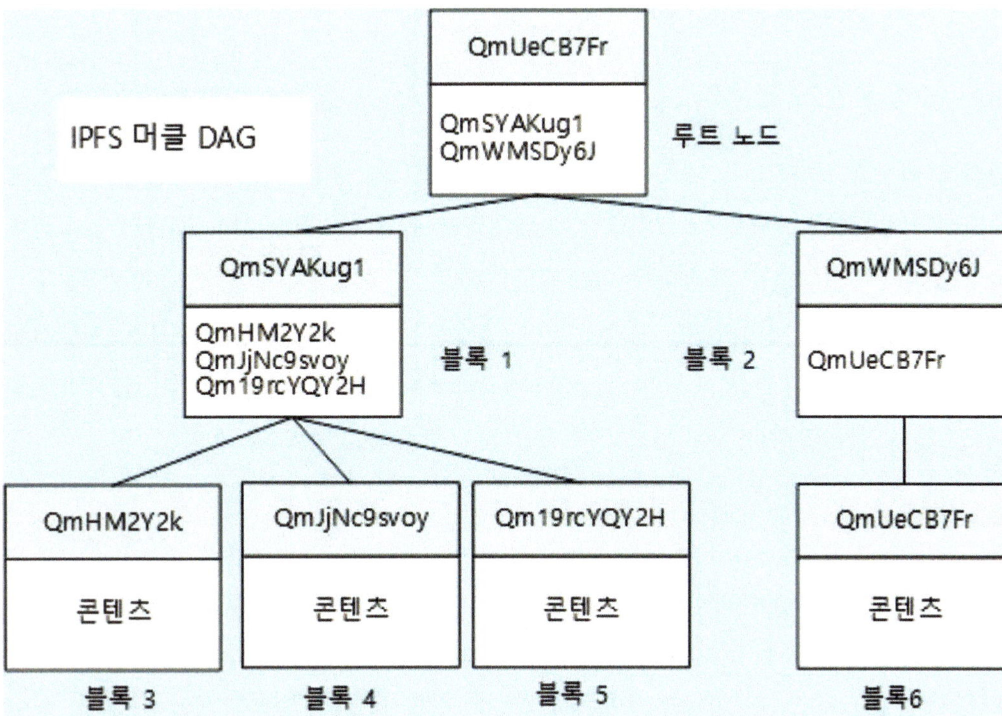

IPFS 는 파일을 블록 (덩어리)으로 나눈 후 각 데이터 블록에 따라 콘텐츠 기반 해시가 CID 로 생성됩니다. 리프 노드는 블록화된 콘텐츠를 나타내고 머클 계산을 통해 상위 수준 링크 노드를 생성합니다.

IPFS 네트워크에서 공유되는 파일 해시도 루트 해시입니다. 루트 해시 분석을 통해 바로 아래 계층(L1)의 모든 노드를 얻을 수 있습니다. 마찬가지로 L1 의 각 노드를 분석하면 또 그 아래인 두번째 아래 계층 (L2)의 모든 노드를 얻을 수 있습니다. 이렇게 n 층으로 이루어진 머클 DAG 에서 n 계층의 모든 노드(리프 노드)를 얻을 수 있습니다. 리프 노드를 디코딩한 후 파일의 원본 데이터를 얻을 수 있습니다.

컨텐츠 주소에 해당하는 데이터는 절대 바뀔 수 없습니다. Merkle DAG 의 검증 가능성과 관련된 특징은 다음과 같습니다.

- 악의적인 조작으로부터 보호
- 요청한 파일과 다른 조작된 파일을 전달할 수 없어 악의적인 조작으로 부터 보호가 가능합니다.

IPFS 에서 콘텐츠 라우팅이 작동하는 방식

콘텐츠 라우팅은 IPFS 가 네트워크에서 지정된 CID 를 찾을 위치를 결정하는 방법을 나타냅니다. CID 만으로는 네트워크에서 데이터를 찾을 수 없습니다. 콘텐츠 라우팅에 따라 요청하는 CID 를 제공하는 네트워크에 있는 저장 지점에 도달할 수 있습니다. 네트워크에 있는 피어의 IP 주소 및 포트에 대한 정보가 필요합니다. 컨텐트를 라우팅하기 위해 IPFS 는 주요 하위 시스템으로 Kademlia 분산 해시 테이블 (DHT)과 비트스왑을 사용합니다.

■ 분산 해시 테이블(DHT)

IPFS 가 사용하는 Kademlia 는 분산형 P2P 네트워크용으로 설계된 분산 해시 테이블 (DHT)입니다. 분산 해시 테이블(DHT)은 키를 값에 매핑하기 위한 분산 시스템입니다. IPFS 에서 DHT 는 콘텐츠 라우팅 시스템의 기본 구성 요소로 사용되는데, 키-값 매핑은 사용자가 키를 가지고 키 값에 대응하는 찾고 있는 내용과 일치하는 콘텐츠를 저장하는 피어의 주소를 포함한 정보가 값이라는 관계를 의미합니다. 그러므로 DHT 는 누가 어떤 데이터를 가지고 있는지 저장하는 거대한 테이블이라고 생각하면 됩니다. DHT 를 사용하여 매핑되는 키-값 쌍에는 세 가지 유형이 있습니다. 여기서는 IPFS 가 콘텐츠를 찾을 때 사용하는 제공자 레코드 방식을 설명하면 다음과 같습니다. 여기서 제공자는 물리적인 스토리지 공간을 공급하는 스토리지 제공자를 의미합니다. 그래서 제공자 레코드는 스토리지 제공자가 데이터 식별자(즉, 다중 해시)에 대한 해당 콘텐츠가 있고 이를 제공할 의향이 있다고 피어에 광고하는 매핑 정보입니다.

분산 해시 테이블은 분산되어 있으므로 모든 노드는 중앙 집중식 조정 없이 집합적 시스템을 형성합니다. 일반적으로 데이터가 여러 노드에 복사본으로 저장되기 때문에 내결함성이 있습니다. 분산 해시 테이블은 여러 노드에서 대량의 데이터에 맞게 확장할 수 있습니다.

분산 해시 테이블은 모든 키가 일관된 형식이고 키/값 쌍이 있는 위치를 빠르게 식별할 수 있는 방식으로 분산 해시 테이블에 참여하는 노드들이 전체 키 집합을 분할하여 관리할 수 있습니다. 분산 해시 테이블에 참여하는 노드는 특정 데이터 값(제공자가 공개한 레코드)을 찾기 위한 피어 역할을 하며, 각 노드는 지정된 키에 대한 액세스 요청을 받으면 분산 해시 테이블에서 키에 매핑되는 데이터를 저장하는 노드를 찾고. 그런 다음 해당 노드로 요청을 보냅니다.

DHT 에는 다음과 같은 특성이 있습니다.

- 탈중앙화 & 자율성: 노드들은 중앙 권한 없이 집합적으로 시스템을 형성합니다.
- 내결함성: 시스템은 항상 많은 노드가 가입하고 있어 부분적인 노드가 이탈하거나 실패해도 신뢰할 수 있습니다.
- 확장성: 시스템은 수천 또는 수백만 개의 노드에서도 효율적으로 작동해야 합니다.

해시 테이블과 마찬가지로 DHT 는 다음 2 가지 기능을 지원합니다.

- put(키, 값): 엔트리를 생성합니다.
- get(키): 키에 대한 값을 얻습니다.

DHT 의 노드들은 인접 노드가 연결된 오버레이 네트워크를 통해 함께 연결됩니다. 이 네트워크를 통해 노드는 키 공간에서 주어진 키를 찾을 수 있습니다.

■ 비트스왑

비트스왑은 데이터 블록을 교환하기 위한 IPFS 의 핵심 모듈입니다. 네트워크의 다른 피어와 블록의 요청 및 전송을 지시합니다. 비트스왑이 처리하는 모든 메시지에 요청 데이터 목록 (want-list) 또는 블록이 포함되어 있기 때문에 비트스왑은 메시지 기반 프로토콜입니다. 비트스왑에는 Go 구현과 JavaScript 구현이 있습니다.

비트스왑에는 두 가지 주요 작업이 있습니다.

- 네트워크에서 클라이언트가 요청한 블록을 획득합니다.
- 소유하고 있는 블록을 원하는 다른 피어에게 보냅니다.

비트스왑 작동 방식을 알아보겠습니다.

◆ 원트 리스트(want-list)

비트스왑 프로토콜을 실행하는 노드가 파일을 가져오려고 할 때, 그들은 다른 피어들에게 원트 리스트(want-list)를 보냅니다. want-list 는 피어로 부터 수신하려는 블록에 대한 CID 목록입니다. 다음은 want-list 의 단순화된 버전입니다.

```
Want-list {
  QmZtmD2qt6fJot32nabSP3CUjicnypEBz7bHVDhPQt9aAy, WANT,
  QmTudJSaoKxtbEnTddJ9vh8hbN84ZLVvD5pNpUaSbxwGoa, WANT,
  ...
}
```

◆ 발견

want-list 에는 파일의 루트 블록에 대한 CID 가 포함됩니다(루트 블록은 파일을 구성하는 블록의 DAG 맨 위에 있음). 루트 블록이 있는 피어는 want-have 응답을 보냅니다. 블록이 없는 피어는 don't-have 응답을 보냅니다. 비트스왑은 각 블록이 있는 노드와 없는 노드에 대한 맵을 구축합니다.

♦ 블록 전송

비트스왑은 블록이 있는 피어에게 want-block 을 보내고, 피어는 블록 자체로 응답합니다.

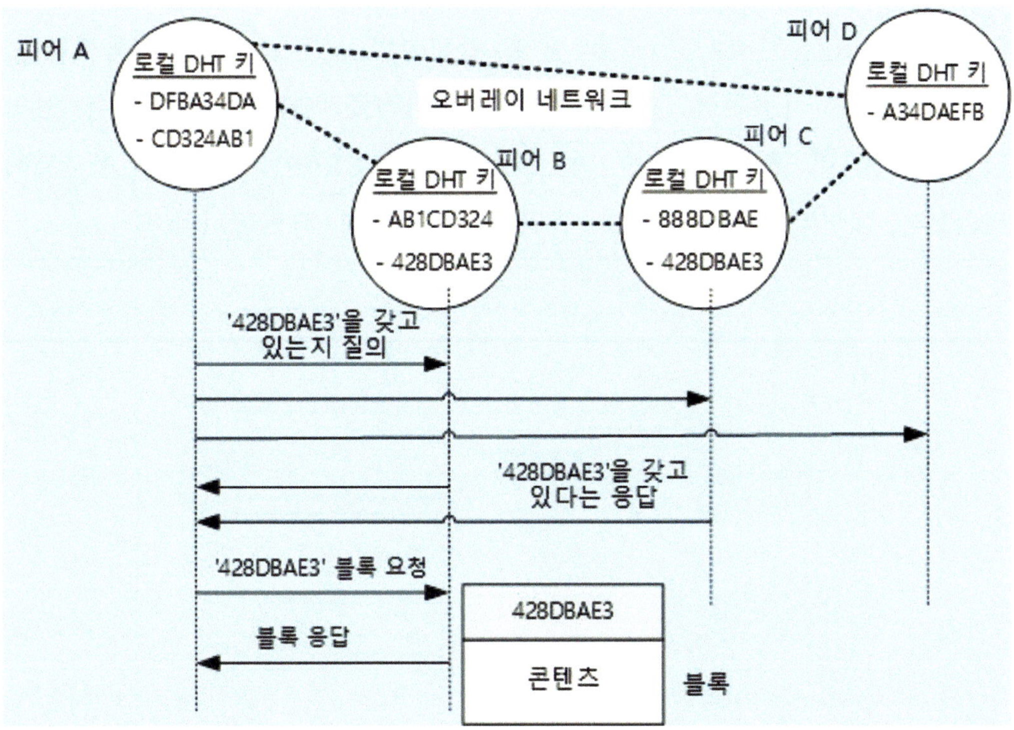

비트스왑 프로토콜을 실행하는 노드가 파일을 가져오려고 할 때, 그들은 다른 피어들에게 want-list 를 보냅니다. want-list 는 피어로 부터 수신하려는 블록에 대한 CID 목록입니다. want-list 에는 파일의 루트 블록에 대한 CID 가 포함됩니다. 결국 비트스왑은 블록이 있는 피어에게 want-block 을 보내고, 피어는 블록 자체로 응답합니다.

32. 블록체인 데이터를 오프체인에서 체계적으로 색인화

더그래프는 블록체인 데이터를 오프체인에서 색인화하여 쉽게 검색할 수 있도록 하는 분산형 프로토콜입니다. 이를 통해 UNISWAP 이나 BORED APE YACHT CLUB 같은 복잡한 프로젝트의 데이터를 효율적으로 쿼리할 수 있습니다. 중앙 집중식 인덱싱 제공자를 사용할 필요 없이, 더그래프는 분산된 네트워크를 통해 안정성과 낮은 비용을 제공합니다. 하위그래프를 사용하면 누구나 공공 데이터를 쉽게 쿼리할 수 있어 디앱 사용량이 증가합니다. 이 프로토콜은 GRAPHQL API 를 통해 색인화된 데이터를 효율적으로 쿼리할 수 있도록 지원합니다.

블록체인 데이터를 색인화하여 효율적이고 성능 높은 쿼리를 가능하게 하는 분산형 프로토콜

더그래프는 블록체인 데이터를 쉽게 검색할 수 있도록 온체인 데이터를 오프체인에서 체계적으로 구성(색인화)하고, 이렇게 색인화(인덱싱)한 데이터를 쿼리하기 위한 분산형 프로토콜입니다. 더그래프를 사용하면 블록체인에게 직접 쿼리하기 어려운 데이터도 쿼리할 수 있습니다. Uniswap 과 같은 복잡한 스마트 계약이 포함된 프로젝트 와 Bored Ape Yacht Club 과 같은 NFT 이니셔티브는 이더리움 블록체인에 데이터를 저장하므로 블록체인에서 직접 기본 데이터 이외의 데이터를 읽는 것이 정말 어렵습니다. Bored Ape Yacht Club 의 경우 특정 Ape 의 소유자 가져오기, ID 를 기반으로 Ape 의 콘텐츠 URI 가져오기, 전체 공급량 가져오기 등 계약에 대한 기본 읽기 작업을 수행할 수 있습니다. 이러한 기본 데이터를 읽는 작업은 스마트 계약에 프로그래밍되어 있기 때문입니다. 그러나 집계, 검색, 관계, 중요 필터링과 같은 고급 실제 쿼리 및 작업은 불가능합니다. 예를 들어, 특정 주소를 소유한 개미 투자자의 스마트 계약 계정을 쿼리하고 그 특성 중 하나로 필터링하려는 경우 계약 자체와 직접 상호 작용하여 해당 정보를 얻을 수 없습니다. 이 데이터를 얻으려면 생성된 모든 단일 전송 이벤트를 처리하고, 토큰 ID 및 IPFS 해시를 사용하여 IPFS 에서 메타데이터를 읽은 다음 이를 집계해야 합니다. 이러한 유형의 상대적으로 간단한 질문의 경우에도 브라우저에서 실행되는 분산형 애플리케이션(dapp)이 답변을 얻는 데 몇 시간 또는 며칠이 걸릴 것입니다.

블록체인의 데이터를 색인화하여 서비스를 제공하는 중앙 집중식 인덱싱 공급자를 고려해 볼 수 있습니다. 웹 3 에서 구축하는 경우 중앙 집중식 인덱싱 제공업체를 사용하는 순간 Dapp 과 데이터에 대한 제어 권한을 인덱싱 공급자에게 부여하게 됩니다. 중앙 집중식 인덱싱 솔루션을 사용하면 하위그래프는 비공개입니다. 또한 자체 서버를 구축하고, 그곳에서 블록체인의 트랜잭션을 재 정리한 후 데이터베이스에 저장하고, 그 위에 API 엔드포인트를 구축하여 데이터를 쿼리할 수도 있습니다. 그러나 이렇게 중앙화된 접근 방식은 자원 집약적이며 유지 관리가 필요하고 단일 실패 지점을 제공하며 분산화에 필요한 중요한 보안 속성을 손상시킵니다. 그래서 블록체인 데이터를 색인화 하더라도 중앙 집중식 인덱싱 공급자가 아닌 분산형 프로토콜이 필요합니다. 분산형 프로토콜로 운영되는 더그래프의 탈중앙화 네트워크는 우수한 서비스 품질, 분산된 노드 덕분에 탁월한 가동 시간과 안정성, 상당히 낮은 비용을 제공하며 데이터 레이어에서 중앙화와 같은 인질로 잡히지 않습니다. 더그래프를 사용하면 하위그래프 (하나의 블록체인 데이터를 추출하고 색인화하여 저장한 저장소)가 공개되고 누구나 공개적으로 쿼리할 수 있으므로 디앱의 사용량과 네트워크 효과가 증가합니다.

블록체인 데이터를 색인화하는 것은 정말 어렵습니다. 최종성과 체인 재구성과 같은 블록체인 속성은 블록체인 데이터의 색인화를 더욱 복잡하게 만들고 시간이 많이 걸릴 뿐만 아니라 블록체인 데이터에서 올바른 쿼리 결과를 검색하는 것을 개념적으로 어렵게 만듭니다. 더그래프는 블록체인 데이터를 색인화하여 효율적이고 성능 높은 쿼리를 가능하게 하는 분산형 프로토콜을 통해 이 문제를 해결합니다. "하위그래프"는 하나의 블록체인에서 데이터를 추출하여 GraphQL 을 통해 쉽게 쿼리할 수 있도록 데이터를 색인화하여 저장해 놓은 것입니다. 하위그래프를 생성하고 또 생성된 하위그래프의 데이터를 추가하는 일은 분산형 더그래프 네트워크의 일차적인 역할입니다. 그런 다음 어플리케이션은 표준 GraphQL API 를 사용하여 색인화된 하위 그래프를 쿼리할 수 있습니다. 이런 호스팅 서비스와 분산형 프로토콜을 모두 만족시키는 것이 오픈 소스로 구현된 그래프 노드입니다. 누구나 원하면 허가 없이 하위그래프를 생성할 수 있습니다. 현재 더그래프 네트워크에서 하위그래프로 참여하는 블록체인은 이더리움, BNB, 그노시스 체인, 폴리곤, NEAR 등이 있습니다.

더그래프 작동 방식

더그래프는 "하위 그래프 매니페스트"라고 알려진 하위 그래프 설명서을 기반으로 이더리움 데이터의 내용과 이 내용을 색인화하는 방법을 학습합니다. 하위 그래프 설명서는 어떤 하위 그래프에 대한 관심 있는 스마트 계약의 이벤트, 더그래프가 자신의 데이터베이스에 저장할 데이터에 스마트 계약의 이벤트 데이터를 매핑하는 방법을 정의합니다. 하위 그래프 매니페스트을 작성하고 나면, 그래프 CLI 를 사용하여 정의된 설명서를 IPFS 에 저장하고, 인덱서 (색인화 노드 운영자)에게 해당 하위 그래프에 대한 데이터 색인화를 시작하도록 지시합니다.

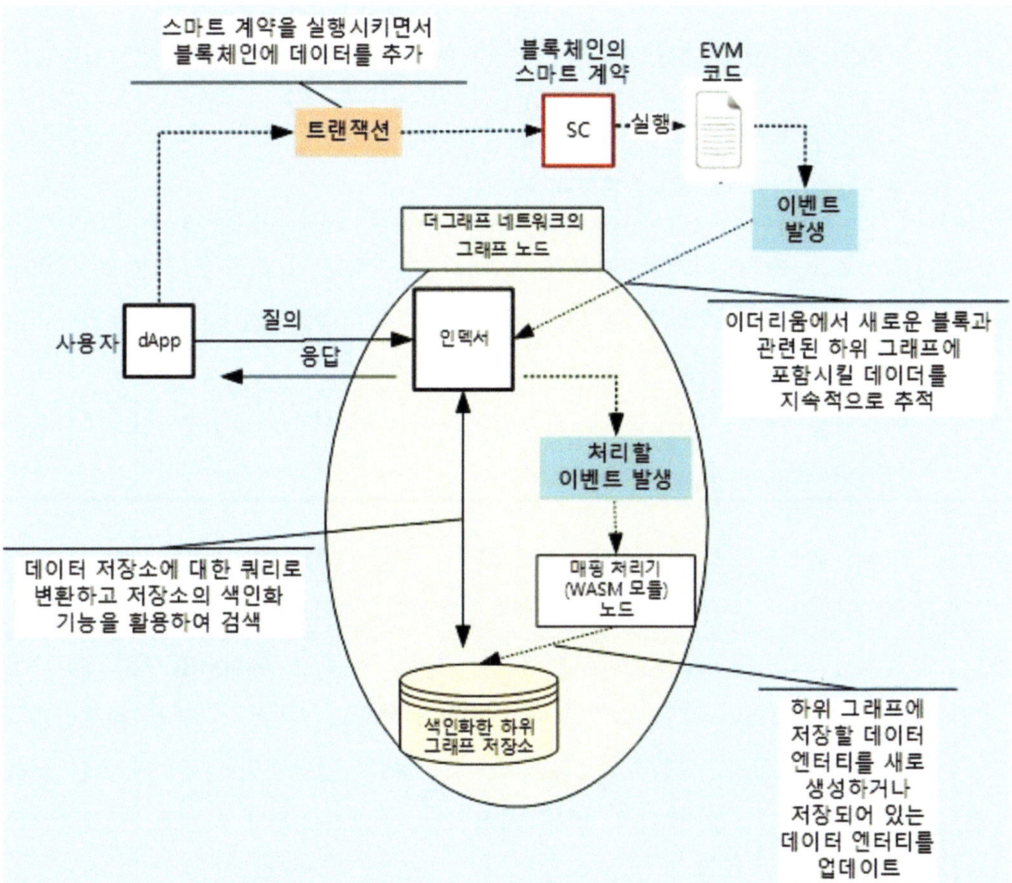

블록체인 데이터에서 직접 올바른 쿼리 결과를 받는 것은 매우 어렵습니다. 더그래프는 블록체인 데이터를 색인화하여 효율적이고 성능 높은 쿼리를 가능하게 하는 분산형 프로토콜을 통해 이 문제를 해결합니다. "하위그래프"는 하나의 블록체인에서 데이터를 추출하여 GraphQL 을 통해 쉽게 쿼리할 수 있도록 데이터를 색인화하여 저장해 놓은 것입니다. 하위그래프를 생성하고 또 생성된 하위그래프의 데이터를 추가하는 일은 분산형 더그래프 네트워크의 일차적인 역할입니다. 그런 다음 어플리케이션은 표준 GraphQL API 를 사용하여 색인화된 하위 그래프를 쿼리할 수 있습니다

이 다이어그램은 하위 그래프 매니페스트가 배포된 후 이더리움 트랜잭션을 처리하는 데이터 흐름에 대한 자세한 내용을 제공합니다. 흐름은 다음 단계를 따릅니다.

① Dapp 은 새로운 트랜잭션을 통하여 이더리움 스마트 계약을 실행시키면서 블록체인에 데이터를 추가합니다.

② 스마트 계약은 거래를 처리하는 동안 하나 이상의 이벤트를 발생시킵니다.

③ 그래프 노드는 이더리움에서 새로운 블록과 관련된 하위 그래프에 포함시킬 데이터를 지속적으로 추적합니다.

④ 그래프 노드는 이러한 블록에서 관리중인 하위 그래프에 대한 이더리움 이벤트를 찾아 제공한 매핑 처리기를 실행합니다. 매핑 처리기는 이더리움 이벤트에 대한 응답으로 그래프 노드가 하위 그래프에 저장할 데이터 엔터티를 새로 생성하거나 저장되어 있는 데이터 엔터티를 업데이트하는 WASM(WebAssembly) 모듈입니다.

⑤ Dapp 은 노드의 GraphQL API 를 사용하여 블록체인에서 가지고 와서 색인화되어 있는 데이터를 검색할 목적으로 그래프 노드에 질의합니다. 그러면 그래프 노드는 이 데이터를 가져오기 위해 GraphQL 질의를 기본 데이터 저장소에 대한 질의로 변환하고 저장소의 색인화 기능을 활용합니다. Dapp 은 질의 요청자를 위한 UI (사용자 인터페이스)에 이 데이터를 표시하며, 이렇게 응답을 받은 사용자는 이더리움에서 새로운 트랜잭션을 발행하면서 질의를 보내고 응답을 받는 주기를 반복합니다.

그래프 네트워크 개요

그래프 네트워크는 블록체인 데이터를 이용하기 편리하도록 구성하기 위한 분산형으로 색인화 처리하는 프로토콜입니다. 애플리케이션은 GraphQL 을 사용하여 하위 그래프라는 개방형 API 를 쿼리하고 그래프 네트워크에서 색인화 되어 있는 데이터를 검색합니다. 더그래프를 사용하면 어플리케이션 개발자는 전적으로 공용 인프라에서 실행되는 애플리케이션을 서버 없이도 구축할 수 있습니다. 그래프 네트워크는 인덱서, 큐레이터 및 위임자로 구성되어 있어, 궁극적으로 웹 3 애플리케이션의 질의에 대하여 데이터를 제공합니다. 애플리케이션을 이용하는 사용자는 더그래프가 제공하는 색인화된 데이터를 소비하는 소비자입니다.

그래프 네트워크의 경제적 보안과 질의에 응답하는 데이터의 무결성을 보장하기 위해 참가자는 더그래프 토큰(GRT)을 스테이킹하고 또 사용합니다. GRT 는 네트워크에서 리소스를 할당하는 데 사용되는 ERC-20 인 작업 유틸리티 토큰입니다. 활성 인덱서, 큐레이터 및 위임자는 서비스를 제공하고 수행한 작업량과 GRT 지분에 비례하여 그래프 네트워크에서 수입을 얻을 수 있습니다. 더그래프의 분산형 네트워크는 강력한 색인화 작업 및 쿼리 환경을 만들기 위해 설계되고 개선되었으며 전 세계 수천 명의 기여자 덕분에 매일 더 좋아지고 있습니다.

인덱서

더그래프는 글로벌하게 분산된 수백 곳의 인덱서들이 더그래프 네트워크를 안전하게 보호하고 있어 사용자들의 질의는 신뢰할 수 있게 처리되고 있습니다. 인덱서는 프로토콜의 중추로 색인화 및 질의 처리 서비스를 제공하기 위해 그래프 토큰(GRT)을 스테이킹하는 그래프 네트워크의 노드 운영자입니다. 인덱서는 하위그래프를 색인화하고, 하위그래프를 사용하는 모든 사람을 위하여 질의를 처리하는 서비스를 합니다. 인덱서는 서비스에 대한 질의 비용과 인덱싱 보상을 받습니다. 인덱서는 스테이킹된 총 GRT 지분(위임자의 지분 포함)을 더 그래프의 탈중앙화 네트워크에 게시된 서브그래프에 할당할 수 있습니다. 스테이킹된 GRT 는 해동 기간이 적용되며 인덱서가 악의적이고 잘못된 데이터를 애플리케이션에 제공하거나 잘못 색인화 처리하는 경우 삭감될 수 있습니다. 인덱서는 또한 위임자로부터 위임된 지분에 대한 보상을 받아 네트워크에 기여합니다.

인덱서는 큐레이터가 보내주는 큐레이션 신호를 기반으로 인덱싱할 하위 그래프를 선택합니다. 여기서 큐레이터는 어떤 하위 그래프가 품질이 좋고 우선 순위를 지정해야 하는지 표시하기 위해 GRT 를 스테이킹합니다. 소비자(예: 애플리케이션)는 어떤 인덱서가 그들의 하위 그래프에 대하여 질의하게 할지 방침을 정한 매개변수를 설정할 수도 있습니다.

인덱싱 증명(POI)이란 무엇입니까?

POI 는 네트워크에서 인덱서가 자신에게 할당된 하위그래프를 인덱싱하고 있는지 확인하는 데 사용됩니다. 현재 에포크 (약 1 일)의 첫 번째 블록에 대한 POI 는 인덱싱 보상을 받을 수 있도록 해당 할당에 대한 할당을 마감할 때 제출해야 합니다. 블록에 대한 POI 는 해당 블록까지의 특정 하위그래프 배포에 대한 모든 엔티티 스토어 트랜잭션에 대한 다이제스트입니다.

인덱서의 수익 흐름

- 질의 수수료 리베이트: 네트워크에서 질의를 제공하는 데 대한 비용입니다. 이러한 지불은 인덱서와 게이트웨이 사이의 상태 채널을 통해 중재됩니다. 게이트웨이의 각 질의 요청에는 지불이 포함되어 있습니다.
- 인덱싱 보상: 연간 프로토콜 전체 인플레이션 3%를 통해 생성된 인덱싱 보상은 네트워크에 대한 하위 그래프 배포를 인덱싱하는 인덱서에게 배포됩니다.

PART 10 웹 2.0 과 웹 3.0 의 공존

- 오라클 네트워크로 이루어진 개성 있는 체인
- 준비금 증명 (PoR: Proof of Reserve)
- 비트코인의 유동성과 유용성을 높이는 브리지
- 웹 3.0 과 글로벌 금융 시스템이 하나로 연결

PART 10 에서 참조한 주요 블록체인 또는 암호화폐			
체인 링크	이더리움	스윙바이	비트코인
포장 비트코인 (WBTC)			

33. 오라클 네트워크로 이루어진 개성 있는 체인

체인링크 노드 운영자는 체인링크 네트워크에서 중요한 역할을 하며, 블록체인 외부 데이터를 블록체인 내부의 스마트 계약에 전달하는 오라클 노드를 관리합니다. 이들은 블록체인 스마트 계약에 필요한 데이터를 안전하게 제공하여 디파이 애플리케이션 등에서 신뢰성을 보장합니다. 체인링크 노드는 온체인과 오프체인 환경을 연결하며, 이를 통해 데이터의 정확성과 보안을 유지합니다. 노드 운영자는 데이터 소스를 모니터링하고 스마트 계약이 필요로 하는 데이터를 수집하여 블록체인에 전달합니다. 체인링크 네트워크는 다양한 오라클 노드로 구성되어 확장성과 안정성을 제공합니다.

체인링크 노드 운영자란 무엇입니까?

체인 링크 네트워크도 블록체인을 운영하고 있지만, 이 블록체인은 보통의 다른 블록체인과는 큰 차이가 있습니다. 이런 체인 링크 네트워크를 이해하기 위해서는 체인링크 노드가 하는 역할을 중점적으로 이해할 필요가 있습니다. 체인 링크 노드 운영자는 체인링크 네트워크에서 제공하는 모든 데이터 피드 (외부 데이터를 스마트 계약으로 전달하는 일)의 생명선이며 성장하는 스마트 계약 경제에서 수십억 달러 가치를 직접 확보합니다. 데이터 중심의 분산 애플리케이션 생태계가 지속적으로 확장되고 발전함에 따라 체인링크 노드 운영자의 역할은 중요성이 더욱 커지고 있으며, 필요한 노드 운영자의 숫자가 더욱 커지고 있습니다. 보안과 유연성을 염두에 두고 처음부터 구축된 체인링크 노드는 이제 현실 세계에 대한 확실한 진실을 블록체인의 스마트 계약에 전달하는 수단으로서 분산형 오라클 네트워크의 강점을 입증하고 있으며, 스마트 계약 시장을 크게 확장하는 원동력이 되고 있습니다.

모든 스마트 계약(온체인)에는 외부 시스템(오프체인)에서 데이터를 가져올 수 없다는 고유한 오라클 문제가 있습니다. 이를 위해서는 온체인 환경과 오프체인 환경 간에 데이터를 양방향으로 전송하는 미들웨어 역할을 하는 오라클을 사용해야 합니다. 체인링크 노드 운영자는 체인링크 네트워크를 구성하는 핵심입니다. 체인링크 노드 운영자는 분산형 오라클 네트워크에 참여하여 정보 수집자가 안전하고 안정적인 방식으로 외부 데이터를 가져올 수 있도록 합니다. 이들은 모든 블록체인의 스마트 계약이 올바르게 실행하는 데 필요한 실제 데이터에 접근할 수 있도록 보장하는 중요한 오라클 인프라를 운영합니다. 예를 들어, 체인링크의 대규모 노드 운영자 집단은 현재 Synthetix, Aave, Liquid, dYdX, Liquity 와 같은 주요 디파이 애플리케이션에 대해 '가격' 정보를 넘겨주는 광범위한 분산형 '가격' 피드 오라클 네트워크를 실시간으로 구동합니다.

체인링크 노드 운영자는 체인링크 네트워크에서 실행되는 모든 오라클 네트워크를 강화하고 보호하는 오라클 인프라(하드웨어 및 소프트웨어)를 실행하는 개체입니다. 이러한 오라클 노드 운영자는 스마트 계약에서 들어오는 새로운 데이터 요청에 대해 블록체인을 모니터링하고, 지정된 API 에서 스마트 계약이 요구한 오프체인 데이터를 가져오고, 스마트 계약에서 소비되어 실행을 촉발할 수 있도록 온체인 데이터를 전달하는 일을 담당합니다. 오라클은 블록체인과 블록체인 외부에 존재하는 모든 데이터 또는 시스템 사이의 다리 역할을 합니다.

오라클, 오라클 네트워크 그리고 체인링크 네트워크

만약 스마트 계약이 하나뿐인 체인링크 노드에 데이터 요청을 직접 보내고 단일 응답을 다시 받도록 한다면, 해당 데이터를 외부에서 소싱하고 블록체인에 전달하는 데 있어 단일 실패 지점 문제에 직면합니다. 그래서 단일 체인링크 노드 구조를 오라클 네트워크 구조로 바꾸어 단일 실패 지점의 문제를 해결합니다. 분산형 오라클 네트워크는 원하는 수의 체인링크 노드에서 해당 데이터를 소싱하고 또 데이터를 종합하여 블록체인에 전달합니다. 그래서 체인링크 네트워크는 독립적인 오라클 노드와 오라클 네트워크로 구성된 무한 확장 가능한 네트워크입니다. 각 오라클 노드는 핵심 체인링크 소프트웨어를 실행하지만 궁극적으로 다른 오라클 노드의 종속성 없이 작동하며 자유롭게 동시에 다른 오라클 네트워크의 일부가 되거나 독립적으로 작동할 수 있습니다. 누구나 허가 없이 오라클 노드를 운영할 수 있지만, 오라클 네트워크는 기여할 수 있는 개별 오라클 노드의 역할을 제한할 수 있을 뿐만 아니라 이들이 외부 데이터를 찾고 집계하는 방식을 맞춤형으로 정의할 수 있습니다. 오라클 네트워크에는 블록체인과 달리 통일된 합의 메커니즘이 없습니다.

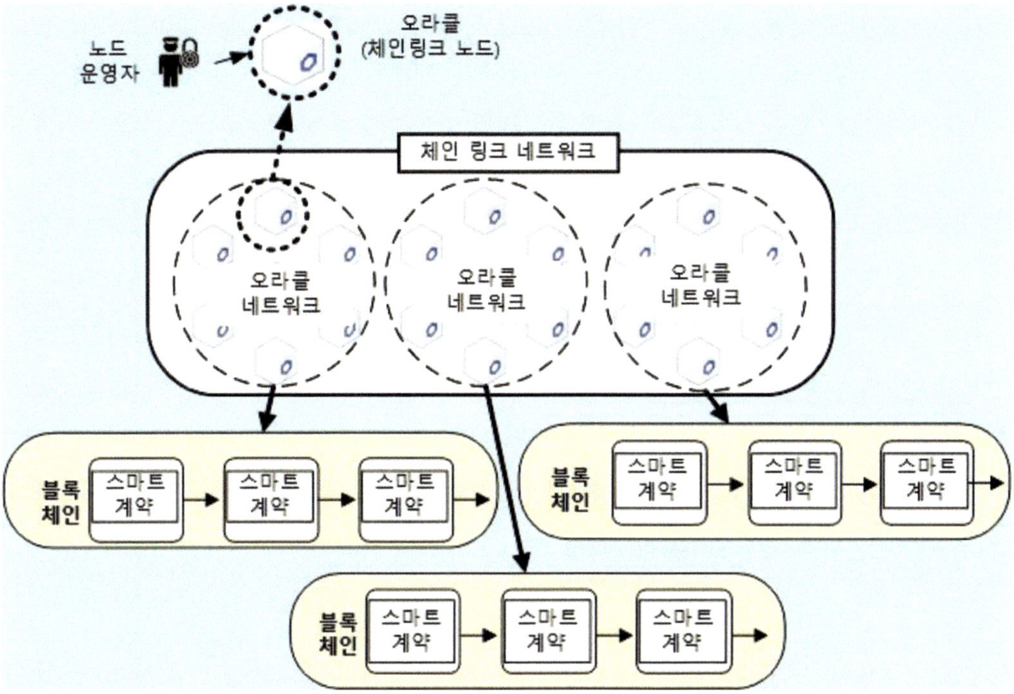

분산형 오라클 네트워크는 원하는 수의 체인링크 노드에서 해당 데이터를 소싱하고 또 데이터를 종합하여 해당 블록체인에 전달합니다. 그래서 체인링크 네트워크는 오라클 네트워크로 구성된 무한 확장 가능한 네트워크입니다. 각 오라클 노드는 핵심 체인링크 소프트웨어를 실행하지만 궁극적으로 다른 오라클 노드의 종속성 없이 작동하며 자유롭게 동시에 다른 오라클 네트워크의 일부로 작동할 수 있습니다.

체인링크 노드가 작동하는 데 필요한 것

체인링크 네트워크의 노드 운영자가 되어 외부 데이터를 스마트 계약에 전달하기 시작하려면 원활하고 안정적인 운영을 보장하기 위해 체인링크 노드의 설정에 필요한 몇 가지 기술 요구 사항이 있습니다. 핵심 구성 요소는 다음과 같습니다.

- 체인링크 노드 클라이언트 소프트웨어 – 온체인과 오프체인 환경을 연결하는 노드 운영자가 실행하는 오픈 소스 인프라입니다.

- 온체인 오라클 계약 – 블록체인의 스마트 계약이 보내는 데이터 쿼리를 모니터링하고 쿼리를 보내온 사용자의 스마트 계약으로 응답을 전달하는 체인링크 노드 자신의 스마트 계약입니다.
- 데이터 소스 가입 – 블록체인의 스마트 계약이 보내온 요청을 대신하여 처리하기 위하여 체인링크 노드가 연결하고 데이터를 가져오는 오프체인 데이터 소스 API 입니다.
- 외부 모니터링 시스템 – 체인링크 노드의 성능과 안정성을 실시간으로 모니터링하는 주변 오프체인 인프라입니다.

각 체인링크 노드 운영자는 정기적으로 이러한 구성 요소와 상호 작용합니다. 이들은 함께 체인링크 노드를 구성하고 관련을 맺고 있는 어떤 종류의 블록체인에 데이터를 안전하게 전달할 수 있게 합니다.

체인링크 노드가 오프체인 외부 데이터에 연결되는 방법: 핵심 어뎁터 세트와 외부 어댑터

체인링크 노드는 처음부터 어떤 종류의 데이터를 가져올 수 있고 해당 데이터를 전달할 수 있는지에 대해 최고 수준의 유연성을 제공하도록 설계되었습니다. 기본적으로 모든 체인링크 노드에는 사전 수집된 주요 어댑터 모음이 있어 개방형 API 에 연결하고, API 를 통해 가져온 외부 데이터를 온체인 데이터로 만들어 스마트 계약에 전달할 수 있습니다. 체인링크 노드는 초기에 이러한 핵심 어댑터 세트를 설치하지만 실제로 모든 오프체인 리소스에 접근할 수 있도록 하는 것은 외부 어댑터입니다. 외부 어댑터는 체인링크 노드에 추가하여 기본 기능, 특히 접근할 수 있는 데이터 범위와 수행할 수 있는 계산 유형을 크게 확장할 수 있는 모듈식 구성 요소입니다. 예를 들어, 외부 어댑터를 사용하여 데이터에 대한 오프체인 계산을 수행하거나(노드 응답의 평균 생성) 자격 증명이 필요한 인증된 API 에 접속할 수 있습니다. 외부 어댑터는 체인링크 노드가 모든 유형의 데이터를 스마트 계약에 판매할 수 있게 할 뿐만 아니라 데이터 전달을 넘어 양방향 통신, 오프체인 뱅킹 결제 등을 가능하게 합니다. 그 뿐만 아니라, 외부 어댑터를 사용하여 다른 블록체인과의 상호 운용성을 달성할 수 있습니다. 궁극적으로 오라클 네트워크의 핵심 기능을 위험에 빠뜨리지 않고 새로운 외부 어댑터를 쉽게 생성할 수 있으므로 체인링크 네트워크가 새로운 기능을 지원하기 위해 지속적으로 확장될 수 있도록 보장합니다.

체인링크 노드가 스마트 계약에 데이터를 판매하는 방법: 표준 API 모델과 원천 서명 데이터 모델

체인링크 네트워크의 유연한 프레임워크는 두 개의 체인링크 노드 모델을 지원합니다. 이는 오프체인 데이터 제공자를 신속하게 오라클 네트워크에 참여시켜야 하는 표준 API 모델과 오프체인 데이터 제공자의 역할이 더 확대되어 스마트 계약에 직접 서명된 데이터를 보낼 수 있는 원천 서명 데이터 모델입니다.

표준 API 모델에서는 노드 운영자는 외부 데이터를 제공하는 측과 분리된 엔터티입니다. 데이터 제공업체는 데이터를 체인링크 네트워크에 직접 판매하기 때문에 체인링크 노드는 해당 데이터에 대한 비용을 직접 지불합니다. 그래서 데이터 제공자는 블록체인에 데이터를 판매하기 위하여 새로운 인프라를 운영하거나 기존 비즈니스 모델을 수정할 필요 없어 집니다. 이를 통해 데이터 제공업체는 데이터를 블록체인에 통합하는 데 드는 비용이나 책임을 부담할 필요가 없으므로 전 세계 모든 데이터 및 API 서비스를 원활하게 블록체인과 상호 소통할 수 있게 합니다.

원천 서명 데이터 모델은 데이터 제공자가 직접 자체 체인링크 노드를 운영하는 경우입니다. 이를 통해 데이터 제공자는 고유한 개인 키를 사용하여 데이터를 암호화 방식으로 서명하고 이를 스마트 계약 자체에 직접 전달할 수 있습니다. 최종 사용자 (스마트 계약 사용자)는 해당 데이터가 특정 소스에서 나온 것임을 확실하게 증명할 수 있기 때문에, 데이터의 Sybil 공격에 대한 저항력이 있습니다. 또한 데이터 제공자 입장에서는 스마트 계약에 데이터를 판매하는 경로에서 중개인을 제거한 형태입니다. 이런 모델은 데이터 제공자의 수익을 늘리고 성장하는 체인링크 생태계에서 신뢰할 수 있는 정보 원천지로서의 명성을 확립하도록 하는 계기를 만듭니다. 이 두 체인링크 노드 모델은 단일 분산 오라클 네트워크 내에서 혼합되어 사용될 수 있습니다. 이러한 유연성은 노드 운영자 또는 데이터 제공자로서 체인링크 네트워크에 가입하는 진입 장벽을 낮추고, 기존 데이터 제공자에 대한 부담 없이 스마트 계약은 더 많은 데이터 세트를 사용할 수 있습니다.

체인링크 노드 운영자를 찾고 평가하는 방법

체인링크 네트워크는 "투명성을 통한 보안" 접근 방식을 사용합니다. 각 체인링크 노드는 데이터를 제출하는 고유한 공개키에서 파생된 공개 주소가 있어 투명성을 제공하며, 해당 공개키와 짝을 이루는 개인 키를 사용하여 데이터에 서명하기 때문에 보안성도 제공합니다. 공개적으로 식별 가능한 주소를 갖는 체인링크 노드는 수정 불가한 온체인 성능 기록을 남기기 때문에 제공하는 모든 오라클 서비스에 대해 평가를 받고 있습니다. 체인링크 네트워크 전체는 물론 각 분산형 오라클 네트워크, 노드 운영자 및 데이터 제공자의 수행 성능에 관한 상세하고 정제된 데이터를 제공하는 여러 개의 독립적인 웹사이트와 API 가 제공되기 때문에 스마트 계약 사용자와 스마트 계약 개발자는 체인링크 노드의 평판에 쉽게 접근할 수 있습니다.

분산형 오라클 네트워크 시각화

체인링크 개발 팀은 각 가격 피드의 주요 매개변수에 대한 통찰력과 함께 간단하고 탐색하기 쉬운 방식으로 각 분산형 오라클 네트워크의 상태에 관한 온체인 성능 데이터를 대중에게 제공했습니다. Data.chain.link 는 체인링크의 디파이 생태계에 있는 모든 가격 피드, 프로젝트 및 노드 운영자의 전체 컬렉션 뿐만 아니라 수십억 달러의 가치를 확보하는 많은 가격 피드 각각에 대한 실시간 상태를 제공하는 하나의 원천입니다. 사용자에게는 다음에 관한 정보가 제공됩니다.

- 메인넷에 실시간으로 게시되는 모든 가격 피드의 집계 보기

- 각 가격 피드의 현재 온체인 가격
- 업데이트 빈도 및 이전 업데이트의 타임스탬프
- 각 가격 피드를 후원하고 사용하는 디파이 프로젝트 목록
- 가격 피드를 제공하는 보안 검토를 거친 체인링크 노드 목록
- 체인링크 노드 운영자 리스트 공개

체인링크 노드 운영자는 market.link 와 같은 마켓플레이스에서 잠재적 사용자에게 자신을 선보일 수 있습니다. 노드 운영자는 오라클 서비스, 외부 데이터 연결 현황, 인증 유무 등을 공개할 수 있습니다. 이는 스마트 계약 개발자에게 서비스를 제공할 수 있는 데이터 피드 플랫폼을 제공할 뿐만 아니라 사용자가 각 체인링크 노드에 대한 중요한 기능을 분석하여 오라클 요구 사항을 충족하는 데 적합한지 확인할 수 있게 해 줍니다.

체인링크 네트워크 통계 및 노드 운영자 평판

체인링크 노드에 대한 모든 요청과 응답은 불변 방식으로 자체 블록체인에 기록되며, 이는 전체 체인링크 네트워크의 신뢰성과 정확성을 추가로 분석하는 데 사용될 수 있습니다. Market.link 는 온체인 데이터를 가져와 사용자와 노드 운영자 모두에게 체인링크 네트워크의 실시간 성능에 대한 광범위한 개요를 제공하는 웹의 프런트엔드 중 하나입니다. 이 블록체인을 통하여 데이터 제공자와 미래의 노드 운영자는 체인링크 네트워크에 대한 객관적인 통계를 확인할 수 있고 개별 노드 운영자에 대한 자세한 정보를 확인할 수 있습니다. 이처럼 사용자, 개발자 및 노드 운영자는 모두가 블록체인으로 기록 관리되는 데이터에 접근하여 세부적인 수준에서 체인링크 네트워크의 실시간 기능에 대한 통찰력을 얻을 수 있습니다. 이 데이터를 통해 체인링크 네트워크는 노드 운영자의 품질과 신뢰성을 크게 향상시켰으며, 현재와 미래의 고품질 오라클 성능에 입각한 고급 스마트 계약으로 발전시키고 있습니다.

34. 준비금 증명 (POR: PROOF OF RESERVE)

체인링크의 준비금 증명(POR)은 디파이와 기존 금융 시스템에서 자산 운영의 투명성을 높이는 온체인 증명 방식입니다. 이는 자산 담보를 실시간으로 검증하여 사용자에게 높은 투명성을 제공하고, 스마트 계약 생태계의 안전성을 강화합니다. POR 은 크로스체인 토큰, 스테이블코인, 오프체인 자산 등 다양한 담보 유형에 적용됩니다. POR 을 통해 암호화폐 기업은 예금자에게 지급 능력을 증명하며, 자동화된 온체인 감사 시스템을 구축합니다. 이를 통해 전통 금융 기관도 블록체인 기술을 활용한 투명성을 제공할 수 있습니다.

세상 속 자산의 실제 담보에 대한 확실한 온체인 증명

체인링크의 준비금 증명 (PoR: Proof of Reserve)는 성장하는 디파이(DeFi) 생태계와 기존 금융 시스템 모두에게 암호화폐는 물론 세상 속 자산의 실제 담보에 대한 확실한 온체인 증명을 통해 자산 운영의 투명성을 높일 수 있는 방법을 제공합니다. 스마트 계약 생태계가 성장함에 따라 불투명한 자금 운영 프로세스와 악성 담보로 인한 시장 실패가 역사의 뒤안길로 사라지도록 하는 것이 중요합니다. 디파이 생태계가 차세대 신뢰 최소화(신뢰하는 제 3 의 기관의 도움 없이) 금융 상품으로 확장 발전할 수 있도록 체인링크 준비금 증명(Proof of Reserve)이 선두에서 이끌고 있습니다.

준비금 증명(PoR)은 암호화폐 기업이 보유한 디지털 자산 담보를 검증하여 공개 증명 및 독립적인 감사를 통해 예금자에게 더 큰 투명성을 제공하는 데 도움이 됩니다. 기존 글로벌 금융 시스템은 일반적으로 담보가 부족하고 매우 불투명한 방식으로 운영되어 호황과 불황 주기와 시장 전반의 실패를 초래할 수 있는 시스템적 위험을 초래합니다. 탈중앙화 금융(디파이)은 서로 다른 해석이 있을 수 없는 스마트 계약과 암호학적인 진실로 구동되는 매우 투명하고 제 3 자의 신뢰가 최소화된 금융 상품을 제공함으로써 대안을 제공합니다. 디파이의 성장과 함께 새로운 담보 유형에 대한 수요가 증가하고 있습니다. 예를 들면 다음과 같은 경우에 준비금 증명이 필요합니다.

- 크로스체인 준비금: 디파이의 성장과 함께 서로 다른 체인간에 암호화폐를 이동할 때 보내는 쪽의 자산은 담보로 보관되어 있어야 하는 크로스체인 토큰
- 스테이블 코인 준비금: 법정화폐가 담보로 제공되고 있다는 투명한 증명을 요구하는 스테이블코인
- 오프체인 준비금: 금과 같은 자산을 토큰화 할 경우 토큰화된 실제 자산인 금이 준비되어 있다는 것을 증명해 주는 담보

준비금 증명은 전통적으로 암호화폐를 보유한 기업이 독립적인 감사를 통해 예금자에게 지급 능력을 증명하기 위해 준비금에 대한 공개 증명을 생성하는 것을 말합니다. 이러한 감사는 일반적으로 중앙 집중식 제 3 자에 의해 수행되기 때문에 시간이 오래 걸리고 시간이 많이 걸리며 수동 프로세스가 필요할 수 있습니다. 개발자들이 디지털 자산 생태계에서 점점 더 정교한 금융 상품을 계속 구축함에 따라, 블록체인, 스마트 컨트랙트 및 오라클의 우수한 투명성을 활용하는 자동화된 프로세스를 사용하여 준비금을 감사할 수 있도록 하려면 신뢰할 수 있고 투명하며 탈중앙화된 표준이 필요합니다.

체인링크 준비금 증명(PoR)

체인링크 준비금 증명(PoR)은 오프체인 또는 크로스체인 준비금으로 뒷받침되는 온체인 자산의 실제 담보를 계산하는 데 필요한 데이터를 스마트 컨트랙트에 제공합니다. 탈중앙화된 오라클 네트워크에 의해 운영되는 체인링크 준비금 증명은 실시간으로 담보에 대한 자율적인 감사를 가능하게 하여 오프체인 관리인의 예상치 못한 준비금 부족 관행 및 기타 사기 행위로부터 사용자 자금을 보호할 수 있도록 합니다. 사용자가 커스터디언이 작성한 종이 보증을 신뢰하도록 강요하는 대신, 체인링크에서 실행되는 PoR 은 사용자에게 자산의 기본 담보에 대한 우수한 보증을 제공하고 자산 담보와 관련된 암호화폐 자산 생태계에 대한 더 높은 수준의 투명성을 생성하는 자동화된 온체인 감사를 수행합니다.

■ 크로스체인 준비금

체인링크 PoR 은 브리지에서 래핑된 자산의 발행, 상환 및 소각을 보호하는 데 점점 더 많이 사용되고 있습니다. 체인링크 PoR 은 래핑된 토큰의 담보가 부족하다고 판단하면 체인링크 자동화 프로토콜을 사용하여 래핑된 토큰의 발행, 상환 및 소각을 중단할 수 있습니다.

■ 스테이블 코인 준비금

스테이블코인은 디파이 생태계의 핵심 구성 요소로, 사용자에게 비교적 낮은 변동성 통화로 거래하고 수익을 얻을 수 있는 기능을 제공하는 동시에 스마트 계약 이행에 이의를 제기할 수 없도록 하는 이점도 제공합니다. 따라서 스테이블코인은 인기 있는 담보 선택이며 디파이 제품의 채택을 확장하는 데 필수적입니다. 스테이블코인 생태계에서 담보 스테이블코인이 오프체인 은행 계좌에서 동일한 금액의 가치로 완전히 뒷받침된다는 증거를 스마트 계약에 제공하는 것이 점점 더 중요해지고 있습니다.

■ 오프체인 준비금

체인링크 PoR 피드는 검증 가능한 현금 흐름을 생성하는 부동산과 같은 광범위한 토큰화된 실재 자산(RWA)에 사용할 수 있습니다. 자산의 소유권과 생성된 USD 현금 흐름을 보유하고 있는 에스크로 은행 계좌는 모두 감사되고 감사 결과는 온체인으로 가져올 수 있습니다. 이 때문에 스마트 계약이 부동산과 현금 흐름 모두에 대한 신뢰 최소화된 토큰화된 실물 자산을 발행할 수 있으며, 이 토큰화된 실체의 담보는 분산형 체인링크 오라클 네트워크에 의해 검증됩니다. 체인링크 PoR 은 금 및 은과 같은 상품과 같은 다른 유형의 RWA 의 토큰화를 지원하는 데에도 사용할 수 있습니다. 팍소스(Paxos)와 캐시 골드(CACHE Gold)는 체인링크 PoR 을 사용하여 누구나 토큰화된 금 제품이 오프체인에 보관된 금 보유고로 완전히 뒷받침되는지 온체인에서 빠르게 확인할 수 있도록 합니다. 또한 PoR 피드는 디파이 및 스마트 계약 애플리케이션의 세계를 넘어 사용할 수 있습니다. 예를 들어, 체인링크 오라클을 사용하여 감사 보고서를 변조 불가능한 기록으로 온체인 (자체 블록체인)에 게시함으로써 기존 금융 기관에 고객 및 거래 상대방과의 신뢰를 높일 수 있는 방법을 제공할 수 있습니다. 비즈니스 모델이나 백엔드 엔터프라이즈 시스템을 수정하지 않고 블록체인 기술을 활용함으로써 기관은 자산에 대한 확실하고 불변의 진실 소스를 제공하여 전례 없는 수준의 투명성을 창출할 수 있습니다. 또한 디파이 제품은 이 데이터를 중심으로 구성될 수 있으므로 사용자는 전통적인 오프체인 기관의 준비금을 떨어뜨리는 활동에 쐐기를 박을 수 있습니다.

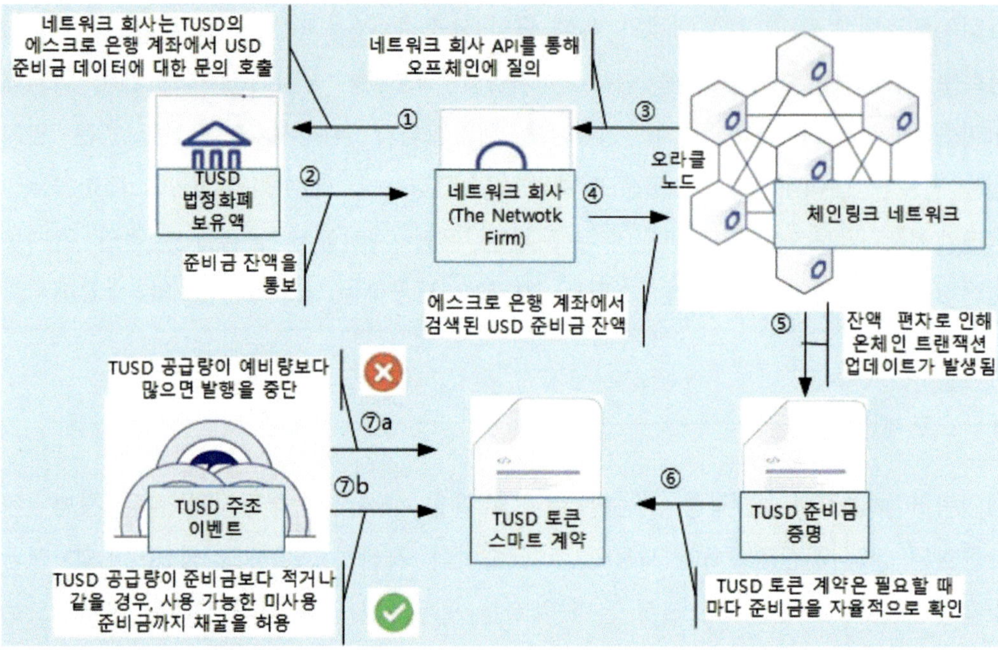

체인링크 오라클 (노드)은 TrustToken 의 에스크로 은행 계좌에 대한 정기적인 검토를 수행하는 The Network Firm (네트워크 회사)에서 데이터를 가져와서 준비금 증명을 스마트 계약에 제공합니다. 그러면 스마트 계약이 오프체인 준비금에 관한 담보 데이터를 더 잘 활용하여 스마트 계약의 실행이 이루어집니다.

스테이블코인의 오프체인 준비금 PoR

체인링크 PoR 은 전문 감사관이 생성한 데이터를 활용하여 스마트 계약 애플리케이션에 법정화폐 기반 스테이블코인의 오프체인 준비금에 관한 담보 데이터를 제공합니다. 대표적인 예로, 제공된 TUSD 준비금 데이터는 DeFi 사용자와 애플리케이션이 TUSD 토큰을 뒷받침하는 TrustToken 의 에스크로 은행 계좌에 미국 달러 금액이 보관되어 있다는 확신을 가지게 할 결정적인 증거를 제공합니다. 여기서 TUSD 는 어떤 블록체인에서 미국 달러를 담보로 기본적으로 발행된 TrueUSD 의 수를 의미합니다. 따라서 TUSD 는 담보로 제공된 USD 잔액을 초과해서 발행되어서는 안됩니다 스마트 계약이 오프체인 준비금에 관한 담보 데이터를 더 잘 활용하도록 하기 위하여, 체인링크 오라클 (노드)은 TrustToken 의 에스크로 은행 계좌에 대한 정기적인 검토를 수행하는 The Network Firm (네트워크 회사)에서 데이터를 가져옵니다. TrustToken 의 준비금에 보관된 미국 달러의 양이 사전 정의된 임계값을 초과하면 업데이트 정보가 준비금 증명 참조에 온체인으로 들어 갑니다. 그런 다음 디파이 애플리케이션은 필요한 순간에 이 데이터를 활용하여 TUSD 토큰의 준비금을 확인할 수 있습니다.

TUSD 는 스테이블코인 발행 프로세스에 더욱 강화된 보안과 투명성을 추가하기 위해 체인링크 PoR 에 다음과 같은 기능을 추가했습니다. 체인링크 준비금 안전 발행 증명을 통해 스테이블코인 발행자가 프로그래밍 방식으로 발행되는 스테이블 코인 공급량이 준비금보다 작거나 같을 것을 강제할 수 있습니다. 준비금 안전 발행 증명은 발행된 새 토큰이 준비금으로 뒷받침된다는 암호화 보증을 제공함으로써 토큰화된 자산 및 스테이블코인 보안을 한 단계 끌어올려 무한 발행 공격을 방지하는 데 도움이 됩니다.

체인링크 준비금 증명은 담보의 투명성을 확보하기 위한 사용 범위가 기존의 준비금 증명 방식보다 훨씬 더 넓으며 성장하는 자산 토큰화 시장에 투명성을 제공하는 데 활용될 수 있습니다. 이전에는 발행자에 대한 비현실적인 수준의 신뢰가 요구되었던 토큰화된 자산은 이제 준비금 증명을 활용하여 사용자 채택에 필요한 투명성을 제공할 수 있습니다.

래핑된 토큰 PoR

체인링크 준비금 증명이 오프체인 준비금으로 뒷받침되는 래핑된 토큰을 보호하는 방법에 대하여 알아보겠습니다. 래핑된 토큰 브리지는 디파이 생태계에서 더 많은 자본 효율성을 창출하는 데 도움이 되지만 담보가 부족한 래핑 자산의 잠재력을 통해 위험을 초래합니다. 체인링크 PoR 은 래핑된 토큰 브리지에서 래핑된 자산의 담보화를 모니터링하는 데 활용될 수 있습니다. BGD Labs 는 체인링크 PoR 을 Avalanche 의 디파이 암호화폐 대출 프로토콜인 Aave 에 통합하여 Avalanche 의 Aave 시장에서 래핑된 토큰이 충분히 담보되도록 했습니다. 이 솔루션에는 자산 주소와

PoR 피드 주소의 쌍에 대한 레지스트리 역할을 하는 스마트 계약이 포함됩니다. Aave 의 Avalanche 에 배포되어 있는 각 자산에 대해 계약은 PoR 피드 값이 자산의 총 공급량과 같거나 큰지 확인합니다. 목록의 자산이 이 요구 사항을 충족하지 않는 경우 자산 목록이 출력되고 긴급 작업이 수행될 수 있습니다.

비트코인 브리지 프로토콜의 예를 들어 보겠습니다. 비트코인은 가치의 저장 수단으로만 인식되어 왔고 또 실재로 UTXO 모델을 사용하기 때문에 스마트 계약을 이용한 디파이에 적용하기에는 어려움이 많았습니다. 그럼에도 불구하고 비트코인을 래핑된 토큰으로 바꾸어 디파이에 이용할 수 있도록 하는 것이 스윙바이 스카이브리지(Swingby Skybridge)입니다. 이 브리지는 비트코인 체인을 이더리움 생태계에 연결합니다. 스윙바이(Swingby)는 탈중앙화 지분증명 네트워크로, 신뢰할 수 있는 제 3 자 없이 체인 간에 토큰을 이동할 수 있습니다. 스윙바이는 체인링크 PoR 을 사용하여 크로스체인 브리지를 보호하고 래핑된 토큰을 뒷받침하는 준비금의 담보가 부족할 경우 래핑된 토큰이 발행되거나 스왑되는 것을 방지하여 사용자를 보호합니다.

스테이킹 자산의 파생토큰 PoR

준비금 증명은 유동성 스테이킹 자산의 파생토큰에도 적용됩니다. 유동성 스테이킹 파생토큰은 어떤 블록체인에 스테이킹된 체인의 기본 자산을 토큰화한 것을 의미합니다. 이는 자본 효율성을 높이고 디파이 생태계의 성장을 지원하는 데 매우 중요합니다. 체인링크 PoR 피드는 유동성 스테이킹 파생 토큰에 대한 투명성을 높이는 데 사용할 수 있으며, 이를 통해 누구나 유동성 스테이킹 토큰이 스테이킹된 체인의 기본 토큰에 의해 완전히 뒷받침되는지 여부를 확인할 수 있습니다.

디파이 서킷 브레이커로서의 PoR

디파이 생태계에서 안정성을 촉진하고 시스템 위험을 완화하는 중요한 도구는 서킷 브레이커입니다. 서킷 브레이커는 일반적인 해킹 및 자산 악용의 범위를 완화하고,

프로토콜 지급 불능을 방지하고, 시스템 위험을 줄이는 등의 작업을 수행할 수 있습니다. 에이브(Aave)는 체인링크 PoR 을 사용하여 중앙화된 래핑 자산 또는 크로스체인 브리지와 같은 스마트 계약에서 실시간으로 온체인에서 준비금을 증명할 수 있는지 검증하여 이상 징후가 감지되면 프로토콜이 대응하고 보호를 적용할 수 있도록 합니다.

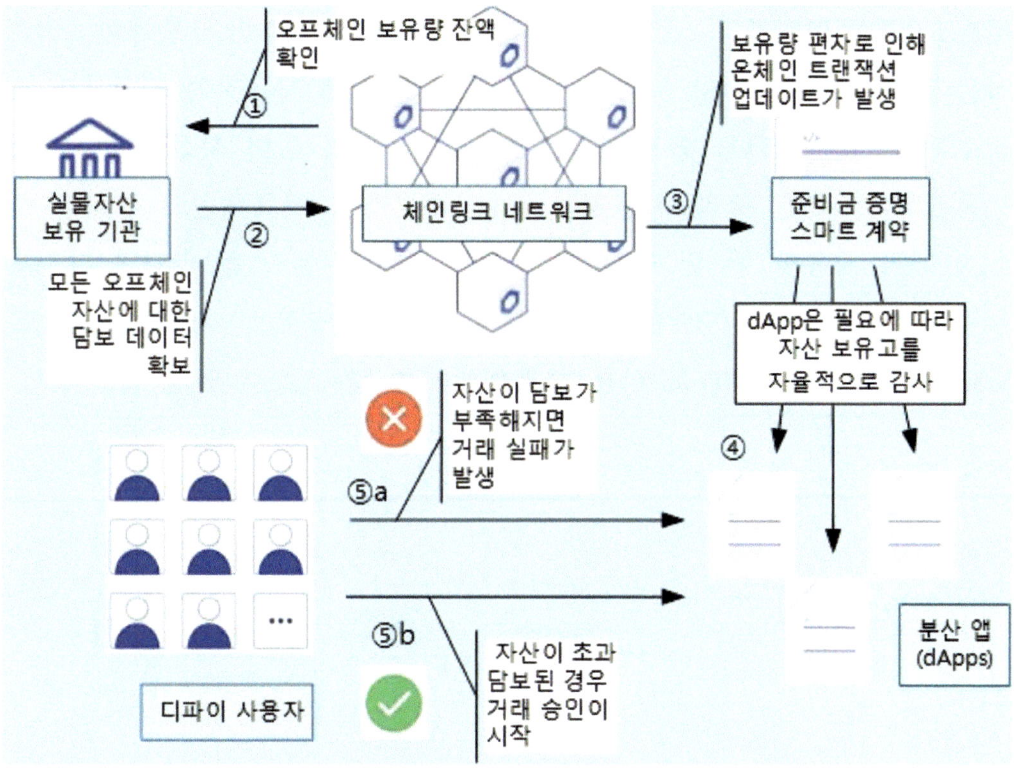

PoR 은 스마트 계약이 실시간으로 온체인에서 오프체인 준비금을 증명할 수 있도록 해주기 때문에 이상 징후가 감지되면 스마트 계약이 대응하고 거래를 보호할 수 있도록 합니다.

35. 비트코인의 유동성과 유용성을 높이는 브리지

SWINGBY SKYBRIDGE 는 스테이킹 기반 분산형 브리징 프로토콜로, 비트코인과 이더리움 등의 블록체인 간을 이어주어, 중개인 없이 작동합니다. SKYBRIDGE 는 TSS 암호화와 MPC 를 사용하여 블록체인 간 암호화폐 자산 교환을 쉽게 하며, 제 3 자의 신뢰 없이 자산을 안전하게 전송합니다. 이를 통해 사용자는 BTC 를 다른 블록체인의 DAPP 과 DEX 에서 사용할 수 있고, 거래 속도와 낮은 수수료 등 다양한 혜택을 누릴 수 있습니다. SKYBRIDGE 는 비수탁형 크로스 체인 브리지로, WBTC 등을 통해 BTC 를 다른 블록체인에서 활용할 수 있게 합니다.

비트코인과 다른 암호화폐 블록체인 간의 상호 운용성에 대한 고유한 제안

Swingby Skybridge 는 암호화폐 자산의 체인 간 이동을 위한 스테이킹 기반 분산형 브리징 프로토콜입니다. 이는 비트코인 블록체인, 이더리움 및 기타 분산 원장 간의 빠른 무신뢰 브리지를 가능하게 합니다. 2020 년 12 월 28 일, WBTC (래핑된 비트코인)를 통해 비트코인을 이더리움에 연결하는 브리지라 부르지만 사실상 지분 증명 방식 네트워크가 출시되었습니다. Swingby Skybridge 는 레이어 2 지분 증명 합의 시스템과 P2P 네트워크를 구현하여 TSS(임계값 서명 체계) 암호화 및 MPC (다자간 컴퓨팅)를 사용하여 블록체인 간 암호화폐 자산 교환을 용이하게 합니다. Skybridge 를 사용하면 암호화폐 자산을 한 블록체인에서 다른 블록체인으로 블록 시간 (블록 하나가 신규 생성되는 시간) 만큼 빠르게 전송할 수 있습니다. Skybridge 는 제 3 자의 신뢰를 요구하지 않으며, 교환되는 동안 어떤 개인(또는 중앙 집중식 개체)도 예금에 접근할 수 없습니다. Swingby Skybridge 에서 스왑을 완료하는 것은 자산을 주소로 전송하는 것만큼 쉽고 특별한 지갑 애플리케이션을 사용할 필요가 없습니다.

Swingby Skybridge 를 건설하기로 결정한 이유는 다음과 같습니다. 현재의 블록체인 생태계는 2009 년 비트코인이 탄생한 이후 빠르게 발전해 왔습니다. 불행하게도 여전히 확장성과 체인 간 상호 운용성이라는 두 가지 주요 문제에 직면해 있습니다. 확장성은 특정 블록체인이 성능 문제없이 처리할 수 있는 초당 트랜잭션 수와 관련이 있습니다. 반면, 상호 운용성은 한 블록체인에서 다른 블록체인으로 자산을 안전하게 이동하는 것과 네트워크가 서로 통신하는 방식을 의미합니다. Swingby 는 블록체인 상호 운용성에 대한 고유한 제안을 제공하며, 이는 향후 확장성에서도 상당한 이점을 제공합니다.

Swingby 의 주요 제품은 사용자에게 중앙 신뢰 중개자 없이 비트코인을 다른 블록체인으로(또는 앞뒤로) 이동할 수 있는 간단한 방법을 제공하는 Skybridge 라는 브리징 솔루션입니다. 최근 몇 년 동안 퍼블릭 블록체인과 스마트 계약 플랫폼을 사용하는 애플리케이션이 증가했습니다. 그러나 이러한 블록체인 중 다수는 근본적인 유동성 문제에 직면해 있습니다. 즉, 네트워크에서 실행되는 귀중한 자산이 충분하지 않습니다. 강력한 애플리케이션(dApp)이나 높은 확장성이 있어도 유동성이 없으면 애플리케이션이나 블록체인은 제대로 작동하지 않습니다. 오늘날 가치와 유동성은 어디에 있습니까? 비트코인은 가장 많은 사용자와 가장 큰 총 자산 가치를 보유하고 있으며 세계에서 가장 유동적인 자산 중 하나입니다. 비트코인을 사용 가능하게 하고 다른 블록체인으로 전송할 수 있게 하면 특정 중개자를 신뢰하지 않고도 다른 블록체인에서 활동을 촉발할 수 있습니다. 여러 불록체인 위에서 "BTC 토큰"을 사용할 수 있으면, 비트코인 보유자와 비트코인 네트워크 외의 다른 블록체인 모두에게 많은 이점이 제공됩니다.

- 비트코인 사용자는 BTC 를 다른 블록체인의 기본 토큰으로 변환하지 않고도 다른 블록체인의 dApp, DEX 및 기타 서비스를 사용할 수 있습니다.
- 비트코인 사용자는 기본 BTC 에 대한 가치를 유지하면서 결제 속도, 낮은 거래 수수료 및 익명성과 같은 다른 체인의 혁신적인 특성을 활용할 수 있습니다.
- 비트코인의 확장성은 일부 BTC 거래를 다른 블록체인으로 넘김으로써 향상될 수 있습니다.
- 다른 체인의 사용자는 새로운 유동성 물결과 비트코인 생태계의 사용자로부터 이익을 얻을 수 있습니다.
- 이더리움과 같은 블록체인에서 실행되는 분산형 거래소(예: Uniswap, SushiSwap, Balancer, Curve)는 BTC 토큰 거래를 허용하여 자산 클래스로서 BTC 의 유동성과 유용성을 모두 높일 수 있습니다.

문제는 이러한 원래의 비트코인 가치에 고정된 토큰을 무신뢰 방식으로 다른 블록체인에 이동하는 것은 기술적으로 쉬운 일이 아닙니다. 첫 번째로 Skybridge 는 이더리움 위에 비트코인 가치가 고정된 토큰(예: WBTC)을 사용하여 BTC 에 대한 비수탁형 크로스 체인 브리지를 제공합니다.

크로스체인 브리지를 구현할 수 있는 기술은 표준화되어 있지 않습니다. Swingby Skybridge 는 디지털 서명의 한 알고리즘인 뒤에 설명할 임계값 서명 체계(TSS)를 사용하여 ECDSA 기반 블록체인(예: 비트코인, 이더리움, 바이낸스 체인, Elrond, Tron, TomoChain)에 대한 빠르고 분산되며 사용자 친화적인 스왑 (다른 종류의 암호화폐 교환)을 구축하는 것을 목표로 합니다.

크로스체인 브리지에서 중앙 집중식 관리인의 문제점은 무엇입니까?

다른 당사자를 대신하여 자산을 보유하는 역할을 담당하는 곳을 편의상 관리인이라고 부르겠습니다. 관리인은 당사자 해당 주소에 연결된 개인 키를 알고 자신(관리인)이 제어하는 주소에 고객의 자산을 저장합니다. 암호화폐 생태계에서 신뢰할 수 있는 관리인은 한 체인의 자산을 관리하고 다른 네트워크의 해당 코인에 대해 새로운 "예탁 영수증"을 발행하는 비즈니스 중개자입니다. 이러한 관리인은 에스크로 대리인 역할을 할 뿐만 아니라 예탁 자산 관리자 역할도 합니다. 그러나 두 솔루션 모두 중앙화 문제가 내재되어 있습니다. 즉, 릴레이 메커니즘은 신뢰할 수 있는 중앙 집중식 서버 운영자에 의존합니다. 신뢰할 수 있는 지점이 존재하는 곳마다 리레이 메커니즘 (브리지)은 외부 또는 내부 악의적인 행위자에 의해 손상되거나 실패할 수 있습니다. 이러한 관리인은 개인 키 분실 또는 도난의 위험을 감수하며, 두 경우 모두 고객 자금에 대한 통제권 상실로 이어집니다. 오늘날 관리인은 일반적으로 고객 자산의 대부분을 다중 서명 주소에 저장하고 저장소를 잠그는 개인 키를 오프라인에 보관합니다. 이는 인터넷에 연결된 장치에 개인 키를 저장하는 것보다 더 안전하지만, 그 절충안은 불편하고 관리인 역할을 하는 당사자에게 운영상의 복잡성을 야기합니다. Swingby 는 중앙 집중식 관리인이 중개자 역할을 하는 방법이 아니고 분산형 관리인 분산형 노드 그룹이 중개자 역할을 합니다.

스카이브리지 구조

Swingby Skybridge 프로토콜의 핵심은 지분 증명 방식과 노드 그룹이라고 볼 수 있습니다. 또 Skybridge 네트워크에는 세 가지 유형의 참가자가 있습니다.

- 메타노드 – SWINGBY 를 스테이킹하여 스왑에 참여하고 스왑 수수료을 받습니다. 스테이킹으로 SWINGBY 를 예치하는 과정을 '본딩 (bonding)' 이라고도 하는 데, 본딩된 노드는 지분 증명 방식 노드의 자격이 주어집니다.
- 유동성 공급자 – 두 개의 브리지된 자산(예: WBTC/BTC) 중 하나를 '플로트'에 예치하여 예치된 토큰 양에 비례하는 스왑 수수료를 받습니다. 모든 당사자는 메타노드를 운영할 필요 없이 유동성 풀에 참여하므로, 이 프로세스를 '플로트 스테이킹' 이라고도 합니다.
- 사용자 – 블록체인 간에 자산을 이동합니다. 메타노드와 유동성 공급자 모두가 징수하는 네트워크 수수료를 지불함으로써 BTC 를 이더리움으로(처음에는 WBTC 토큰을 통해) 전송할 수 있으며 그 반대의 경우도 마찬가지입니다.

Swingby Skybridge 의 메타 노드('Metanodes')에는 두 가지 기본 비용이 발생합니다.

- 노드를 운영하기 위한 운영 비용 (예: 서버 비용)
- 노드 운영자는 노드에 본딩할 SWINGBY 토큰을 구매하고 사전 스테이킹해야 하므로 비용이 듭니다. 이 스테이킹된 토큰은 네트워크를 보호하고 네트워크 이익을 재정적 스테이킹한 지분과 일치시키는 데 도움이 됩니다.

스윙바이 스카이브리지에서는 유동성 공급을 '플로트 스테이킹'이라고도 합니다. 브리지로 연결할 소스 블록체인과 대상 블록체인의 양쪽 예치금은 스왑을 원하는 트랜잭션을 위해 사용됩니다. 플로트 스테이킹은 사용자에게 스왑 수수료를 최대한 낮게 줄여주는 효과를 가져옵니다. 플로트 스테이킹으로 스카이브리지에서 유동성 공급자 (LP: Liquidity providers)가 되는 방법을 다음과 같습니다. 유동성 공급자는 스카이브리지 프로토콜의 주요 이해관계자 중 하나이며, BTC 를 WBTC 로 스왑하는 사용자로부터 거래 수수료의 일부를 보상으로 받습니다. 이 시스템은 프로토콜의 총 유동성에 대한 지분을 나타내는 Swingby BTC ("sbBTC")로 발행된 LP 토큰을 중심으로 구축되었습니다. 이 토큰은 다른 디파이 프로토콜에 통합되고 거래될 수 있는 ERC20 토큰으로 이더리움에서 실행됩니다.

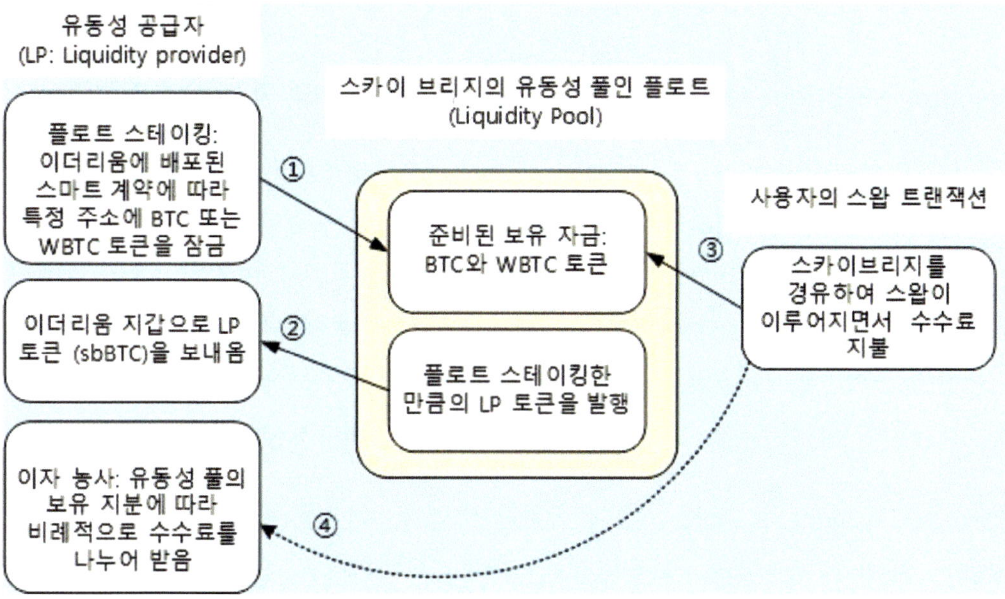

유동성 공급자(LP)는 두 개의 브리지된 자산(예: WBTC/BTC) 중 하나를 '플로트'에 예치하여 예치된 토큰 양에 비례하는 스왑 수수료를 받습니다. 모든 당사자는 메타노드를 운영할 필요 없이 유동성 풀에 참여하므로, 이 프로세스를 '플로트 스테이킹' 이라고도 합니다.

BTC 또는 WBTC 토큰을 잠그고자 하는 참가자는 이더리움에 배포된 스마트 계약에 따라 특정 주소에 LP 토큰(sbBTC)을 예치해야 합니다. 유동성 공급자가 BTC 또는 WBTC 를 플로트 풀에 예치하면 BTC 대비 LP 가격을 기준으로 이더리움 지갑에 sbBTC 토큰이 발행됩니다. 예치한 가치는 풀에서 사용할 수 있는 총 유동성의 지분을 나타냅니다. 이처럼 BTC 또는 WBTC 를 스카이브리지에 스테이킹하고 LP 토큰(sbBTC)을 이더리움의 수확량 농사 스마트 계약에 고정하면 일정 비율 이상의 수익을 얻을 수 있습니다. 유동성 공급자는 스카이브리지를 경유하여 이루어지는 총 스왑 수수료의 34%가 모든 유동성 공급자에게 할당됩니다. 이 비율은 각 유동성 공급자의 각 지분에 따라 비례적으로 나누어 가지게 됩니다.

유동성 공급자가 플로트 풀에서 BTC 또는 WBTC 를 인출하면 sbBTC 토큰이 이더리움 지갑에서 소각되고 BTC 대비 LP 가격을 기준으로 일치하는 수량을 받습니다. sbBTC 인출이 많으면 유동성에 문제가 생기므로 유동성 공급자는 스테이킹을 중지할 때 인출 수수료를 부담해야 합니다.

Swingby Skybridge 는 브리지이면서 동시에 지분 증명 방식 네트워크

스카이브리지의 기술을 잘 이해하려면, Swingby Skybridge 는 브리지이면서 동시에 지분 증명 방식 네트워크라는 사실을 먼저 이해할 필요가 있습니다. Swingby Skybridge는 지분 증명 방식에 입각한 노드들의 그룹이 네트워크를 보호하는 책임을 집니다. Swingby 노드 소프트웨어를 실행하는 노드는 무허가형(즉, 누구나 Swingby 노드 소프트웨어를 다운로드하고 실행하여 참여할 수 있음)이고, 노드 간의 통신은 P2P(즉, 모든 노드가 동일하고 리더가 없음) 방식으로 이루어집니다.

Swingby Skybridge 는 노드 그룹에 참여할 수 있는 대상을 중앙 기관이 결정할 수 없는 무허가형 네트워크입니다. 이를 위해서 Swingby Skybridge 'Metanodes(메타노드)'는 SWINGBY 토큰을 소유하고 있음을 증명하고, 지분 증명 방식 참여 노드 그룹에 참여하려는 동안 해당 토큰을 고정(또는 스테이킹)해야 합니다. TSS(임계값 서명 체계) 그룹에 가입하려면 참가자는 SWINGBY 를 획득하고 일정 기간 동안 소유해야 합니다. 그런 다음 참가자는 TSS 라운드(공개 키 생성 및 서명 이벤트 포함)가 발생할 때 이 소유권을 증명할 수 있습니다. 메타노드는 일정한 요구 사항을 충족하고 네트워크에 연결되면 TSS 그룹에 참여할 기회가 주어지기 시작합니다.

완전노드("메타노드")로 참여하려면 전용 서버 리소스 (4 CPU Cores, 16GB RAM, 1.5TB SSD 저장 공간 등의 조건을 만족시키고 500Mbps 속도로 인터넷에 연결)와 SWINGBY 토큰 요구 사항(현재 최소 175,000 개 토큰 스테이킹 조건)을 모두 충족해야 합니다. 완전노드는 거래 서명에 참여하여 해당 거래로 인해 발생하는 수수료를 받습니다. 노드는 연령에 따라 선택되며 노드에서 SWINGBY 토큰 지분을 제거하면 연령이 0 으로 재설정됩니다.

TSS(임계값 서명 체계)

Swingby Skybridge 네트워크를 움직이는 분산된 관리인 그룹이 TSS 그룹입니다. TSS 그룹에서 TSS 는 임계값 서명 체계를 의미합니다. TSS 는 공개키 암호화 기술에 입각하여 TSS 그룹에 속한 메타노드 간에 개인키를 만들어 공유하고 이를 서명에 이용하는 체계입니다. TSS 그룹은 먼저 개인키를 생성하고 이에 따라 TSS 공개키를 파생시키고 이어서 양쪽 체인에서 사용할 두개의 암호화폐 주소를 생성합니다. 그래서 개인키는 TSS 그룹의 여러 당사자가 함께 사용하는 비밀키이기 때문에, 이들은 암호화폐 크로스체인 거래에 서명하기 위한 유효한 서명을 공동으로 생성할 수 있습니다. 이렇게 비밀키를 관리하는 신뢰할 수 있는 제 3 의 중재자가 필요하지 않으며 프로토콜은 완전히 분산되어 있습니다.

TSS(임계값 서명 체계)는 여러 당사자 노드간에 조정하여 암호화폐 트랜잭션에 대한 단일 디지털 서명을 생성하게 합니다. 이는 여러 개의 독립적인 디지털 서명이 필요한 비트코인의 다중 서명(및 유사한) 스크립트 구현과 다릅니다. 게다가 이는 체인에 기본적으로 다중 서명 기능이 있는지 여부에 관계없이 모든 ECDSA 서명 체인에서 단일 서명 메커니즘을 사용할 수 있음을 의미합니다. 다중 서명 트랜잭션에 비해 TSS 트랜잭션의 단일 디지털 서명의 다른 이점은 데이터의 가벼움입니다. 즉, 다중 서명을 사용하는 일반 트랜잭션보다 단일 디지털 서명은 더 적은 서명 데이터를 포함하기에 확인 비용이 더 저렴합니다. 이러한 거래를 처리하기 위해 (Swingby 체인에 게시하기 위해) 채굴자에게 보상하는 데 필요한 거래 수수료(채굴 수수료, 거래 수수료 또는 가스라고도 함)는 거래에 수반되는 서명이 하나만 있기 때문에 최소한으로 유지됩니다.

TSS 그룹의 여러 당사자 메타 노드들이 함께 사용하는 단일 비밀 키의 생성 단계를 살펴봅시다. TSS 프로토콜은 어떤 다른 당사자나 당사자 조합에도 알려지지 않은 단일 개인 키를 효과적으로 생성하는 데 사용됩니다. 해당 개인 키와 관련된 공개 키는 모든 노드에게 알려져 있습니다. 그런 다음 해당 공개 키를 사용하여 소스 체인 (예: 비트코인)과 대상 체인 (예: 이더리움 네트워크)에 주소를 생성하여 브리지를 형성합니다. WBTC 에 대하여 설명하면, 비트코인과 이더리움 네트워크 모두에 대해 관리 주소가 파생됩니다.

키 생성 단계에서는 Swingby Skybridge 네트워크에서 실행되는 전체 노드 집합에서 하위 집합이 결정론적으로 선택되며 이를 TSS 그룹이라고 합니다. 예를 들어, 어느 시점에서 Swingby 네트워크는 전체 집합이 150 개의 노드로 구성될 수 있으며, 그 중 140 개는 (n=100, t=60) 토큰 브리지를 생성하려고 합니다. (아마도 다른 10 개 노드는 (n=8, t=5) 토큰 브리지를 만들고 싶어할 것입니다). 그런 다음 140 개의 적격 노드는 SWINGBY 토큰을 스테이킹한 기간에 따라 순서가 지정되며(모두 최소 최소 금액을 스테이킹했다고 가정), 해당 순서 목록의 상위 100 개 노드가 키 생성 단계를 위한 TSS 그룹을 형성합니다.

지금까지는 TSS 그룹이 실행하는 키 생성 프로세스에 대하여 설명했습니다 이는 두 블록체인의 관리 암호화폐 주소가 파생되는 공개 키를 공동으로 생성하는 것입니다. 이는 초기 설정 단계이며 두 블록체인 사이의 "브리지"당 한 번 수행됩니다.

TSS 그룹이 하는 두 번째 주요 프로세스는 거래 서명 프로세스입니다. 해당 관리 주소에서 지불을 하기 위해 암호화폐 거래에 공동으로 서명하는 것입니다. 새로운 크로스 체인 트랜잭션이 생성될 때, TSS 그룹이 서명해야 하는 프로세스는 다음과 같습니다.

- 각 Swingby 노드는 Swingby 네트워크에서 인식하는 피어 목록을 독립적으로 작성합니다.
- 각 Swingby 노드는 자신이 작성한 피어 목록에 포함된 노드에게 TSS 그룹 자격으로 서명이 필요하다는 메시지를 독립적으로 광고합니다. 이것을 "서명 목록 작성" 라운드라고 합니다.

- 각 Swingby 노드는 독립적이지만 결정론적으로 기준을 충족하는 t 개의 서명자 노드 세트를 생성합니다. 이를 "서명 목록 투표" 라운드라고 합니다.
- 각 Swingby 노드는 독립적으로 TSS 라운드를 병렬로 실행하며, 각 노드는 다른 피어로부터 "서명 공유"를 수집합니다. 이 단계에서는 많은 의사소통과 교차 확인이 이루어집니다.
- 서명 공유를 사용하여 각 Swingby 노드는 메시지에 대한 전체 ECDSA 서명을 독립적으로 생성할 수 있습니다.
- 모든 Swingby 노드는 서명된 트랜잭션을 관련 블록체인(비트코인 또는 바이낸스 체인)에 브로드캐스트할 수 있습니다. 이는 블록체인이 여러 개의 유사한 트랜잭션을 수신하며 모두 동일하며 그중 하나만 처리하면 된다는 것을 의미합니다.

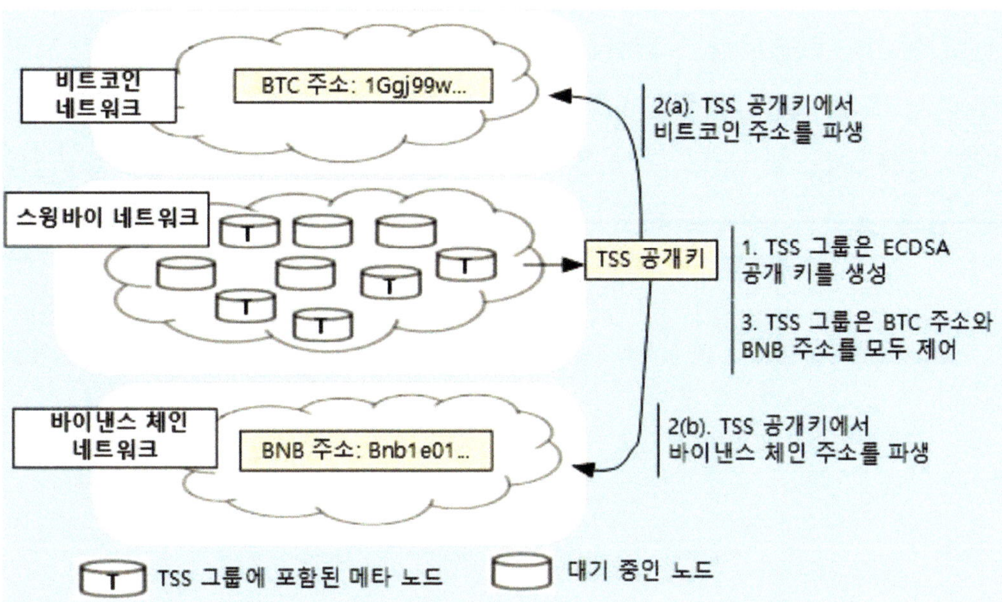

TSS 는 공개키 암호화 기술에 입각하여 TSS 그룹에 속한 메타노드 간에 개인키를 만들어 공유하고 이를 서명에 이용하는 체계입니다. TSS 그룹은 먼저 개인키를 생성하고 이에 따라 TSS 공개키를 파생시키고 이어서 양쪽 체인에서 사용할 두개의 암호화폐 주소를 생성합니다.

36. 웹 3.0 과 글로벌 금융 시스템이 하나로 연결

블록체인은 분산형 컴퓨터, 스마트 계약은 분산형 애플리케이션, 체인링크는 스마트 계약이 외부 세계와 상호 작용할 수 있게 하는 분산형 인터넷으로 볼 수 있습니다. 체인링크는 블록체인과 외부 세계를 연결하는 상호운용성 기술을 발전시키고 있으며, 이는 웹 2 와 웹 3 를 통합하는 계기가 될 수 있습니다. 블록체인 상호운용성은 법률, 의료 등 다양한 산업에서 데이터 교환을 가능하게 하고, 암호화폐 사용자 경험을 단순화할 수 있습니다. 그러나 상호운용성 달성에는 합의 모델의 차이 등 여러 도전 과제가 있습니다. 체인링크는 CCIP 를 통해 블록체인과 기존 금융 시스템 간의 상호운용성을 개발하여 웹 3 와 글로벌 금융 시스템의 통합을 목표로 하고 있습니다.

웹 2 와 웹 3 를 통합하는 상호운영성 기술

블록체인이 분산형 컴퓨터이고 스마트 계약이 분산형 애플리케이션이라면 체인링크는 스마트 계약이 외부 세계와 상호 작용할 수 있게 해주는 분산형 인터넷처럼 생각할 수 있습니다. 이러한 체인링크의 외부 세계와 블록체인을 연결하는 기술은 앞으로 상호운영성 기술로 더욱 발전할 것이고, 이에 따라 체인링크가 이끄는 상호운영성 기술은 웹 2 와 웹 3 를 통합하는 계기가 될 수 있습니다.

블록체인 상호 운용성의 이점과 과제

블록체인 간 호환성은 많은 이점을 제공합니다. 예를 들어, 상호 운용 가능한 스마트 계약을 통해 법률 및 의료와 같은 산업은 프라이빗 블록체인과 퍼블릭 블록체인 간에 데이터를 교환할 수 있어 이전에는 불가능했던 웹 3 플랫폼을 만드는 데 도움이 됩니다. 다중 토큰 거래를 취급할 수 있는 범용 지갑 시스템의 잠재적 가용성은 블록체인 상호 운용성을 통해 가능할 수 있으며, 이는 암호화폐 사용자에게 암호화폐 사용의 편리성을 제공합니다.

블록체인 상호 운용성으로 인해 특정 Dapp 용 블록체인은 브리지를 통해 서로 통신할 수 있습니다. 또한 한때 완전히 별개라고 생각했던 독립 비즈니스는 다양한 기업과 산업에서 활용하는 블록체인이 서로 연결될 수 있다면 서로 다른 비지니스간에 데이터와 가치를 보다 쉽게 전송할 수 있을 것입니다. 현재 상호운영성 달성을 위해서는 넘어야 할 장벽이 남아 있습니다. 모든 블록체인 원장에는 서로 다른 합의 모델이 있습니다. 어떤 블록체인은 100 명의 채굴 노드가 지원하는 반면 다른 일부블록체인은 단 2 명의 채굴 노드가 지원할 수 있습니다. 신뢰성이 떨어지는 원장에서 더 신뢰할 수 있는 원장으로 정보를 전송하면 더 강력한 블록체인이 외부 당사자에 의한 조작 및 기타 불일치에 노출될 수 있습니다.

블록체인 상호 운용성의 미래

블록체인 상호 운용성 솔루션의 효율성과 유용성은 블록체인 기술의 미래와 암호화폐 측면에서 암호화폐의 대량 채택 시대를 이끌 것입니다. 현재 블록체인 플랫폼 간의 상호 운용성을 지원하기 위해 수많은 프로젝트 가운데 앞서가는 Cosmos 및 Polkadot 과 같은 상용 시스템도 더 많은 안정성이 필요합니다. 이러한 노력 중 몇 가지가 미래에 성공하고 채택되더라도 서로 다른 블록체인들이 어떻게 함께 작동할 수 있는지는 여전히 불분명할 것입니다. 그 결과, 광범위한 블록체인 플랫폼 상호 운용성을 가능하게 하는 표준, API 및 관련 기술에 대한 수요가 높아지고 있습니다. 아래에 체인링크가 제시하는 상호운영성을 중심으로 한 발전 전략을 보면, 차세대 디파이 혁명이 적어도 체인링크에서는 이미 시작되고 있습니다.

차세대 디파이(DeFi) 혁명 촉진

체인링크에서는 서로 다른 블록체인간의 상호운영성 문제는 물론이고 블록체인과 기존 중앙화 금융시스템을 상호 운영 가능하게 하는 문제도 함께 개발하는 전략을 가지고 있습니다. 이미 세상 데이터를 블록체인 스마트 계약으로 끌어들이는 문제를 해결하는 분야에서 선두 주자인 체인링크는 자본 시장을 온체인 금융으로 재플랫폼화하는 변화를 이끌기 위해 체인링크 CCIP(Cross-Chain Interoperability Protocol)를 개발했습니다. 체인링크 CCIP 가 Avalanche, Ethereum, Optimism 및 Polygon 블록체인의 메인넷 조기 접근 단계에 진입했다는 소식을 발표된 시기는 2023 년 7 월입니다.

체인링크 CCIP 는 다중 체인으로 이루어진 블록체인 세계를 연결하려고 시도합니다. 웹 3 는 이제 다중 체인 환경입니다. 개발자와 사용자가 선택할 수 있는 수백 개의 블록체인, 레이어 2 네트워크, 사이드체인, 서브넷, 디앱체인, 파라체인 및 기타 환경이 있습니다. 새로운 온체인 생태계의 출시가 혁신과 채택을 주도했지만, 서로 다른 블록체인이 연결되지 않은 관계로 애플리케이션, 온체인 자산, 시장 유동성도 파편화 되어오고 있었습니다. 더욱이, 기존 크로스체인 솔루션은 일반적으로 프로토콜과 체인 전반에 걸쳐 다양한 기술로 설계되어 있어 복잡하고 종종 크로스체인 지점에서의 악용으로 인해 20 억 달러 이상을 도난당할 정도로 안전하지 않습니다. 이러한 상호 운용성 부족으로 인해 혁신이 느려지고 웹 3 의 발전과 대량 채택이 지연되고 있습니다. 하지만 이 문제를 해결하는 것은 매우 어렵습니다. 단지 올바른 제품을 만드는 것이 아닙니다. 이는 전체 업계가 상호 운용하고 서로를 기반으로 구축하기 위해 수용할 수 있는 표준을 구축하는 것입니다. 크로스체인 표준을 구축하려면 보안, 유연성 및 커뮤니티가 필요합니다. 체인 간 가치 이동은 매우 안정적이어야 하기 때문에 보안이 필요합니다. 표준은 개발자가 제시할 모든 사용 사례와 그들이 구축하려는 모든 체인을 수용해야 하기 때문에 유연성이 있습니다. 마지막으로 커뮤니티입니다. 이 표준은 이를 채택하는 커뮤니티만큼만 가치가 있기 때문입니다. 체인링크는 이미 웹 3 의 데이터에 대한 업계 정의 보안 표준을 구축했으며 모든 사용자와 파트너 덕분에 놀라운 커뮤니티를 구축했습니다. 이러한 모든 이유로 인해 체인링크는 이 표준을 확장하여 크로스체인 문제를 해결하고 웹 3 에서 새로운 혁신의 물결을 열 수 있는 독보적인 위치에 있습니다.

웹 2 가 고립된 컴퓨터 네트워크를 연결하기 위해 TCP/IP 가 필요했던 것처럼 웹 3 에는 블록체인 네트워크를 연결하기 위한 상호 운용성 표준이 필요합니다. CCIP 는 크로스체인 애플리케이션 및 서비스 구축을 위한 가장 안전하고 안정적이며 사용하기 쉬운 상호 운용성 프로토콜입니다. 개발자는 임의 메시징을 사용하여 CCIP 위에 자체 크로스체인 솔루션을 구축할 수 있는 유연성을 얻을 수 있을 뿐만 아니라 CCIP 는 단순화된 토큰 전송도 제공합니다. 이를 통해 맞춤형 코드를 작성하지 않고도 감사된 토큰 풀 스마트 계약을 사용하여 서로 다른 체인 간에 토큰 전송을 신속하게 시작할 수 있습니다.

CCIP 는 수백억 달러를 확보하고 8 조 달러 이상의 온체인 거래 가치를 가능하게 한 입증된 실적을 보유한 체인링크 분산형 오라클 네트워크를 기반으로 합니다. CCIP 는 기존 체인링크 서비스와 동일한 기반을 사용하여 구축되므로 추가 신뢰 가정이 거의 또는 전혀 필요하지 않습니다. Dapp 이 이미 가격 피드를 위해 체인링크를 사용하고 있다면 크로스체인 상호작용을 위해 CCIP 를 사용하는 것이 확실한 선택입니다.

CCIP 는 또한 토큰 전송에 대한 사용자 정의 가능한 비율 제한 및 모든 크로스체인 거래의 유효성을 모니터링하는 별도의 위험 관리 네트워크와 같이 다른 크로스체인 솔루션보다 뛰어난 추가 안전 메커니즘을 제공합니다. 개발자, 애플리케이션 및 기업은 CCIP 를 사용하여 다음과 같은 다양한 사용 사례를 활용할 수 있습니다.

- 크로스체인 토큰화된 자산: 자체 브리지 솔루션을 구축할 필요 없이 단일 인터페이스에서 블록체인 간에 토큰을 전송합니다.
- 크로스체인 담보: 사용자가 한 블록체인에 담보를 예치하고 다른 블록체인에서 자산을 빌릴 수 있는 크로스체인 대출 애플리케이션을 출시합니다.
- 크로스 체인 유동 스테이킹 토큰: 여러 블록체인에 걸쳐 유동 스테이킹 토큰을 연결하여 다른 체인의 디파이앱에서의 활용도를 높입니다.
- 크로스체인 NFT: 사용자에게 소스 블록체인에서 NFT 를 발행하고 대상 블록체인에서 받을 수 있는 기능을 제공합니다.
- 크로스체인 게임: 플레이어가 보다 확장 가능한 블록체인에서 플레이하는 동안 보다 안전한 블록체인에 고가치 아이템을 저장할 수 있도록 하는 블록체인에 구애받지 않는 게임 경험을 만듭니다.

세계 최대 은행을 위한 온체인 게이트웨이

글로벌 금융시장에는 수백조 달러의 자금이 흐릅니다. 금융 시장 전반에 걸친 보편적이고 원활한 연결은 모든 참여자에게 막대한 부가가치를 제공합니다. 이것이 바로 DTCC, Euroclear, Swift 와 같이 널리 채택된 금융 시장 인프라 제공업체가 존재하는 이유입니다. 기관 투자자의 97%가 "토큰화가 자산 관리에 혁명을 일으킬 것"이라는 데 동의하지만, 수백 조 달러 상당의 자산을 온체인으로 이동하는 데는 두 가지 오랜 장애물이 있었습니다.

- 블록체인 연결성(기존 금융 시스템과 블록체인 연결): 기존 금융 시스템의 핵심 비즈니스 인프라를 모든 블록체인에 연결하는 기능입니다.

- 크로스 체인 상호 운용성(블록체인과 블록체인간 연결): 퍼블릭 또는 프라이빗 체인을 서로 연결할 수 있는 매우 안전한 통신 표준입니다.

오늘날 세계의 모든 계약과 관련된 가치는 기존 금융 시스템과 다수의 블록 체인 웹 3 생태계에 걸쳐 양분화되어 있습니다. 블록체인 네트워크들이 단편화되어 공존하는 모습은 분리된 인트라넷, LAN, 서로 상호 작용할 수 없는 터미널들로 모여있던 컴퓨터 시스템이 있었던 인터넷 초기와 유사합니다. 초기의 상호 운용성 표준은 인터넷을 완전히 변화시켰습니다. TCP/IP, HTTP 및 이메일 프로토콜은 사용자 간의 원활한 연결을 가능하게 했으며, 더 많은 사람들이 네트워크에 참여함에 따라 웹 애플리케이션의 가치가 기하급수적으로 증가하는 것을 보았습니다. 어떤 블록체인에서 Dapp 이나 토큰을 시작하는지, 어떤 유형의 백엔드 시스템에서 상호 작용하려는지는 중요하지 않습니다. 해당 환경이 상호 운용성 표준에 연결되어 있는 한 모든 체인과 지원되는 Dapp 에 액세스할 수 있도록 되어야 합니다. 이제 CCIP 는 기존 금융이 블록체인의 스마트 계약과 쉽게 상호 작용할 수 있을 뿐만 아니라 다양한 퍼블릭 및 프라이빗 블록체인에서 안전하게 거래할 수 있도록 하는 연결 표준을 제공합니다. 이런 연결은 토큰과 메시지가 다양한 환경에서 원활하게 흐를 수 있는 통합 금융 시스템을 만드는 데 중요합니다.

인터넷 통신에서 TCP/IP 의 기본 역할과 유사하게 체인링크 CCIP 는 상호 운용 가능한 블록체인 생태계의 기반입니다. TCP/IP 와 CCIP 의 주요 차이점은 TCP/IP 를 사용하면 정보가 인터넷을 통해 자유롭게 흐를 수 있지만 CCIP 를 사용하면 블록체인 네트워크를 통해 가치를 안전하게 전송할 수 있다는 것입니다. CCIP 의 출시는 인터넷 진화의 중요한 순간을 의미하며 사회를 상호 운용 가능한 스마트 계약, 즉 계약의 인터넷이 뒷받침하는 세계에 한 걸음 더 가까이 다가가게 합니다.

CCIP 는 은행 체인과 퍼블릭 블록체인 모두에서 업계 표준이 되면서 웹 2 와 웹 3 사이의 격차를 해소하는 보편적인 연결 계층이 되었습니다. 웹 3 와 글로벌 금융 시스템이 대체로 하나이고 동일하며 CCIP 를 통해 이러한 시스템과 체인을 통해 막대한 가치가 흐르는 미래가 기대됩니다. 이 두 세계 (웹 3 와 글로벌 금융 시스템)를 연결함으로써 이미 글로벌 금융 시스템에 존재하는 광범위한 유동성 및 기술 인프라는 현재 블록체인을 통해 사용할 수 있는 투명성, 효율성 및 연결성 이점을 활용할 수 있습니다. 글로벌 뱅킹 시스템의 엄청난 규모를 감안할 때, 자산의 극히 일부라도 체인상으로 이동하고 계약 인터넷에 연결된다면 웹 3 생태계는 기하급수적으로 성장할 수 있습니다.

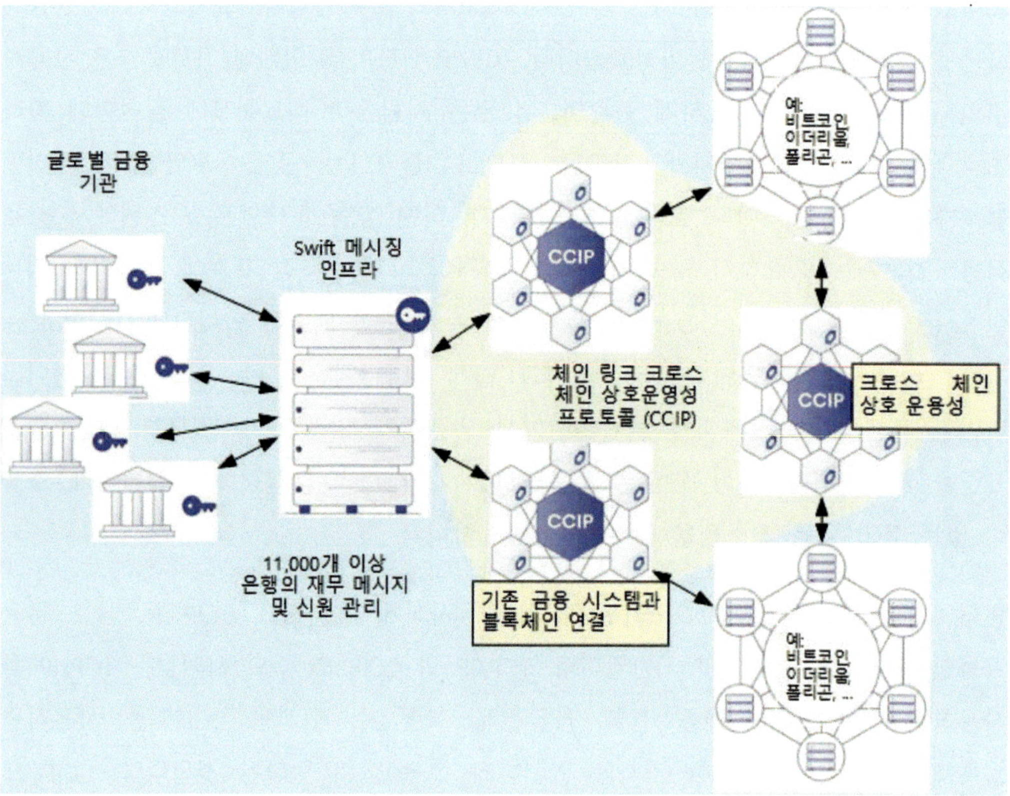

웹 2 에서 고립된 컴퓨터 네트워크를 연결하기 위해 TCP/IP 가 필요했던 것처럼 웹 3 에는 블록체인 네트워크를 연결하기 위한 상호 운용성 표준이 필요합니다. CCIP 는 크로스체인 애플리케이션 및 서비스 구축을 위한 가장 안전하고 안정적이며 사용하기 쉬운 상호 운용성 프로토콜 가운데 하나입니다.

PART 11 재도약하는 블록체인 네트워크

- 클라이언트 통합 스마트 계약 처리
- 캐니스터와 체인키 암호화
- 쌍둥이 비트코인과 쌍둥이 이더

PART 11 에서 참조한 주요 블록체인 또는 암호화폐			
니어	인터넷 컴퓨터	ckBTC	ckETH

37. 클라이언트 통합 스마트 계약 처리

NEAR 는 사용자 친화적이고 탄소 중립적인 블록체인으로, 레이어 1, 샤딩된 지분 증명 방식을 사용하여 성능, 보안, 확장성을 갖추고 있습니다. 사람이 읽을 수 있는 계정 ID, 웹 기반 지갑, 간단한 액세스 키 시스템을 통해 사용자의 접근성을 높였으며, 빠르고 저렴한 거래를 지원합니다. NEAR 는 비트코인보다 훨씬 적은 에너지를 소비하며, 스마트 계약 개발을 위해 JAVASCRIPT 와 RUST 를 지원합니다. 이더리움과의 상호 운용성을 위해 레인보우 브리지와 PROJECT AURORA 를 사용하여 다양한 DAPP 을 지원하고, 네이티브 토큰을 통한 스테이킹과 가스 시스템으로 네트워크 보안과 효율성을 유지합니다.

이더리움과 차별화된 스마트 계약을 배포 실행하는 NEAR 블록체인

NEAR 는 사용자 친화적이고 탄소 중립적인 블록체인으로, 처음부터 성능, 보안 및 무한 확장 가능하도록 구축되었습니다. 기술적인 측면에서 NEAR 는 사용성을 염두에 두고 구축된 레이어 1, 샤딩된 지분 증명 블록체인입니다. 먼저 NEAR 의 특성을 요약해 보겠습니다.

- 사람이 읽을 수 있는 계정(예: alice.near)을 사용합니다.
- 웹 기반 지갑을 활용하므로 사용자가 프로그램이나 브라우저 확장 프로그램을 설치할 필요가 없습니다.
- 계정 권한을 처리하기 위해 간단하면서도 풍부한 액세스 키 시스템을 보유할 수 있습니다.
- 거래는 믿을 수 없을 정도로 빠르고(~1 초 거래) 저렴합니다(수수료 <1¢).
- NEAR 는 비트코인이 3 분 동안 소비하는 것과 동일한 에너지를 1 년 동안 소비합니다.
- Javascript 또는 Rust 를 사용하여 스마트 계약을 만들 수 있습니다.
- 무한히 확장되고 샤딩 덕분에 단기적인 사용량 급증에 저항합니다.
- 레인보우 브리지(Rainbow Bridge)를 사용하여 이더리움과 상호 운용 가능(최초의 무신뢰 브릿지).
- EVM 은 Project Aurora 와 호환됩니다(솔리디티 컨트랙트를 쉽게 배포).

NEAR 프로토콜에서의 계정과 스마트 계약

NEAR 생태계에 가입하기 위해서는 사용자가 계정을 만들어야 합니다. NEAR 계정은 다른 블록체인 생태계와 비교할 때 독특합니다. NEAR 는 사람이 읽을 수 있는 계정을 활용하여 단순한 기억으로도 계정에 접근 가능하게 합니다. 이러한 방식으로 계정에는 두가지 주소가 있습니다.

- 사람이 읽을 수 있는 이름(예: alice.near)이 있는 명명된 계정.
- 64 자 (예: 98793cd91a3f870fb126f662858 ...)로 참조되는 암시적 계정.

NEAR 계정에는 각각 고유한 권한 집합이 있는 여러 키가 있을 수 있습니다. 이를 통해 제 3 자에게 특정 권한을 부여할 수 있으며 언제든지 취소할 수 있는 옵션을 유지할 수 있습니다. NEAR 계정은 선택적으로 스마트 계약으로 알려진 간단한 프로그램을 보유할 수 있습니다. NEAR 에서 개발자는 Javascript 또는 Rust 와 같은 언어를 사용하여 스마트 계약을 만들 수 있습니다. NEAR 계정에는 사용자 또는 계정의 계약이 트랜잭션을 수행할 때 변경될 수 있는 상태(저장소)가 있습니다. 블록체인에서 계정을 사용한다는 것은 실제로 개인 키를 사용하여 트랜잭션에 서명하는 것을 의미합니다. NEAR 계정에는 액세스 키라고 하는 여러 개의 퍼블릭/프라이빗 키 쌍을 보유하는 고유한 기능이 있으며, 각 키 쌍에는 고유한 권한 집합이 있습니다. 액세스 키는 제3자에게 계정에 대한 제한된 액세스 권한을 부여할 수 있습니다. 비밀 키와 관련하여 이더리움과 비교 정리하면 다음과 같습니다.

	이더리움 지갑	NEAR 계정
공개 식별자	공개 키 (0x123...)	계정 ID (alice.near)
비밀 키	개인 키 (0x456...)	권한이 있는 여러 키 쌍: · 전체 접근 키 (FullAccess 키) · 기능 호출 키 (FunctionCall 키)
특성	· 개인 키는 전체 액세스 권한을 제공합니다. · 거래를 통해 계정을 만들 필요가 없습니다.	· 권한 기반 키 쌍 · 계정 ID 는 블록체인 트랜잭션을 통해 생성되어야 합니다.

NEAR 스마트 계약

스마트 계약은 계정 상태에 저장된 실행 코드 조각으로, 자체 저장소가 있으며 계정 이름으로 트랜잭션을 수행합니다. Javascript 또는 Rust 로 작성된 다음 컴파일되어 계정에 배포되므로 모든 사람이 공개 메서드를 통해 상호 작용할 수 있습니다. 스마트 계약이 중요한 이유는 스마트 계약을 통해 완전히 분산된 응용 프로그램(Dapp)을 만들 수 있습니다. 사실, 스마트 계약은 다음과 같은 멋진 앱을 만들 수 있게 해주었습니다.

- 사용자가 제안서를 만들고 투표하는 탈중앙화 자율 조직(Decentralized Autonomous Organizations)
- 사용자가 디지털 아트 작품을 만들고 상용화하는 아트 마켓플레이스.
- 사용자가 다양한 통화를 거래할 수 있는 탈중앙화 거래소.

개발자는 NEAR 에서 스마트 계약을 작성하기 위해 Javascript 또는 Rust 를 사용하는 것 중에서 선택할 수 있습니다. 선택한 언어와 달리 NEAR SDK 는 계약을 WebAssembly 로 컴파일하는 데 도움이 되며, 이 시점에서 NEAR 플랫폼에 배포하고 실행할 수 있습니다.

각 계정에는 메타데이터와 모든 계약 관련 데이터(계약 코드 + 저장소)를 저장하는 연결된 상태가 있습니다. 계정의 상태는 네트워크의 모든 사용자가 읽을 수 있지만 계정 권한이 있는 경우만 변경할 수 있습니다. 각 계정은 사용된 공간에 비례하여 잔액의 일부를 잠궈 자체 스토리지 비용을 지불합니다. 상태는 계약의 관련 메타데이터를 추적합니다. 특히 상태는 다음 필드를 저장합니다.

- 보유자산: 계정 잔액
- 계약 코드 해시: 계약의 Wasm 파일 해시로, 스마트 계약이 없는 경우 1 로 채워집니다.
- 저장공간 사용량: 계정에서 스토리지에 사용된 바이트 양(코드 + 메타데이터 + 데이터 스토리지)입니다.

NEAR 의 계정 시스템은 매우 강력하며 비트코인이나 이더리움과 같은 다른 블록체인과 크게 다릅니다. 이더리움처럼 퍼블릭/프라이빗 키 쌍으로 사용자를 식별하는 대신 계정을 거래의 당사자로 정의합니다. 여기에는 몇 가지 중요한 의미가 있습니다.

- 공개 키 대신 사용자는 읽을 수 있는 계정 이름을 사용할 수 있습니다.
- 권한이 다른 여러 키 쌍을 사용할 수 있습니다. 이렇게 하면 하나의 키 쌍이 손실되어도 전체 계정이 손상되지 않고 영향이 매우 제한적이기 때문에 사용자에게 더 나은 보안 모델을 제공합니다.
- 계층적 계정 구조가 지원됩니다. 이더리움처럼 하나의 스마트 계약이 하나의 계정인 개념이 아니고 NEAR 에서는 하나의 상위 계정에서 여러 스마트 계약을 관리하려는 경우에 유용합니다.
- 계정/공개 키는 블록체인에 저장되기 때문에 트랜잭션을 사용하여 생성됩니다.

■ NEAR 의 트랜잭션과 가스

계정 자체만 가지고 있으면 아무런 일이 일어나지 않습니다. 트랜잭션 (거래)를 통해 일이 일어나게 됩니다. 소위 NEAR 도 비트코인 같은 UTXO 모델이 아니고 이더리움 같은 계정 모델에 속하므로 계정 상태를 전환시키기 위해서는 트랜잭션이 작용해야 합니다. NEAR 에는 하나의 트랜잭션 유형만 있지만 트랜잭션 자체에는 다른 작업이 포함될 수 있습니다. 대부분의 실용적인 목적을 위해 트랜잭션에는 단일 작업이 포함되므로 단순화를 위해 "작업"과 "트랜잭션" 용어를 나중에 같은 의미로 사용할 것입니다. 각 트랜잭션에는 항상 발신자 및 수신자 계정이 있으며 발신자의 키로 암호화 방식으로 서명됩니다. 이런 측면에서는 NEAR는 이더리움과 같은 방식입니다.

NEAR 의 스마트 계약에는 FunctionCall 트랜잭션을 통해 호출할 수 있는 하나 이상의 메서드가 있습니다. 메소드에는 제공된 인수가 있을 수 있으므로 각 스마트 계약 호출에는 계정 ID, 메소드 이름 및 인수와 같은 페이로드가 포함됩니다. 스마트 계약의 메소드를 호출하는 방법은 2 가지가 있습니다.

- FunctionCall 트랜잭션을 실행합니다. 이렇게 하면 블록체인에 새로운 트랜잭션이 생성되어 계약 상태를 수정할 수 있습니다.
- NEAR 블록체인 RPC 노드는 계약 상태를 수정하지 않는 메소드(읽기 전용 메소드)를 실행할 수 있는 특수 API 를 제공합니다.

■ NEAR 의 가스

네트워크로 보내는 모든 트랜잭션에 대해 NEAR 는 수수료를 부과합니다. 이 비용을 "가스"라고 하며 가스 단위로 측정됩니다(블록체인 세계에서 확립된 용어). 이 수수료는 네트워크 인프라를 유지하는 사람들에게 간접적으로 지불하고 스마트 계약 개발자에게 인센티브를 제공하는 데 사용됩니다. 가스는 NEAR 생태계의 모든 사람에게 영향을 미치는 매혹적인 주제이며 다음은 간략한 요약입니다. 모든 거래에 소정의 수수료가 부과되어 총 토큰 공급량의 일부를 소각하여 검증인에게 간접적으로 지불합니다. 이 수수료는 쓸모없는 거래로 네트워크에 스팸을 보내는 것을 방지합니다. 읽기 전용 방법은 사용자에게 수수료를 부과하지 않으며, 대신 검증자가 비용을 부담합니다. 계약과 관련된 거래에서 수수료의 30%는 개발자 인센티브로 계약에 사용됩니다. 수수료는 가스 단위로 측정되지만 $NEAR 로 지불됩니다. 그런데 추가 가스를 첨부한다고 해서 트랜잭션이 더 빨라지는 것은 아니며 사용하지 않은 가스는 단순히 반환됩니다.

위에서 설명한 바와 같이 사용자는 각 트랜잭션에 대해 계산 비용을 지불해야 합니다. 트랜잭션이 게시될 때마다 비용을 충당하기 위해 일정량의 가스가 첨부됩니다. 단순 거래의 경우 가스를 미리 계산하여 정확한 금액을 첨부할 수 있습니다. 그러나 스마트 계약의 상태를 변경하는 FunctionCall 트랜잭션의 경우 정확한 비용을 미리 자동으로 계산하는 것이 불가능하므로 일반적인 접근 방식은 비용을 충당할 수 있을 만큼 충분한 양의 가스를 첨부하는 것이며 초과분은 자동으로 환불됩니다.

■ 스마트 계약 스토리지

대부분의 스마트 계약에는 스토리지도 필요합니다. NEAR 의 저장 비용은 이더리움의 가스와 상당히 다릅니다. 우선, 저렴하지 않습니다. 가스는 매우 저렴하고 비용은 사용자에게거의 부담이 없지만 스토리지는 매우 비쌉니다. 결과적으로 스토리지 예산을 신중하게 계산하고 필요한 데이터만 블록체인에 저장해야 합니다. 모든 보조 데이터(계약 운영에 필요하지 않는 데이터)는 오프체인에 저장해야 합니다. 두 번째 중요한 차이점은 스토리지는 구매가 아니라 임대입니다(NEAR 에서는 스테이킹이라고 함). 스마트 계약이 일부 데이터를 저장하려고 할 때 스토리지 비용이 계산되고 적절한 양의 NEAR 토큰이 계정에 "잠깁니다". 데이터가 제거되면 토큰의 잠금이 해제됩니다. 그리고 가스와 달리 이러한 토큰은 스마트 계약의 계정에 잠겨 있으므로 사용자가 직접 비용을 지불하지 않습니다. 그러니 NEAR 에서 스토리지를 온체인으로 사용하기 위하여 토큰을 잠궈 두어야 하며 스토리지 사용이 끝나면 잠궈 두었던 토큰은 반환됩니다.

■ NEAR 프로토콜에서 사용하는 네이티브 토큰을 사용하는 사례

- 스테이킹을 통한 네트워크 보호
- 계정에 접근할 때 필요 - 트랜잭션을 처리하고 및 데이터 저장 공간을 임대하는 데 사용
- 교환의 매개체 역할

네트워크 보안

NEAR 프로토콜은 지분증명(PoS) 네트워크로, NEAR(암호화폐) 스테이킹을 통해 다양한 공격에 대한 저항이 발생한다는 것을 의미합니다. 스테이킹된 NEAR 는 네트워크를 유지하고 NEAR 의 애플리케이션 및 사용자에 대한 트랜잭션을 처리하는 서버의 분산형 인프라를 나타냅니다. 이 서비스 제공에 대한 보상은 NEAR 에서 받습니다.

NEAR 지분증명 네트워크는 분산된 검증자(노드)로 구성됩니다. NEAR 네트워크는 분산되어 있어 여러 검증자가 협력하여 안전하게 유지합니다. 네트워크의 모든 거래가 유효한지, 즉 아무도 돈을 훔치려고 하지 않는지 확인하기 위해 검증자는 특정 합의 메커니즘을 따릅니다. 현재 블록체인이 올바르게 작동하고 공격에 저항할 수 있도록 하는 몇 가지 잘 알려진 합의 메커니즘이 있습니다. NEAR 프로토콜은 지분 증명(Proof-of-Stake), 특히 임계값 지분 증명(Thresholded Proof of Stake)을 사용합니다. 지분 증명에서 사용자는 NEAR 토큰을 위임하여 특정 네트워크 검증자에 대한 지원을 보여줍니다. 이 과정을 스테이킹이라고 합니다. 주요 아이디어는 검증자가 많은 양의 토큰을 위임하는 것은 커뮤니티가 그들을 신뢰하기 때문이라는 것입니다.

검증자는 두 가지 주요 작업을 수행합니다. 첫 번째는 트랜잭션을 검증하고 실행하여 블록체인을 형성하는 블록을 확장해 나가는 것입니다. 두 번째 임무는 다른 검증자를 감독하여 아무도 유효하지 않은 블록을 생성하거나 대체 체인을 생성하지 않도록 하는 것입니다(예: 이중 지출 생성을 목표로). 검증자가 잘못된 행동을 하다가 적발되면 "슬래시"를 당하며, 이는 지분(또는 그 일부)이 소각됨을 의미합니다. NEAR 네트워크에서 체인을 조작하려는 시도는 악의적인 활동이 플래그되지 않도록 대부분의 검증자를 한 번에 제어하는 것을 의미합니다. 그러나 공격이 실패하면 스테이킹된 토큰이 슬래싱되는 것을 의미하기 때문에 막대한 자본을 위험에 빠뜨려야 합니다.

네트워크를 서비스하는 대가로 검증자는 매 에포크마다 목표 수 NEAR 로 보상을 받습니다. 목표 값은 연간 기준으로 총 공급량의 4.5%가 되는 방식으로 계산됩니다. 각 에포크 내에서 징수되는 모든 거래 수수료(계약에 대한 리베이트로 할당된 부분 제외)는 시스템에 의해 소각됩니다. 인플레이션 보상은 징수되거나 소각된 수수료의 수에 관계없이 동일한 비율로 검증인에게 지급됩니다.

에포크(epoch)는 네트워크의 검증자가 서로 간에 일정하게 일치시키는 시간 단위입니다. 에포크는블록 단위의 시간, 즉 블록시간으로 측정됩니다. 테스트넷과 메인넷 모두 43,200 블록시간의 에포크 기간을 가지고 있습니다. 이상적으로 에포크는 블록이 매초마다 생성되기 때문에 약 12 시간 동안 지속됩니다(실제로는 생성하는 데 약간 더 오래 걸립니다).

검증자는 모든 샤드를 검증하기 때문에 샤드를 실행하기 위한 높은 요구 사항이 설정됩니다(16GB RAM 및 1TB SSD 스토리지가 있는 8 코어 CPU). 블록 생성 검증자 노드를 실행하는 비용은 호스팅을 위해 월 $330 로 추정됩니다. 현재 활성 검증자는 탐색기에서 확인할 수 있습니다. 블록 생성 검증자가 되기 위한 현재 시트 가격은 Explorer 에서 실시간으로 업데이트됩니다. 시트 가격보다 높은 판돈을 가진 모든 검증인 노드는 활성 검증인 세트에 참여할 수 있습니다.

청크 전용 검증자(Chunk-Only Validators)는 하드웨어 및 토큰 요구 사항이 낮고 접근성이 더 높은 역할을 하는 검증자입니다. 이 새로운 역할을 통해 네트워크의 검증인 수가 증가하여 보상을 받고 NEAR 생태계를 보호할 수 있는 더 많은 기회를 창출할 수 있습니다. 청크 전용 생산자(Chunk-Only Producer)는 하나의 샤드(네트워크의 파티션)에서 청크(샤드의 블록 일부)를 생성하는 전적인 책임이 있습니다. 청크 전용 생산자는 샤드 하나만 검증하면 되므로 16GB RAM 및 500GB SSD 스토리지가 있는 8 코어 CPU 에서 검증자 노드를 실행할 수 있습니다.

NEAR 네트워크

NEAR 프로토콜은 여러 네트워크에서 작동하며, 각 네트워크는 자체 독립 검증자와 고유한 상태로 작동합니다. 이러한 네트워크는 메인넷, 테스트넷 및 로컬넷으로 이루어 집니다. 메인넷은 프로덕션 준비가 된 스마트 계약 및 라이브 토큰 전송을 위한 것입니다. 메인넷을 위한 스마트 계약은 필요한 경우 엄격한 테스트와 독립적인 보안 검토를 거쳐야 합니다. 메인넷은 시간이 지나도 상태가 유지되도록 보장되는 유일한 네트워크입니다. 테스트넷은 공용 네트워크이며 메인넷에 Dapp 를 배포하기 전에 최종 테스트할 수 있는 네트워크입니다. 테스트넷은 메인넷을 배포하기 전에 NEAR 플랫폼의 모든 측면을 테스트하기 위한 것입니다. 계정 생성,

모의 토큰 전송, 개발 도구 및 스마트 계약 개발에서 테스트넷 환경은 메인넷 동작과 매우 유사합니다. 많은 테스트넷 검증자가 트랜잭션을 검증하고 새로운 블록을 생성합니다. Dapp 개발자는 메인넷에 배포하기 전에 테스트넷에 애플리케이션을 배포합니다. 테스트넷에는 자체 트랜잭션과 상태가 있다는 점에 유의하는 것이 중요합니다.

클라이언트 통합

♦ 사용자 지갑

NEAR 프로토콜의 사용자 지갑은 웹 기반으로 제공되며, 사용자는 별도의 프로그램이나 브라우저 확장 프로그램을 설치할 필요가 없습니다. 이는 사용자 경험을 간편하게 만들고, 사용자가 NEAR 블록체인과 상호작용할 수 있도록 도와줍니다. 사용자는 웹 브라우저를 통해 NEAR 지갑에 접근할 수 있으며, 지갑을 통해 다음과 같은 작업을 수행할 수 있습니다:

- NEAR 계정 생성 및 관리
- 트랜잭션 서명 및 제출
- 스마트 계약 배포 및 상호작용
- NEAR 토큰 전송 및 수신

지갑에 접근하기 위해 사용자는 NEAR 공식 웹사이트 또는 지갑 제공 웹사이트에 방문하면 됩니다. 여기서 계정을 생성하고, 필요한 경우 계정에 대한 백업 및 복구 옵션을 설정할 수 있습니다.

♦ NEAR 블록체인과 상호작용하는 웹, 모바일, 또는 데스크톱 애플리케이션

NEAR 프로토콜에서 클라이언트 통합은 블록체인과 상호작용하는 웹, 모바일, 또는 데스크톱 애플리케이션을 의미합니다. 이 과정은 주로 스마트 계약과의 상호작용을

위해 지갑을 통한 트랜잭션 서명과 관련이 있습니다. 아래는 클라이언트 통합의 주요 요소들입니다:

- 트랜잭션 서명: 클라이언트 애플리케이션에서 사용자가 트랜잭션을 실행할 때, 사용자는 지갑으로 리디렉션되어 트랜잭션을 승인하고 서명하게 됩니다. 서명된 트랜잭션은 클라이언트 애플리케이션으로 반환되어 블록체인에 제출됩니다.
- 지갑과의 통합: 클라이언트 애플리케이션은 NEAR 지갑과 통합되어야 하며, 이는 트랜잭션 서명 및 확인을 위해 필요합니다. 개인 키는 클라이언트에 노출되지 않으므로 보안이 유지됩니다.
- 액세스 키: NEAR 는 두 가지 유형의 액세스 키를 제공합니다. 전체 접근 키는 모든 유형의 트랜잭션에 서명하는 데 사용될 수 있습니다. 기능 호출 키는 특정 계약에 묶여 있으며 보안이 덜 중요한 관계로 클라이언트에 저장할 수 있습니다. 기능 호출 키를 사용하면 사용자는 지갑으로 리디렉션되지 않고도 간단한 스마트 계약 함수를 호출할 수 있습니다. 이는 작은 가스 요금만 발생하는 경우 특히 유용합니다.
- 트랜잭션 흐름: 사용자가 애플리케이션에서 작업을 수행하면, 트랜잭션은 지갑으로 리디렉션되어 서명됩니다. 서명된 트랜잭션은 다시 클라이언트로 리디렉션되고, 이후 블록체인에 제출됩니다.

이러한 통합은 사용자가 블록체인과 상호작용하는 과정을 간편하게 만들고, 보안을 유지하면서도 사용성(UX)을 향상시키는 데 중요한 역할을 합니다.

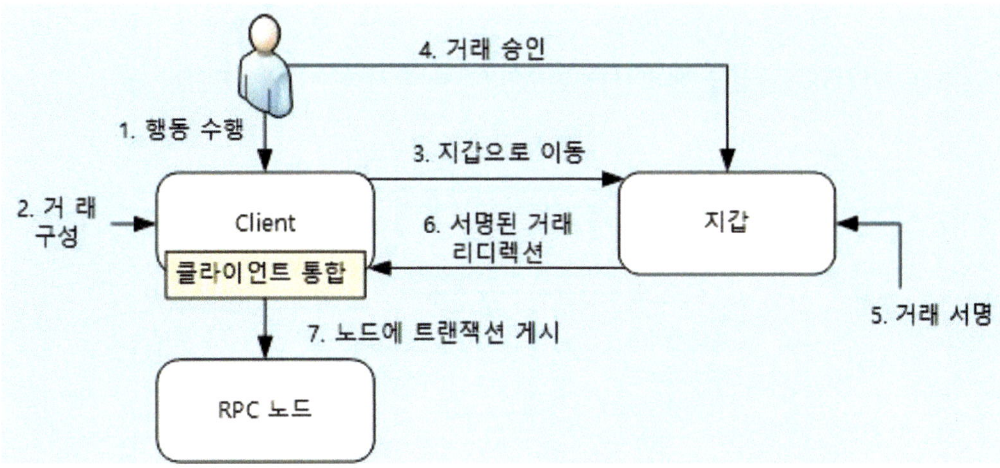

트랜잭션을 게시할 때마다 클라이언트는 사용자를 지갑으로 리디렉션하고, 여기서 트랜잭션이 승인되고 지갑은 서명된 트랜잭션을 클라이언트에게 반환합니다. NEAR 는 두 가지 유형의 액세스 키(전체 접근 키와 기능 호출 키)를 도입하고 있습니다. 전체 접근 키는 모든 유형의 트랜잭션에 서명하는 데 사용할 수 있지만, 기능적 호출 키는 이 UX (사용자 경험) 문제를 해결하는 것을 목표로 하고 있고, 보안이 그다지 중요하지 않아 클라이언트에 저장할 수 있습니다. 이 때문에 미지급 거래에 대해서는 간소화된 서명 흐름을 만들 수 있습니다.

교차 계약 호출

스마트 계약의 진정한 힘은 스마트 계약이 서로 협력하고 통신할 때 달성됩니다. 이를 위해 NEAR 는 한 스마트 계약이 다른 계약의 메소드를 호출할 수 있도록 하는 교차 계약 호출 기능을 제공합니다. 교차 계약 호출에는 호출 계약에 의해 가스가 첨부되어야 합니다. 총 가용 가스는 호출 사용자에 의해 트랜잭션에 연결되고 계약에 의해 호출 체인 내에서 분배됩니다. 예를 들어, 사용자가 15TGas 를 첨부한 경우 ContractA 는 5TGas 를 예약하고 나머지는 ContractB 에게 전달할 수 있습니다. 사용하지 않은 모든 가스는 사용자에게 환불됩니다. 일반적으로 컨트랙트 간 콜 그래프는 매우 복잡할 수 있습니다(하나의 컨트랙트가 여러 컨트랙트를 호출하고 일부 조건부 콜 선택을 수행할 수도 있음). 유일한 제한 요소는 연결된 가스의 양이며, 얼마나 많은 가스 트랜잭션이 가질 수 있는지에 대한 네트워크에 의해 정의된 하드 캡이 있습니다(이는 네트워크에 대한 모든 종류의 DoS 공격을 방지하고 계약의 복잡성을 합리적인 범위 내에서 유지하는 데 필요합니다).

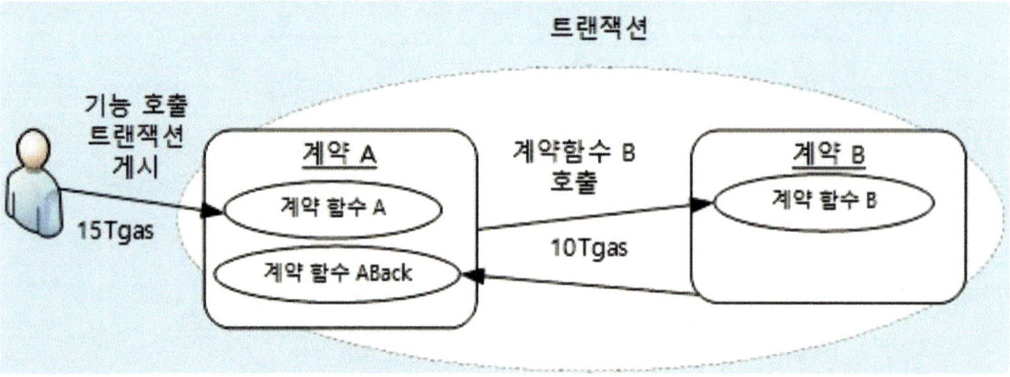

스마트 계약의 진정한 힘은 스마트 계약이 서로 협력하고 통신할 때 달성됩니다. 이를 위해 NEAR 는 한 계약이 다른 계약의 메소드를 호출할 수 있도록 하는 교차 계약 호출 기능을 제공합니다.

NEAR 인덱서

NEAR 프로토콜의 인덱서는 블록체인의 데이터를 효율적으로 정리하고 접근할 수 있도록 도와주는 중요한 구성 요소입니다. 구체적으로, 인덱서의 역할을 다음과 같이 설명할 수 있습니다:

- **데이터 수집 및 처리**: 블록체인 네트워크에서 발생하는 모든 거래와 상태 변화를 모니터링하고 수집합니다. 이러한 데이터는 매우 방대하고 복잡할 수 있기 때문에, 인덱서는 이를 구조화하고 체계적으로 저장합니다.
- **데이터 인덱싱**: 수집된 데이터를 특정 키나 속성에 따라 인덱싱하여 빠른 검색과 조회가 가능하도록 합니다. 예를 들어, 특정 계정의 거래 내역을 빠르게 조회할 수 있도록 계정 주소를 기준으로 인덱싱할 수 있습니다.
- **데이터 제공**: 인덱서는 인덱싱된 데이터를 외부 애플리케이션이나 사용자에게 API 형태로 제공할 수 있습니다. 이를 통해 개발자는 블록체인 데이터를 쉽게 접근하고 활용할 수 있습니다.

- **효율적인 데이터 접근성**: 블록체인 데이터는 기본적으로 분산되어 있기 때문에, 원하는 정보를 직접 조회하는 것은 매우 비효율적일 수 있습니다. 인덱서는 이러한 문제를 해결하여 데이터 접근성을 높이고 응답 시간을 단축시킵니다.
- **맞춤형 데이터 제공**: 특정 요구 사항에 맞춘 데이터 인덱싱을 통해 특정 이벤트, 상태 변화, 스마트 계약 호출 등의 정보를 빠르게 제공할 수 있습니다. 이는 사용자나 애플리케이션이 필요한 데이터를 정확히 얻을 수 있게 합니다.

NEAR 프로토콜의 인덱서는 이러한 역할을 통해 네트워크의 데이터 접근성을 높이고, 개발자와 사용자가 블록체인의 잠재력을 최대한 활용할 수 있도록 지원합니다. 데이터베이스 및 API 서버를 사용하여 자체 인덱서를 빌드하는 대신 현재 베타 버전에서 NEAR 를 지원하는 The Graph 를 대신 사용할 수 있습니다.

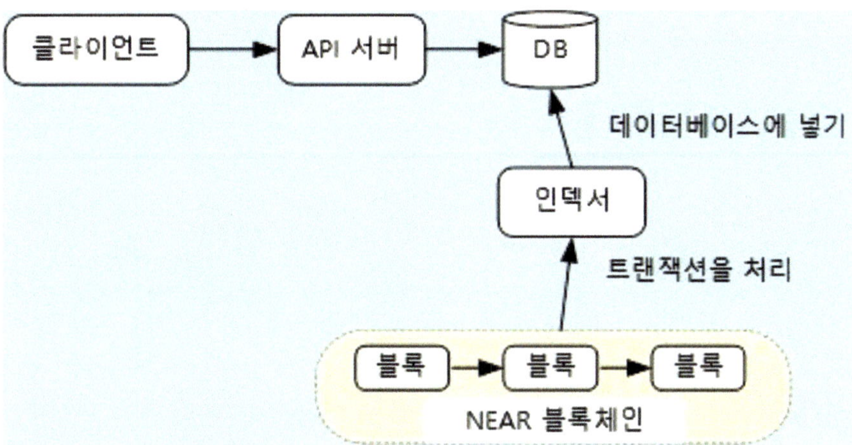

인덱서는 블록체인 네트워크에서 발생하는 모든 거래와 상태 변화를 수집하고, 이를 구조화하고 체계적으로 데이터베이스에 저장합니다. 그래서 클라이언트는 수집된 데이터를 특정 키나 속성에 따라 인덱싱하여 빠른 검색과 조회가 가능하도록 합니다.

38. 캐니스터와 체인키 암호화

인터넷 컴퓨터(INTERNET COMPUTER)는 스마트 계약을 캐니스터(CANISTER)라 부르며, WEBASSEMBLY(WASM) 기반으로 데이터를 안전하게 저장하고 실행합니다. 각 캐니스터는 독립적인 데이터 저장소를 가지며, 전 세계적으로 분산된 노드들이 이를 호스팅합니다. 서브넷을 통해 무한 확장이 가능하며, 체인 키 암호화 기술로 높은 보안성과 탈중앙화를 실현합니다. 거버넌스는 NNS(NETWORK NERVOUS SYSTEM)와 SNS(SERVICE NERVOUS SYSTEM)를 통해 분산 자율 조직으로 운영됩니다. MOTOKO 라는 전용 프로그래밍 언어를 제공해 스마트 계약 개발을 지원합니다.

색다른 스마트 계약을 제안한 프로젝트 인터넷 컴퓨터 (IC)

스마트 계약은 디앱으로 연결되고 디앱은 곧 웹 3 로 사용자에게 다가옵니다. 즉, 웹 3 의 바탕에는 스마트 계약이 있습니다. 스마트 계약은 이더리움에서 시작되었습니다. 이더리움은 스마트 계약을 EVM 으로 실행시킵니다. 다른 체인들도 스마트 계약을 배포할 수 있습니다. 그렇다면 이더리움과 다른 체인간의 스마트 계약 상호 운영성은 어떻게 달성할까요? 여기서 EVM 호환 체인이 등장합니다. EVM 호환성은 현재 가장 많이 사용되는 블록체인인 Avalanche, Binance Smart Chain, Fantom Opera 및 Polygon 에서 입증된 것처럼 이 문제를 해결하는 좋은 디딤돌입니다. 이들은 모두 원조격인 이더리움 스마트 계약과 호환되도록 EVM 에서 계약 코드가 실행됩니다. 이러한 상황에서 다른 체인간을 넘나드는 트랜잭션을 처리하려면 이더리움에서 하는 브리지 같은 방식을 그대로 따라야만 합니다. 그런데 이 지점에서 색다른 스마트 계약을 제안한 프로젝트가 있습니다. 인터넷 컴퓨터 (IC)가 그 당사자입니다. 인터넷 컴퓨터는 브리지 없이도 캐니스터 스마트 계약으로 비트코인이나 이더리움과의 거래를 처리할 수 있게 발전된 스마트 계약 중심 체인을 제공합니다.

EVM 호환 블록체인 방향

이더리움 네트워크는 스마트 계약을 최초로 배포했으며 여전히 경쟁 블록체인 사이에서 표준으로 간주됩니다. 하지만 규모와 엄청난 사용자 수로 인해 확장성이 문제가 되는 지점에 이르렀습니다. 다른 블록체인은 더 낮은 가스 요금과 더 빠른 거래를 제공함으로써 현재 이더리움 문제에 신속하게 대응했습니다. 이더리움 후속 블록체인의 대부분은 완전한 오픈 소스이며 대부분 더 효율적인 합의 메커니즘을 사용하는 이더리움의 코드 포크입니다. 그러나 개발자들은 스마트 계약을 구현하는 새로운 방법을 개발하는 대신 단순히 이더리움 네트워크의 특정 부분을 복사했습니다. 이 접근 방식은 시간, 지식 전달 및 가장 중요한 상호 운용성 측면에서 처음부터 구조를 개발하는 것보다 더 유익한 것으로 나타났습니다.

이더리움의 가상 머신과 유사한 환경에서 코드 실행을 지원하는 공간을 만들어 개발자가 처음부터 솔루션과 프로토콜을 구축할 필요가 없습니다. 이더리움의 코드 포크 개념을 이용하면 스마트 계약과 디앱을 더 빠르게 구축하고 블록체인에 더 빠르게 배포할 수 있습니다. 이러한 네트워크를 통해 더 빠른 트랜잭션, 더 높은 용량, 더 낮은 가스 요금이 가능해집니다. 거래당 에너지 소비량이 이더리움에 비해 현저히 낮다는 점도 주목할 만합니다. 그런 다음 블록체인 간의 상호 운용성은 크로스체인 브리지를 통해 달성됩니다. 이를 통해 사용자는 EVM 네트워크 간에 자산을 주고받을 수 있습니다. 이런 방식을 따르는 EVM 호환 블록체인에는 바이낸스 스마트체인, 팬텀, 다각형, 눈사태, 트론 등이 있습니다. 여기에 폴카닷의 파라체인 형태의 Moonriver 나 Moonbeam 도 EVM 호환 체인이고, 코스모스의 EVMOS 도 EVM 호환 체인입니다. 이들은 EVM 용 스마트 계약을 이더리움에 비해 더 빠른 속도, 낮은 거래 비용으로 처리하고 스마트 계약 배포를 위해 더 높은 용량을 제공합니다.

EVM 용 스마트 계약과 차별화시킨 인터넷 컴퓨터의 캐니스터 (Canister)

EVM 호환 체인이라 볼 수는 없지만 스스로 스마트 계약을 처리하는 데 최적화되어 있다고 주장하는 인터넷 컴퓨터가 있습니다. 인터넷 컴퓨터는 스마트 계약을 캐니스터 (Canister)라고 부르며 EVM 용 스마트 계약과 차별화합니다. 인터넷 컴퓨터(IC)는 스마트 계약 형태로 프로그램과 데이터를 호스팅하고, 안전하고 신뢰할 수 있는 방식으로 스마트 계약에 대한 계산을 수행하고, 무한히 확장할 수 있는 개방적이고 안전한 블록체인 기반 네트워크인 'World Computer'의 비전을 실현하고자 합니다. 인터넷 컴퓨터의 스마트 계약은 캐니스터 스마트 계약 또는 줄여서 캐니스터라고 하며, 각 캐니스터는 WebAssembly(Wasm) 바이트 코드 및 스마트 계약 데이터 저장소의 번들로 구성됩니다. 각 캐니스터에는 캐니스터가 코드를 실행할 때만 변경되는 자체 격리된 데이터 스토리지가 있습니다.

다중 서브넷 아키텍처

캐니스터는 ICP(인터넷 컴퓨터 프로토콜)의 최상위 아키텍처 구성 요소인 서브넷에 배포되고 실행됩니다. 서브넷은 전 세계적으로 분산된 노드로 구성되는 독립적인 블록체인입니다. 단일 서브넷은 수만 개의 캐니스터 스마트 계약을 안전하게 호스팅할 수 있으며, 총 수백 기가바이트의 메모리에 달하며, 현재 수십 개의 서브넷이 있으며 향후 수천 개로 늘어날 수 있습니다. 서브넷에서 호스팅되는 각 캐니스터의 경우, 해당 코드 및 데이터는 서브넷의 모든 노드에 분산화 저장되고 해당 코드는 서브넷의 모든 노드에서 실행됩니다. 이러한 스토리지 복제 및 계산 복제 (서브넷에 속한 모든 노드에서 동일하게 캐니스터 스마트 계약이 실행)는 내결함성을 달성하는 데 필수적이며, 따라서 서브넷의 일부 노드에 결함이 있는 경우에도(충돌하거나 악의적인 당사자에 의해 해킹된 경우) 캐니스터 스마트 계약이 계속 실행됩니다. 이 복제 노드는 블록체인으로 지원되는 높은 처리량과 짧은 대기 시간 성능을 만족하는 합의 메커니즘과 WebAssembly 실행을 위한 효율적인 가상 머신을 장착하고 핵심 ICP(Internet Computer Protocol)에 의해 구동됩니다.

IC 의 다중 서브넷 아키텍처는 서로 다른 서브넷의 스마트 계약이 완전히 온체인으로 서로 원활하게 통신할 수 있도록 하기 때문에 잘 알려진 샤딩 접근 방식보다 훨씬 강력합니다. 서로 다른 서브넷의 캐니스터는 비동기 메시지를 통해 통신합니다. 캐니스터 간 호출에 대한 마이크로 서비스 아키텍쳐라고 하는 이 새로운 접근 방식을 사용하면 서브넷을 더 추가하기만 하면 ICP 를 확장할 수 있습니다.

ICP 보안 기술의 핵심인 체인키 암호화

체인키 기술의 핵심 개념은 비밀키/공개키 1 쌍에 대하여 서브넷의 노드들은 하나의 단일 공개키를 가지고 있으나 비밀키는 쪼개어 노드들이 분산 보관한다는 것입니다. ICP 네트워크는 전체 네트워크를 나타내는 단일 공개키를 사용합니다. 이 공개키는 사용자가 Internet Computer 상의 모든 작업을 검증하기 위하여 전자서명을 확인하는 데 사용됩니다. 그러나 공개키 시스템에서 개인키에 해당하는 비밀키는 단일 노드에 의해 관리되지 않고, 여러 노드에 분산되어 관리됩니다. 이는 특정 노드의 손실이나 손상에도 불구하고 시스템의 무결성과 보안을 유지하게 합니다. 이러한 비밀키는 DKG(Distributed Key Generation) 프로토콜을 사용하여 생성 및 관리됩니다.

■ 체인키 기술의 작동 방식

DKG 프로토콜을 사용하여 네트워크의 노드들이 협력하여 비밀키의 조각들을 생성합니다. 각각의 노드는 비밀키의 일부분만을 가지고 있으며, 전체 비밀키는 이러한 조각들을 합쳐서 복원할 수 있습니다. 체인키를 계속 바꾸어 주는 일도 보안에 중요합니다. 그래서 주기적으로 또는 필요에 따라 비밀키는 갱신됩니다. 갱신 과정에서도 DKG 프로토콜이 사용되며, 이는 네트워크의 보안을 유지하는 데 중요한 역할을 합니다. 트랜잭션 메시지가 서명되어야 할 때, 네트워크의 노드들은 분산된 비밀키의 조각을 사용하여 부분 서명을 생성합니다. 이러한 부분 서명들은 결합되어 최종 서명을 생성합니다. 이렇게 생성된 서명은 모든 노드가 가지고 있는 단일 체인키의 공개키로 검증될 수 있습니다. 체인키 공개키는 전체 네트워크를 대표하므로, 이는 네트워크 상의 모든 노드가 동일하게 검증할 수 있다는 뜻입니다. 정리하면,

- 키 공유(Key Share): 네트워크의 각 노드는 키의 일부분(조각)인 키 공유를 가지고 있습니다. 전체 키는 모든 키 공유의 조합으로 이루어집니다.
- 다중 서명(Multi-signature): 특정 조건이 충족될 때 다수의 노드가 협력하여 서명합니다. 이 다중 서명 방식은 하나의 노드가 단독으로 서명할 수 없도록 하여 보안을 강화합니다. 이 다중 서명은 여러 완전한 비밀키로 다수가 서명한다는 뜻이 아니고 조각인 키 공유로 각각 서명하여 결국 완전한 하나의 비밀키에 의한 서명으로 작용한다는 개념입니다.
- 체인키 생성: 새로운 체인키는 네트워크의 합의 알고리즘을 통해 생성됩니다. 이는 각 노드가 키 공유를 교환하고 합의하는 과정을 통해 이루어집니다.

- 체인키 갱신: 기존 체인키는 주기적으로 갱신되며, 갱신 과정에서 이전의 키 공유는 폐기됩니다. 이를 통해 키의 유효기간을 관리하고 보안을 유지합니다.

■ 임계값 서명(Treshold Signature)

- 정의: 임계값 서명 체계에서는 n 개의 키 공유 중 t 개의 키 공유만 있으면 유효한 서명을 생성할 수 있습니다. 여기서 t 는 임계값(threshold)입니다.

분산 서명 생성: 특정 조건이 충족될 때 임계값 이상의 노드가 키 공유를 사용하여 공동으로 서명을 생성합니다. 이 과정에서 각 노드는 자신의 키 공유를 이용하여 부분 서명을 생성하고, 이 부분 서명들이 모여 최종 서명을 형성합니다. 예를 들면, 최신 블록체인에서는 서브넷 노드 중 최소 2/3 가 요청한 노드 콘텐츠 변경 결과에 동의하고 서브넷 공개 키의 개별 키 공유를 사용하여 이에 서명해야 합니다. 또한 서브넷의 공개키를 생성하려면 서브넷 노드 들 중 75%의 키 공유(Key Share)가 필요합니다.

■ 체인키의 주요 특징 및 장점

- 보안성: 비밀키가 여러 노드에 분산되어 있어, 특정 노드가 손상되더라도 전체 비밀키가 노출되지 않습니다.
- 주기적인 비밀키 갱신은 키의 유효성을 유지하고 공격에 대한 저항성을 높입니다.
- 확장성: 단일 공개키로 네트워크 상의 모든 서명을 검증할 수 있어, 네트워크가 확장되더라도 검증 과정이 단순해집니다.
- 효율성: 체인키 기술은 서명 생성과 검증을 빠르고 효율적으로 수행할 수 있게 설계되었습니다.
- ECDSA(타원곡선 디지털 서명 알고리즘)를 사용하여 작은 키 크기와 빠른 연산 속도를 제공합니다.

체인키 기술은 다양한 응용 분야에서 사용될 수 있습니다. 예를 들어:

- 스마트 계약 실행: 스마트 계약의 상태 변경이나 중요한 연산이 발생할 때 임계값 서명 체계를 통해 안전하게 서명하고 검증합니다.
- 암호화된 메시지 전달: 노드 간의 모든 통신은 체인키를 사용하여 암호화됩니다. 이로 인해 통신 내용이 도청되거나 변조될 가능성이 줄어듭니다.
- 데이터 무결성 검증: 체인키를 통해 데이터가 변조되지 않았음을 확인할 수 있습니다.
- 트랜잭션 서명: 분산된 노드들이 협력하여 트랜잭션을 서명하고 검증합니다. 이를 통해 중앙화된 서명 주체 없이도 안전한 트랜잭션 처리가 가능합니다.
- 체인키 기술은 Internet Computer 의 안정성, 보안성, 확장성을 유지하는 핵심 요소로, 이를 통해 분산형 애플리케이션과 서비스가 안전하게 운영될 수 있도록 합니다.

서브넷의 노드에서 실행되는 4 계층 프로토콜

IC 프로토콜의 핵심 부분은 각 서브넷의 노드에서 실행되는 4 계층 프로토콜입니다. 핵심 IC 프로토콜을 실행함으로써 서브넷의 노드는 다른 서브넷과 독립적으로 진행되는(그러나 비동기적으로 통신하는) 블록체인 기반 복제 상태 머신을 실현합니다. 여기서 복제란 용어는 서브넷의 모든 노드가 동일한 상태를 계속 유지한다는 뜻으로 마치 각 노드가 상태 정보의 복사본을 보유하고 있다는 의미입니다. 동시에 작동하는 많은 서브넷의 이러한 아키텍처를 통해 IC 는 실질적으로 제한 없이 확장할 수 있습니다.

핵심 IC 프로토콜은 맨 아래 계층인 피어 투 피어 계층에서 시작하여, 합의(콘센서스) 계층, 메시지 라우팅 계층에 이어, 최상위 계층인 실행 계층까지 4 개의 계층으로 구성됩니다. 하위 2 개 계층인 P2P 와 컨센서스는 함께 수신 메시지의 선택과 순서를 정하여 합의에 이르게 하고, 상위 2 개 계층에게 블록 형태로 합의된 메시지를 제공합니다. 상위 두 계층인 메시지 라우팅 및 실행은 스택의 하위 계층으로부터 정렬된 메시지가 포함된 블록을 수신하고 서브넷의 모든 노드에서 완전히 결정적인 방식으로 실행합니다. 이렇게 하면 서브넷의 모든 노드가 모든 라운드에서 동일한 시작 상태에서 동일한 종료 상태로 전환되는 복제된 상태 머신이 실현됩니다. 모든 노드가 동일한 순서, 즉 완전히 결정적으로 동일한 메시지를 실행하여 상태를 전환하기 때문에 각 노드는 상태 전환 후에도 동일한 상태 복사본을 가지고 있게 됩니다.

■ 피어 투 피어 계층

프로토콜 스택의 최하위 계층인 인터넷 컴퓨터의 P2P(피어 투 피어 계층)는 서브넷 노드 간의 안전하고 안정적인 통신을 담당합니다. P2P 계층은 서브넷 노드 간에 인터넷 프로토콜(IP) 연결을 기반으로 가상 P2P 브로드캐스트 네트워크를 구현하게 합니다. 이렇게 하면 P2P 계층이 서브넷의 모든 노드를 연결하는 통신 그물망이 됩니다. 노드는 P2P 를 사용하여 아티팩트라고도 하는 네트워크 메시지를 서브넷의 모든 노드에 브로드캐스트할 수 있습니다. 아티팩트는 사용자가 배포한 캐니스터에 대한 입력 메시지일 수도 있고 또는 IC 프로토콜에 의해 생성된 블록 제안과 같은 프로토콜 메시지와 같은 것일 수 있습니다. P2P 는 브로드캐스트할 아티팩트가 결국 서브넷의 모든 노드에 전달되도록 합니다. 최종 전달은 인터넷 컴퓨터 프로토콜로 작동하는 실제 통신 네트워크 (인터넷)을 통하여 이루어집니다.

■ 합의 계층

모든 블록체인에는 노드가 처리할 메시지와 블록에 포함시킬 메시지들의 순서에 동의할 수 있는 합의 메커니즘이 필요합니다. 합의는 IC 의 서브넷을 구동하는 핵심 IC 프로토콜의 구성 요소입니다. 각 서브넷은 다른 서브넷과 독립적으로 합의를 포함한 IC 코어 프로토콜을 실행하는 블록체인입니다. 합의 프로토콜의 목적은 지정된 라운드에서 서브넷의 각 노드에서 정렬된 메시지를 포함하는 동일한 블록을 생성하여 각 노드가 해당 메시지를 결정적으로 실행할 때 동일한 상태 전환을 수행할 수 있도록 하는 것입니다. 그래야만 전환된 상태의 복사본을 보유할 수 있게 됩니다. IC 의 합의 프로토콜은 다음 요구 사항을 충족하도록 설계되었습니다: (1)

낮은 대기 시간(거의 즉각적인 완결성); (2) 높은 처리량; (3) 견고성(노드 또는 네트워크 오류가 있는 경우 대기 시간 및 처리량의 정상적인 저하).

■ 메시지 라우팅 계층

서브넷 라운드에서 메시지 라우팅 구성 요소는 합의에서 처리할 메시지 블록(서브넷의 각 노드에서 동일하게 수신한 블록)을 수신하고, 각 노드는 수신 블록에 포함된 정렬된 메시지를 대상 캐니스터의 입력 대기소에 배치하는데, 이 프로세스를 유도라고 합니다. 그런 다음 실행 라운드를 트리거하여 실행된 캐니스터의 출력 대기소에서 새 캐니스터 메시지를 생성할 수 있습니다. 이는 이더리움 스마트 계약 계정의 실행을 촉발시키는 메시지를 받아들이고, 메시지에 의한 스마트 계약이 실행되고, 출력 메시지를 생산하여 또 다른 스마트 계약과 상호작용하는 방식과 같습니다.

캐니스터 실행 후 출력 메시지의 수신인에는 다른 서브넷에 상주하는 캐니스터가 포함될 수 있습니다. 메시지 라우팅 계층은 서브넷 간의 캐니스터 간 메시지 라우팅을 구현하여 해당 메시지가 블록에 포함되고 수신인의 서브넷에 유도될 수 있도록 합니다. 이를 다른 서브넷 간 메시징 또는 간단히 XNet 메시징이라고 합니다. 보안 XNet 메시징은 느슨하게 결합된 서브넷 아키텍처의 핵심 요소이므로 IC 의 확장성을 위한 전제 조건입니다. 여기서 느슨하게 결합되었다는 의미는 각 서브넷이 자신의 합의 프로토콜을 가지고 독립적으로 블록을 처리하면서도 서브넷 간의 상호운영도 가능하다는 뜻입니다.

■ 실행 계층

핵심 IC 프로토콜 스택의 최상위 계층인 실행 계층은 캐니스터 스마트 계약 코드 실행을 담당합니다. 코드 실행은 모든 노드에 배포된 WebAssembly(Wasm) 가상 머신에 의해 수행됩니다. Wasm 은 이더리움 호환 체인에서의 EVM 에 해당됩니다. WebAssembly 바이트 코드는 결정론적으로 실행될 수 있으며, 이는 모든 노드가 동일하게 스마트 계약을 실행해야 하는 블록체인 시스템에 중요하며 네이티브에 가까운 속도로 실행됩니다. 캐니스터 메시지(즉, 사용자에 의한 수신 메시지 또는 다른 캐니스터에 의한 메시지)는 메시지 라우팅에 의해 서브넷에 있는 캐니스터의 대기소에 유도되었습니다. 그런 다음 메시지 라우팅은 실행 계층에 제어를 넘겨주며, 실행 계층은 제한된 라운드 시간을 보장하기 위해 캐니스터 대기소의 모든 메시지가 이용되거나 라운드의 주기 한계에 도달할 때까지 메시지를 결정적으로 실행합니다.

실행 계층에는 인터넷 컴퓨터 체인을 다른 블록체인과 구별하는 많은 고유한 기능이 있습니다.

- 결정론적 시간 슬라이싱(DTS) - 수십억 개의 Wasm 명령어를 실행해야 하는 매우 큰 메시지의 실행은 여러 IC 라운드로 분할될 수 있습니다. 여러 라운드에 걸쳐 메시지를 실행해도 모든 노드는 동일한 입력에 대하여 동일 출력이 나오는 이 기능은 인터넷 컴퓨터 블록체인의 고유한 기능입니다.
- 동시성 - 캐니스터 Wasm 바이트 코드의 실행은 여러 CPU 코어에서 동시에 수행되며, 이는 각 캐니스터가 자체 격리된 상태를 갖기 때문에 가능합니다.

거버넌스

NNS(Network Nervous System)는 인터넷 컴퓨터 블록체인을 제어하는 DAO 입니다. 이는 무허가, 지분 기반 거버넌스 시스템으로, 모든 사람이 ICP 유틸리티 토큰을 스테이킹하여 참여할 수 있습니다. 거버넌스에서 제안은 투표를 통해 이루어지며, 이는 유권자가 직접 투표하거나 다른 유권자에게 투표권을 위임할 수 있음을 의미합니다. SNS(Service Nervous System)는 ICP 체인의 디앱을 관리하기 위한 인터넷 컴퓨터의 탈중앙화 자율 조직(DAO) 솔루션입니다. SNS 는 개방적이고 허가가 필요 없는 거버넌스 시스템과 각 SNS 에 고유한 기본 제공 거버넌스 토큰으로 구성됩니다. SNS 프레임워크에는 DAO 를 위한 초기 자금 조달 및 DAO 의 투표권 분산을 포함하는 새로운 SNS 를 시작하는 방법에 대한 프로세스가 포함되어 있습니다. 모든 디앱은 새로운 SNS DAO에 넘겨 토큰화하고 탈중앙화할 수 있습니다.

39. 쌍둥이 비트코인과 쌍둥이 이더

ICP 의 비트코인 통합은 비트코인 스마트 계약 기능의 취약점을 보완하고, 위험한 크로스체인 브리지 없이도 비트코인과 상호작용할 수 있게 합니다. 캐니스터 스마트 계약은 비트코인 네트워크와 직접 통합되어 중간 연결자 없이 BTC 를 직접 수신, 보유, 전송할 수 있습니다. CKBTC 는 비트코인을 인터넷 컴퓨터 체인에서 빠르고 저렴하게 전송할 수 있는 멀티체인 자산으로, 브리지의 보안 문제를 해결합니다. 체인 키 ECDSA 서명을 통해 비트코인 트랜잭션을 안전하게 처리하며, 개인 키는 분산 저장하여 보안을 강화합니다. 또한, CKETH 를 통해 이더리움 통합도 이루어져 인터넷 컴퓨터 체인에서 빠르고 저렴하게 이더리움을 사용할 수 있습니다.

인터넷 컴퓨터 (ICP)의 비트코인 통합

인터넷 컴퓨터 (ICP)의 비트코인 통합은 비트코인의 스마트 계약 기능의 취약한 면을 보완해주고 동시에 복잡하고 위험하기까지 한 크로스체인 브리지가 없어도 비트코인 통합이 이루어질 수 있게 합니다. ICP 에 비트코인을 통합하면 고급 스마트 계약인 캐니스터가 프로토콜 수준에서 직접 비트코인 네트워크와 상호 작용할 수 있게 합니다. 이를 통해 캐니스터는 수많은 보안 문제로 가득 찬 중간 연결자 및 제 3 자 블록체인 브리지를 사용하지 않고도 비트코인 메인넷에서 BTC를 직접 수신, 보유 및 전송할 수 있습니다. 글로벌 웹 3 보안 보고서에 따르면 2022 년에는 이러한 브리지와 관련된 12 건의 사고로 인해 약 18 억 9 천만 달러의 손실이 발생했습니다. 이와 같은 브리지에서의 보안 사고를 고려할 때 브리지 없는 비트코인 통합은 비트코인에게는 또 다른 재도약의 신호탄이 될 수 있습니다.

ckBTC (Chain-key BTC)

비트코인은 이제 ckBTC (Chain-key BTC)로 변신하여 웹 3 의 세상으로 들어갑니다. ckBTC 는 인터넷 컴퓨터 체인에서 비트코인을 직접 보유하게 할 목적으로 발행하는, 체인 키 암호화 및 인터넷 컴퓨터 스마트 계약에 의해 무신뢰로 생성된 멀티체인 비트코인 쌍둥이입니다. 인터넷 컴퓨터 네트워크에서 이 쌍둥이 비트코인 (ckBTC)은 1-2 초만에 거래가 완결되는 최종성과 무시할 수 있는 수수료로 ckBTC 를 보내고 받습니다. 마치 인터넷 컴퓨터와 비트코인 네트워크가 하나의 블록체인인 것처럼 네이티브 비트코인을 보유하고, 보내고, 받을 수 있습니다. 비트코인 네트워크와 인터넷 컴퓨터 체인 간에는 브리지나 오프체인 중개자가 없습니다. 예를 들어 OpenChat 은 인터넷 컴퓨터 블록체인에 100% 구축된 최초의 채팅 네트워크입니다. 각 OpenChat 계정은 메시지를 전송, 수신 및 저장할 수 있는 자체 캐니스터 스마트 계약에 할당됩니다. 또한 사용자가 ckBTC 를 보유, 전송 및 수신할 수 있는 지갑 역할도 합니다. OpenChat 에 친구를 초대하여 채팅 메시지의 속도로 쉽게 비트코인을 주고받을 수 있습니다.

■ ckBTC 는 브리지 토큰과는 다르다.

ckBTC 에 대해 알아야 할 사항 중 첫번째는 ckBTC 는 브리지 토큰과는 다르다는 점을 이해해야 합니다. ckBTC 의 주요 혁신은 네이티브 비트코인 통합과 ICP 와 통합된 고급 임계값 암호화인 체인 키 ECDSA 서명입니다. 간단히 말해, 체인 키 ECDSA 는 인터넷 컴퓨터 노드가 악의적인 노드의 공격에 탄력적인 내결함성이 뛰어나고 분산된 네트워크를 사용하여 비트코인 거래에 서명하는 데 사용할 수 있는 ECDSA 서명을 협력적으로 생성할 수 있도록 하는 암호화 프로토콜 세트입니다. 비밀 키는 한 곳에 저장되지 않으며, 대신 주기적으로 다시 공유되는 ICP (인터넷 컴퓨터 프로토콜) 노드가 보유한 키 공유로 분산됩니다. 요청 시 노드는 키 공유를 사용하여 원래 비밀 키를 다시 생성하지 않고 BTC 트랜잭션에 집합적으로 서명합니다. 이를 통해 한 쌍의 캐니스터 스마트 컨트랙트는 스마트 계약으로 제어할 수 있고 브리지나 중앙 집중식 관리인이 필요 없이 무시할 수 있는 수수료로 거의 즉각적으로 전송할 수 있는 멀티체인 비트코인 트윈인 ckBTC 를 생성할 수 있습니다. 기존 블록체인 브리지가 중앙 집중화되어 있고, 안전하지 않으며, 번거롭고, 비용이 많이 든다는 점을 고려할 때, ckBTC 혁신은 중요합니다.

2021 년에서 2022 년 사이에 블록체인 브리지를 악용하여 20 억 달러 이상이 도난당했습니다. FTX 거래소가 관리인 역할을 하고 솔렛 지갑이 솔라나에서 BTC 와 ETH 를 래핑하거나 래핑을 제거하는 브리지 역할을 한 최근 사건은 브리지와 중개자가 어떻게 단일 실패 지점으로 작용할 수 있으며 해킹에 매우 취약한지 보여줍니다. 브리지 뒤에 있는 이더리움 스마트 계약은 블록체인 간의 자산 전송을 가능하게 하지만, 사용자는 종종 공개적으로 검증할 수 없는 코드를 가진 디지털 자산을 관리하기 위해 제 3 자 중앙 집중식 관리인을 여전히 신뢰해야 합니다.

■ ckBTC 는 래핑 토큰이 아니다.

ckBTC 에 대해 알아야 할 사항 중 두번째는 ckBTC 는 래핑 토큰이 아니다 라는 점입니다. ckBTC 는 ICRC-1 대체 가능한 토큰 표준을 구현하지만, 한 쌍의 캐니스터 스마트 계약을 통해 비트코인을 비트코인 네트워크 또는 인터넷 컴퓨터의 주소 간에 자유롭게 전송할 수 있어 최초의 진정한 멀티체인 자산이 됩니다.

■ ckBTC 는 비트코인 라이트닝 네트워크에서 비트코인과도 다르다.

세번째로 인터넷 컴퓨터에서 ckBTC 를 사용하는 것은 비트코인 라이트닝 네트워크에서 비트코인을 사용하는 것과도 다르다는 점입니다. 라이트닝 네트워크는 비트코인에서 가장 잘 알려진 레이어 2 입니다. ckBTC 와 마찬가지로 라이트닝 네트워크는 비트코인 블록체인에서 BTC 가치를 빠르고 저렴하게 전송할 수 있게 합니다. 라이트닝과 달리 ckBTC 는 P2P 결제 채널을 구축하고 자금을 조달할 필요가 없습니다. 즉, 전체 ckBTC 잔액을 항상 이체할 수 있으며 네트워크 유동성 제한이 없습니다. 캐니스터 스마트 계약은 ckBTC 를 프로그래밍 방식으로 보유 및 전송할 수 있으므로 라이트닝 네트워크에서는 불가능한 비트코인을 위한 완전한 온체인 레이어 2 애플리케이션을 개발할 수 있습니다. 네번째 주요 차이점은 ckBTC 거래 수수료는 고정되어 있으며 거래 금액, 가변 중간 전달 또는 예상치 못한 채널 펀딩 수수료에 의존하지 않는다는 것입니다.

ICP 노드는 비트코인 네트워크의 UTXO(미사용 거래 출력) 세트를 최신 상태로 유지

비트코인 통합을 통해 ICP 의 캐니스터 (스마트 계약)는 비트코인 원장에 쓸 수 있고 또 원장으로부터 읽을 수 있습니다.

- 캐니스터는 인터넷 컴퓨터 프로토콜 (ICP)에서 실행되는 비트코인 라이트 노드를 통해 비트코인 블록체인의 상태를 읽을 (Read) 수 있습니다. 이를 위해 ICP 네트워크의 노드는 비트코인 네트워크에서 직접 블록을 획득하고 포함된 트랜잭션을 추출하고 처리합니다. 이를 통해 전체 비트코인 네트워크의 현재 UTXO(미사용 거래 출력) 세트를 최신 상태로 유지합니다. 이 UTXO 정보는 API 를 통해 캐니스터에 제공되므로 캐니스터가 비트코인 주소의 잔액 및 UTXO 와 같은 정보에 액세스할 수 있습니다. 즉,

캐니스터는 자신이 제어하는 주소를 포함하여 모든 비트코인 주소의 잔액과 UTXO 를 쿼리할 수 있습니다. 이를 통해 블록체인 상태를 확인하여 비트코인 주소의 소비 가능 잔액(및 UTXO)을 결정할 수 있습니다.

- 비트코인 네트워크에 쓰기(Write) (또는 인출하기) 위해 캐니스터는 비트코인 트랜잭션에 안전하게 서명하고 이를 비트코인 네트워크에 제출할 수 있습니다. 보안 서명은 체인 키 ECDSA 라고 하는 새로운 임계값 ECDSA 프로토콜을 통해 수행됩니다. 서명된 트랜잭션은 프로토콜 수준 통합을 통해 제출됩니다. 이로 인해 ICP 프로토콜이 작동하는 노드가 연결된 여러 비트코인 노드에 트랜잭션을 제출하게 됩니다.

비트코인 통합을 위해 비트코인 개인 키는 ICP 에 어디에 저장되어 있나요?

이제 캐니스터가 비트코인 트랜잭션을 작성(서명 및 제출)할 수 있으므로 비트코인용 개인 키도 저장한다는 의미인지 궁금할 것입니다. 해결책은 개인키가 단일 키로 저장되지 않는다는 사실입니다. 캐니스터(스마트 계약) 상태에서 단일 개인 키를 보유하면 잠재적으로 ICP 네트워크 내의 악의적인 노드에 노출될 수 있으며, 이로 인해 사용자의 디지털 자산에 대한 액세스 권한이 해커에게 부여될 수 있습니다. 이를 방지하기 위해 ICP 는 개인 키가 단일 노드나 캐니스터에 완전히 저장되지 않도록 임계값 암호화를 사용합니다. 임계값 암호화를 사용하면 개인 키와 같은 비밀을 비밀 공유 또는 공유라고 하는 여러 부분으로 분할할 수 있습니다. 비밀 키를 재구성하거나 이를 사용하여 메시지에 서명하려면 특정 수(최소 임계값) 노드의 공유가 필요합니다. 따라서 전체 개인 키를 한 위치에 저장하는 대신 여러 부분, 즉 일반 앱 서브넷보다 노드 수가 더 많은 서브넷, 즉 노드 수가 많은 서브넷 내의 모든 노드가 보유하는 비밀 공유인 여러 부분으로 나눕니다. 또한 이러한 비밀 공유는 공유의 손상 가능성을 방지하기 위해 노드 간에 주기적으로 재공유 됩니다. 재공유는 암호화 프로토콜을 사용하여 현재 공유에서 새 공유가 생성됨을 의미합니다. 다시 공유되면 이전에 유효했던 공유는 더 이상 사용되지 않게 되며 이를 획득한 악의적인 행위자에게는 더 이상 쓸모가 없게 됩니다.

비트코인 네트워크에 쓸 (Write) 때 비트코인 트랜잭션은 임계값 서명을 사용하여 서명됩니다. 즉, 서브넷의 충분한 수의 노드가 서명에 동의하면 각 노드는 해당 키 공유를 사용하여 트랜잭션에 공동으로 서명하는 데 도움이 됩니다. 서명을 계산하려면 최소한 임계값만큼의 키 공유가 필요합니다. 이렇게 하면 전체 엔터티와 임계값보다 적은 수의 노드를 제어하는 공격자가 키를 사용할 수 없게 됩니다. ICP의 경우 캐니스터 트랜잭션 요청 시 노드는 원래 개인 키를 다시 생성하는 대신 자신의 공유를 사용하여 비트코인 트랜잭션에 공동으로 서명합니다. 이 서명 프로토콜은 노드의 2/3 이상이 정직하고 1/3 미만이 손상되었다고 가정합니다. ICP는 내결함성을 갖도록 설계되어 프로토콜이 비동기 통신 네트워크에서 작동하도록 보장합니다. 노드의 1/3 이상이 손상되거나 결함이 있거나 충돌하는 정도까지 악화되는 상황이 발생하지 않는다면 전체 시스템은 효과적으로 기능을 유지합니다. 즉, 감소된 처리량으로 계속 작동합니다. 그리고 서브넷의 노드에 오류가 발생하면 ICP 는 오류가 있는 노드를 교체할 예비 노드를 선택합니다.

ETH의 디지털 쌍둥이인 ICP에서 사용되는 ckETH (Chain-key Ether)

이더리움의 네이티브 토큰은 이더(ETH)이지만, ckETH 는 인커넷 컴퓨터 체인의 네이티브 토큰입니다. 이더 (ETH)를 가진 사람은 누구나 인터넷 컴퓨터 체인에서 캐니스터 스마트 계약을 사용하여 이를 ckETH로 변환할 수 있습니다. 반대로, ckETH 보유자는 기본 ETH 를 대신 받도록 선택할 수 있습니다. 모든 ETH 백업 ckETH 는 임계값 ECDSA 기능을 사용하는 캐니스터 스마트 계약에 의해 보유됩니다. ckETH는 인터넷 컴퓨터의 네이티브 토큰이기 때문에 매우 빠르고 낮은 수수료로 거래할 수 있으며 다른 인터넷 컴퓨터 디앱에서 사용하기 쉽습니다. 앞서 설명한 ckBTC 에 익숙하다면 ckETH 를 ckBTC 와 동일하지만 비트코인이 아닌 이더로 이해할 수 있습니다.

비트코인 통합 요약

인터넷 컴퓨터에서의 비트코인 통합은 체인 키 서명과 인터넷 컴퓨터 노드와 비트코인 P2P 네트워크 간의 직접적인 상호 작용이라는 두 가지 기둥에 기초합니다. 체인 키 서명을 사용하면 캐니스터가 자체 비트코인 주소를 갖고 이 주소가 보유한 비트코인을 사용하여 유효한 거래를 생성할 수 있지만 인터넷 컴퓨터와 비트코인 네트워크 간의 직접 메시지 교환은 다음과 같은 비트코인 블록체인 상태에 대한 정보를 유지하는 역할을 합니다. 인터넷 컴퓨터에서 주소 잔액으로 사용하고 캐니스터에서 발생하는 비트코인 거래를 비트코인 네트워크로 전송합니다.

체인 키 토큰인 체인 키 비트코인(ckBTC)은 강력한 분산화 이점을 갖춘 암호화 기반의 래핑된 토큰입니다. 체인 키 토큰은 기존의 방식, 즉 중개자가 개입하는 래핑과 관련된 위험을 제거하면서도, 다른 블록체인의 토큰을 전송 및 거래에 사용할 수 있게 만드는 면에서 기존 래핑 토큰과 동일한 이점이 있습니다. 체인 키 암호화를 사용하면 다음과 같은 일이 가능합니다. 비트코인의 예를 들면, 캐니스터 스마트 계약은 ECDSA 키 쌍 (비밀키와 공개키)을 소유하고 비트코인 네트워크에서 실제 비트코인을 전송할 수 있는 비트코인 주소를 파생할 수 있습니다. 비트코인을 받으면 캐니스터는 비트코인 발신자에게 1:1 비율로 ckBTC를 발행합니다. 반대로 ckBTC를 기본 비트코인으로 상환하면 순환 공급량에서 ckBTC가 제거되고 비트코인이 환불됩니다. 이는 체인 키 토큰은 동일한 속성과 가치를 지닌 원래 토큰 (BTC)의 '쌍둥이 (ckBTC)'로 만들지만 인터넷 컴퓨터에서 호스팅됩니다.

체인키 기술과 관련된 주요 구성 요소는 캐니스터와 서브넷입니다. 캐니스터는 다른 블록체인의 스마트 계약과 유사하며 컴퓨터 프로그램의 코드, 관련 기록 및 현재 상태를 포함합니다. 이러한 캐니스터의 사본은 독립적으로 소유된 노드에 저장됩니다. 이더리움의 스마트 계약이 블록체인을 형성하듯이 인터넷 컴퓨터에서는 캐니스터가 블록체인을 형성합니다. 인터넷 컴퓨터에는 현재 35개의 블록체인 서브넷이 있으며, 서브넷의 각 노드에는 보안과 연속성을 보장하기 위해 특별히 설계된 모든 소프트웨어 캐니스터의 복사본이 저장되어 있습니다. 이더리움에서 동일한 스마트 계약 코드가 분산 노드에 동일하게 배포되어 있듯이, 인터넷 컴퓨터도 충분한 노드가 각각 캐니스터 사본을 저장하고 있습니다.

PART 12 분산 금융 (디파이)

- 이더리움과 디파이
- 스테이블 코인과 디파이
- 탈중앙화 거래소 (DEX)와 중앙 집중식 거래소 (CEX)
- 인기 있는 탈중앙화 거래소 Uniswap

PART 12 에서 참조한 주요 블록체인 또는 암호화폐				
이더리움	다이	메이커다오	dydX	유니스왑

40. 이더리움과 디파이

디파이(DEFI)는 이더리움을 통해 인터넷에 연결된 모든 사람이 접근할 수 있는 금융 상품 및 서비스를 총칭하는 용어입니다. 기존 금융 시스템의 단점을 극복하기 위해 개발되었으며, 중앙 기관 없이 금융 서비스를 제공하여 보다 투명하고 자동화된 거래를 가능하게 합니다. 비트코인에서 시작된 디파이는 이더리움에 이르러 스마트 계약을 통해 대출, 결제, 투자 등 다양한 금융 활동을 프로그래밍할 수 있습니다. 이더리움은 전 세계로 쉽게 송금할 수 있으며, 스테이블코인을 이용해 암호화폐 변동성을 해결하고 자금을 보호할 수 있습니다. 디파이는 분산형 대출, 토큰 교환, 무손실 복권, 보험 등 다양한 금융 서비스를 제공하며 글로벌 접근성을 높입니다.

디파이(DeFi) 란 무엇입니까?

이더리움 디파이는 이더리움을 사용할 수 있는 모든 사람, 즉 인터넷에 연결된 모든 사람이 액세스할 수 있는 금융 상품 및 서비스를 총칭하는 용어입니다. 디파이를 사용하면 시장은 항상 열려 있으며 결제를 차단하거나 접근을 거부할 수 있는 중앙 집중식 기관이 없습니다. 이전에는 느리고 인적 오류의 위험이 있었던 서비스가 이제는 누구나 검사하고 면밀히 조사할 수 있는 코드로 처리되므로 자동화되고 더 안전합니다.

디파이의 잠재력을 확인하는 가장 좋은 방법 중 하나는 오늘날 존재하는 기존 금융의 문제를 먼저 이해하는 것입니다. 기존 금융의 단점은 다음과 같습니다.

- 일부 사람들에게는 은행 계좌를 설정하거나 금융 서비스를 사용할 수 있는 액세스 권한이 부여되지 않습니다.
- 금융 서비스에 대한 접근성이 부족하면 사람들이 취업할 수 없게 될 수 있습니다.
- 금융 서비스는 귀하가 급여를 받는 것을 차단할 수 있습니다.
- 금융 서비스의 숨겨진 비용은 귀하의 개인 데이터가 몰래 활용된다는 점입니다.
- 정부와 중앙 기관은 마음대로 시장을 폐쇄할 수 있습니다.
- 거래 시간은 특정 시간대의 영업 시간으로 제한되는 경우가 많습니다.
- 내부 인력 프로세스로 인해 송금에는 며칠이 걸릴 수 있습니다.
- 중개 기관은 몫을 필요로 하기 때문에 금융 서비스에는 프리미엄이 있습니다.

비트코인으로부터 시작된 디파이

여러 면에서 비트코인은 최초의 디파이 애플리케이션이었습니다. 비트코인을 사용하면 가치를 실제로 소유하고 통제할 수 있으며 전 세계 어디든 가치를 보낼 수 있습니다. 이는 서로를 신뢰하지 않는 많은 사람들이 신뢰할 수 있는 중개자 없이 계정 원장에 동의할 수 있는 방법을 제공함으로써 이를 수행합니다. 비트코인은 누구에게나 열려 있으며 누구도 규칙을 변경할 권한이 없습니다. 인플레이션이 없는 희소성과 누구나 접근할 수 있는 개방성과 같은 비트코인의 규칙은 프로그램 코드로 서술되어 있습니다. 정부가 돈을 인쇄해 저축 가치를 떨어뜨리고 기업이 시장을 폐쇄할 수 있는 전통적인 금융과는 다릅니다.

이더리움은 비트코인의 규칙을 기반으로 구축됩니다. 비트코인과 마찬가지로 규칙은 누구에 의해서도 변경될 수 없으며 모든 사람이 액세스할 수 있습니다. 그러나 이더리움은 비트코인과는 다르게 스마트 계약을 사용하여 이 디지털 화폐를 프로그래밍할 수 있으므로 가치를 저장하고 전송하는 것 이상의 기능을 수행할 수 있습니다. 즉 비트코인 디파이 그 이상을 이더리움은 수행할 수 있다는 의미입니다.

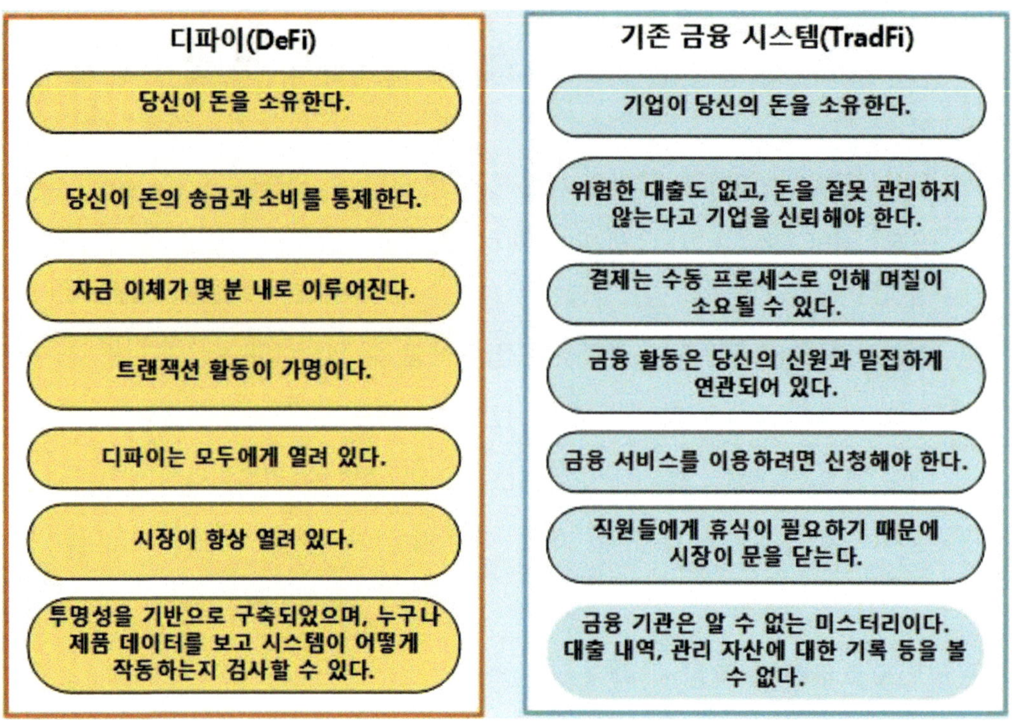

디파이와 기존 금융 시스템의 차이

비트코인 디파이와 차원이 다른 이더리움 디파이

이더리움의 디파이는 스마트 계약으로 돈을 프로그래밍합니다. 이더리움 토큰의 기본 기능은 프로그래밍 돈으로 표현되곤 합니다. 누구나 결제 로직을 프로그래밍할 수 있습니다. 대출, 지불 일정 예약, 인덱스 펀드 투자 등 비트코인으로는 할 수 없는 작업을 프로그래밍 돈을 통해 처리할 수 있습니다.

■ 수취인의 이름이나 주소를 통한 빠른 이체

블록체인으로서 이더리움은 안전하고 글로벌한 방식으로 거래를 전송하도록 설계되었습니다. 비트코인과 마찬가지로 이더리움도 이메일을 보내는 것만큼 쉽게 전 세계로 돈을 보낼 수 있습니다. 수취인의 ENS 이름 (예: bob.eth) 또는 지갑의 계좌 주소를 입력하기만 하면 결제 금액이 (보통) 몇 분 안에 직접 수령인에게 전달됩니다. 지불금을 보내거나 받으려면 지갑이 필요합니다.

■ 자금의 스트리밍

스트리밍을 통해 누군가에게 월급을 월 단위로 지불할 수 있어 필요할 때마다 돈에 접근할 수 있습니다. 아니면 사물함이나 전기 스쿠터 같은 물건을 초 단위로 임대할 수도 있습니다. 즉, 사용한 시간 동안 1 초 단위로 사용 요금을 스트리밍할 수 있습니다.

■ 대체 통화인 스테이블 코인의 사용

암호화폐 변동성은 많은 금융 상품과 일반 지출에서 문제가 됩니다. 디파이 커뮤니티는 스테이블코인으로 이 문제를 해결했습니다. 그들의 가치는 일반적으로 달러와 같은 인기 있는 통화인 다른 자산에 고정되어 있습니다. 다이(Dai)나 USDC 와 같은 코인의 가치는 1 달러 몇 센트 이내입니다. 이는 소매에 적합합니다. 라틴 아메리카의 많은 사람들은 정부 발행 통화로 인해 불확실성이 큰 시대에 저축을 보호하는 방법으로 스테이블코인을 사용해 왔습니다.

■ 분산형 대출업체로부터 자금을 차용

방법은 크게 두 가지로 나뉩니다.

- P2P(Peer-to-Peer)는 차용인이 특정 대출자로부터 직접 돈을 빌린다는 의미입니다.
- 풀 기반: 대출자는 차용인이 빌릴 수 있는 풀에 자금(유동성)을 제공합니다.

분산형 대출 기관을 사용하면 많은 이점이 있습니다.

- 개인정보 보호를 받으며 대출: 오늘날 돈을 빌리는 것은 모두 관련된 개인을 중심으로 이루어집니다. 은행은 대출을 하기 전에 귀하가 대출금을 상환할 가능성이 있는지 여부를 알아야 합니다. 분산형 대출은 어느 쪽도 자신의 신원을 밝히지 않고도 작동합니다. 대신, 차용인은 대출금이 상환되지 않을 경우 대출 기관이 자동으로 받게 될 담보를 설정해야 합니다. 일부 대출 기관은 NFT 를 담보로 허용하기도 합니다. NFT 는 그림과 같은 고유한 자산에 대한 증서입니다. 이를 통해 신용 조회나 개인 정보 제공 없이 돈을 빌릴 수 있습니다.
- 글로벌 펀드에 대한 접근: 기존 금융을 이용하면 선택한 은행이나 기관이 관리하는 자금에만 접근할 수 있습니다. 그러나 분산형 대출자를 이용하면 전 세계에 예금된 자금에 접근할 수 있습니다. 이를 통해 대출에 대한 접근성이 높아지고 이자율이 향상됩니다.
- 세금 효율성: 차용을 통해 ETH 를 판매할 필요 없이(과세 대상 이벤트) ETH 를 담보로 스테이블코인을 대출받아 사용할 수 있습니다. 이를 통해 필요한 현금 흐름을 확보하고 ETH 를 유지할 수 있습니다. 스테이블코인은 ETH 처럼 가치가 변동하지 않기 때문에 현금이 필요할 때 훨씬 더 좋은 토큰입니다.

■ 암호화폐로 저축

암호화폐를 빌려줌으로써 이자를 받을 수 있고 실시간으로 자금이 늘어나는 것을 확인할 수 있습니다.

■ 무손실 복권

PoolTogether 와 같은 무손실 복권은 돈을 절약할 수 있는 재미있고 혁신적인 새로운 방법입니다.

- 100 다이 토큰을 사용하여 100 장의 티켓을 구매합니다.
- 귀하는 100 장의 티켓에 해당하는 100 plDai 를 받게 됩니다.
- 귀하의 티켓 중 하나가 우승자로 선정되면 귀하의 plDai 잔액은 상금 풀 금액만큼 증가합니다.
- 이기지 못하면 100 plDai 가 다음 주 추첨으로 이월됩니다.
- 귀하는 언제든지 귀하의 plDai 잔액과 동일한 양의 일반 Dai 를 인출할 수 있습니다.

■ 토큰 교환

이더리움 계열에에는 수천 개 종류의 토큰이 있습니다. 분산형 거래소(DEX)를 사용하면 원할 때마다 다양한 토큰을 거래할 수 있습니다. 디파이 토큰 거래는 언제 어디서나 할 수 있습니다. 시장은 1 년 365 일 24 시간 운영되며, 유동성 측면에서도 항상 거래를 수락할 사람이 있음을 보장합니다.

■ 포트폴리오를 성장

이더리움에는 개인이 선택한 전략을 기반으로 포트폴리오를 성장시키려는 자금 관리 디앱이 있습니다. 이는 자동으로 모든 사람에게 공개되며, 귀하의 이익을 일부 가져가는 인간 관리자가 필요하지 않습니다. 좋은 예가 DeFi Pulse Index Fund(DPI)입니다. 이는 개인의 포트폴리오에 항상 시가총액 기준으로 최고의 디파이 토큰이 포함되도록 자동으로 재조정하는 펀드입니다. 세부 사항을 관리할 필요가 없으며 원할 때 언제든지 펀드에서 인출할 수 있습니다.

■ 크라우드 펀딩에 이상적인 플랫폼

디파이를 이용하면 잠재적 자금 투자자가 세계 어디에서나 찾아올 수 있습니다. 이더리움과 그 토큰은 전 세계 어디에서나 누구에게나 열려 있습니다. 이는 투명하므로 모금자가 모금된 금액을 증명할 수 있습니다. 나중에 자금이 어떻게 지출되는지 추적할 수도 있습니다. 예를 들어 특정 마감일과 최소 금액이 충족되지 않은 경우 모금자는 자동 환불을 설정할 수 있습니다.

■ 보험

분산형 보험은 보험을 더 저렴하고, 더 빠르게 지불하며, 더 투명하게 만드는 것을 목표로 합니다. 더 많은 자동화를 통해 보장 범위는 더 저렴해지고 지불금은 훨씬 더 빨라집니다. 보험 가입자의 청구를 결정하는 데 사용되는 데이터는 완전히 투명합니다. 이에 대한 좋은 예는 가뭄과 홍수로부터 케냐의 소규모 자작농을 보호하는 것을 목표로 하는 Etherisc 의 '농작물 덮개'입니다. 분산형 보험은 종종 가격이 비싼 전통적인 보험보다 농부들에게 더 저렴한 보험을 제공할 수 있습니다.

디파이는 어떻게 작동하나요?

디파이는 암호화폐와 스마트 계약을 사용하여 중개자가 필요 없는 금융 서비스를 제공합니다. 오늘날의 금융 세계에서는 금융 기관이 거래 보증인 역할을 합니다. 고객의 자금이 기관을 통해 흐르기 때문에 이는 이러한 기관에 엄청난 힘을 부여합니다. 게다가 전 세계 수십억 명의 사람들이 은행 계좌에 접근조차 할 수 없습니다. 디파이에서는 프로그램 코드인 스마트 계약이 거래에서 금융 기관을 대체합니다. 스마트 계약은 자금을 보유하고 특정 조건에 따라 송금/환불할 수 있는 일종의 이더리움 계정입니다. 스마트 계약이 활성화되면 누구도 변경할 수 없습니다. 항상 프로그래밍된 대로 실행됩니다.

이더리움과 디파이

이더리움은 다음과 같은 여러 가지 이유로 디파이의 선두 주자입니다. 누구도 이더리움이나 그에 따른 스마트 계약을 통제하지 않습니다. 이는 모든 사람에게 디파이를 사용할 수 있는 기회를 제공합니다. 이는 또한 누구도 배포된 디파이의 규칙을 변경할 수 없음을 의미합니다. 디파이 디앱은 모두 이면에서 동일한 언어를 사용합니다. 이는 많은 디파이 관련 디앱이 원활하게 함께 작동한다는 것을 의미합니다. 하나의 플랫폼에서 토큰을 빌려주고 완전히 다른 애플리케이션을 통해 다른 시장에서 이자가 발생하는 토큰을 교환할 수 있습니다.

토큰과 암호화폐는 공유 원장인 이더리움에 내장되어 있습니다. 거래와 소유권을 추적하는 것은 일종의 이더리움의 일입니다. 이더리움은 완전한 재정적 자유를 허용합니다. 대부분의 디파이 디앱은 사용자의 자금을 관리하지 않으므로 사용자 자신만이 자금을 통제할 수 있습니다. 디파이의 구조는 다음 4 가지로 이루어집니다.

- 블록체인 – 이더리움에는 거래 내역과 계정 상태가 포함됩니다.
- 자산 – ETH 및 스테이블 코인인 다이와 같은 기타 토큰이 있습니다.
- 프로토콜 -예를 들어 자산의 분산 대출을 허용하는 서비스와 같은 기능을 제공합니다.
- 디앱 – 프로토콜을 관리하고 액세스하는 데 사용하는 분산 어플리케이션입니다.

디파이 서비스를 제공하는 디앱은 아직 초기 단계이지만 아래에 설명하는 주요 디파이 디앱이 이미 배포되어 있습니다.

■ 스테이블코인과 분산형 준비금 은행: 메이커다오(MakerDAO)

메이커는 다이 (DAI) 스테이블코인이 미국 달러에 고정되어 있고 암호화폐 형태의 담보로 뒷받침되는 스테이블코인 프로젝트입니다. 스테이블코인은 비트코인이나 이더리움과 같은 "전통적인" 암호화폐에서 볼 수 있는 변동성의 단점 없이 암호화폐의 프로그래밍 가능성을 제공합니다. 메이커 오아시스 디앱에서 자신만의 다이 스테이블 코인을 만들어 볼 수 있습니다. 메이커는 단순한 스테이블 코인 프로젝트 그 이상입니다. 이는 분산형 준비금 은행이 되기를 열망합니다. 별도로 관련 토큰인 메이커를 보유한 사람들은 안정화 수수료와 같은 중요한 결정에 투표할 수 있습니다. 다른 아키텍처를 가진 또 다른 스테이블 코인은 USD 코인 (USDC) 입니다. 여기서 모든 USDC 토큰은 감사된 은행 계좌에 보관된 1 달러로 보장됩니다.

■ 빌리고 빌려주기: 컴파운드, Aave 그리고 dYdX

블록체인 기반 차용 및 대출 디앱은 암호화폐를 빌려주고 이자를 얻을 수 있게 합니다. 아니면 임대료를 지불하거나 식료품을 구입하기 위해 돈이 필요하지만 자금이 암호화폐 투자에 묶여 있습니까? 암호화폐를 담보로 컴파운드 스마트 계약에 예치하고 빌릴 수 있습니다. 복합 계약은 차용자와 대출자를 자동으로 연결하고 수요와 공급에 따라 이자율을 동적으로 조정합니다. 다른 인기 있는 차용/대출 디앱으로는 Aave 및 dYdX 가 있습니다.

■ 자동 토큰 교환: Uniswap

Uniswap 은 전적으로 스마트 계약으로 운영되는 암호화폐 거래소로, 지갑에서 직접 인기 있는 토큰을 거래할 수 있습니다. 이는 귀하의 암호화폐를 보관하려고 개인 키를 보유하는 Coinbase 와 같은 거래소와는 다릅니다. Uniswap 은 자동 시장 만들기라는 혁신적인 메커니즘을 사용하여 시장 가격에 가까운 거래를 자동으로 정산합니다. 거래 외에도 모든 사용자는 Uniswap 계약에 암호화폐를 공급하고 교환 수수료의 일부를 얻음으로써 유동성 공급자가 될 수 있습니다.

■ 예측 시장: Augur

Augur 는 분산형 예측 시장 프로토콜입니다. Augur 를 사용하면 이벤트의 예측되는 결과에 자금을 걸고 베팅할 수 있습니다. 정확히 예측한 경우에 보상이 주어지며 잘못 예측하면 손해가 가도록 하여 사람들이 예측을 신중하게 하기 때문에 예측의 정확성을 높일 수 있다는 아이디어입니다. Augur 및 Guesser 와 같은 예측 시장 플랫폼은 초기 단계이지만 사용자가 대중의 지혜를 활용하여 더 나은 예측을 할 수 있는 미래에 대한 전망을 제공합니다.

■ 합성 자산: Synthetix

Synthetix 는 사용자가 금, 은, 암호화폐 및 유로와 같은 전통 통화와 같은 자산의 합성 버전을 생성하고 교환할 수 있는 플랫폼입니다. 합성 자산은 Synthetix 계약에 고정된 초과 담보로 뒷받침됩니다.

디파이의 전망은 어떻습니까?

돈과 금융은 인류 문명이 시작된 이래로 어떤 형태로든 존재해 왔습니다. 암호화폐는 최신 이 생태계에 진입하고 있는 디지털 아바타일 뿐입니다. 앞으로 몇 년 안에 우리는 오늘날의 법정화폐 시스템에서 사용하는 모든 금융 서비스가 암호화폐 생태계를 위해 재구축되는 것을 보게 될 것입니다. 우리는 이미 암호화폐를 위해 구축된 자산 발행 및 교환, 차용, 대출, 보관 및 파생상품을 살펴보았습니다. 개방형 금융 시스템에서 마법 같은 일이 일어나고 있습니다. 암호화폐는 돈을 온라인으로 가져오고 있으며, 우리는 돈의 기능과 관련해 가능한 일이 비약적으로 발전하는 것을 보고 있습니다. 완전히 새로운 산업이 처음부터 꽃피우는 모습을 볼 수 있는 흔치 않은 시대입니다. 디파이 공간은 처음에는 오늘날의 금융 서비스 산업을 따라잡을 것입니다. 그러나 시간이 지나면서 코드를 작성할 수 있는 누구에게나 금융 서비스 구축 권한이 민주화되면 어떤 혁신이 일어날지 짐작조차 하기 어렵습니다.

41. 스테이블 코인과 디파이

메이커다오(MAKERDAO)는 2015 년에 시작된 탈중앙화 자율 조직(DAO)으로, 이더리움 블록체인을 기반으로 다이(DAI) 스테이블코인을 생성하는 프로토콜을 개발했습니다. 2017 년 첫 백서 발표 이후, 다양한 담보 자산을 지원하도록 시스템을 업그레이드하여 2019 년에 다중 담보 다이를 출시했습니다. 메이커 프로토콜은 MKR 토큰 보유자의 투표로 관리되며, 투표는 주요 매개변수와 거버넌스 결정을 다룹니다. 다이는 미국 달러에 소프트 페깅된 스테이블코인으로, 교환 매개체, 가치 저장 수단, 계정 단위 등 돈의 기능을 제공하도록 설계되었습니다. MKR 보유자들은 담보 자산의 위험 매개변수 설정, 다이 저축률 수정, 오라클 피드 선택 등 다양한 거버넌스 활동에 참여합니다.

메이커다오(MakerDAO) 프로젝트의 시작

2017 년 12 월, 최초의 메이커다오(MakerDAO) 공식 백서가 발간되어 오리지널 다이 스테이블코인 시스템을 소개했습니다. 이 백서는 누구나 CDP(Collateralized Debt Positions)로 알려진 고유한 스마트 계약을 통해 이더리움(ETH)을 담보로 활용하여 해당 시스템을 사용하여 다이를 생성할 수 있는 방법을 설명했습니다. 메이커다오(MakerDAO)는 이더리움 블록체인의 오픈 소스 프로젝트이자 2014 년에 만들어진 탈중앙화 자율 조직(DAO: Decentralized Autonomous Organization)입니다. 이 프로젝트는 거버넌스 토큰인 MKR 을 보유한 전 세계 사람들에 의해 관리됩니다. 집행 투표 및 거버넌스 투표를 포함하는 과학적 거버넌스 시스템을 통해 MKR 보유자는 메이커 프로토콜과 다이의 재정적 위험을 관리하여 안정성, 투명성 및 효율성을 보장합니다. MKR 투표 가중치는 투표권이 있는 계약 (메이커 거버넌스 계약인 DSChief)에 대한 MKR 지분의 양에 비례합니다. 즉, 스마트 계약에 더 많은 MKR 토큰이 잠겨 있을수록 투표자의 의사 결정권이 커집니다. 2017 년 백서 당시 ETH가 시스템에서 허용되는 유일한 담보 자산이라는 점을 감안할 때, 생성된 다이는 단일 담보 다이(SCD)라고 불렸습니다. 이 백서에는 ETH 외에도 여러 담보 자산 유형을 지원하도록 시스템을 업그레이드하는 계획도 포함되어 있습니다. 2019 년 11 월, 당시의 의도는 현실이 되었습니다. 오늘날 메이커 프로토콜(Maker Protocol)이라고 불리는 다이 스테이블코인 시스템은 이제 MKR 보유자가 승인한 모든 이더리움 기반 자산을 담보로 받으며, MKR 보유자는 각 담보 자산에 대한 해당 위험 매개변수에 대해서도 투표합니다. 투표는 메이커(Maker)의 탈중앙화 거버넌스 프로세스의 중요한 구성 요소입니다.

이더리움 블록체인의 Dapp: 메이커 프로토콜(Maker Protocol)

사용자는 이더리움 블록체인을 기반으로 구축된 메이커 프로토콜(Maker Protocol)을 통해 스테이블 코인인 다이를 만들 수 있습니다. 메이커 프로토콜의 현재 구성 요소는 다이 스테이블 코인, 메이커 담보 금고, 오라클 및 투표입니다.

메이커다오(MakerDAO)는 MKR 보유자의 투표권을 통해 주요 매개변수(예: 안정화 수수료, 담보 유형/금리 등)를 결정하여 메이커 프로토콜을 관리합니다. 이더리움 블록체인에서 가장 큰 탈중앙화 애플리케이션(dapp) 중 하나인 메이커 프로토콜(Maker Protocol)은 상당한 채택을 얻은 최초의 탈중앙화 금융(DeFi) 애플리케이션이었습니다.

비트코인은 중앙 집중식 금융 시스템에 대한 대중의 불만과 불신을 완화할 수 있는 기회를 제공하는 목표를 염두에 두고 만들어졌습니다. 그러나 비트코인은 여러 수준에서 암호화폐로 성공했지만 고정된 공급량과 투기적 특성으로 인해 변동성이 발생하여 주류 화폐로 확산되지 못하기 때문에 교환 매체로서 이상적이지 않습니다. 반면에 다이 스테이블 코인은 비트코인이 실패하는 지점에서 해결 방안을 제공하는데, 이는 다이가 가격 변동성을 최소화하도록 설계되었기 때문입니다. 미국 달러에 소프트 페깅된 분산형, 편향되지 않은 담보 지원 암호화폐인 다이의 가치는 안정성에 있습니다.

2017 년 단일 담보 다이가 출시된 이후 스테이블 코인의 사용자 채택이 급격히 증가했으며 디파이(탈중앙화 금융) 운동을 확장하는 데 도움이 되는 탈중앙화 애플리케이션의 빌딩 블록이 되었습니다. 다이의 성공은 스테이블코인에 대한 광범위한 산업 움직임의 일환으로, 스테이블코인은 가격 가치를 유지하고 돈처럼 기능하도록 설계된 암호화폐입니다.

메이커 프로토콜(The Maker Protocol)은 이더리움 블록체인에서 가장 큰 디앱 중 하나입니다. 메이커 재단(Maker Foundation) 내 개발자, 외부 파트너, 기타 개인 및 단체를 포함한 다양한 기여자 그룹이 설계한 이 애플리케이션은 상당한 채택을 보인 최초의 디파이 애플리케이션입니다. 메이커 프로토콜은 거버넌스 토큰인 MKR 을 보유한 전 세계 사람들에 의해 관리됩니다. 집행 투표 및 거버넌스 투표를 포함하는 과학적 거버넌스 시스템을 통해, MKR 보유자들은 프로토콜과 다이의 재정적 리스크를 관리하여 안정성, 투명성 및 효율성을 보장합니다. 의결권 계약에 예치된 MKR 토큰 1 개는 1 표와 같습니다.

다이 스테이블코인

다이 스테이블코인은 미국 달러에 소프트 페깅된 분산형, 편향되지 않은 담보로 사용할 수 있는 암호화폐입니다. 다이는 암호화폐 지갑 또는 플랫폼 내에 보관되며, 이더리움 및 기타 인기 있는 블록체인에서 지원됩니다. 다이는 생성, 접근, 사용이 쉽습니다. 사용자는 메이커 프로토콜 내의 메이커 볼트(Maker Vaults)에 담보 자산을 예치하여 다이를 생성합니다. 이것이 다이가 유통되는 방식이며, 사용자가 유동성에 접근하는 방식입니다. 또 다른 방법은 중개인이나 거래소에서 다이를 구매하거나 단순히 지불 수단으로 받아 다이를 얻습니다. 일단 생성, 구매 또는 수령되면, 다이는 다른 암호화폐와 동일한 방식으로 사용될 수 있습니다: 다른 사람에게 보낼 수 있고, 상품 및 서비스에 대한 지불로 사용할 수 있으며, 다이 저축률(DSR)이라고 하는 메이커 프로토콜의 기능을 통해 저축으로 보유할 수도 있습니다. 유통되는 모든 다이는 초과 담보에 의해 직접 뒷받침되며, 이는 담보의 가치가 다이 부채의 가치보다 높다는 것을 의미하며, 모든 다이 거래는 이더리움 블록체인에서 공개적으로 볼 수 있습니다.

다이의 어떤 속성이 화폐와 비슷하게 기능하나요?

일반적으로 돈에는 네 가지 기능이 있습니다.

- 가치 저장 공간
- 교환의 매개체
- 계정 단위
- 후불의 기준

다이는 이러한 기능을 제공하도록 설계된 속성과 사용 사례를 가지고 있습니다.

■ 가치 저장 수단으로서의 다이

가치 저장 수단은 시간이 지남에 따라 상당한 감가상각 없이 가치를 유지하는 자산입니다. 다이는 스테이블 코인이기 때문에 변동성이 큰 시장에서도 가치 저장 수단으로 기능하도록 설계되었습니다.

■ 교환의 매개체로서의 다이

교환 매체는 가치의 표준을 나타내며 상품이나 서비스의 판매, 구매 또는 교환(거래)을 촉진하는 데 사용되는 모든 것입니다. 다이 스테이블코인은 전 세계에서 모든 유형의 거래 목적으로 사용됩니다.

■ 계정 단위로서의 다이

계정 단위는 상품 및 서비스의 가격을 책정하는 데 사용되는 가치의 표준화된 측정입니다(예: USD, EUR, YEN). 현재 다이의 목표주가는 1USD (1 Dai = 1 USD)입니다. 다이는 오프체인 세계에서 가치의 표준 측정으로 사용되지는 않지만, 메이커 프로토콜과 일부 블록체인 디앱 내에서 계정 단위로 기능하며, 메이커 프로토콜의 회계 또는 dapp 서비스의 가격 책정은 USD 와 같은 법정 화폐가 아닌 다이로 이루어집니다.

■ 후불의 기준으로서의 다이

다이는 메이커 프로토콜 내에서 채무를 청산하는 데 사용됩니다(예: 사용자는 다이를 사용하여 안정화 수수료를 지불하고 볼트를 폐쇄합니다). 이러한 이점은 다이를 다른 스테이블코인과 구분합니다.

담보 자산

다이는 메이커 프로토콜의 메이커 볼트(Maker Vaults)에 예치된 담보 자산을 통해 생성, 지원 및 안정적으로 유지됩니다. 담보 자산은 MKR 보유자가 의정서에서 디지털 자산으로 인정하도록 투표로 결정된 자산입니다. 다이를 생성하기 위해 메이커 프로토콜은 MKR 보유자가 승인한 이더리움 기반 자산을 담보로 받습니다.

MKR 보유자는 또한 승인된 각 담보에 대해 가격이 하락할 때와 같이 해당 특정 위험 매개변수를 승인해야 합니다(예: 안정적인 자산은 더 관대한 위험 매개변수를 얻을 수 있는 반면, 더 위험한 자산은 더 엄격한 위험 매개변수를 얻을 수 있음). MKR 보유자의 이러한 결정과 기타 결정은 메이커 탈중앙화 거버넌스 프로세스를 통해 이루어집니다.

승인된 모든 담보 자산 (현재 ETH, BAT, wBTC, USDC-A, USDC-B 또는 TUSD)은 메이커 볼트라고 불리는 스마트 계약을 통해 메이커 프로토콜에서 다이를 생성하는데 활용될 수 있습니다. 볼트는 본질적으로 비수탁형입니다: 사용자는 볼트 및 메이커 프로토콜과 직접 상호 작용하며, 각 사용자는 해당 담보의 가치가 필요한 최소 수준(청산 비율, 아래에서 자세히 설명) 아래로 떨어지지 않는 한 예치된 담보에 대해 완전하고 독립적인 통제권을 갖습니다.

최소 필수 해당 비율이 언제든지 위반되면 볼트는 자동으로 청산됩니다. 메이커 프로토콜에 모든 미결제 부채의 가치(목표 가격으로 평가된 다이 미결제 금액)를 충당할 수 있는 충분한 담보가 항상 존재하도록 하기 위해, 너무 위험하다고 판단되는 메이커 볼트(메이커 거버넌스가 설정한 매개변수에 따라)는 자동화된 메이커 프로토콜이 주도하는 경매를 통해 청산됩니다. 프로토콜은 청산 비율을 볼트의 현재 담보 대 부채 비율과 비교한 후 결정을 내립니다. 각 볼트 유형에는 고유한 청산 비율이 있으며, 각 비율은 특정 담보 자산 유형의 위험 프로필을 기반으로 MKR 유권자에 의해 결정됩니다.

볼트가 청산되고 그 내용은 경매에 부쳐 지게 되는 메이커 프로토콜의 경매 메커니즘은 담보에 대한 가격 정보를 사용할 수 없는 경우에도 시스템이 볼트를 청산할 수 있도록 합니다. 청산 시점에서, 메이커 프로토콜은 청산된 볼트 담보를 가져와서 내부 시장 기반 경매 메커니즘을 사용하여 판매합니다. 이것은 담보 경매입니다. 담보 경매를 통해 받은 다이는 특정 볼트 담보 유형에 대해 MKR 유권자가 정한 청산 위약금 지불을 포함하여 볼트의 미지급 채무를 충당하는 데 사용됩니다. 담보 경매에서 충분한 다이가 입찰되어 볼트 채무와 청산 페널티를 모두 충당할 수 있을 만큼의 다이가 경매에 부쳐지면, 해당 경매는 가능한 한 적은 담보를 판매하기 위해 역 담보 경매로 전환됩니다. 남은 담보는 원래 볼트 소유자에게 반환됩니다. 담보 경매가 볼트의 미지급 채무를 충당하기에 충분한 다이를 조달하지 못하면 적자는 프로토콜 부채로 전환됩니다. 프로토콜 부채는 메이커 버퍼(Maker Buffer)의 다이에 의해 충당됩니다. 버퍼에 다이가 충분하지 않은 경우, 프로토콜은 채권 경매를 트리거합니다. 채권 경매가 진행되는 동안, 발행 시스템을 통하여 MKR 이 발행되고(유통되는 MKR 의 양을 증가시킴), 발행된 MKR 은 다이를 확보하기 위해 입찰자에게 판매됩니다. 담보 경매를 통한 다이 수익금은 메이커 버퍼(Maker Buffer)로 들어가며, 이는 향후 발견되지 않은 담보 경매와 다이 예금 금리(Dai Savings Rate)의 발생으로 인해 발생할 수 있는 MKR 전체 공급량 증가에 대한 완충 역할을 합니다.

다이가 경매를 통해 수익금을 회수하고 안정화 수수료 지급액이 메이커 버퍼 한도(메이커 거버넌스가 설정한 숫자)를 초과하는 경우, 잉여 경매를 통해 판매됩니다. 잉여 경매에서 입찰자들은 고정된 금액의 다이를 받기 위해 더 많은 양의 MKR 을 입찰하여 경쟁합니다. 잉여 경매가 종료되면 메이커 프로토콜은 수집된 MKR 을 자율적으로 파기하여 총 MKR 공급량을 줄입니다.

주요 외부 행위자

스마트 계약 인프라 외에도 메이커 프로토콜은 운영을 유지하기 위한 주요 외부 행위자에는 가격 오라클과 메이커 커뮤니티 구성원(Maker community members)이 있습니다. 메이커 프로토콜은 청산을 언제 시작할지 알기 위해 메이커 볼트에 있는 담보 자산의 시장 가격에 대한 실시간 정보를 필요로 합니다. 프로토콜은 오라클 피드(Oracle Feeds)라고 하는 광범위한 개별 노드로 구성된 분산형 오라클 인프라에서 내부 담보 가격을 도출합니다. 대부분의 오라클을 장악하려는 공격자로부터 시스템을 보호하기 위해 메이커 프로토콜은 오라클에서 직접 가격 입력을 받지 않고 OSM(Oracle Security Module)을 통해 가격 입력을 받습니다.

오라클과 프로토콜 사이의 방어 계층인 OSM 은 가격 책정을 1 시간 지연시켜 긴급 오라클 또는 메이커 거버넌스 투표를 통해 오라클이 손상될 경우 오라클을 동결할 수 있도록 합니다. 긴급 오라클 및 가격 지연 기간에 대한 결정은 MKR 보유자가 내립니다.

메이커 프로토콜의 거버넌스 토큰인 MKR 토큰을 보유한 사람들은 메이커 프로토콜의 변경 사항에 대해 투표할 수 있습니다. MKR 보유자뿐만 아니라 누구나 MKR 투표 제안서를 제출할 수 있습니다. 실제로 메이커 거버넌스 프로세스에는 제안 투표와 집행 투표가 포함됩니다. 제안 투표는 집행 투표가 실시되기 전에 커뮤니티 정서에 대한 대략적인 합의를 구축하기 위해 수행됩니다. 이는 거버넌스 결정이 투표 과정 자체에 앞서 충분히 고려되고 합의에 도달하도록 하는 데 도움이 됩니다. 집행 투표는 시스템 상태에 대한 변경을 승인(또는 승인하지 않음)하기 위해 개최됩니다. 집행 투표의 예로는 새로 승인된 담보 유형에 대한 위험 매개변수를 비준하기 위한 투표가 있을 수 있습니다. MKR 보유자는 다음과 같은 투표를 할 수 있습니다.

- 고유한 위험 매개변수 집합이 있는 새 담보 자산 유형을 추가합니다.
- 하나 이상의 기존 담보 자산 유형의 위험 매개변수를 변경하거나 하나 이상의 기존 담보 자산 유형에 새 위험 매개변수를 추가합니다.
- 다이 저축률(Dai Savings Rate)을 수정합니다.
- Oracle 피드 집합을 선택합니다.
- 긴급 오라클 세트를 선택합니다.
- 비상 정지를 트리거합니다.
- 시스템을 업그레이드합니다.

42. 탈중앙화 거래소 (DEX)와 중앙 집중식 거래소 (CEX)

탈중앙화 거래소(DEX)는 중개자 없이 블록체인 기반 스마트 계약을 사용해 직접 토큰을 거래하는 플랫폼입니다. 중앙 집중식 거래소(CEX)와 달리 DEX 는 유동성 부족, 느린 거래 속도, 높은 비용 등의 문제를 겪습니다. 이를 해결하기 위해 DEX 는 가격 정보 오라클과 자동화된 시장 조성자(AMM) 시스템을 사용합니다. 유동성 풀을 통해 자산의 효율적인 가격을 유지하고, 유동성 공급자는 거래 수수료를 통해 보상받습니다. DEX 는 CEX 와 비교해 투명하고 개방적이지만, 여전히 많은 과제를 안고 있습니다.

DEX(탈중앙화 거래소)란 무엇입니까?

거래는 은행, 어음 교환소, 시장 조성자, 중개 서비스 등과 같은 전통적인 중앙 집중식 기관에 의해 관리되어 온 금융 시장의 핵심 기능입니다. 이러한 중앙 집중식 기관은 대규모 거래를 효율적이고 저렴한 비용으로 촉진할 수 있지만 거래 수수료에서 발생하는 경제적 가치의 대부분을 축적하고 거래를 검열할 수 있는 권한을 갖습니다. 또한 지불이나 이체 시스템을 사용하여 관련 계좌를 조정하려면 여러 중앙 집중식 은행의 조정이 필요한 경우가 많기 때문에 거래 정산을 완료하는 데 며칠이 걸릴 수 있습니다. 그런데 DEX 는 블록체인 기술을 기반으로 하며 중개자를 포함하지 않는 개방적이고 무허가형 대안을 제시합니다. 대신, DEX 를 사용하면 거래자는 스마트 계약을 사용하여 개인간 직접 거래로 토큰을 이체 또는 교환할 수 있습니다.

탈중앙화 거래소의 초기 도전

DEX가 처음 출시된 2017년과 2018년에는 구매자와 판매자가 주문을 이행하기 위해 유동성을 확보하는 데 큰 어려움을 겪었습니다. 유동성은 개인이나 회사가 시장 가격에 큰 영향을 주지 않고 자산을 얼마나 빨리 사고 팔 수 있는지를 나타냅니다. 또한 DEX 는 적시에 효율적인 방식으로 그리고 중앙화된 거래소에서 동일한 코인 거래를 반영하는 가격으로 거래를 완료하기 위해 구매자와 판매자 간의 주문을 일치시키는 데 어려움을 겪었습니다.

전통적인 금융 시스템인 중앙 집중식 거래소 (CEX)에서는 구매자가 해당 증권에 대해 지불하려는 최고 가격과 판매자가 해당 증권을 판매하려는 최저 가격을 일치시키기 위해 주문장 매칭 서비스를 사용합니다. 구매자와 판매자 모두 '시장 가격'으로 주문을 체결할 수도 있습니다. 이는 단순히 증권이 거래된 가장 최근 가격을 의미합니다. CEX 는 시장에 유동성을 제공하고 거래 상대방에 '시장을 만들 만큼 충분한 구매자 또는 판매자가 없을 때 증권의 구매자 또는 판매자 역할을 하는 기관인 시장 조성자'에 의존합니다. 시장 조성자는 다양한 유가증권의 가격을 이해한 다음 판매자로부터 특정 가격으로 유가증권을 구매하겠다고 제안하고 곧 더 높은 가격에 이를 매도할 수 있을 것이라고 예상함으로써 이에 대한 보상을 받습니다. 주문장 매칭 엔진은 초당 수백만 건의 거래를 처리하기 위해 빠르고 확장성이 뛰어난 인프라가 필요합니다. 마찬가지로, 시장 조성자들은 이익을 위해 활용할 수 있는 증권 가격의 비효율성을 식별하기 위해 빠른 거래 인프라에 의존합니다. 주문장 매칭 엔진과 시장 조성자는 개인과 기관이 증권을 거래할 수 있는 질서 있고 효율적인 시장을 촉진하는 데 도움을 줍니다. 이와 대조적으로 DEX 는 블록체인에서 작동하며 거래를 확인하려면 블록체인 네트워크 노드의 합의가 필요합니다. 이로 인해 때때로 거래 실행 시 CEX 보다 속도가 느리고 비용이 더 많이 들 수 있습니다.

DEX 의 구성요소

■ 가격 정보 오라클

DEX 가 정확한 가격 판독값을 얻을 수 있게 한 최초의 솔루션 중 하나는 스마트 계약 오라클의 개발이었습니다. 오라클은 본질적으로 정확하고 실시간에 가까운 정보를 기반으로 계약이 실행되도록 돕기 위해 다양한 온체인 또는 오프체인 소스로부터 외부 데이터를 수신하고 이를 스마트 계약에 제공하는 분산형 프로토콜입니다. 비트코인 네트워크의 노드가 거래의 유효성과 원장의 상태에 대한 합의를 달성하기 위해 조정하는 방법과 유사하게, 오라클 노드는 다양한 소스에서 제공되는 외부 데이터의 정확성에 대한 합의를 달성하기 위해 조정합니다. 분산형 암호화폐 거래소는 오라클을 사용하여 다른 DEX 및 CEX 에서 거래되는 암호화폐 가격에 대한 스마트 계약 데이터를 제공합니다. 이 데이터는 더 정확하고 최신 버전의 가격이 반영될 수 있도록 함께 모아지고 집계됩니다. 가장 인기 있는 오라클 네트워크는 체인링크(ChainLink)입니다. 이런 방식의 정확한 가격 판독은 확실히 DEX 사용을 향상시키겠지만 유동성 부족에 대한 큰 문제는 여전히 존재합니다. 이는 DEX 사용자가 가장 정확한 가격이 아닌 충분한 유동성이 있는 가격을 기준으로 디지털 자산을 구매해야 한다는 것을 의미합니다. 유동성이 높은 거래소에서는 현재 거래 가격보다 높을 수 있는 경우가 많습니다.

■ 자동화된 시장 조성자

유동성 부족 문제를 해결하기 위해 UniSwap 및 Curve와 같은 DEX는 자동화된 시장 조성자 (AMM: automated market maker)을 도입했습니다. 자동화된 시장 조성자는 유동성 풀을 활용하여 자산의 효율적인 가격을 유지하면서 분산화되고 무허가 방식으로 토큰을 거래할 수 있도록 하는 시스템입니다.

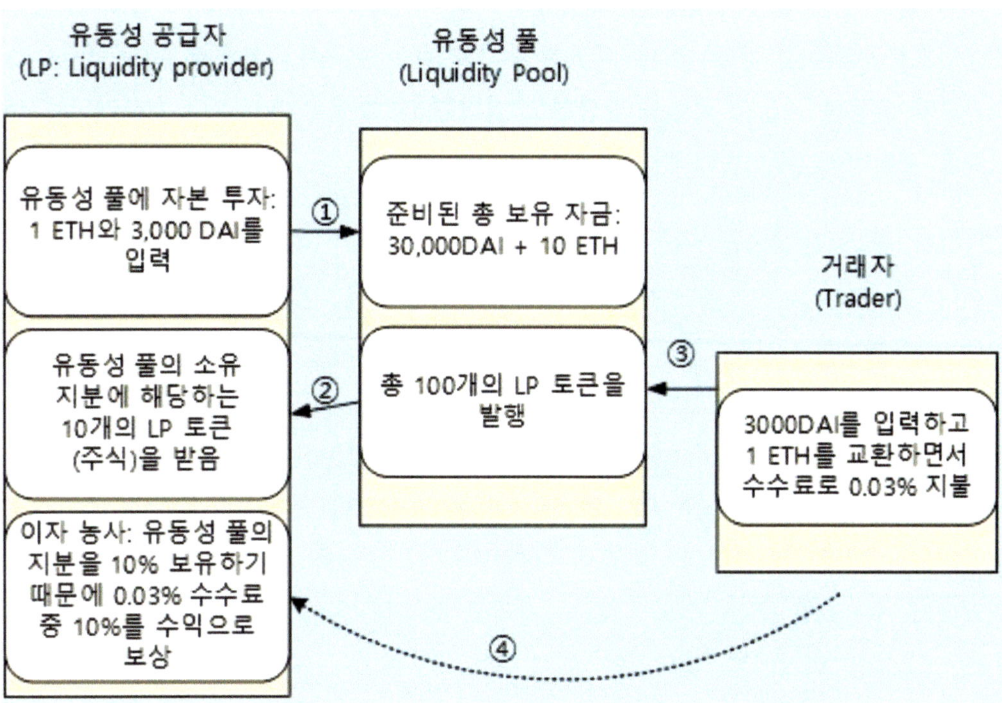

유동성 풀은 스마트 계약으로 관리되는 자본 풀입니다. 풀에는 종종 교환하려는 거래 쌍으로 사용되는 두 개의 토큰이 포함됩니다. 일반적인 DEX에서는 사용자가 다른 사람이 거래하려는 쌍의 각 토큰 중 하나를 입금하면 유동성 풀이 형성됩니다. 유동성 풀에 토큰 쌍을 입력하는 사용자를 유동성 공급자 또는 LP라고 합니다. LP는 기본적으로 유동성 풀의 소유권 지분을 나타내는 주식인 LP 토큰을 받습니다.

■ 유동성 풀

유동성 풀은 스마트 계약으로 관리되는 자본 풀입니다. 풀에는 종종 교환하려는 거래 쌍으로 사용되는 두 개의 토큰이 포함됩니다. 일반적인 DEX 에서는 사용자가 다른 사람이 거래하려는 쌍의 각 토큰 중 하나를 입금하면 유동성 풀이 형성됩니다. 예를 들어, ETH/DAI 거래 쌍에 대한 유동성 풀을 구성하려면 1 ETH 와 3,000 DAI 를 입력 (투자)하여 총 달러 가치 $6,000 를 입력하거나 2 ETH 와 6,000 DAI 를 입력하여 총 가치 $12,000 를 입력하면 됩니다.

유동성 풀에 토큰 쌍을 입력하는 사용자를 유동성 공급자 또는 LP 라고 합니다. LP 는 기본적으로 유동성 풀의 소유권 지분을 나타내는 주식인 LP 토큰을 받습니다. 사용자가 유동성 공급자 역할을 중단하고 싶다면 LP 토큰을 판매하여 처음에 넣었던 토큰을 돌려받을 수 있습니다.

ETH/DAI 풀이 형성되면 다른 사용자는 유동성 풀에서 ETH 를 보내고 DAI 로 교환하거나 DAI 를 ETH 로 교환하여, ETH 또는 DAI 를 사고 팔 수 있습니다. 이런 일이 발생할 때마다 LP 는 풀과 디지털 자산을 교환하기 위해 외부 거래자가 지불하는 수수료로 보상받습니다. 수수료는 LP 토큰을 통해 유동성 공급자에 분배됩니다. 유동성 공급자는 유동성 풀에 기여한 자본의 양에 비례하여 보상을 받으며, 만약 투자한 ETH 와 DAI 가 유동성 풀의 10%를 차지하면 수수료의 10%를 투자 보상금으로 얻습니다. 디파이 공간에서는 토큰을 유동성 풀에 빌려주고 거래에서 수수료를 얻는 것을 이자 농사라고 합니다. 수수료는 일반적으로 거래당 0.3% 입니다. 여기에는 이더리움 블록 합의 노드에게 지불되는 가스 수수료가 포함되지 않습니다.

유동성 풀 내 토큰의 가격은 풀 내 각 토큰의 비율을 기준으로 각 자산의 가격을 조정하는 수학적 공식에 의해 결정되며, 이는 각 토큰의 공급과 수요에 영향을 받습니다. 예치된 Token A 수량 x 예치된 Token B 수량 = K, 여기서 K 는 유동성 풀의 상수 값으로, 각 토큰의 잔액에 관계없이 변하지 않음을 의미합니다. 예를 들어,

DAI 에 대한 수요가 더 많다면 이는 더 많은 사람들이 ETH 를 풀에 넣고 DAI 를 가져간다는 것을 의미합니다. 이로 인해 풀에서 ETH 공급이 증가함에 따라 ETH 가격이 하락하는 불균형이 발생합니다. 중앙화된 거래소에서 거래되는 ETH 가격에 비해, 공급으로 하락된 풀 내 ETH 가격의 불일치는 거래자가 활용할 수 있는 차익 거래 기회를 만듭니다. 이 기회를 보고 거래자들은 풀에 DAI 를 추가하고 ETH 를 빼내는데, 이는 궁극적으로 풀 내의 ETH 와 DAI 의 비율을 복원하여 가격이 다른 거래소에 반영된 것과 동일한 가격으로 돌아갈 수 있도록 합니다.

위에서 설명한 AMM 뿐만 아니라 오라클 네트워크를 통하여 스마트 계약에 가격을 피드하고, 거래자가 활용하는 차익 거래 기회 및 유동성 공급자 인센티브의 조합을 통해 [AMM + 오라클]은 분산형 거래소에서 효율적인 시장을 촉진하는 데 중요한 기능을 수행할 수 있습니다.

중앙집중식 거래소(CEX)의 장점과 단점

■ CEX 의 장점

- CEX 의 중요한 장점은 속도와 효율에서 나타납니다. 중앙집중식 거래소는 거래소가 전적으로 소유하거나 관리하는 중앙집중식 데이터베이스에서 실행됩니다. 이는 각 거래에 대한 합의에 도달하기 위해 다양한 독립 노드 간에 조정할 필요가 없음을 의미합니다. 하나의 중앙 시스템 내에서 모든 주문을 확인할 수 있는 기능을 통해 CEX 는 0.001 초 내에 거래를 실행할 수 있습니다.
- 운영 투명성 및 규정 준수가 잘 정의된 규제 프레임워크 내에서 운영된다는 것은 CEX 의 장점입니다.
- 중앙집중식 거래소가 제공하는 투명성과 규제 준수의 결과로 이러한 기관은 훨씬 더 많은 사용자를 유치할 수 있으며 이는 거래량과 유동성의 증가로 이어집니다.

- 규정을 준수하는 CEX 는 기존 은행 시스템에 연결하여 신용 카드나 은행 예금으로 암호화폐를 구매하려는 사용자에게 진입로를 제공할 수 있습니다.

■ CEX 의 단점

- 보안과 관련하여 중앙 집중식 거래소에는 단일 실패 지점이 있습니다. 이는 해킹으로 인해 사용자가 수백만 달러의 손실을 입을 수 있음을 의미합니다.
- CEX 는 사용자에게 자금 입금, 거래 및 인출을 위해 신원을 제공하고 KYC 인증을 거쳐야 합니다.
- 중앙화된 거래소는 정부 검열에 더 취약합니다. 거래소는 운영 라이센스를 취소하거나, 자금을 압수하거나, 사용자 및 자금에 대한 민감한 정보를 공개하도록 강요받을 수 있습니다.
- 경쟁력 있는 DEX 가 부족하여 바이낸스와 같은 중앙 집중식 거래소가 암호화폐 거래 시장을 장악하게 되었으며, 이는 앞서 설명한 CEX 의 취약점으로 인해 업계에 더 큰 위험을 초래합니다.

DEX 의 장점과 단점

■ DEX 의 장점

- 가명성: 분산형 거래소의 핵심 요소 중 하나는 가명성 (익명성)에 대한 강조입니다. DEX 를 사용하려면 Metamask 와 같은 자체 관리형 지갑을 사용하여 로그인하면 됩니다. 시간이 많이 걸리거나 비용이 많이 드는 KYC 인증 프로세스가 필요하지 않습니다.
- 보안: DEX 는 분산 노드 네트워크에 의해 운영됩니다. 즉, 단일 실패 지점이 없으며 합의/기본 계층에서 악용될 가능성이 훨씬 적습니다.
- 검열 저항: DEX 는 모든 노드들로 이루어진 분산 시스템에서 운영됩니다. DEX 는 한 주체가 소유하지 않고 단일 위치에서 운영되지 않기 때문에 검열하기가 훨씬 어렵습니다.

■ DEX 의 단점

- 속도와 효율성: DEX 는 여러 노드로 이루어진 합의 방식 기반 분산시스템 위에서 실행됩니다. 이는 특히 네트워크 트래픽이 많은 시간 동안 거래 주문을 실행하는 데 시간이 더 오래 걸릴 수 있음을 의미합니다.
- 확장성: 영지식 롤업과 같은 레이어 2 솔루션을 통해 현물 추적 DEX 가 더 빠르고 저렴해질 수 있었지만, 특히 아주 빈번하게 발생하는 거래의 경우 훨씬 낮은 비용으로 훨씬 더 빠른 거래 처리가 필요한 파생 상품 거래의 경우 여전히 해결해야 할 과제가 상당히 남아 있습니다.
- 지원: 고객 지원은 모든 온라인 플랫폼에 필요하고 매우 가치 있는 특성입니다. 그러나 분산형 거래소의 경우 중앙 운영팀이 없기 때문에 거래자가 규제된 중앙형 거래소와 동일한 수준의 지원을 받을 가능성이 적습니다.
- 현재 분산형 거래소가 직면하고 있는 가장 큰 장벽은 법정화폐를 암호화폐로 바꾸는 초기 진입 단계가 너무 불편하다는 것입니다.

43. 인기 있는 탈중앙화 거래소 UNISWAP

유니스왑(UNISWAP)은 이더리움 및 기타 블록체인에서 암호화폐 토큰을 교환할 수 있는 탈중앙화 거래소입니다. 자동화된 시장 조성자(AMM) 시스템을 사용하여 유동성 풀의 자산 공급을 기반으로 가격을 결정하며, 중앙 집중식 중개인 없이 사용자 간의 토큰 스왑을 허용합니다. 유니스왑은 유동성 공급자(LP)가 풀에 자산을 예치하고 거래 수수료를 얻는 구조로 운영됩니다. 2018 년 HAYDEN ADAMS 에 의해 출시된 유니스왑은 현재 다양한 블록체인에서 사용되고 있으며, UNI 토큰을 통해 거버넌스를 관리합니다. 유니스왑은 거래 투명성과 접근성을 높이며, 거래 수수료는 네트워크 및 유동성 제공자 수수료로 구성됩니다.

유니스왑 (Uniswap)이란 무엇입니까?

Uniswap 프로토콜은 이더리움 및 기타 인기 있는 블록체인에서 암호화폐 토큰을 교환하는 최대 규모의 분산형 거래소입니다. 누구나 모든 블록체인에 Uniswap 프로토콜 계약을 배포할 수 있습니다. Uniswap 프로토콜은 이미 이더리움, 폴리곤, 알비트럼, 옵티미즘, 바이넌스 스마트 체인 및 Celo 와 같은 여러 블록체인에 있습니다. 2018 년에 출시된 이 분산형 거래소는 세계 최대이자 가장 인기 있는 탈중앙화 거래소입니다. 현재 Uniswap 프로토콜은 총 가치 고정(TVL)이 40 억 달러가 넘는 이더리움에서 다섯 번째로 큰 애플리케이션입니다.

Hayden Adams 는 2018 년에 Uniswap 프로토콜을 만들었고 나중에 암호화폐 토큰 및 NFT 와 같은 온체인 디지털 자산을 위한 최대 시장을 구축한 Uniswap Labs 를 설립했습니다. Uniswap Lab 의 도구 모음에는 다음이 포함됩니다.

- Uniswap 웹 앱: Uniswap 프로토콜에서 스왑하는 가장 인기 있는 방법
- Uniswap 앱: 암호화폐를 구매, 전송, 교환하고 NFT 를 탐색할 수 있는 모바일 앱
- Uniswap NFT 수집기: NFT 를 더 나은 가격에 탐색, 구매 및 판매할 수 있는 마켓플레이스

단일 법인이나 회사가 Uniswap 프로토콜을 통제하지 않습니다. 이는 UNI 토큰 보유자가 관리하고 Uniswap 재단이 일정 부분 관여합니다.

유니스왑 프로토콜이란 무엇입니까?

Uniswap 프로토콜은 이더리움 블록체인에서 암호화폐를 교환하기 위한 분산형 시장입니다. 이는 지속적이고 업그레이드할 수 없는 스마트 계약 세트로 존재합니다. 이는 누구도 코드베이스를 제어하지 않는다는 것을 의미합니다. Uniswap 프로토콜의 코드는 변경되거나 수정될 수 없으며 Uniswap Labs 가 내일 사라지더라도 블록체인이 작동하는 한 실행됩니다.

사람들은 주로 두 가지 이유로 Uniswap 프로토콜을 사용합니다.

- 교환: Uniswap 프로토콜은 분산형 거래소(DEX)입니다. 기존 거래소와 달리 분산형 거래소는 제 3 자가 거래를 촉진하거나 자금을 통제하지 않고도 사용자가 토큰을 교환할 수 있다는 점에서 독특합니다. Uniswap 에서의 스왑은 완전히 자체 관리됩니다. 즉, 개인 사용자가 항상 자산에 대한 통제권을 유지하며 제3자가 귀하의 자금을 가져가거나 오용할 수 없습니다.
- 유동성 제공: 유동성은 거래할 수 있는 자산의 양을 나타냅니다. Uniswap 프로토콜은 유동성을 공급하기 위해 제 3 자에 의존합니다. 이러한 유동성 공급자(LP)는 스와퍼가 거래할 수 있는 특정 토큰 쌍에 유동성을 제공하기 위해 토큰을 유동성 풀에 예치하는 사용자입니다. 유동성을 제공하는 대가로 LP 는 풀에서 발생하는 거래 수수료를 얻습니다. 누구나 유동성 공급자가 될 수 있으며 이는 금융 시장 참여에 있어 획기적인 변화입니다.

Uniswap 프로토콜은 오픈 소스 이므로 누구나 코드를 공개적으로 볼 수 있습니다.

유니스왑은 어떻게 작동하나요?

자동화된 마켓 메이커(AMM)의 이해가 필요합니다. 매수 주문이 매도 주문과 일치하는 기존 주문서 (order book) 사용 거래소와 달리 Uniswap 은 자동화된 시장 조성자(AMM) 시스템을 사용합니다. AMM 은 수학적 알고리즘을 사용하여 자산 공급을 기반으로 가격을 결정합니다. 이는 중앙 집중식 중개인의 마찰을 제거하고 디지털 자산을 사고 파는 효율적인 방법을 허용합니다. 입찰이나 주문서는 없으며, 이용 가능한 유동성의 양에 따른 가격만 표시됩니다. 사용자가 스왑을 원할 때 스왑하려는 암호화폐의 양을 입력하고 교환으로 해당하는 수만큼 토큰을 받습니다. 이 모든 것이 블록체인에서 이루어집니다.

Uniswap 프로토콜은 자산 가격을 결정하기 위해 일정한 산출 공식을 사용합니다. 풀에서 토큰을 인출(구매)할 때 일정 금액을 유지하려면 비례 금액을 예치(매도)해야 합니다. 풀의 토큰 비율은 일정한 제품 공식과 결합하여 궁극적으로 토큰 가격을 결정합니다.

Uniswap 프로토콜이 사용하는 두 값의 곱이 상수가 되어야 하는 공식은 다음과 같습니다.

x * y = k, 여기서 X = 첫 번째 토큰 준비금이고 Y = 두 번째 토큰 준비금입니다. K 가 일정한 값을 유지하도록 두 토큰의 총 금액은 항상 균형을 이루어야 합니다.

참고로 이더리움의 ETH 와 스테이블 코인인 USDC 가 유동성 풀에 예치되어 있을 때 스왑에 의해서 어떻게 가격이 형성되는지를 알아보겠습니다. 여기서 스테이블 코인에 대하여 조금 설명하면, USDC 는 규제되고 발행량은 완전히 미국 달러로 준비금으로 예치되어되어 있습니다. 준비금은 매월 발행된 증명과 함께 규제된 금융 기관에 투명하게 보관됩니다. 그래서 $1 = 1 USDC 관계가 유지되는 것입니다. 반면에 규제되지 않고 투명하지 않은 스테이블 코인도 있습니다. 테라와 루나 사태를 기억하면 테라 UST 는 준비금이 뒷받침되지 않으면서 스테이블 코인의 가치를 $1 에 유지하도록 알고리즘으로 페깅을 합니다. 그런데 루나 사태에서 1 UST 가 1 달러 가치에서 벗어난 상태, 즉 '디페깅'이 발생하면서 UST 의 가치는 대폭락이 있었습니다.

다시 Uniswap 프로토콜로 돌아와서, 예를 들어 유동성 풀에 10 ETH 와 1000 USDC 가 있는 경우 두 잔액의 곱은 10,000 이 됩니다. 사용자가 풀에서 USDC 로 1 ETH 를 구매하면 새 잔액은 9 ETH 와 1111.11 USDC 가 되며 두 잔액의 곱은 10,000 으로 일정하게 유지됩니다. 지속적인 제품 시장 조성자 알고리즘은 이 공식을 사용하여 두 토큰 잔액의 비율에 따라 풀에 있는 각 토큰의 가격을 결정합니다. 풀에 있는 토큰의 가격은 단순히 두 토큰 잔액의 비율입니다. 위의 예에서 USDC 기준 ETH 가격은 스왑 후 111.11 USDC 가 됩니다.

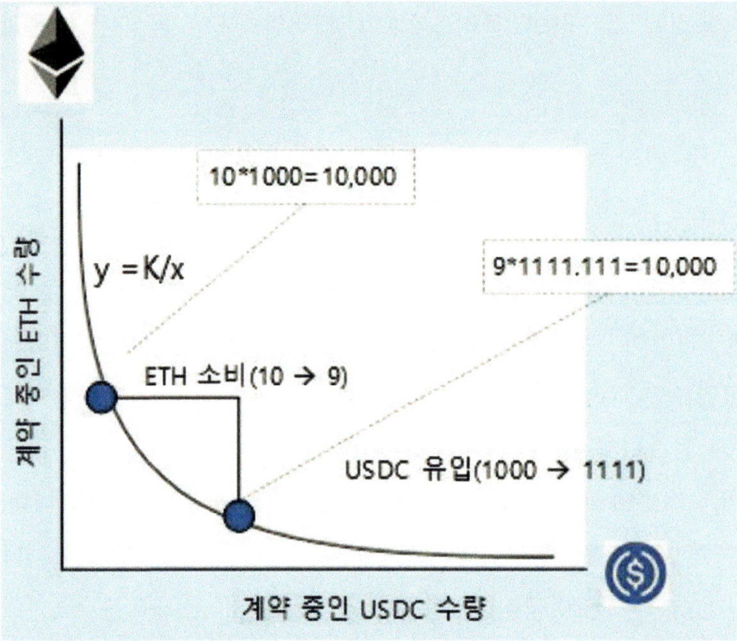

Uniswap 프로토콜은 자산 가격을 결정하기 위해 일정한 산출 공식을 사용합니다. 풀의 토큰 비율은 일정한 제품 공식과 결합하여 궁극적으로 토큰 가격을 결정합니다. x ⋆ y = k, 여기서 X = 첫 번째 토큰 준비금이고 Y = 두 번째 토큰 준비금입니다. K 가 일정한 값을 유지하도록 두 토큰의 총 금액은 항상 균형을 이루어야 합니다.

Uniswap 프로토콜과 같은 분산형(탈중앙화) 거래소(DEX)는 기존 중앙형 거래소(CEX)에 비해 여러 가지 이점을 제공

주요 이점으로는 분산화, 자체 보관, 투명성, 향상된 유동성 및 향상된 접근성이 있습니다.

- 분산화 및 자체 관리: Uniswap 프로토콜의 주요 이점 중 하나는 분산화된다는 것입니다. CEX 를 운영하는 중앙 집중식 엔터티와 달리 Uniswap 프로토콜은 교환을 제어하는 단일 엔터티 없이 분산형 네트워크에서 작동합니다. 탈중앙화에는 두 가지 주요 이점이 있습니다. 첫째, Uniswap 프로토콜을 만드는 스마트 계약은 일단 배포되면 변경할 수 없습니다. 즉, 누구도 규칙을 변경할 수 없습니다. 둘째, 기금은 완전히 자체

관리됩니다. 귀하는 항상 귀하의 자산을 통제할 수 있습니다. 제 3 자는 이를 가져가거나 오용할 수 없습니다.

- 투명성: DEX 는 다른 거래소보다 훨씬 더 투명합니다. 모든 코드는 오픈 소스이고 공개적으로 이용 가능하며 Uniswap 프로토콜은 모든 거래와 스마트 계약 상호 작용이 투명하고 불변하는 원장에 기록되는 공개 블록체인에서 작동합니다. 누구나 이러한 거래에 접근하고 검증할 수 있어 투명성과 책임성이 보장됩니다.
- 더 저렴한 스왑을 위한 향상된 유동성: Uniswap 프로토콜은 CEX 보다 향상된 유동성을 제공할 수 있습니다. 누구나 풀에 유동성을 생성하고 제공할 수 있도록 함으로써 Uniswap 프로토콜은 전통적인 시장 조성자나 주문서에 의존하지 않고 소매 사용자의 유동성을 활용하여 스왑을 더 저렴하게 만들 수 있습니다.
- 접근성 향상: Uniswap 프로토콜의 또 다른 이점은 접근성이 향상된다는 것입니다. 누구나 토큰을 거래하거나 토큰에 대한 시장을 만들 수 있습니다. 이러한 방식으로 DEX 는 기존 은행 서비스에 액세스할 수 없는 사용자를 포함하여 더 광범위한 사용자가 더 쉽게 접근할 수 있습니다.

UNI 토큰이란 무엇입니까?

UNI 토큰은 Uniswap 프로토콜의 거버넌스 토큰입니다. Uniswap 프로토콜은 단일 개체에 의해 제어되지 않고 오히려 개인과 조직의 커뮤니티가 세계 최대의 AMM 프로토콜을 관리하는 역할을 담당합니다. UNI 를 보유한 사용자와 조직은 이를 사용하여 프로토콜과 관련된 결정에 투표할 수 있습니다.

유니스왑은 안전한가요?

Uniswap 프로토콜은 암호화폐의 가장 안전하고 안전한 프로토콜 중 하나입니다. 이 프로토콜은 사고 없이 수억 건의 거래에 걸쳐 1 조 5 천억 달러 이상의 거래량을 처리했습니다. 모든 계약은 세계적 수준의 전문 보안 팀에 의해 감사 되었습니다.

Uniswap 은 수수료를 부과합니까?

Uniswap Labs 는 플랫폼 사용에 대한 수수료를 청구하지 않습니다. 하지만 스왑퍼는 네트워크 수수료와 LP 수수료라는 두 가지 유형의 수수료를 지불합니다.

- 네트워크 수수료: 이더리움 블록체인의 모든 거래에는 가스 수수료라고도 알려진 네트워크 수수료가 필요합니다. 검증인은 중앙 기관에 의존하는 대신 자신의 컴퓨터를 사용하여 거래를 확인하고 처리합니다. 그 대가로 검증인은 네트워크 수수료를 통해 보상을 받습니다. 네트워크 요금은 블록 공간의 수요와 공급에 따라 결정됩니다. 네트워크에 트래픽이 많으면(거래량이 많을 때) 네트워크 수수료가 높아집니다. 네트워크 트래픽이 적을 때(거래량이 적을 때) 네트워크 수수료는 낮아집니다. 또한 이더리움 위에 구축되고 비용이 저렴한 레이어 2 체인으로 교체할 수도 있습니다.
- LP 수수료: LP 수수료는 유동성 제공에 대한 보상으로 특정 풀 내 유동성 공급자 간에 분할됩니다. 이 수수료는 0.05%에서 1% 사이입니다. 이 돈은 Uniswap Labs 가 아닌 개별 LP 로 직접 전달됩니다.

PART 13 탈중앙화 신원 시스템과 디지털 주권

- 중앙화된 제 3 자에 대한 의존성을 제거하는 탈중앙화 신원 (DID)
- 스마트 계약인 레지스트리와 확인자로 이루어진 ENS
- 디지털 주권의 달성
- '금전지향적' 틀을 뛰어넘는 웹 3.0 공간의 NFT
- 블록체인과 협업하는 인공 지능의 새로운 시대

PART 13 에서 참조한 주요 블록체인 또는 암호화폐		
이더리움 이름서비스 (ENS)	이더리움	인터넷 컴퓨터
대체 불가능한 토큰(NFT)		

44. 중앙화된 제 3 자에 대한 의존성을 제거하는 탈중앙화 신원 (DID)

ID(신원)는 고유한 특성으로 정의되는 개인의 자아 구분을 의미하며, 식별자(IDENTIFIER)는 특정 ID 를 지칭하는 정보 조각입니다. 전통적인 신원 관리 시스템은 중앙 집중식 중개자에 의존하여 개인이 신원 관련 정보를 통제할 수 없게 합니다. 탈중앙화 ID(DID)는 중앙 기관 없이 개인이 자신의 신원을 발행, 보유, 제어할 수 있게 하며, 블록체인과 P2P 네트워크를 통해 분산 저장됩니다. DID 는 암호화 방식으로 검증 가능하고, 개인 키 소유자만 자신의 ID 를 증명할 수 있습니다. 이를 통해 개인은 중앙 기관에 의존하지 않고 자신의 신원 정보를 관리하고 증명할 수 있게 됩니다.

ID(신원)의 정의

먼저 현재 금융 기관 등에서 사용하는 ID(신원)의 정의부터 살펴보겠습니다. 영어로 Identity 는 보통 줄여서 ID 라고 표현하고 신원을 나타냅니다. 신원이란 고유한 특성으로 정의되는 개인의 자아 구분을 의미합니다. 신원은 개인, 즉 별개의 인간 존재를 의미합니다. 신원은 조직이나 권위와 같은 인간이 아닌 다른 실체를 나타낼 수도 있습니다. 그럼 식별자란 무엇입니까? 식별자 (Identifier)는 특정 ID 에 대한 포인터 역할을 하는 정보 조각입니다. 일반적인 식별자는 이름, 사회보장번호 (주민번호)/세금 ID 번호, 휴대폰 번호, 생년월일 및 출생지 또는 디지털 식별 자격 증명(예: 이메일 주소, 사용자 이름, 아바타) 등이 있습니다.

이러한 전통적인 식별자의 예는 중앙 기관에 의해 발행, 보유 및 통제됩니다. 이름을 변경하려면 정부의 허가가 필요하고, 등록 정보를 변경하려면 소셜 미디어 플랫폼의 허가가 필요합니다. 개인 정체성 확인은 오늘날 삶의 거의 모든 측면을 뒷받침합니다. 온라인 서비스 이용, 은행 계좌 개설, 선거 투표, 부동산 구입, 취업 확보 등 모든 활동에는 개인의 신원 증명이 필요합니다. 그러나 전통적인 신원 관리 시스템은 식별자와 증명을 발행, 보유, 제어하는 중앙 집중식 중개자에 오랫동안 의존해 왔습니다. 즉, 개인은 각자의 신원 관련 정보를 통제할 수 없으며 개인 식별 정보(PII)에 액세스할 수 있는 사람과 이러한 그들이 액세스할 수 있는 범위를 결정할 수 없습니다.

탈중앙화 ID(DID)란 무엇인가요?

개인의 법적 이름이나 이메일 주소와 같은 기존 식별자는 제 3 자, 즉 정부 및 이메일 제공업체에 의존합니다. DID 는 다릅니다. 즉, DID 는 중앙 기관에 의해 발행, 관리 또는 통제되지 않습니다. DID 는 개인이 발행, 보유, 통제합니다. 이더리움 계정은 DID 의 예입니다. 다른 사람의 허가나 중앙 레지스트리에 저장할 필요 없이 원하는 만큼 개인이 직접 많은 계정을 만들어 사용할 수 있습니다. DID 는 분산 원장(블록체인) 또는 P2P 네트워크에 저장됩니다. 이를 통해 DID 는 전 세계적으로 고유하고 고가용성을 통해 확인 가능하며 암호화 방식으로 검증 가능합니다. DID 는 사람, 조직 또는 정부 기관을 포함한 다양한 엔터티를 식별하는 데 사용됩니다.

각 DID 는 개인 키로 보호됩니다. 개인 키 소유자만 자신의 ID 를 소유하거나 제어한다는 것을 증명할 수 있습니다. 한 사람이 개인키를 여러 개 보유할 수 있듯이 한 사람이 많은 DID 를 가질 수 있습니다. 예를 들어, 한 사람이 게임 플랫폼과 연결된 DID 를 가지고 있고, 신용 보고 플랫폼과 연결된 완전히 별개의 DID 를 가질 수 있습니다.

증명이란 무엇입니까?

증명은 한 엔터티가 다른 엔터티에 대해 제기한 주장입니다. 운전자가 미국에 거주하는 경우, 자동차 관할 기관에서 운전자에게 발급한 운전 면허증은 운전자가 법적으로 자동차를 운전할 수 있음을 기관이 증명합니다. 증명은 DID 와 다릅니다. 증명에는 특정 ID 를 참조하는 DID 가 포함되어 있으며 이 ID 와 관련된 속성에 대한 소유권을 주장합니다. 따라서 운전면허증에는 식별자(이름, 생년월일, 주소)가 있을 뿐만 아니라 운전할 법적 권리를 증명하는 역할도 합니다.

각 DID 는 다른 DID 에서 발급한 일련의 증명(확인 가능한 자격 증명)과 연결되는 경우가 많습니다. 각 DID 는 특정 특성(예: 위치, 나이, 졸업장, 급여 명세서)을 증명하는 것일 수 있습니다. 이러한 자격 증명은 발급자가 암호화 방식으로 서명하므로 DID 소유자는 단일 프로필 공급자(예: Google, Facebook)에 의존하지 않고 이러한 자격 증명을 직접 저장할 수 있습니다. 또한 검색 기록 또는 소셜 미디어 게시물과 같이 증명되지 않은 데이터도 컨텍스트 및 의도된 용도에 따라 해당 데이터의 소유자 또는 컨트롤러가 DID 에 연결할 수 있습니다.

전통적인 신원 시스템은 개인 식별자의 발급, 유지 관리 및 제어를 중앙 집중화했습니다. 그러나 DID 는 중앙화된 제 3 자에 대한 의존성을 제거합니다. 암호화폐 덕분에 이제 사용자는 자신의 식별자와 증명을 스스로 발급하고 보유하며 자기 통제아래 제어할 수 있는 도구를 갖게 되었습니다. 예를 들면 이더리움과 같은 공개 블록체인을 기반으로 구축된 분산형 신원 시스템이 있습니다. DID 를 통해 개인은 자신의 ID 관련 정보를 관리할 수 있습니다. DID 솔루션을 사용하면 서비스 제공업체나 정부와 같은 중앙 기관에 의존하지 않고도 DID 를 생성하고 증명을 주장하고 보유할 수 있습니다.

DID 는 어떻게 보호되나요?

DID 보안의 핵심 요소는 공개키 암호화입니다. 공개키 암호화에서 개인 키는 소유자만 알고 있는 반면 공개 키는 널리 배포됩니다. 이 개인키와 공개키 쌍은 두 가지 기능을 수행합니다. 첫 번째 쌍을 이루는 개인 키의 소유자가 메시지를 보냈는지 확인하는 인증을 위해 공개 키를 사용합니다. 두 번째는 공개 키로 암호화된 메시지는 쌍을 이루는 개인 키 소유자만 해독할 수 있습니다. DID 를 가능하게 만드는 것은 두가지로 요약할 수 있습니다. 첫째, 공개 키 암호화 방식은 어떤 당사자에 대하여 한 쌍을 이루는 공개키와 개인키를 만들어 사용할수 있게 합니다. 즉, 공개 키 암호화는 블록체인 네트워크에서 사용자 신원을 인증하고 디지털 자산의 소유권을 증명하는 데 사용됩니다. 이더리움 계정과 같은 일부 DID 시스템은 공개 키와 개인 키를 적절히 이용합니다. 공개 키는 식별자로 파생되어 계정의 컨트롤러를 식별하는 반면, 개인 키는 이 계정에 대한 메시지를 서명하고 해독할 수 있게 합니다. 둘째, 블록체인은 검증 가능한 데이터 레지스트리 역할을 합니다. 즉, 개방적이고 무신뢰성이 있으며 분산된 정보 저장소입니다. 퍼블릭 블록체인이 존재하면 중앙화된 레지스트리에 DID 를 저장할 필요가 없습니다. DID 의 유효성을 확인해야 하는 사람은 블록체인에서 관련 공개 키를 조회할 수 있습니다. 이는 신뢰할 수 있는 제 3 자의 인증이 필요한 기존 식별자와 다릅니다.

DID 와 증명은 어떻게 DID 를 활성화합니까?

DID 는 신원 관련 정보가 자체 제어되고 비공개적이며 휴대 가능해야 하며 DID 와 증명이 기본 구성 요소가 되어야 한다는 아이디어입니다. DID 의 맥락에서 증명(검증

가능한 자격 증명이라고도 함)은 발급자가 작성한 변조 방지 및 암호화 검증이 가능한 주장입니다. 엔터티(예: 조직)가 발행하는 모든 증명 또는 검증 가능한 신원 관련정보는 해당 DID 와 연결됩니다. DID 는 블록체인에 저장되기 때문에 누구나 이더리움에서 발급자의 DID 를 교차 확인하여 증명의 유효성을 확인할 수 있습니다. 기본적으로 이더리움 블록체인은 특정 엔터티와 관련된 DID 를 확인할 수 있는 글로벌 디렉터리처럼 작동합니다.

증명이 자체적으로 제어되고 검증 가능하기 때문에 탈중앙화 ID 라 부르는 이유입니다. DID 는 개인 정보를 보호하는 데에도 중요합니다. 예를 들어, 개인이 증명서(운전면허증)를 제출하는 경우 확인 당사자 (검증자)는 증명서에 있는 내용의 유효성을 확인할 필요가 없습니다. 대신 검증자는 증명이 유효한지 확인하기 위해 증명의 진위성과 발급 조직의 신원(ID)에 대한 암호화 보증만 필요합니다.

이더리움 기반 ID 생태계에서 증명 정보가 저장되고 검색되는 방식은 기존 ID 관리와 다릅니다. 다음은 탈중앙화 신원 (DID) 시스템에서 증명을 발급, 저장 및 확인하는 다양한 접근 방식에 대한 개요입니다.

■ 오프체인 증명

체인에 증명을 저장할 때의 한 가지 우려 사항은 개인이 비공개로 유지하려는 정보가 포함될 수 있다는 것입니다. 이더리움 블록체인의 공개적 특성으로 인해 그러한 증명을 저장하는 것은 매력적이지 않습니다. 해결책은 사용자가 오프체인 디지털 지갑에 증명을 보유하고 있지만 온체인에는 증명을 서명한 개인키에 대한 공개키를 DID 로 저장하고 있다는 사실입니다. 이러한 오프체인인 개인 지갑 속에 저장하는 증명은 JSON 웹 토큰 으로 인코딩되어 있고 증명안에는 발급자의 디지털 서명이 포함되어 있습니다.

지속적인 액세스가 가능한 오프체인 증명 방법은 다음과 같습니다. 오프테인 증명 방법에서 증명은 JSON 파일로 변환되어 오프체인에 저장됩니다(이상적으로는 IPFS 또는 Swarm 과 같은 분산형 클라우드 스토리지 플랫폼에 있음). 그러나 JSON

파일의 지문인 해시는 온체인에 저장되고 온체인 레지스트리를 통해 역시 온체인에 있는 DID (예, 공개키)에 연결됩니다. 연결된 DID 는 증명 발급자 또는 수신자의 DID 일 수 있습니다. 이 접근 방식을 통해 증명은 블록체인 기반 지속성을 확보하는 동시에 청구 정보를 암호화되고 검증 가능하게 유지됩니다. 또한 개인 키 소유자만이 정보를 해독할 수 있으므로 선택적 공개가 가능합니다.

■ 온체인 증명

온체인 증명은 이더리움 블록체인의 스마트 계약으로 이루어집니다. 레지스트리 역할을 하는 스마트 계약은 온체인 DID (공개 키)에 해당 증명을 매핑합니다.

DID 의 이점은 무엇인가요?

EU GDPR(General Data Protection Regulation)과 같은 규정은 최신 ID 솔루션이 필요한 ID 표준을 강화합니다. 정부는 신원이 확인되지 않은 사람들에게 신원을 부여하고 시민의 개인 식별 정보를 보호하기 위해 분산 원장 기술을 찾고 있습니다. 블록체인 기술은 탈중앙화 공개 키 인프라(DPKI 와 분산형 스토리지 측면에서 이점을 제공합니다.

♦ 탈중앙화 공개 키 인프라(DPKI)

DPKI 는 탈중앙화 신원 시스템의 핵심입니다. 기존의 PKI (공개키 인프라)는 공개키 인증서를 누구나 쉽게 이용할 수 있게 해주는 체계입니다. 이와 대조적으로 블록체인에 기반한 탈중앙화 PKI 를 DPKI 라고 부릅니다. 블록체인은 변조 방지 및 신뢰할 수 있는 매체를 만들어 ID 보유자의 비대칭 확인 및 암호화 키를 배포함으로써 DPKI 를 가능하게 합니다. DPKI 체계 안의 공개 키는 다른 사용자의 디지털 서명을 확인하거나 해당 ID 소유자에 대한 데이터를 암호화할 수 있도록 하는 데 사용됩니다. DPKI 이전의 PKI 에서는 모든 사람이 각자가 원하는 공개 키를 확보하려면 기존 인증 기관(CA)에서 디지털 인증서를 구입하거나 받아야 했습니다.

블록체인 기술 덕분에 더 이상 중앙 집중식 CA 가 필요하지 않습니다. 즉, 중앙집중식 CA 역할을 블록체인이 대신해 줍니다.

♦ 분산형 스토리지

블록체인에 기반을 둔 신원은 중앙 집중식 서버에 저장된 신원보다 본질적으로 더 안전합니다. IPFS(InterPlanetary FileSystem)와 같은 분산 데이터 스토리지 시스템과 함께 암호학적으로 안전한 이더리움 블록체인을 사용하면 신뢰와 데이터 무결성을 유지하면서 기존 중앙 집중식 데이터 스토리지 시스템의 단점을 넘어설 수 있습니다. 설계상 변조가 불가능한 분산형 스토리지 솔루션은 개인의 기밀 정보를 악용하거나 수익을 창출하기 위해 무단 데이터 액세스 권한을 얻을 수 있는 타인의 능력을 줄입니다. 분산형 스토리지는 보안 ID 데이터 관리의 핵심 구성 요소 중 하나입니다. 탈중앙화 프레임워크에서 자격 증명은 일반적으로 사용자의 장치(예: 스마트폰, 노트북)의 지갑에 직접 저장되거나 개인 ID 저장소에서 안전하게 보관됩니다. 사용자의 단독 제어 하에 있는 경우 ID 는 자주적인 것으로 간주됩니다. 즉, 사용자는 액세스 권한 취소에 대해 걱정할 필요 없이 데이터에 대한 액세스를 완전히 제어할 수 있습니다. 사용자가 제어하는 데이터는 정보의 상호 운용성을 높여 사용자가 여러 플랫폼에서 데이터를 사용하고, 정보를 다른 목적으로 사용하며, 사용자가 하나의 플랫폼에 종속되지 않도록 보호할 수 있도록 합니다.

DID 는 어떻게 사용되나요?

DID 와 페어링되면 사용자는 확인된 식별자를 QR 코드 형태로 제시하여 신원을 증명하고 특정 서비스에 액세스할 수 있습니다. 서비스 공급자는 제시된 증명의 제어 또는 소유권 증명을 확인하여 ID 를 확인합니다. 증명은 이미 DID 와 연결되어 있으며 사용자는 해당 DID 에 속하는 개인 키를 사용하여 증명의 서술에 서명한 상태입니다. 소유권이 일치하는 경우 액세스 권한이 부여됩니다. 탈중앙화 및 디지털 식별은 다양한 방식으로 사용될 수 있습니다. 주요 사용 사례는 다음과 같습니다.

자주적 정체성: SSI(Self-Sovereign Identity)는 개인 또는 기업이 자신의 ID 데이터를 자신의 장치에 저장할 수 있다는 개념입니다. ID 데이터의 저장을 중앙 저장소에 의존하지 않고 정체성을 확인하려는 검증인과 공유할 정보를 선택할 수 있습니다. 이러한 SSI 는 민족 국가, 기업 또는 글로벌 조직과 독립적으로 생성될 수 있습니다.

데이터 수익 창출: 전 세계가 사용자 생성 데이터를 누가 소유하고 이익을 얻어야 하는지 조사하기 시작함에 따라 블록체인 기반 자주적 신원과 탈중앙화 모델은 사용자에게 통제권을 부여하고 데이터 수익화의 길을 개척합니다. 데이터 수익화는 정량화 가능한 경제적 이익을 위해 개인 데이터를 사용하는 것을 말합니다. 데이터도 그 자체로 가치가 있지만, 데이터 소유권에 대한 개인 식별이 가능할 때 기본 데이터의 가치는 크게 증가합니다. 매일 43 억 9 천만 명의 인터넷 사용자가 생성하는 데이터의 양은 5 억 바이트에 달합니다. 2022 년까지 전 세계 GDP 의 60% 이상이 디지털화될 것으로 예상되며, 이는 개인 데이터의 가치가 계속 증가할 것임을 의미합니다. 현재 개인이 생성하는 온라인 데이터는 무형이고 눈에 보이지 않으며 복잡합니다. 생성된 데이터의 귀속은 소유권 프로세스에서 매우 중요하며, SSI 를 통해 온라인 데이터를 DID 에 귀속시킬 수 있습니다. 거기에서 개인은 예를 들어 AI 교육 알고리즘에 개인 데이터를 임대하거나 광고주에게 데이터를 판매하도록 선택하여 개인 데이터를 수익화할 수 있습니다. 사용자는 또한 자신의 데이터를 숨기고 기업이나 정부로부터 보호할 수 있습니다.

데이터 이동성: 유럽 연합 일반 데이터 보호 규정(EU GDPR)의 20 항은 기술적으로 가능한 경우 개인 데이터를 한 컨트롤러에서 다른 컨트롤러로 직접 전송할 수 있는 데이터 주체의 권리와 관련된 데이터 이동성에 대한 권리를 사용자에게 부여합니다. 이 권리는 사용자 경험을 향상시켜 다양한 서비스 및 플랫폼에서 신원을 재확인할 필요성을 줄일 수 있는 잠재력을 가지고 있습니다. DID 및 확인 가능한 자격 증명을 사용하면 한 대상 시스템에 고정된 ID를 다른 대상 시스템으로 쉽게 마이그레이션할 수 있습니다.

45. 스마트 계약인 레지스트리와 확인자로 이루어진 ENS

암호화폐 사용자가 사용하는 개인 지갑 속 암호화폐 주소는 기억하기 어렵고 입력 시 실수할 수 있습니다. 이를 해결하기 위해 등장한 ENS(ETHEREUM NAMING SERVICE)는 이더리움 블록체인의 암호화폐 주소를 쉽게 기억하고 입력할 수 있도록 도와줍니다. ENS 는 사람이 읽기 쉬운 이름을 암호화폐 주소나 콘텐츠 해시와 같은 기계 식별자로 매핑합니다. DNS 와 유사하지만 블록체인의 탈중앙화와 스마트 계약 기능을 활용하며, 사용자는 도메인 이름을 통해 암호화폐 주소를 쉽게 조회할 수 있습니다. ENS 의 주요 구성 요소는 레지스트리, 확인자, 등록기관이며, 계층적 이름 시스템을 통해 도메인과 하위 도메인을 완전히 제어할 수 있습니다.

웹 2 에 DNS 가 있다면 웹 3 에는 ENS 가 있습니다.

암호화폐 사용자는 개인 지갑을 가지고 있고, 개인 지갑 속에는 처분할 수 있는 암호화폐의 주소가 보관되어 있습니다. 주소는 "e32fre43f584bnf2784b3"과 같이 생겼는데 기억하기는커녕 노트북이나 휴대폰에 입력하기가 상당히 어렵습니다. 친구에게 암호화폐를 보내고 싶거나 암호화폐를 거래소에서 지갑으로 옮기고 싶다면 이와 같은 일련의 영숫자 문자를 입력해야 합니다. 암호화폐 주소를 입력 때 실수를 할 수 있고, 이 경우 실수는 모든 암호화폐를 잃을 수 있는 위험성이 있습니다. 해결책으로 DNS(도메인 이름 시스템)의 웹 3 버전인 ENS 가 등장합니다. ENS 는 Ethereum Naming Service 의 약자이며 이더리움 블록체인의 암호화폐 주소를 훨씬 쉽게 기억하고 입력할 수 있도록 도와줍니다. 암호화폐 주소가 "fn438fb4873bf"라는 것을 기억하는 대신 ENS 도메인 "john.eth"를 등록하고 암호화폐 주소 대신에 입력할 수 있습니다. 역으로도 작동하는 데, "fn438fb4873bf"를 입력하면 ENS 도메인 주소가 "john.eth" 라는 사실을 알려줍니다.

ENS (Ethereum Name Service)는 이더리움 블록체인을 기반으로 하는 분산되고 개방적이며 확장 가능한 이름 해결 시스템입니다. ENS 의 역할은 'alice.eth'와 같이 사람이 편리하게 읽을 수 있는 이름을 이더리움 주소, 기타 암호화폐 주소, 콘텐츠 해시 및 메타데이터와 같은 기계가 읽을 수 있는 식별자에 매핑하는 것입니다. ENS 는 또한 이더리움 주소로부터 주소 소유자 이름을 확인하는 '역 확인'을 지원하여 정식 이름 또는 인터페이스 설명과 같은 메타데이터를 이더리움 주소와 연결할 수 있습니다. 예를 들면, 이더리움 이름 “alice.Metamask.eth“이 이더리움 주소인 "0xhh89uio68Tgfy1u586o8o3678o87oo8Sw"와 같이 블록체인에 스마트계약 형태로 등록되어 있어 사용자는 ENS 를 통하여 이름을 알면 주소를 물어볼 수 있고, 주소를 알면 이름을 물어볼 수 있는 것입니다.

ENS 는 DNS 와 유사한 목표를 가지고 있지만 블록체인이 제공하는 탈중앙화와 스마트 계약 기능을 이용하기 때문에 관련 용어는 같이 사용하지만 아키텍처가 크게 다릅니다. DNS 와 마찬가지로 ENS 는 도메인이라는 점으로 구분된 계층 이름 시스템에서 작동하며 도메인 소유자는 하위 도메인을 완전히 제어할 수 있습니다.

ENS 주요 구성 요소

먼저 2016 년 4 월로 돌아가서 처음 ENS 가 제안될 때의 문서 (이전 EIP-137)에서 언급한 ENS 의 개요에서 설명하는 ENS 시스템의 세 가지 주요 구성 요소는 아래와 같습니다.

- ENS 레지스트리: 레지스트리는 등록된 이름에서 해당 이름을 담당하는 확인자로의 매핑을 제공하는 단일 계약으로, 이름 소유자가 확인자 주소를 설정하고 부모 도메인에 대해 다른 소유자를 가진 하위 도메인을 만들 수 있도록 허용합니다.
- 확인자: 확인자는 이름에 대한 리소스 조회(예: 계약 주소, 콘텐츠 해시 또는 IP 주소 반환)를 수행할 책임이 있습니다. 여기에 정의되고 다른 ENSIP 에서 확장된 확인자 사양은 확인자가 다양한 유형의 레코드 확인을 지원하기 위해 구현할 수 있는 메서드를 정의합니다.
- 등록 기관(레지스트라): 레지스트라는 시스템 사용자에게 도메인 이름을 할당할 책임이 있으며 ENS 를 업데이트할 수 있는 유일한 엔터티입니다. ENS 레지스트리에 있는 노드의 소유자는 해당 등록 기관입니다. 레지스트라는 계약 또는 외부 소유 계정일 수 있지만, 최소한 루트 및 최상위 레지스트라는 계약으로 구현될 것으로 예상됩니다.

ENS 가 작동하는 방법

ENS 에서 이름을 확인하는 것은 2 단계 과정으로 이루어집니다. 먼저 ENS 레지스트리는 아래에 설명된 절차를 사용하여 해시한 후 확인할 이름으로 호출됩니다. 레코드가 있는 경우 레지스트리는 확인자의 주소를 반환합니다. 그런 다음 요청되는 리소스에 적합한 메서드를 사용하여 확인자가 호출됩니다. 그런 다음 확인자는 원하는 결과를 반환합니다. 예를 들어, 'beercoin.eth'와 관련된 토큰 컨트랙트의 주소를 찾고 싶다고 가정해 보겠습니다. 먼저 확인자를 가져옵니다.

```
var node = namehash("beercoin.eth");
var resolver = ens.resolver(node);
```

그런 다음 확인자에게 계약 주소를 요청합니다.

```
var address = resolver.addr(node);
```

좀더 구체적으로 ENS 를 알아봅시다. 사용자가 처음으로 도메인을 얻으려는 경우 등록기관 (레지스트라)와 상호 작용해야 합니다. 레지스트라는 도메인을 소유하고 하위 도메인을 나눠주기 위한 정의된 프로세스가 있는 스마트 계약입니다. 사용자가 상호 작용해야 하는 레지스트라는 얻으려는 도메인에 따라 다릅니다. 예를 들어, .eth 이름의 하위 도메인을 원하는 사용자는 .eth 레지스트라와 상호 작용해야 합니다. 각 등록 기관은 이름 등록(및 갱신)을 위한 자체 API 를 정의합니다. 레지스트라 스마트 계약은 이더리움 체인에서 하나의 계정으로 만들어져, 상태로 유지되기 때문에 탈중앙화의 특성상 이 레지스트라는 모든 이더리움 노드에 배포되어 있다는 것을 의미합니다. 누구나 이러한 레지스트라 계약에 의해 부과된 규칙에 따라 자신만의 도메인에 대한 소유권을 얻을 수 있습니다. ENS 의 계층적 특성으로 인해 모든 수준에서 도메인을 소유한 사람은 누구나 원하는 대로 자신 또는 다른 사용자를 위해 하위 도메인을 구성할 수 있습니다. 예를 들어 Alice 가 'alice.eth'를 소유하고 있는 경우 'pay.alice.eth'를 만들고 원하는 대로 구성할 수 있습니다. ENS 서비스를 이용하는 사용자 입장에서는 개별로 소유권을 갖는 DNS 이름을 질의하면 해당 이더리움 주소를 가지고 올 수 있습니다. 이 개념은 정보의 소유권은 개인이 가지는 웹 3 의 원리와 일치합니다.

ENS 구조

ENS 에는 레지스트리와 확인자라는 두 가지 주요 구성 요소가 있습니다. 모두 스마트 계약입니다. 모든 ENS 해결은 이더리움 메인넷에서 시작됩니다. 그러나 이름 확인은 크로스체인, 오프체인 등에서 수행될 수 있습니다. 이를 통해 ENS 를 사용하는 방법에 있어 많은 유연성이 가능해집니다. 또한 선호하는 레이어 2 또는 오프체인에 ENS 기록을 저장할 수 있습니다. 이미 레이어 2 에 확인자를 배포하는 것이 가능합니다. 예를 들어 옵티미즘이나 알비트럼 위에 확인자 스마트 계약이 배포될 수 있습니다.

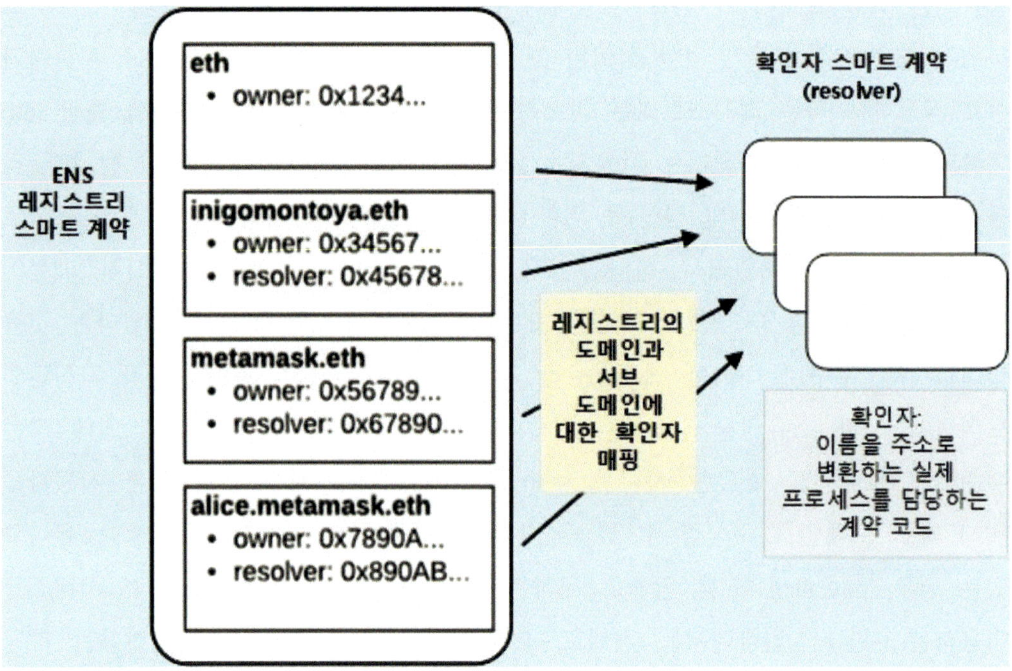

ENS 에는 레지스트리와 확인자라는 두 가지 주요 구성 요소가 있습니다. ENS 레지스트리는 이름에서 해당 도메인 이름을 담당하는 확인자 (Resolver)로 매핑하기 위해서만 존재합니다. 확인자는 이름을 주소로 변환하는 실제 프로세스를 담당합니다. 관련 표준을 만족하는 어떤 스마트 계약도 ENS 에서 확인자 역할을 수행할 수 있습니다. 확인자도 스마트 계약입니다.

ENS 레지스트리는 하나의 단일 스마트 계약이며, 모든 도메인 및 하위 도메인 목록을 유지 관리하고 레지스트리 내부의 각 도메인 또는 서브 도메인에 대하여 다음 세 가지 중요한 정보를 저장합니다.

- 도메인의 소유자
- 도메인의 확인자(Resolver)
- 도메인 아래의 모든 레코드에 대한 캐싱 수명

도메인 소유자는 외부 계정(사용자) 일 수 있고 또 스마트 계약일 수 있습니다. (참고로 이더리움 계정에는 외부 계정과 스마트 계정의 2 종류 계정이 있습니다.) ENS 레지스트리에 있는 도메인 소유자들 (스마트 계약 사용자 또는 등록자)은 다음을 수행할 수 있습니다.

- 도메인에 대한 확인자 및 TTL (도메인 정보 유효 기간) 설정
- 도메인 소유권을 다른 주소로 이전하기
- 하위 도메인의 소유권 변경

ENS 레지스트리는 의도적으로 간단하게 설계되어 있습니다. 이름에서 해당 도메인 이름을 담당하는 확인자 (Resolver)로 매핑하기 위해서만 존재합니다. 확인자는 이름을 주소로 변환하는 실제 프로세스를 담당합니다. 관련 표준을 만족하는 어떤 스마트 계약도 ENS 에서 확인자 역할을 수행할 수 있습니다. 확인자도 스마트 계약입니다. 확인자가 다루는 각 레코드 유형(암호 화폐 주소, IPFS (InterPlanetary File System) 해시, 콘텐츠 해시 등)은 확인자가 해당 종류의 레코드를 제공하기 위해 구현해야 하는 메서드를 정의합니다. 새 레코드 유형은 EIP 표준화 프로세스를 통해 언제든지 정의할 수 있으며, 이를 지원하기 위해 ENS 레지스트리나 기존 확인자를 변경할 필요가 없습니다.

ENS 에서 이름을 확인하는 과정

ENS 에서 이름을 확인하는 과정은 두 단계로 진행되며, 먼저 레지스트리에 이름에 대한 확인자가 무엇인지 묻고 (쿼리), 답변을 받습니다. 이어서 두 번째로 해당 확인자에게 다시 쿼리에 대한 답변을 요청합니다.

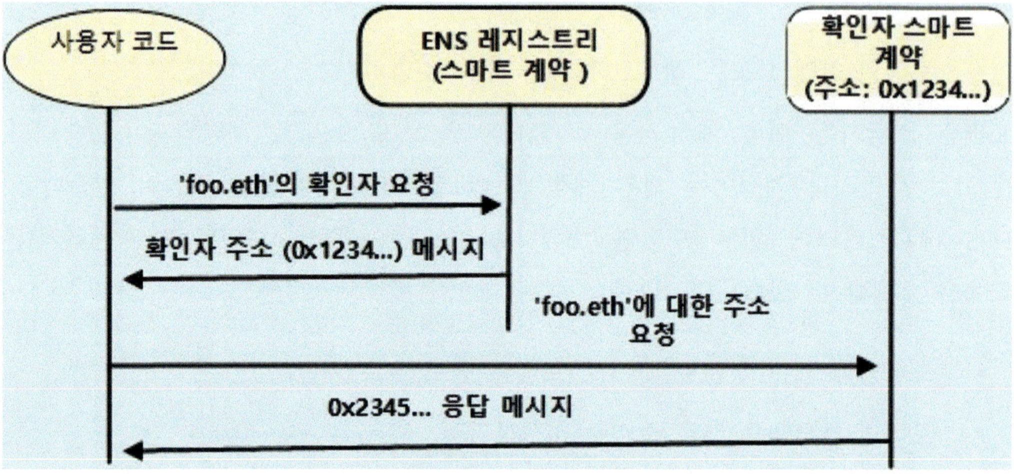

ENS 에서 이름을 확인하는 과정은 두 단계로 진행되며, 먼저 레지스트리에 이름에 대한 확인자가 무엇인지 묻고 (쿼리), 답변을 받습니다. 이어서 해당 확인자에게 다시 질의를 보내고 최종 응답을 받습니다. 이 두번째 단계를 담당하는 확인자 스마트 계약은 레이어 2 체인에 배포되는 것이 가능합니다.

위의 예에서는 'foo.eth'가 가리키는 이더리움 주소를 찾으려고 하는 경우입니다. 먼저 레지스트리에 어떤 확인자가 'foo.eth'를 담당하는지 물어 응답을 받은 다음 (해당 레지스트리 스마트 계약이 트리거 되면서 실행되어 해당 확인자 스마트 계약의 주소를 받고 나면), 그런 다음 해당 확인자에게 이름 'foo.eth'의 주소를 질의합니다. 결국 확인자가 이름을 주소로 변환하는 실제 프로세스를 담당한 후에 사용자에게 응답합니다 (확인자 스마트 계약이 실행되면서 해당 주소를 응답으로 알려줍니다).

이름해시(namehash)

ENS 에서 사용하는 이름은 길이가 길수도 있고 도메인 이름 마다 길이가 달라서 시스템은 고정 길이를 갖는 대응 값으로 이름을 변환한 것이 이름해시(namehash)입니다. 이름해시 프로시저는 이름 자체에만 의존하기 때문에 미리 계산하여 계약에 삽입할 수 있습니다. 스마트 계약의 리소스 제약으로 인해 사람이 읽을 수 있는 이름과 직접 상호 작용하는 것이 스마트 계약 관점에서는 비효율적이므로 ENS 는 이름이 고정 길이 256 비트 암호화 해시로만 작동하게 되어 있습니다. 계층적 속성을 유지하면서 이름에서 해시를 파생시키기 위해 Namehash 라는 프로세스가 사용됩니다. 예를 들어, 'alice.eth'의 네임 해시는 0x787192fc5378cc32aa956ddfdedbf26b24e8d78e40109add0eea2c1a012c3dec 이며, 이는 ENS 내에서만 사용되는 이름의 표현입니다. Namehash 는 유효한 도메인 이름에 대해 고유한 해시를 생성할 수 있는 재귀 프로세스입니다. 모든 도메인의 이름 해시(예: 'alice.eth')로 시작하여 사람이 읽을 수 있는 원래 이름을 알거나 처리할 필요 없이 모든 하위 도메인(예: 'iam.alice.eth')의 이름 해시를 파생할 수 있습니다.

ENS 를 사용할 때의 장점

ENS 를 사용할 때의 장점은 다음 3 가지입니다. 먼저 주소가 단순화됩니다. ENS 는 암호 화폐 주소와 동등한 공개키로부터 만들어진 주소를 사용합니다. ENS 를 NFT 크리에이터 이름으로 활용할 수 있습니다. 최근, NFT 의 크리에이터 이름이나 Twitter 의 계정명을 ENS 도메인 이름으로 설정하고 있는 크리에이터가 증가하고 있습니다. 앞으로는 크리에이터에 한정되지 않고, 기업 등도 ENS 도메인 이름을 사용할 것으로 예상됩니다. OpenSea 에서 판매도 가능합니다. ENS 도메인 이름은 NFT 이기 때문에 NFT 마켓 플레이스의 OpenSea 에서 판매할 수 있습니다. ENS 도메인 이름은 경매 형식으로 판매되고 있어, 출품 기간 중에 최고치로 베팅하고 있는 사람이 낙찰합니다. 다만, ENS 도메인은 유지 비용을 필요로 합니다. 판매라는 형태로 ENS 의 소유자를 변경할 수 있는 것은 장점이라고 할 수 있습니다.

레지스트라와 레지스티리, 확인자 스마트 계약 코드는 실재로 어디에 있습니까?

이 물음에 대한 답은 간단합니다. '이더리움에서 사용자 계정이 어디에 있는가? '와 같은 답입니다. 이더리움 백서에서 다음 사항을 참조하기 바랍니다.

이더리움에서 상태는 "계정"이라는 개체로 구성되며 각 계정은 20 바이트 주소를 가지며 상태 전환은 계정 간에 가치와 정보를 직접 보내고 받는 것이다. 이더리움 계정에는 4 개의 필드가 있다.

- Nonce: 각 트랜잭션이 한 번만 처리될 수 있는지 확인하는 데 사용되는 카운터
- 계정의 현재 이더 잔액
- 계정의 스마트 계약 코드 (레지스트라, 레지스티리, 확인자 스마트 계약 코드를 포함)
- 계정의 저장소(기본적으로 비어 있음)

레지스트라, 레지스트리 및 확인자는 모두 계정의 스마트 계약으로 이더리움 블록체인에 배포 (온체인) 되어 있습니다. 모든 이더리움 노드가 이 계약들의 동일한 블록체인 복사본을 가지고 있기 때문에, 이 스마트 계약이 배포된 이후에는, 예를 들어, 'foo.eth'의 주소를 질의하는 메시지가 해당 스마트 계약 코드를 트리거하면 모든 이더리움 노드에서 각각 시행됩니다. 기본적으로 메시지는 외부 행위자가 아닌 계약에 의해 생성된다는 점을 제외하고는 트랜잭션과 같습니다. 현재 코드를 실행 중인 계약이 메시지를 생성하고 실행하는 CALL opcode 를 실행할 때 메시지가 생성됩니다. 트랜잭션과 마찬가지로 메시지는 코드를 실행하는 수신자 계정으로

연결됩니다. 따라서 계약은 외부 행위자가 계정을 통하여 할 수 있는 것과 정확히 동일한 방식으로 다른 계약과 관계를 가질 수 있습니다.

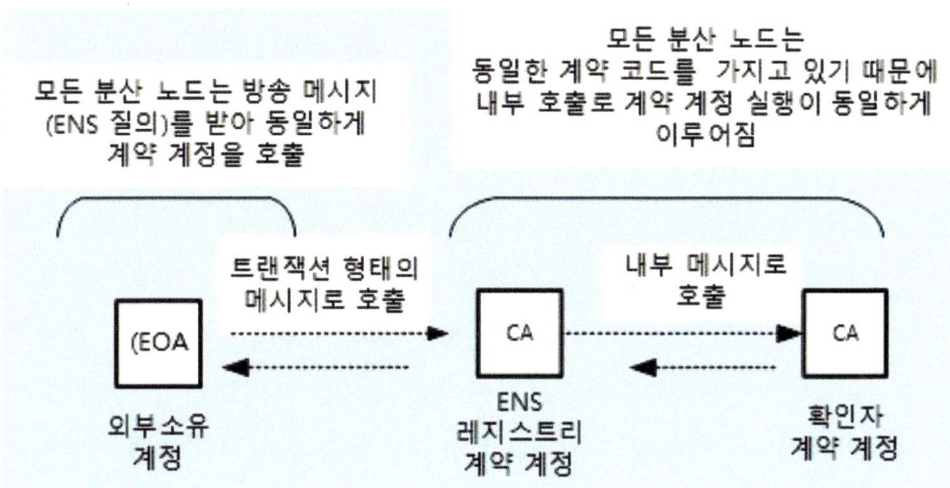

레지스트라, 레지스트리 및 확인자는 모두 계정의 스마트 계약으로 이더리움 블록체인에 배포 (온체인) 되어 있습니다. 모든 이더리움 노드가 이 계약들의 동일한 블록체인 복사본을 가지고 있기 때문에, 이 스마트 계약이 배포된 이후에는, ENS 이름에 대한 주소를 질의하는 메시지가 해당 레지스트리 스마트 계약 코드를 트리거하면 모든 이더리움 노드에서 각각 시행됩니다. 또 이어서 모든 노드에서 관련 확인자 계약을 트리거하여 결국 이름에 대한 주소를 해결합니다.

46. 디지털 주권의 달성

유럽의 GDPR 은 유럽 시민의 데이터를 보호하기 위한 규정이지만, 블록체인 기술은 불변성과 공개성으로 인해 GDPR 과 충돌할 수 있습니다. 유럽은 디지털 주권을 위해 자체 데이터 및 기술 인프라를 구축하고 있으며, 미국 클라우드 제공업체의 종속성을 줄이려 하고 있습니다. 블록체인은 탈중앙화와 안전성을 제공하지만, GDPR 준수 측면에서 데이터 수정 권리와 잊혀질 권리 등에서 도전 과제가 있습니다. 인터넷 컴퓨터는 하이브리드 블록체인 아키텍처와 VETKEYS 등을 통해 GDPR 준수를 목표로 하고 있습니다. 디지털 주권은 사용자에게 데이터에 대한 완전한 소유권을 주며, 웹 3 기술로 이를 지원할 수 있습니다.

유럽의 일반 데이터 보호 규정(GDPR)과 블록체인

유럽에서는 2018년 5월 18일부터 일반 데이터 보호 규정(GDPR)이 발효되어 조직이 위치에 관계없이 유럽 시민의 개인 데이터를 보호해야 합니다. 영국은 같은 해에 동등한 데이터 보호법을 제정했습니다. 조직의 경우 GDPR은 세계에서 가장 엄격한 소비자 개인 정보 보호 및 데이터 보안 법률 중 하나입니다. GDPR 위반자는 최대 2천만 유로 또는 전 세계 매출의 4% 중 더 높은 금액의 제재 또는 가혹한 벌금을 부과받을 수 있습니다. 그러나 이러한 법률을 준수하는 것은 그리 간단하지 않습니다. 블록체인 상에서도 개인 정보 보호를 위해 해결해야 할 문제가 있습니다. 일반적인 인식은 블록체인의 본질적인 불변성과 여기에 저장된 공개적으로 사용 가능한 데이터로 인해 GDPR과 블록체인 기술이 호환되지 않는다는 것입니다.

유럽은 미국 클라우드 제공업체가 주도하는 원격 컴퓨팅 및 데이터 스토리지 서비스에 크게 의존하고 있습니다. Synergy Research Group에 따르면 Amazon Web Services(AWS), Microsoft와 Google은 전 세계 클라우드 시장의 65%를 점유하고 있습니다. 당연히 유럽에서는 디지털 주권과 자체 데이터 및 기술을 통제하는 지역의 능력에 대한 우려가 커지고 있습니다. 미국 클라우드 제공업체는 기업이 데이터를 암호화하고 암호화 키에 대한 제어 및 관리를 유지할 수 있도록 하는 암호화 키 관리 시스템인 BYOK(Bring Your Own Key)를 포함하여 GDPR 준수 웹 서비스 및 애플리케이션을 허용하고 제공합니다. 이러한 GDPR 준수 옵션에도 불구하고 미국 법률은 정보 기관과 법 집행 기관에 데이터에 액세스할 수 있는 광범위한 권한을 부여하므로 데이터 보호법 간의 충돌이 여전히 발생할 수 있습니다. 그리고 BYOK 계획의 경우 일부는 암호화 키를 클라우드 서비스 공급자(CSP) 인프라에 업로드하므로 기업이 해당 키를 제어할 수 없게 됩니다.

미국이 아닌 EU 거대 기술 기업이 답인가?

유럽에서 디지털 주권을 달성하려면 해당 지역이 자체 데이터와 기술을 통제할 수 있도록 완전히 유럽 법률의 관할권 하에 있는 디지털 인프라를 구축해야 합니다.

스웨덴의 파일럿 데이터 센터인 Evroc 과 미국 거대 기술 기업의 유럽 대안으로 자리잡은 클라우드 컴퓨팅 회사인 Ionos 와 같은 프로젝트는 유럽 최초의 독립형 하이퍼스케일 클라우드를 구축하는 과정에 있습니다. 그러나 규모에 맞게 구축하려면 미국을 따라잡기 위해 데이터 센터, 서버, 스토리지 시스템, 네트워킹 장비를 포함한 상당한 양의 인프라가 필요합니다. 이러한 신진 프로젝트가 클라우드의 확장성과 효율성을 제공하는 데 필요한 자금이나 기술에 대한 액세스와 같은 잠재적인 리소스 제한을 극복할 수 있을지는 아직 알 수 없습니다. 더욱이 AWS 와 같은 미국 거대 기업은 EU 주권 클라우드 게임에 참여하여 EU 에 매장을 설립할 계획을 세우고 있습니다. 그러나 결국에는 여전히 중앙 집중식 클라우드 컴퓨팅이고 개인 데이터는 여전히 몇몇 대형 CSP 의 관리하에 있게 됩니다. 블록체인과 같은 기술은 조직에 중앙 집중식 클라우드 독점에 대한 대안을 제공할 수 있는 잠재력을 가지고 있습니다.

블록체인은 유망한 대안입니다.

위에서 언급한 중앙 집중식 솔루션에는 모두 하나의 주요 약점이 있습니다. 즉, 단일 당사자에 의해 제어된다는 점과 해당 종속성과 관련된 단점이 있습니다. 블록체인 기술은 무신뢰성을 도입하여 단일 당사자 의존성을 해결하기 위해 발명되었습니다. 그리고 여러 면에서 훨씬 더 안전한 플랫폼임이 입증되었습니다. 비트코인 네트워크는 탈중앙화되어 있어 누구의 정보도 해킹된 적이 없습니다. 그러나 얼핏 보면 블록체인 기술과 GDPR 은 양립할 수 없는 것처럼 보입니다. 일반적인 인식은 블록체인의 데이터는 불변이며 중앙화된 권한 없이 전 세계 컴퓨터에 분산되어 있다는 것입니다. 보다 구체적으로 다음과 같은 주요 영역에서 개인정보 보호 및 GDPR 과 충돌합니다.

- 데이터 수정 권리: 블록체인에 데이터를 추가하는 것은 비용이 많이 들지만 쉽습니다. 그러나 블록체인 고유의 불변성 속성으로 인해 데이터 변경이 불가능합니다.

- 잊혀질 권리: 블록체인은 아무것도 잊지 않습니다. 블록체인 불변성의 동일한 문제로 인해 체인에서 데이터를 삭제할 수 없는 문제가 발생하여 GDPR 준수가 불가능해집니다.
- 회사의 데이터 사용 방지: 데이터가 잘못되었거나 불법적으로 수집된 경우 GDPR 을 통해 회사가 해당 데이터를 사용하는 것을 방지할 수 있어야 합니다.
- 명확한 책임: 데이터 관리자 및 처리자는 특정인이 아닙니다. 법률에서는 데이터 컨트롤러(데이터 저장자)가 대부분의 법적 준수를 책임진다고 명시하고 있지만 블록체인 인프라는 어느 누구도 통제하거나 책임을 지지 않는 다수의 이해관계자를 의미합니다.

이 장애물은 뛰어넘기에는 너무 높은 것 같습니다. 그러나 분산화를 희생하지 않고 허가형 블록체인의 장점을 유지하는 하이브리드 블록체인 아키텍처를 사용하면 블록체인과 GDPR 이 조화롭게 공존할 수 있습니다.

인터넷 컴퓨터는 GDPR 호환 블록체인이 되려고 합니다.

대부분의 블록체인에서는 검증인이 전 세계 어디에서나 네트워크에 참여할 수 있습니다. 이는 그 자체로 대부분의 블록체인이 GDPR 을 준수하는 비즈니스 애플리케이션으로 고려되는 것을 방해합니다. 인터넷 컴퓨터는 크게 다릅니다. 이는 서브넷 블록체인과 노드 멤버십의 상호 작용으로 형성되며, 서브넷 할당은 분산형 자치 조직(DAO)에 의해 제어됩니다. 각 서브넷은 별도로 구성할 수 있으며, 새로운 샤딩 기술을 통해 서브넷 블록체인은 서로 원활하게 통신하면서도 별도의 상태와 데이터를 가질 수 있습니다. 이러한 인프라를 통해 인터넷 컴퓨터 DAO 는 하나의 지리적 영역 내에 있는 노드로 서브넷을 형성할 수 있습니다. 즉, 지역 기반 서브넷 구축이 가능합니다. 특히 유럽 토양에서만 실행되는 노드 시스템을 호스팅하는 EU 지역 서브넷을 생성할 수 있습니다.

인터넷 컴퓨터는 위의 목록에 나타난 장애물 위로 높이 뛸 수 있습니다. EU 서브넷이 블록체인 및 GDPR 호환성의 문제점을 해결하는 방법은 다음과 같습니다.

- 데이터 수정 권리: 기존 블록체인에서는 상태가 공개되어 있지만 인터넷 컴퓨터는 블록체인의 전체 기록을 저장하지 않으며 해당 상태는 공개되지 않습니다. 현재 상태만 유지되며 dapp 은 저장된 데이터를 완전히 제어합니다.
- 잊혀질 권리: 인터넷 컴퓨터의 스마트 계약은 사용자 정의가 가능하고 이러한 기능을 허용하므로 Dapp 은 데이터를 삭제하고 수정할 수 있습니다.
- 회사의 데이터 사용 방지: Dapp 은 데이터 컨트롤러이며 유연한 스마트 계약 소프트웨어를 통해 액세스 제어를 맞춤화할 수 있습니다.
- 명확한 책임: 네트워크의 분산화를 유지하기 위해 각 노드 제공자는 인터넷 컴퓨터를 관리하는 DAO 인 NNS(Network Nervous System)를 통해 토큰 보유자에 의해 검증되고 투표됩니다. NNS 는 네트워크의 운영과 발전을 감독하는 분산형 알고리즘 기관입니다. 새로운 노드 공급자를 네트워크에 허용하고 커뮤니티 구성원 투표에 따라 서브넷에 할당하는 역할을 담당합니다.

인터넷 컴퓨터(ICP)의 vetKeys 와 Chain Key 기술

인터넷 컴퓨터(ICP)의 vetKeys 와 Chain Key 기술은 모두 보안과 효율성을 높이기 위한 암호화 기법이지만, 그 목적과 작동 방식에는 차이가 있습니다. VetKeys 는 민감한 데이터 처리와 GDPR 준수를 필요로 하는 애플리케이션에 적합하며, Chain Key 는 빠르고 효율적인 스마트 계약 실행과 대규모 애플리케이션에 적합합니다. 두 기술을 비교하여 설명하면 다음과 같습니다:

- **보안 및 프라이버시**: VetKeys 는 주로 데이터의 프라이버시와 보안을 강화하는 데 초점을 맞추고 있으며, 데이터 암호화와 삭제/수정 기능을 지원하여 GDPR 준수를 돕습니다. 반면, Chain Key 는 네트워크의 전체 보안을 유지하면서 트랜잭션 효율성을 높이는 데 중점을 둡니다.
- **암호화 방식**: VetKeys 는 임계값 암호 해독과 같은 고급 암호화 기법을 사용하여 데이터를 보호하며, Chain Key 는 단일 공개 키를 사용하여 네트워크 상태를 유지하고 검증합니다.

- **확장성**: Chain Key 는 네트워크의 확장성을 높이기 위해 설계되었으며, VetKeys 는 보안성과 데이터 프라이버시를 위해 설계되었습니다.

■ VetKeys

♦ **목적**: VetKeys(Verifiably Encrypted Threshold Keys)는 GDPR 준수를 위해 데이터를 보호하는 데 초점을 맞춥니다. 주로 데이터 암호화, 임계값 암호 해독 및 서명에 사용됩니다.

♦ 기능:

- 암호화: 민감한 데이터를 블록체인에 저장하기 전에 암호화하여 보호합니다.
- 임계값 암호 해독: 데이터를 암호 해독하기 위해 여러 노드의 협력이 필요합니다. 이는 보안성을 높여 단일 노드의 악의적인 행동을 방지합니다.
- 분산형: 키는 여러 노드에 분산되어 있어 단일 실패 지점을 없애고 보안을 강화합니다.
- 데이터 삭제 및 수정: 특정 조건에서 데이터를 삭제하거나 수정할 수 있어 GDPR 의 '잊혀질 권리'를 지원합니다.

♦ **활용 사례**: 민감한 데이터를 다루는 애플리케이션에서 사용되며, 의료 기록, 금융 정보, 개인정보 보호가 중요한 시스템에서 특히 유용합니다.

■ Chain Key

♦ **목적**: Chain Key 기술은 ICP 의 스마트 계약이 빠르고 효율적으로 작동할 수 있도록 설계되었습니다. 주요 목표는 확장성과 성능 향상입니다.

♦ 기능:

- 단일 공개 키: 전체 네트워크의 상태를 나타내는 단일 공개 키를 사용하여 보안을 유지합니다. 이는 네트워크 내에서 발생하는 모든 트랜잭션과 상태 변경을 검증할 수 있게 합니다.

- 효율성: 블록체인의 상태를 업데이트하는 데 필요한 데이터의 양을 줄여 네트워크가 빠르게 확장될 수 있도록 돕습니다.
- 스마트 계약 호출: Chain Key 는 스마트 계약을 호출하고 실행하는 데 사용됩니다. 이를 통해 스마트 계약 간의 상호 운용성을 지원하며, 빠른 트랜잭션 처리를 가능하게 합니다.

♦ **활용 사례**: 빠른 트랜잭션 처리가 중요한 상황에서 사용되며, 대규모 애플리케이션이 원활하게 작동하도록 지원합니다. 예를 들어, 디앱(dApps), DeFi(분산 금융) 애플리케이션, 실시간 데이터 처리 시스템 등이 있습니다.

디지털 주권 활성화

애플리케이션 수준에서 데이터 암호화를 제공하는 vetKeys 와 프로토콜 수준에서 노드의 데이터 보호를 통해 EU 서브넷은 변조 방지됩니다. 이는 회사가 다른 블록체인에서는 생각할 수 없는 애플리케이션을 개발할 수 있는 가능성을 열어줄 뿐만 아니라, 회사와 최종 사용자 모두 EU 규정의 범위 내에서 인터넷 컴퓨터의 개인 정보 보호 기능과 분산화의 혜택을 누릴 수 있습니다. 첫 번째 유럽 서브넷은 스위스, 독일, 프랑스, 벨기에, 스웨덴을 포함한 유럽 국가에서만 노드 머신으로 새로 구현되었습니다. 이는 개발자와 조직이 오늘날 유럽의 절대적인 디지털 주권을 바탕으로 분산형 GDPR 준수 서비스 및 애플리케이션을 구축하고 배포하기 시작할 수 있는 강력한 기반을 마련합니다. EU 서브넷은 GDPR 을 준수하는 분산형 건강 또는 학생 기록 시스템, 분산형 금융(DeFi) 또는 데이터 위반 및 무단 액세스를 완화하기 위해 강화된 개인 정보 보호 조치를 갖춘 전자 상거래 애플리케이션과 같은 애플리케이션을 통해 다양한 산업에서 사용 사례의 가능성을 열어줍니다.

개인 제어권을 향한 움직임

GDPR 준수를 달성하기 위해 블록체인 기술을 사용하는 것은 데이터 보호 규정과 블록체인이 제공하는 이점 간의 균형을 유지하기 위해 규제 기관, 기술자 및 법률 전문가 간의 긴밀한 협력이 필요한 지속적인 탐구 및 연구 영역입니다. 그러나 아마도 실제 문제는 사용자가 현재 자신의 데이터를 제어할 수 없고 대신 대부분 미국 기반 클라우드 제공업체에 제어권을 위임한다는 근본적인 사실일 것입니다. 점점 더 많은 개인 데이터가 전자적으로 저장되는 세상에서 이 데이터를 저장하는 회사는 위치에 관계없이 신뢰할 수 있고 이를 보호할 책임을 져야 합니다. GDPR 은 데이터 사용에 대한 사용자 동의 획득에 대한 엄격한 규정을 설정하므로 훌륭한 첫 번째 단계입니다. 그러나 소유자가 아니더라도 회사를 사용자 데이터의 "관리자"로 유지합니다.

문제는 사용자로서 우리가 디지털 주권을 받아들일 준비가 되어 있느냐는 것입니다. 우리 자신의 개인 데이터를 완전히 통제하는 데에는 심각한 책임이 따릅니다. 의심할 바 없이 자산과 개인 정보의 자체 관리를 향한 움직임은 사고방식의 큰 변화를 가져오겠지만 채택을 지원하는 기술은 이미 존재합니다. 예를 들어, 영지식 증명(ZKP) 기술을 사용하면 개인 데이터를 공개하지 않고도 개인에 대한 무언가를 증명할 수 있습니다.

인터넷 컴퓨터의 체인 키 암호화와 결합한 인증 시스템인 인터넷 ID 를 이미 갖추고 있어 사용자가 민감한 정보를 공개하지 않고도 자신에 대해 무언가를 증명할 수 있습니다. 이 강력한 기능은 디지털 주권이 사용자가 자신의 데이터에 대한 완전한 소유권을 갖는다는 것을 의미하는 웹 3 비전을 구현합니다. 궁극적으로 인터넷 컴퓨터는 사용자 제어, 분산화, 세분화된 Dapp 투명성 및 업데이트 가능성을 지원합니다. 이 모든 것은 블록체인 기술에서 미래의 GDPR 준수 환경을 조성하기 위한 필수 구성 요소입니다.

47. '금전지향적' 틀을 뛰어넘는 웹 3.0 공간의 NFT

NFT 는 디지털 자산으로 소유자의 부를 나타내며 자선 NFT 의 거래는 공공의 이익을 촉진할 수 있습니다. 그러나 전송 및 거래가 불가능한 소울바운드 토큰(SBT)은 단순히 재정적 가치를 넘어서 신원 증명 등 다양한 용도로 활용될 수 있습니다. 출석증명 프로토콜(POAP) 등은 소울바운드화되어야 더 효과적으로 작동할 수 있습니다. 거버넌스 투표권을 소울바운드화하면 부의 영향을 줄이고 능력 있는 참여자들에게 권력을 집중시킬 수 있습니다. 웹 3.0 공간은 금전지향적 한계를 넘어 소울바운드 NFT 를 통해 정체성을 표현하는 방향으로 발전할 가능성이 있습니다.

NFT 란 무엇인가요?

이더리움은 ETH 로 발행된 디지털 화폐만을 위한 것이 아닙니다. 이더리움에는 소유할 수 있는 모든 것은 표현하고 이를 거래할 수 있게 하는 대체 불가능한 토큰(NFT)이 있습니다. 예술품을 토큰화하고 재판매될 때마다 자동으로 로열티를 받을 수 있습니다. 또는 소유한 것에 대한 토큰을 사용하여 대출을 받을 수도 있습니다. 이런 NFT 는 개별적으로 고유한 토큰입니다. 이더리움 또는 USDC 와 같은 다른 이더리움 기반 토큰은 모든 토큰이 동일하고 동일한 속성('대체 가능')을 갖습니다. 그러나 NFT 는 이들 토큰과 다릅니다. 각 NFT 는 서로 다른 속성(대체 불가능)을 가지고 있으며 희소성이 입증됩니다. NFT 하나 하나는 모두 다른 NFT 와 구별되는 개별 속성('대체 불가능')을 갖기 때문입니다. 각 NFT 의 고유성은 예술, 수집품 또는 부동산과 같은 것의 토큰화를 가능하게 하며, 여기서 하나의 특정 고유 NFT 는 특정 고유 현실 세계 또는 디지털 항목을 나타냅니다. 자산의 소유권은 이더리움에서 공개적으로 검증 가능합니다.

NFT 와 이더리움은 오늘날 인터넷에 존재하는 문제 중 일부를 해결합니다. 모든 것이 더욱 디지털화됨에 따라 희소성, 고유성, 소유권 증명과 같은 물리적 항목의 속성을 중앙 조직이 제어하지 않는 방식으로 다루어 져야 할 필요성이 있습니다. 예를 들어, NFT 를 사용하면 모든 이더리움 기반 앱에서 음악 mp3 파일을 소유할 수 있으며 Spotify 나 Apple Music 과 같은 특정 회사의 음악 앱에 구속되지 않습니다. 판매하거나 교환할 수 있는 소셜 미디어 취급품을 소유할 수 있지만 플랫폼 제공자가 임의로 빼앗을 수는 없습니다.

다음 표는 오늘날의 인터넷과 NFT 인터넷을 비교합니다.

NFT 인터넷	오늘날의 인터넷
당신은 당신의 자산을 소유합니다. 당신만이 그것을 팔거나 교환할 수 있습니다.	어떤 조직으로부터 자산을 임대했는데, 누군가가 그것을 빼앗아갈 수도 있습니다.

NFT 인터넷	오늘날의 인터넷
NFT 는 디지털적으로 독특하며, 두 개의 NFT 가 동일한 것은 없습니다.	사본은 원본과 구별하기 어려운 경우가 많습니다.
NFT 의 소유권은 블록체인에 저장되어 누구나 공개적으로 확인할 수 있습니다 .	디지털 항목의 소유권 기록에 대한 액세스는 기관에서 관리합니다. 기관의 말만 믿어야 합니다.
NFT 는 이더리움의 다른 스마트 계약 및 앱에서 쉽게 사용할 수 있다는 뜻입니다.	디지털 항목을 보유한 회사는 일반적으로 자체 "폐쇄형 관리"를 담당하는 인프라가 필요합니다.
콘텐츠 제작자는 자신의 작품을 어디서나 판매할 수 있고, 글로벌 시장에 진출할 수 있습니다.	크리에이터는 자신이 사용하는 플랫폼의 인프라와 배포에 의존합니다. 이는 종종 이용 약관과 지역 제한의 적용을 받습니다 .
NFT 창작자는 자신의 작품에 대한 소유권을 유지하고, 로열티를 NFT 계약에 직접 프로그램할 수 있습니다.	음악 스트리밍 서비스와 같은 플랫폼은 판매에서 발생하는 수익의 대부분을 차지합니다 .

아마도 당신은 통제력을 제 3 의 중개자에게 위임하여 수익을 희생하는 일 없이 NFT 를 사용하여 자신의 작품을 공유하는 아티스트가 될 수 있습니다. 새로운 계약을 만들고 NFT 의 수, 속성 및 특정 아트워크에 대한 링크를 지정할 수 있습니다. 아티스트로서 당신은 지불해야 할 로열티를 스마트 계약에 프로그래밍할 수 있습니다 (예: NFT 가 전송될 때마다 판매 가격의 5%를 계약 소유자에게 전송). 또한 당신은 항상 당신이 NFT 를 소유하기 때문에 당신이 NFT 를 만들었다는 것을 증명할 수 있습니다. 지갑 계약을 배포한 구매자는 지갑을 통해 컬렉션에서 정품 NFT 를 소유하고 있다는 것을 쉽게 증명할 수 있습니다. 지갑 주소는 스마트 계약의 NFT 와 연결되어 있습니다. 그들은 이더리움 생태계 전반에서 그것을 사용할 수 있으며, 그 진위성에 확신을 가질 수 있습니다.

스포츠 이벤트 티켓을 생각해 보세요. 이벤트 주최자가 판매할 티켓 수를 선택할 수 있는 것처럼 NFT 제작자는 얼마나 많은 복제품이 있는지 결정할 수 있습니다. 때로는 5000 장의 일반 입장권과 같이 정확한 복제품이 있습니다. 때로는 매우 유사하지만 각각 약간씩 다른 여러 개의 주조 티켓이 있습니다. 예를 들어 좌석이 지정된 티켓이 있습니다. 이러한 티켓은 티켓 처리자에게 비용을 지불하지 않고도 피어투피어로 사고 팔 수 있으며 구매자는 항상 계약 주소를 확인하여 티켓 진위성을 확신할 수 있습니다.

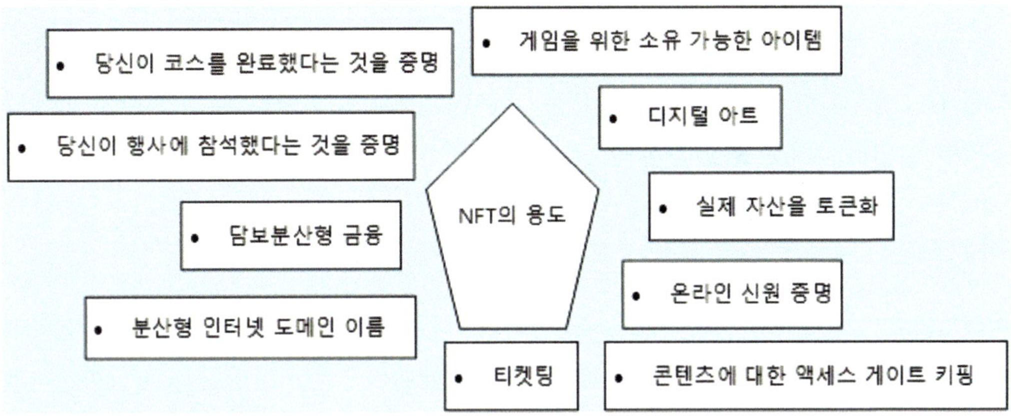

NFT 의 용도는 다양합니다. 예를 들어, 좌석이 지정된 티켓 NFT 가 있습니다. 이러한 티켓은 티켓 처리자에게 비용을 지불하지 않고도 피어투피어로 사고 팔 수 있으며 구매자는 항상 계약 주소를 확인하여 티켓 진위성을 확신할 수 있습니다

"스마트 계약"을 통해 생성되는 NFT

이더리움 블록체인의 모든 디지털 항목과 마찬가지로 NFT 는 "스마트 계약"이라는 프로그램을 통해 생성됩니다. 이러한 계약은 다음과 같은 특정 규칙을 따릅니다. ERC-721 또는 ERC-1155 계약에서 무엇을 할 수 있는지 결정하는 기준입니다.

NFT 스마트 계약은 몇 가지 주요 작업을 수행할 수 있습니다.

- NFT 만들기: 새로운 NFT 를 만들 수 있습니다.
- 소유권 할당: 특정 이더리움 계정 주소에 NFT를 연결하여 누가 어떤 NFT를 소유하고 있는지 추적합니다.

- 각 NFT 에 ID 부여: 각 NFT 에는 고유하게 만드는 번호가 있습니다. 또한 일반적으로 NFT 가 무엇을 나타내는지 설명하는 정보(메타데이터)가 첨부되어 있습니다.

누군가가 NFT 를 "창작"하거나 "주조"할 때, 그들은 기본적으로 스마트 계약에 특정 NFT 의 소유권을 주라고 말하는 것입니다. 이 정보는 블록체인에 안전하고 공개적으로 저장됩니다. 게다가 계약 작성자는 추가 규칙을 추가할 수 있습니다. 특정 NFT 를 얼마나 많이 만들 수 있는지 제한하거나 NFT 의 소유자가 바뀔 때마다 소액의 로열티 수수료를 받아야 한다고 결정할 수 있습니다.

NFT 보안

이더리움의 보안은 지분증명으로 완성됩니다. 이 지분증명 방식은 악의적인 행동에 대하여 막대한 경제적 손실을 과하도록 설계되어 있어 이더리움을 안전하게 만듭니다. 이것이 NFT 보안을 가능하게 만드는 것입니다. 공격자가 NFT 의 소유권, 고유번호나 메타데이터를 변경하려고 시도한다면 수백만 ETH 가 필요합니다. 이더리움 소프트웨어를 실행하는 사람은 NFT 에 대한 부정한 변조를 즉시 감지할 수 있으며, 나쁜 행위자는 경제적으로 처벌을 받고 추방됩니다. NFT 와 관련된 보안 문제는 피싱 사기, 스마트 계약 취약성 또는 사용자 오류(실수로 개인 키를 노출하는 경우)와 가장 자주 관련되므로 NFT 소유자에게는 우수한 지갑 보안이 매우 중요합니다.

NFT 로 이더리움 너머의 공공재를 지지하는 방법

이더리움에서 만들어진 NFT 는 이더리움 생태계를 넘어 더 넓은 범위의 암호화폐 생태계에서 정당성을 인정받는다면, 그 공공재의 가치는 이미 이더리움의 차원을 넘어섰다고 봐야 합니다. NFT 는 많은 종류의 공공재, 특히 창작 분야의 공공재에서 문제가 되는 펀딩 문제를 최소한 부분적으로라도 해결하는 데 도움이 될 것입니다. 그러나 NFT 는 그저 부자 연예인들을 위한 도박 대상이 될 수도 있습니다. 만약 일론 머스크가 자기 트윗을 100 만 달러에 팔려 한다면, 우리가 이를 사도 얻을 수 있는 사회적 가치는 적습니다. 어차피 일론 머스크만 더 부자로 만듭니다. 이처럼 NFT 가 부자 연예인들을 위한 카지노가 되는 것뿐이라면 이 NFT 라는 개념이 딱히 대단하다고 생각하지는 않았을 것입니다.

다행히도 우리는 NFT의 가치를 좀 더 높일 수 있습니다. 만약 사람들이 한 NFT에는 관심을 보이고, 또 다른 NFT 에는 그다지 흥미를 못 느낀다고 칩시다. 매우 자연스럽게 전자의 NFT 를 사고 싶어하는 사람들이 등장할 것입니다. 그 NFT 를 가지고 싶어하는 사람이 많으니 일단 자랑할 수 있고, 자신이 보유하고 있다는 사실에 자부심을 느낄 수 있을 것입니다. 게다가 사람들이 같은 생각을 하고 있으므로 더 높은 가격으로 되팔 수도 있습니다. 만약 사람들이 NFT 에 대해 느끼는 인식이나 정당성을 좀 더 좋은 방향으로 끌고 갈 수 있다면 우리는 NFT 를 통해 예술가나 기부단체에 확실한 자금 조달 경로를 제공할 수 있습니다. 이와 관련해선 두 가지 아이디어가 있습니다. 첫째, 어떤 공공성을 띤 기관(또는 다오)이 NFT 수익 일부를 공공사업에 쓰겠다고 약속하고 특정 브랜드의 NFT 를 만들어 팔고 수익을 보는 경우를 상상해 봅시다. 이것으로 연관된 기관은 NFT 를 통해 수익을 얻을 수 있고, NFT 보유자는 특별한 정당성이 내재된 NFT 를 구매하게 됩니다. 예를 들자면 해당 NFT 를 구매하여 세계 난민 구호 사업을 도울 수 있습니다. 둘째, 소셜미디어에서 사람들의 프로필에 부가적인 정보를 추가할 수 있게 끔 만들어보는 것도 한가지 방법입니다. 프로필만 봐도 난민 구호 사업에 기부했다는 사실을 알 수 있게 해주는 것입니다. NFT 를 구매한 사람들이 단순히 말로만 자선활동을 하는 것이 아니라 소중한 돈까지 기부했다는 것을 보여줄 수 있을 것입니다. 이것은 첫번째 아이디어와 함께 사용해서 사회적 문제를 해결하는 데 더 많은 관심과 지원을 쏟을 수 있는 방법이 될 수 있습니다.

자선 NFT 의 거래가 활발해진다면, 그것만으로도 많은 공공의 이익을 촉진

현재 NFT 는 대규모 멀티플레이어 온라인 게임에서 나오는 에픽(진귀하거나 희귀한 가치) 아이템과 비슷한 속성을 많이 가지고 있습니다. NFT 를 가진 사람들은 기본적으로 이를 자랑할 수 있고, 요즘에는 그 과정이 더 원활하게 이루어질 수 있도록 도와주는 여러 도구가 있습니다. 이러한 NFT 를 보유하고 있다는 것은 정확히 다음과 같은 신호를 발산합니다. 누군가의 지갑에 들어 있는 NFT 에는 '이 사람은 NFT 라는 새로운 미디어를 잘 다룬다는 신호'와, '어떤 NFT 가 살 만한 NFT 인지 알아볼 수 있는 안목을 가지고 있다는 신호'가 내장되어 있습니다. 하지만 NFT 는 얼마든지 거래 가능한 품목이기 때문에 누군가의 지갑에 들어 있는 NFT 는 '이 사람은 이걸 살 만큼 충분한 부를 가지고 있다는 사회적 신호'가 먼저 보이기 마련입니다. 결국 NFT 를 가지고 있는 것이 부를 가지고 있다는 신호가 되는 셈입니다. 이를 꼭 나쁘게 볼 것은 아닙니다. 가령 자선단체를 지원하기 위한 NFT 의 경우, 2차 시장에서 이를 구매하는 사람은 그 단체의 목적과 NFT 의 구매를 장려하기 위해 자신의 자금을 희생해 자선단체를 돕고 있는 셈이기 때문입니다. 그렇게 자선 NFT 의 거래가 활발해진다면, 그것만으로도 많은 공공의 이익을 촉진할 수 있습니다. 이처럼 양도 가능한 NFT 는 예술가들과 자선단체를 지원하는 데 사용가치가 있습니다.

전송 및 거래가 불가능한 소울바운드 토큰으로서의 NFT

마이크로소프트 공동 창립자인 빌 게이츠에 따르면 NFT 는 '더 큰 바보 이론(Greater Fool Theory)'에 바탕을 둔 것으로 단지 내재가치가 없는 자산을 다른 사람에게 향후 더 비싼 값으로 팔기 위한 용도밖에 없다고 했습니다. 사실상 지금까지의 NFT 들은 효율성이 불명확하고 오로지 이득만을 쫓아가는 성향을 보여 왔지만 비탈릭 부테린은 전송 및 거래가 불가능한 소울바운드 토큰(Soulbound Token, SBT)이란 NFT 를 통해 전반적인 시장과 정반대되는 개념의 NFT 를 제시했습니다. 소울바운드 토큰의 특징은 한번 지갑에 전송될 경우 영원히 그 지갑에 속하게끔 보관되어 일종의 신원 NFT 가 될 수 있다는 것입니다. 월드 오브 워크래프트(WoW) 플레이어들에게 익숙하지만 게임 밖에서는 거의 논의되지 않는 특징 중 하나는 소울바운드 아이템입니다. 소울바운드 아이템은 한 번 획득하면 다른 플레이어에게 양도하거나 판매할 수 없습니다 이처럼 소울바운드 메커니즘을 도입한 게임은 모든 아이템을 언제나 판매할 수 있는 게임에 비해서는 훨씬 더 나은 게임 구조입니다.

출석증명 프로토콜(Proof of Attendance Protocol, POAP)

양도 불가능한 NFT 들이 추후에 어디에 사용될 수 있고 어떻게 설치될 수 있는지는 아직 충분히 탐구되지 않았습니다. 양도 불가능한 NFT 로 '부를 가지고 있다는 신호'와는 완전히 다른 것을 알리기 위한 NFT 를 소유하고 싶다면 어떻게 해야할까요? 이런 시도의 프로젝트 중 가장 좋은 사례는 아마도 출석증명 프로토콜(Proof of Attendance Protocol, POAP)일 것입이다. 출석증명 프로토콜은 어떤 행사에 참여했다는 것을 의미하는 NFT 입니다. 프로젝트들은 POAP NFT 로 행사 참여자에게 참여 인증 배지를 제공할 수 있습니다.

출석증명 프로토콜의 NFT 는 거래가 가능합니다. 그래서 사실 엄밀히 말하면 참여 인증에 대한 증명 기능은 떨어진다고 할 수 있습니다. 실제로는 행사에 참여하지 않고 다른 참여자의 출석증명 프로토콜을 구매하는 방법으로 참여를 가장하는 경우가 가능하기 때문입니다. 이런 측면을 고려했을 때 출석 증명 프로토콜은 사실 소울바운드 NFT 로 출시되면 훨씬 더 잘 작동할 수 있는 NFT 입니다. 소울바운드 토큰은 거래가 불가능하기 때문에 소울바운드 POAP 를 확보할 유일한 방법은 이벤트에 참석하는 것이기 때문입니다.

온체인 자격증 NFT(운전면허증, 대학 학위, 신분 증명)을 출시하고자 하는 프로젝트들도 비슷한 문제에 직면해 있습니다. 누구든 자격증에 대한 조건을 충족시키지 못한 채 조건을 충족시키는 사람의 자격증을 구매할 수 있다면 자격증 NFT 의 가치는 줄어들 것입니다. 이런 측면을 고려했을 때 자격증 NFT 도 소울바운드 NFT 로 출시되면 훨씬 더 잘 작동할 수 있을 것입니다.

거버넌스 투표권을 소울바운드 NFT 로

거버넌스 프로토콜들도 소울바운드 NFT 를 활용할 수 있습니다. 커뮤니티 멤버들이 프로토콜의 미래를 결정할 수 있도록 도입된 거버넌스 프로그램들은 사실상 금권정치로 변모되어 부자의 놀이터가 된 경우가 많습니다. 만약 거버넌스 토큰을 소울바운드화 한다면 거버넌스 권력을 자금으로 확보할 수 없기 때문에 프로토콜의 거버넌스 권력은 자연스럽게 프로토콜에 가장 적극적인 참여자들에게 쏠리게 될 것입니다. 거버넌스 권력이 쉽게 양도되는 구조는 거버너스 메커니즘에 악영향을 미칩니다. 두 가지 이유 때문입니다.

- 거버넌스 권력의 분산화가 목적이라면, 양도 가능성은 역효과를 가져옵니다. 이는 이해관계자들이 협력해 거버넌스 투표권을 대량 매수할 위험이 크기 때문입니다.
- 거버넌스 권력이 유능한 자들에게 배분되는 것이 목표라면, 양도 가능성은 역효과를 가져옵니다. 이는 무능하지만 완강한 자들이 거버넌스 권력을 매수하는 것을 방지하는 메커니즘이 없기 때문입니다.

양도 가능한 거버넌스 투표권 (NFT)은 실제로 커뮤니티 가치에 이바지할 온순한 사람보다는 문제를 일으킬 가능성이 큰 권력에 굶주려 있는 자들에게 집중될 가능성이 높습니다. 만약 거버넌스 투표권을 양도할 수 없게 설계한다면 어떨까요? 시티 다오의 경우 실제로 도시안에 거주하는 사람들에게 투표권이 몰리는 (적어도 대량의 시티즌 NFT 를 보유한 고래들이 거버넌스를 좌지우지하는) 것을 피할 수 있으면서 민주주의적인 다오가 작동하도록 NFT 를 운영할 수 있을 것입니다.

'웹 3.0' 공간이 '금전지향적' 틀에서 벗어 나는 길

현재 '웹 3.0' 공간에 쏟아지는 흔한 지적 중 하나는 '모든 것이 금전지향적이라는 비판입니다. 대량의 부를 소유하는 것과 이를 낭비하는 것을 자랑하는 행위는 NFT 같은 디지털 수집품을 중심으로 한 문화의 매력과 장기적인 지속 가능성에 모순적으로 타격을 줍니다. 물론 인정받지 못한 예술가와 자선 단체를 지원하는 등 금전화된 NFT 가 제공하는 이점들도 있긴 합니다. 그러나 이는 한계가 있습니다.

NFT 세계에는 금전화를 넘어 충분히 가능성을 타진해볼 만한 지점이 있습니다. 암호화폐 전반에서 더 많은 자산을 '소울바운드'함으로서 NFT 는 단순히 그 사람의 재정적인 형편을 과시해주는 도구를 넘어서 정체성을 표현하는 기술로 작용할 수 있습니다. 그러나 이를 이루기 위해서는 아직 기술적인 문제가 남아 있습니다. 블록체인 업계에서는 지금까지는 재화나 자산, 가치의 양도 가능성을 최대화하기 위해 발전해왔지만, 소울바운드는 방향이 정반대 기술입니다. 그래서 기술적인 어려움이 있습니다. 현재로서는 사용자가 양도할 수 없거나(개인증명 프로필과 같이) 양도를 원하지 않는(ENS 주소와 같이) 아이템을 '신원 객체(Identity Objects)'에다가 묶는 것이 가장 유망한 방법으로 보입니다. NFT 의 사용성을 개선하고 프라이버시와 보안성을 보장하는 데는 여전히 어려움이 남아 있으며 이를 극복하기 위해서는 더 많은 노력이 필요합니다. 이를 해결할 수 있다면, NFT 는 단지 돈이 전부가 아닌 협력적이고 재미있는 생태계의 중심이 되는 블록체인으로 나아갈 길을 열어줄 것입니다.

48. 블록체인과 협업하는 인공 지능의 새로운 시대

인공지능(AI)은 빠르게 발전하여 일상 생활에 필수적인 요소가 되었지만, 중앙 집중화와 데이터 개인 정보 보호 문제를 야기했습니다. ELNA 프로젝트는 인터넷 컴퓨터(ICP) 블록체인을 기반으로 AI 를 민주화하고, 투명성과 커뮤니티 협업을 촉진하여 이러한 문제를 해결하려고 합니다. ELNA 는 사용자가 맞춤형 챗봇을 만들 수 있게 하여 AI 제어를 탈중앙화하고, 데이터 프라이버시를 보호하며, AI 의 혁신을 촉진합니다. 이 프로젝트는 AI 의 잠재력을 모든 개인과 조직이 활용할 수 있도록 하는 것을 목표로 합니다.

탈중앙화, 투명성 및 커뮤니티 협업이 주도하는 인공 지능의 새로운 시대

인공 지능(AI)은 빠르게 발전하여 디지털 생활의 필수적인 부분이 되었습니다. 일상 업무를 관리하는 가상 비서부터 선택을 안내하는 추천 시스템에 이르기까지 AI 시스템은 디지털 환경 전반에 걸쳐 확산되었습니다. 그러나 이러한 확산은 중앙 집중식 제어, 데이터 개인 정보 보호 문제 및 제한된 사용자 지정 옵션과 같은 대가를 치렀습니다. ELNA (Empowering Language-based AI project)는 이러한 도전에 대한 대응책으로 등장합니다. 인터넷 컴퓨터(ICP) 블록체인의 개발팀은 탈중앙화, 투명성 및 커뮤니티 협업이 주도하는 인공 지능의 새로운 시대를 이끌고 있습니다. AI 의 환경을 재정의하려는 선구적인 프로젝트가 ELNA 입니다. ELNA 의 시작은 AI 를 대중화하여 사용자가 고유한 요구 사항에 맞는 개인화된 챗봇을 만들 수 있도록 한다는 비전에 뿌리를 두고 있습니다. 혁신적인 분산형 컴퓨팅 플랫폼인 인터넷 컴퓨터에서 탄생한 ELNA 는 AI 가 민주화되고 투명한 세상을 꿈꿉니다. 개인, 개발자 및 조직이 중앙 집중식 엔터티에 제어권을 넘기지 않고 AI 의 잠재력을 활용할 수 있도록 권한을 부여하고자 합니다.

기존 AI 생태계의 과제와 AI 민주화의 필요성

세계는 지난 10 년 동안 인공 지능(AI)의 놀라운 발전을 목격했으며 AI 시스템은 우리의 일상 생활, 비즈니스 및 산업에 스며들었습니다. 그러나 이러한 AI 채택의 급증은 민주화를 향한 근본적인 전환을 필요로 하는 기존 AI 생태계 내에서 몇 가지 중요한 문제를 수반했습니다. AI 생태계가 직면한 핵심 문제는 다음과 같습니다.

■ AI 파워의 중앙 집중화

- ♦ 과제: 기존 AI 생태계는 가장 발전된 AI 시스템을 제어하고 운영하는 소수의 거대 기술 기업이 지배하는 경우가 많습니다. 이러한 중앙 집중식 엔터티는 AI 개발의 방향을 지시할 뿐만 아니라 AI 기반 데이터에 대한 막대한

권한을 축적하여 데이터 개인 정보 보호, 감시 및 독점 관행에 대한 우려를 낳습니다.

- ♦ 시사점: 중앙 집중화는 다양성을 저해하고 혁신을 저해하여 광범위한 사용자 요구와 사용 사례를 해결할 수 있는 AI 의 잠재력을 제한합니다. AI 기능에 대한 액세스를 제한하여 주로 선택된 소수에게 혜택을 줍니다.

■ 제한된 사용자 정의 및 개인화

- ♦ 과제: 기존 AI 모델은 광범위한 사용 사례에 맞게 설계되었으며 특정 개인 또는 조직의 요구 사항에 맞게 쉽게 사용자를 지정할 수 없습니다. 사용자는 고유한 요구 사항에 적응하지 못하는 천편일률적인 AI 솔루션에 제약을 받는 경우가 많습니다.
- ♦ 시사점: 커스터마이징이 부족하면 틈새 시장이나 전문 영역을 다루는 AI 의 효율성이 저해되어 차선의 사용자 경험이 실현되지 않을 잠재력이 발생합니다.

■ 데이터 개인 정보 보호 및 보안 문제

- ♦ 과제: 많은 AI 생태계가 중앙 집중식 데이터 저장 집합체에 의존하고 있어 데이터 개인 정보 보호 및 보안에 대한 심각한 우려가 제기되고 있습니다. 사용자는 민감한 데이터에 대한 통제권을 AI 제공업체에 넘겨야 하는 경우가 많아 개인 정보 침해 및 데이터 오용에 노출됩니다.
- ♦ 시사점: 데이터 프라이버시 신뢰의 약화는 사용자가 중앙 집중식 엔터티와 정보를 공유하는 것을 점점 더 경계하게 됨에 따라 AI 의 광범위한 채택을 가로막는 장벽이 됩니다.

■ 투명성 부족

- ♦ 과제: 중앙 집중식 AI 시스템은 종종 알고리즘 및 의사 결정 프로세스의 내부 작동을 숨기는 "블랙박스"로 작동합니다. 사용자는 AI 가 결론에 도달하는 방법에 대한 가시성이 제한되어 공정성, 책임성 및 투명성을 보장하기 어렵습니다.
- ♦ 시사점: 투명성 부족은 의도하지 않은 편견, 차별적 결과, AI 시스템에 대한 불신으로 이어져 AI 시스템의 수용과 윤리적 사용을 방해할 수 있습니다.

AI 의 민주화의 필요성은 분명합니다. 이를 위해서는 중앙 집중식 제어에서 개인, 개발자 및 조직이 AI 의 미래를 형성하는 데 적극적으로 참여할 수 있는 분산형 커뮤니티 기반 접근 방식으로의 혁신적인 전환이 필요합니다. ELNA 는 이러한 문제에 대한 해결책으로 떠오르고 있으며, 인터넷 컴퓨터에서 AI 를 민주화하여 AI 환경을 재정의하려고 준비하고 있습니다.

ELNA 프로젝트 비전과 목표

ELNA 는 인공 지능(AI)이 민주화되고, 개인, 개발자 및 조직이 액세스할 수 있고 사용자를 지정할 수 있는 세상을 꿈꿉니다. ELNA 의 비전은 사용자가 자신의 고유한 요구 사항에 맞는 전문 AI 비서를 만들 수 있도록 하여 커뮤니티 중심의 틈새 봇 생태계를 육성하는 것입니다. 이 혁신적인 접근 방식은 AI 제어권을 많은 사람의 손에 되돌려 놓음으로써 온체인 컴퓨팅을 통해 데이터 프라이버시를 보호하고 탈중앙화되고 민주화된 AI 의 잠재력을 보여줍니다. 다음은 ELNA 프로젝트의 목표입니다.

- AI 의 민주화: ELNA 의 주요 목표는 개인화된 사용 사례에 고급 대화형 AI 에 액세스할 수 있도록 하여 AI 를 민주화하는 것입니다. ELNA 는 정보 권력 역학을 중앙 집중식 AI 공급자에서 개별 사용자 및 개발자로 전환하는 것을 목표로 합니다.

- 커뮤니티 주도 혁신: ELNA 는 커뮤니티가 AI 개발에 적극적으로 참여하는 생태계를 만들고자 합니다. ELNA 의 목표는 다양한 기여를 장려하고, 혁신을 촉진하며, AI 의 진화를 공동으로 이끄는 것입니다.
- 데이터 개인 정보 보호 및 보안: ELNA 는 인터넷 컴퓨터 블록체인의 보안 기능을 활용하여 사용자 데이터의 개인 정보를 보호하기 위해 최선을 다하고 있습니다. ELNA 는 민감한 정보를 안전하게 유지하고 사용자가 제어할 수 있도록 하여 신뢰를 구축하는 것을 목표로 합니다.
- 탈중앙화 시연: ELNA 는 탈중앙화되고 민주화된 AI 의 가능성을 보여주고자 합니다. 인터넷 컴퓨터의 특성을 활용하여 커뮤니티 주도 AI 개발의 새로운 패러다임을 개척하는 것을 목표로 합니다.

ELNA 프로젝트의 기술 아키텍처

일반적인 블록체인을 통한 분산형 AI 시스템에서 블록체인은 훈련 데이터의 해시값을 저장하고 훈련에 사용하는 것을 승인합니다. 또 블록체인은 훈련된 데이터가 사용자에 의해서 이용되었을 때 훈련 데이터를 제공한 사람에게 보상이 주어지게 합니다. AI 시스템을 이용하려는 사용자는 요청을 트랜잭션 형태로 블록체인 노드로 보내면 AI 모델은 블록체인을 경유하지 않고 직접 응답을 보내 주는 형태입니다.

ELNA 기술 아키텍처의 핵심은 캐니스터 프레임워크입니다. 이 프레임워크는 데이터 수집, 모델 학습 (훈련), 봇 배포, 온체인 질의 요청 제공을 포함한 다양한 AI 관련 작업을 위한 필수 인프라를 제공합니다. 다음과 같은 기능을 제공합니다.

- 분산 실행: 캐니스터를 사용하면 AI 프로세스를 분산하여 실행하여 AI 기능이 인터넷 컴퓨터의 네트워크에 분산되도록 할 수 있습니다.
- 확장성: ELNA 는 인터넷 컴퓨터의 확장성을 활용하여 플랫폼이 성장함에 따라 더 크고 복잡한 AI 모델을 지원합니다.
- 상호 운용성: 캐니스터는 다른 체인 및 시스템과 상호 운용이 가능하므로 ELNA 는 분산형 기술의 광범위한 생태계와 원활하게 통합될 수 있습니다.

ELNA 기술 인프라의 핵심 구성 요소 중 하나는 벡터 데이터베이스입니다. 이 전문 데이터베이스는 온체인 데이터 저장 및 검색에 최적화되어 있어 AI 데이터를 효율적으로 관리하는 데 중요한 요소입니다. 다음과 같은 분야에서 중추적인 역할을 합니다.

- 데이터 저장: 벡터 데이터베이스는 AI 모델 학습 및 추론에 필요한 데이터를 인터넷 컴퓨터에 효율적으로 저장합니다.
- 데이터 검색: ELNA 의 아키텍처를 사용하면 벡터 데이터베이스에서 데이터를 빠르게 검색할 수 있어 실시간 AI 상호 작용이 가능합니다.

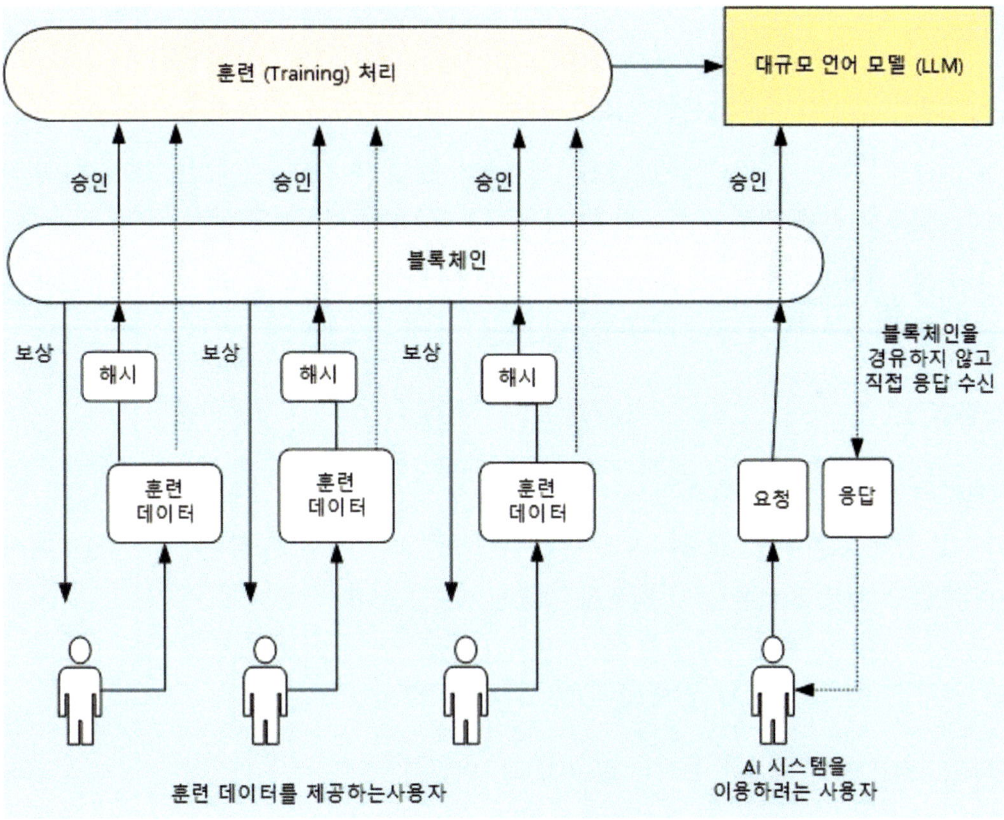

블록체인을 통한 분산형 AI 구조에서 블록체인은 훈련 데이터의 해시 값을 저장하고 훈련에 사용하는 것을 승인합니다. 또 블록체인은 훈련된 데이터가 사용자에 의해서 이용되었을 때 훈련 데이터를 제공한 사람에게 보상이 주어지게 합니다. AI 시스템을 이용하려는 사용자는 요청을 트랜잭션 형태로 블록체인 노드로 보내면 AI 모델은 블록체인을 경유하지 않고 직접 응답을 보내 주는 구조입니다.

접근 제어 및 ID 관리

ELNA 는 강력한 액세스 제어 및 ID 관리를 통해 사용자 데이터 개인 정보 보호 및 보안을 우선시합니다. 인터넷 ID 시스템과 통합되어 사용자가 ELNA 의 AI 기능에 안전하고 인증된 액세스 권한을 갖도록 합니다.

워크플로우

ELNA 는 복잡한 AI 프로세스를 단순화하는 워크플로우를 제공합니다. 이러한 워크플로를 통해 다음을 수행할 수 있습니다.

- 사용자 지정 데이터 수집: 사용자와 개발자는 사용자 지정 데이터 세트를 쉽게 수집하여 도메인별 정보에 대해 AI 모델을 학습할 수 있습니다.
- 모델 교육: ELNA 는 캐니스터에서 AI 모델 학습을 오케스트레이션하며, 필요한 경우 외부 추론 API 를 사용하여 오케스트레이션합니다.
- 봇 배포: 훈련된 모델은 격리된 캐니스터에 배포되어 AI 어시스턴트의 보안과 무결성을 보장합니다.

대화형 AI

ELNA 의 아키텍처에는 대화형 AI 를 위한 특수 구성 요소가 포함되어 있습니다. 이 기능을 통해 ELNA 는 역동적이고 상황 인식 가능한 대화에 참여하여 사용자에게 자연스럽고 반응이 빠른 상호 작용을 제공할 수 있습니다.

왜 인터넷 컴퓨터가 AI 민주화에 앞서 가는가?

인터넷 컴퓨터의 속성이 ELNA 의 비전과 어떻게 일치하는지에 대한 분석입니다. 인터넷 컴퓨터를 기반으로 구축하기로 한 ELNA 의 선택은 인터넷 컴퓨터의 속성과 민주화되고 분산된 AI 에 대한 ELNA 의 비전 간의 심오한 일치에 의해 주도되는 전략적 선택입니다. 아래에서는 인터넷 컴퓨터의 속성이 ELNA 의 목표를 달성하는 데 적합한지 분석합니다.

■ 프로그래밍 적합한 캐니스터 기반 구조

인터넷 컴퓨터의 캐니스터 기반 인프라는 ELNA 의 비전을 위한 강력한 기반을 제공합니다. 캐니스터를 사용하면 코드를 안전하게 실행하고 분산 네트워크에서 데이터를 저장할 수 있습니다. ELNA 는 캐니스터를 활용하여 AI 모델을 호스팅하여 데이터 프라이버시를 유지하면서 투명성과 접근성을 보장합니다.

■ 보안 모델 및 암호화된 연산

보안 및 개인 정보 보호는 AI 애플리케이션에서 가장 중요합니다. 인터넷 컴퓨터의 보안 모델은 암호화된 계산 기능과 결합되어 사용자 데이터와 AI 모델을 보호합니다. ELNA 는 온체인 컴퓨팅을 통해 사용자 데이터 프라이버시를 보호하여 민감한 정보가 안전하게 유지되도록 하는 것을 목표로 합니다.

■ 확장성

ELNA 가 발전하고 성장함에 따라 더 크고 복잡한 AI 모델을 지원하기 위해서는 확장성이 필수적입니다. 인터넷 컴퓨터의 확장성은 ELNA 가 증가하는 수요에 적응할 수 있도록 하여 다양한 크기와 복잡성의 AI 모델을 처리할 수 있도록 합니다.

■ 상호 운용성

인터넷 컴퓨터의 다른 체인 및 시스템과의 상호 운용성은 ELNA 의 주요 이점입니다. 이를 통해 외부 데이터 소스 및 서비스와 원활하게 통합할 수 있어 AI 애플리케이션의 범위를 확장할 수 있습니다. ELNA 는 더 넓은 데이터 및 기능 에코시스템을 활용하여 기능을 향상시킬 수 있습니다.

사용 사례

ELNA 를 다양한 도메인에 적용할 수 있는 방법에 대한 실제 사례입니다.

1. 고객 서비스 향상(비즈니스): ELNA 는 자주 묻는 질문에 대한 답변 및 일반적인 문제 해결과 같은 고객 서비스 작업을 자동화할 수 있습니다. 이를 통해 고객 서비스 담당자는 보다 복잡하고 미묘한 고객 상호 작용에 집중할 수 있어 궁극적으로 전반적인 고객 경험을 향상시킬 수 있습니다.

2. 교육 혁신(교육): ELNA 는 튜터링, 훈련 및 교육 콘텐츠를 제공하는 교육 보조 역할을 할 수 있습니다. 이는 고품질 교육에 대한 접근을 민주화하여 모든 배경의 학습자가 보다 포괄적이고 접근할 수 있도록 합니다.

3. 연구 발전(연구): ELNA 의 데이터 수집 및 분석 능력은 연구 목적으로 활용될 수 있습니다. 연구자들은 ELNA 를 사용하여 데이터를 수집하고, 결과를 분석하고, 다양한 분야의 과학 지식을 발전시켜 발전과 발견을 가속화할 수 있습니다.

4. 매력적인 엔터테인먼트(엔터테인먼트): ELNA 는 게임을 하거나 매력적인 이야기를 하는 것과 같은 대화형 경험을 통해 엔터테인먼트를 제공할 수 있습니다. 이것은 인터넷 컴퓨터 생태계를 더욱 매력적으로 만들 뿐만 아니라 사용자에게 즐거운 경험을 제공합니다.

5. 비즈니스 최적화(비즈니스): ELNA 는 기업이 일상적인 작업을 자동화하고 고객 서비스를 개선하며 데이터 기반 의사 결정을 내릴 수 있도록 지원합니다. 이는 시장에서의 효율성과 경쟁력 향상으로 이어집니다.

6. 정부 서비스 개선(정부): 정부는 ELNA 를 활용하여 의료에서 교육에 이르기까지 공공 서비스를 개선할 수 있습니다. ELNA 의 기능은 행정 프로세스를 간소화하여 서비스를 보다 효율적으로 만들고 시민들이 이용할 수 있도록 합니다.

7. 비영리 영향(비영리 단체): 비영리 단체는 ELNA 의 잠재력을 활용하여 대의에 대한 인식과 기금을 높일 수 있습니다. ELNA 는 기부자와 교류하고, 정보를 제공하고, 다양한 사회 및 환경 문제를 옹호할 수 있습니다.

8. 인터넷 컴퓨터 생태계(ICP) 강화: ELNA 는 AI 기반 서비스 및 도구를 제공하여 인터넷 컴퓨터 생태계의 성장에 기여합니다. 개발자가 대화형 AI 기능을 갖춘 분산형 애플리케이션(Dapp)을 구축하여 ICP 기반 프로젝트의 기능과 사용자 경험을 풍부하게 하는 데 도움이 될 수 있습니다.

ICP 와 관련된 애플리케이션을 포함한 이러한 실제 사용 사례는 다양한 영역에서 ELNA 의 다양성과 적용 가능성을 강조하여 인터넷 컴퓨터 생태계뿐만 아니라 광범위한 산업 분야에서 긍정적인 영향과 혁신을 주도할 수 있는 잠재력을 보여줍니다.